管理信息系统

邱立新 等编著

中国质检出版社
中国标准出版社
北京

图书在版编目（CIP）数据

管理信息系统/邱立新等编著.—北京：中国标准出版
社，2011

ISBN 978-7-5066-6375-5

Ⅰ.①管…　Ⅱ.①邱…　Ⅲ.①管理信息系统　Ⅳ.①C931.6

中国版本图书馆 CIP 数据核字（2011）第 144911 号

中国质检出版社
中国标准出版社　出版发行
北京市朝阳区和平里西街甲 2 号（100013）
北京市西城区复外三里河北街 16 号（100045）

网址 www.spc.net.cn
电话：(010)64275360　68523946
中国标准出版社秦皇岛印刷厂印刷
各地新华书店经销

*

开本 787×1092　1/16　印张 17.5　字数 433 千字
2011 年 8 月第一版　2011 年 8 月第一次印刷

*

定价 37.00 元

前　言

自 20 世纪 80 年代以来,在我国以计算机数据处理为基础的管理信息系统蓬勃兴起。经过 30 年的发展,管理信息系统在理论上日趋完善,已经形成为一门独立的学科,在系统开发和应用实践上取得了丰硕的成果。成熟的商品化管理软件大量涌现,并在实际应用中产生着巨大的经济效益与社会效益。随着管理科学、计算机网络、通信技术的飞速发展和应用水平的不断提高,管理信息系统的规模越来越大、功能越来越复杂,集成化的程度越来越高。管理信息系统已经成为企、事业单位现代化管理水平的一个主要标志。

信息时代急需大量从事管理信息系统开发与维护的人才,这样的人才不仅必须具有计算机科学、管理科学、系统科学等方面的知识,还必须掌握信息系统设计的基本原理、开发方法,具备系统分析、设计、实施的能力。为促进管理信息系统开发与维护人才的培养,也为促进管理信息系统在企、事业单位的应用普及与提高,我们根据多年讲授管理信息系统的教学实践经验,在汲取国内外同类教材先进教学思想和教学内容的基础上编写了此教材。

全书共分 12 章。第 1 章主要介绍了信息、信息管理以及信息系统的概念和特征等管理信息系统的基本知识。第 2 章主要介绍了与信息系统建设相关的信息技术,包括计算机技术、数据处理与数据库技术、数据仓库与数据挖掘技术以及网络通信技术等。第 3 章主要介绍了信息系统开发的主要方法以及这些方法的基本思想、开发过程及各自的优缺点和适用范围。第 4 章主要介绍了信息系统的规划思想以及信息系统规划的步骤和常用方法等。第 5 章主要介绍了系统分析阶段的任务和主要工作以及结构化系统分析方法的基本思想和建模方法。第 6 章主要介绍了系统设计的任务、原则、主要内容以及所采用的方法,并以结构化设计方法为例展示了系统设计过程。第 7 章主要介绍了面向对象系统分析和设计的基本概念、建模工具以及常用设计模式。第 8 章主要介绍了系统实施阶段所要完成的任务,包括:程序设计、系统测试及系统切换、运行和维护、系统评价等。第 9 章主要介绍了企业资源计划(ERP)的基本概念、发展历程以及基本原理和主要功能模块。第 10 章主要介绍了供应链管理(SCM)和客户关系管理(CRM)两个典型信息系统的应用。第 11 章主要介绍了决策支持系统与专家系统的基本概念、功能结构以及系统开发的主要方法。第 12 章介绍了基于 PC 整机的第四方物流信息平台开发实例,将前文介绍的信息系统理论模型与开发实践融会贯通。

本书是高等院校优秀课程和精品实验建设的阶段性成果,是以邱立新博士为首的课题组成员共同努力和通力合作的结晶。本书强调案例的应用,采用实例阅读和课程设计相结合的教学方法,各章配有案例和思考题,在第 5 章、第 6 章给出系统分析和设计示范,最后一章还有一个独立、完整的开发案例,学生在阅读资料和学习案例的基础上组成课题设计小组,完成课后给出的百货商店管理信息系统的逻辑模型设计、详细设计和编程实施。这一方法在作者多年的教学中取得了良好的效果,不仅加深了学生对管理信息系统的理解,而且激发了他们的创新欲望,提高他们综合运用相关知识解决问题的能力。本书最后一章采用的基于 PC 整机的第四方物流信息平台开发实例是作者最新科研成果,已经用于某大型企业的物流管理,因此本书内容既有创新性,又有实用价值,其真实感更能激发学生的兴趣。此外,本书还配备电子教学课件,帮助学生切实掌握知识要点,并能灵活运用。

本书各章的编写分工如下:第 1 章、第 3 章、第 11 章由傅佳琳编写,第 2 章、第 4 章、第 8 章由索琪编写,第 5 章、第 6 章由邱立新编写,第 7 章、第 12 章由于龙振编写,第 9 章、第 10 章由赖建良编写。邱立新负责全书的规划和统稿以及配套电子课件的制作,索琪负责全书的校对,于龙振负责全书图表的修订。

本书编写过程中参考了国内外有关文献和资料,在此谨向这些文献和资料的作者表示诚挚的谢意。感谢为本书提供案例和实例资料的有关人士。

本书主要面向管理类学生,适合作为高等学校管理类各专业的教材和教学参考书,也可供其他专业选用和社会读者阅读。由于作者水平所限,书中内容不免有欠妥之处,敬请读者批评指正。

编　者

2011 年 3 月 8 日

于青岛科技大学

目 录

第1章 信息系统概论

【学习目的和要求】

1. 熟悉数据、信息、知识的基本概念
2. 理解信息资源管理的含义
3. 理解掌握信息系统的概念
4. 了解信息系统的主要类型
5. 了解信息系统的体系结构

1.1 数据、信息和知识

随着信息技术的飞速发展和广泛应用,信息化成为经济发展和社会生活的重要特征。人们常关注的 IT(Information Technology)、IS(Information System)这些名词分别是指信息技术和信息系统,有效地利用它们可以优化管理决策,提高企业生产和经营的效率和效益,改造传统产业,以信息化带动工业化,最终达到推动经济增长的目的。

要支持现代化的管理,管理者需要信息系统来处理日常的工作,需要利用计算机来处理经营中的一些基本运作,比如数据收集、交易处理以及创建报表等,需要网络共享数据、支持协同工作,以及建立与客户和供应商的联系,以支持新的商业模式,并需要改变企业自身的管理方式来适应信息时代的要求。

数据、信息和知识是信息系统的最基本术语。

1.1.1 数据

数据是指那些未经加工的事实,用来描述客观事物的属性,也就是人们为了反映客观世界而记录下来的可以鉴别的符号。例如,一笔销售业务包括产品名称、销售单价、销售数量、客户信息、交货时间等,这些都是描述这笔销售的数据。数据的类型包括数值、字符、图表数据、音频数据和视频数据等。

数据要用具体的载体来记录和表示,用于记录数据的媒体是多种多样的,如纸张以及现代技术中所使用的存储媒体(硬盘、光盘、磁带等)。数据只有通过一定的媒体加载后,才能对其进行存取、加工、传递和处理。

1.1.2 信息

信息系统的核心是信息,如果将信息系统比喻为组织的神经系统,则信息是神经系统所传递的内容。组织的信息是数据加工后的结果,它们对特定的使用者来说是有意义、有价值的,会对使用者的行为和决策产生影响。在经济管理学中,信息被泛指为提供决策的有效数据。对于信息的概念,许多学者从不同的角度进行了阐述。

20 世纪 40 年代,信息论创始人香农 C·E·Shannon 提出:信息是用以消除不确定性的东西。

我国著名信息学专家钟义信认为信息的概念应该有层次性。一是没有任何约束条件的

1

客观的本体论层次,即信息是事物运动的状态及其改变方式;二是受主体约束的认识论层次,即信息是主体感知或所表述的事物运动的状态及其改变的方式。

本体论信息与认识论信息的关系见图 1-1。

认识论信息可以进一步扩展为三个层次:

语法信息:信息的外在形式,由主体感知。

语义信息:信息的逻辑涵义,由主体理解。

语用信息:信息的效用,由主体根据目的来判断。

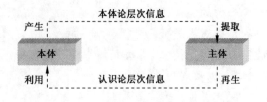

图 1-1　本体论信息与认识论信息的关系图

例如:交通红绿灯,红灯信号点亮,是关于交通的语法信息;让人们停止前进的涵义是语义信息;为保证正常运行和安全是语用信息。

信息具有以下特征:

(1) 客观性。信息客观地反映了事物的状态和特征,由于事物的运动、发展和变化是不以人的意志为转移的,所以反映这种客观存在的信息,同样带有客观性。

(2) 时效性。信息是对事物运动状态和变化的历史记录,总是先有事实后有信息。一般来说,信息的使用价值与时间成反比,时间越久,信息的使用价值越小,最后会使信息的使用价值衰减到完全消失。

(3) 共享性。信息允许多次和多方共享,可以被传递和使用。不会因为共享而消失,这是信息与物质和能量的本质区别。

(4) 传递性。信息可以通过各种通信方式进行传递,尤其是 Internet 的迅速发展和普及,使得信息的传递不受时间和空间的限制,更加及时和便捷。

(5) 价值性。信息的价值指凝结在信息产品中的人类劳动,这是信息商品的社会属性,体现出信息生产者和信息需求者之间的联系,也就是他们之间交换劳动的关系。

数据与信息的区别在于:数据是信息的表达形式,信息是数据表达的内容。

数据有向信息转化的实际需求,例如,我们把收集来的销售数据进行处理,按照客户名称对销售数量进行分类汇总,然后进行排序,对排序结果进行分类,选出排名前十位的客户作为企业的大客户,中间的为中等客户,其他的为小客户,针对不同客户类别实行不同的销售策略,这样就实现了数据向信息的转化。

1.1.3　知识

知识是在信息基础上经过进一步提炼的“有价值”的东西。知识产生于人们对客观世界的认知过程,并被应用于人们改造客观世界的活动。它指一个更高层次上的理解,能够预测,给出因果关系,并指导进一步做什么,它的价值只有在使用过程中才能体现出来。人类通过教育和经验创造了知识,在有些情况下,知识可以转化成生产力。

按照知识的存在形态可分为显性知识和隐性知识。显性知识(已定型信息)是用语言能明确表达出来的可编码化、可结构化的知识。比如,各种规章制度、业务手册、设计图纸等。隐性知识(非定型信息)是存在于人们头脑中的个人经验、观念等隐含化知识,难以某种较为简单的方式表达出来,因而难以传递与交流,其内涵比显性知识复杂,比如经验。

数据、信息和知识之间是可以转化的,情报是信息的特殊子集,是具有机密性质的特殊信息。如图 1-2。

1.2 信息资源管理

1.2.1 信息资源

信息作为现代管理的基本要素和重要手段,是生产力的关键因素、社会发展的战略资源。信息管理是指对人类社会信息活动的各种相关因素(主要指人、信息、技术等)进行科学的计划、组织、控制和协调,以实现信息资源的充分开发、合理配置与有效利用的过程。信息管理(作为一种社会活动)的目的

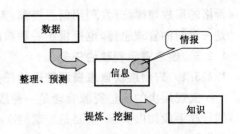

图 1-2 数据、信息、知识的转化关系

是解决社会信息的无序性与人类需要的特定性之间的尖锐矛盾,使特定的人在特定的时间获取所需要的特定信息。

信息是一种资源,它具有资源的三个经济基本属性:

(1) 有用性。信息可以减少经济行为中的不确定性,节省生产和投资的成本,并带来经济利益,是有用的。

(2) 稀缺性。信息资源的开发需要相应的成本投入,在既定的时间、空间及其他条件约束下,经济活动行为者因其人力、物力、财力等方面的限制,其信息资源拥有量总是有限的。

(3) 可选择性。同一信息资源可以作用于不同的对象,并可以产生多种不同的作用效果。经济活动行为者可以根据这种现象对信息资源的使用方向做出选择。正是由于这种特性,产生了信息资源的有效配置问题。

狭义的信息资源是信息内容本身所构成的信息有序化集合,是人类社会经济活动经过加工、处理、有序化并大量积累后的有用信息的集合。如科学技术信息、政策法规信息、社会发展信息、市场信息、金融信息等,都是信息资源的重要构成要素。广义的信息资源既包括信息内容本身,又包括有关提供信息的设施、设备、组织、人员和资金等,即信息资源及与它有关的各种资源的总和,是人类社会信息活动中积累起来的信息、信息生产者、信息技术等信息活动要素的集合。

在信息资源的各要素中,信息生产者、信息和信息技术是三个基本组成部分,称为信息资源三要素。其中信息生产者是信息资源的关键,人创造了信息,并使用信息技术对信息进行收集、加工和处理,使信息的效用和价值得到充分发挥。信息是信息资源的核心,只有通过开发利用信息,才能实现信息资源的价值。信息技术是信息收集、加工、存储和传递技术的集合,其物化的产物包括有形的物质手段,如望远镜、电视机、电子计算机等,而抽象的智力成果包括人工智能、数学方法等。信息技术的应用大大提高了开发和利用信息的效率和效益,能更有效地实现和创造信息的价值,使信息生产者和信息的作用和价值得到延伸。

1.2.2 信息资源管理的概念

既然信息是一种资源,那么同其他资源类似,需要对其进行合理配置和有效控制来实现组织的目标。信息资源管理(Information Resources Management,IRM)就是运用管理科学的一般原理和方法,从经济、技术、人文(法律、政策、伦理)等多种角度,对信息资源进行科学的规划、组织、协调和控制,以确保信息资源的合理开发和充分利用,从而有效地满足社会的信息需求。

IRM 的主要思想是把信息资源作为组织中的战略资源,最大限度地发挥其作用,以系统思想为导向,将技术、经济、人文手段相结合对信息资源进行整体管理。技术管理包括开发信息系统,推进信息技术的应用;经济管理是按信息经济学中关于信息资源的成本、价值、

价格的形成规律,开发利用信息资源;人文管理包含关注信息文化建设。信息资源管理不仅是一种新的管理思想,也提供了一种新的、实用的信息管理模式。

1.2.3 信息资源管理的任务

1.2.3.1 宏观层次信息资源管理的任务

宏观层次的信息资源管理是一种战略管理,一般由国家有关部门运用经济、法律和必要的行政手段加以实施,主要是宏观层次上通过国家有关政策、法规、管理条例等来组织、协调信息的生产和开发利用活动,使信息按照国家宏观调控的目标,在不影响国家信息主权和信息安全的前提下得到最合理的开发和最有效的利用。

具体来说,宏观层次的信息资源管理的任务包括:

(1)制定信息开发战略、策略、规划、方针和政策,使信息的开发活动在国家统一指导和管理下有条不紊地进行,使信息的开发不仅成本低、价格廉,而且能很好地满足国民经济和社会发展的总体需要。

(2)制定信息资源管理的法律、规章和条例,建立信息资源管理的监督和保障体系,使信息资源管理真正有法可依、有章可循,使生产和开发的信息能得到充分、及时和有效的利用。

(3)综合运用经济、法律和行政手段协调各部门、各地区和各企业之间的关系,明确各级信息开发利用机构的责、权、利界限,使信息的开发利用在平等互利的基础上最大限度实现资源共享。

(4)加强国家信息基础设施和网络建设,使信息的生产、开发利用和管理具有良好的硬件环境支持。

1.2.3.2 微观层次信息资源管理的任务

微观层次的信息资源管理是在最基层的组织级上对信息的管理活动,一般由各级政府部门、信息机构和企业等基层组织负责实施。其主要任务是认清组织内各级各类人员对信息的需求,合理组织和开发信息,实现信息的效用价值。具体来说,微观层次的信息资源管理的任务包括:

(1)调查和了解组织或机构内部各类人员的信息需求,制定一个满足不同需求的折中方案(不能忽视任何一类人员的信息需求),以最大限度地满足不同的信息需求。

(2)搞清组织或机构内外信息来源和信息获取渠道,以便在需要时获取所需要的信息或向外输出信息。

(3)选择适用信息技术,建设组织或机构内部信息系统和网络,确定信息加工处理、存储、检索和传递方法,建立组织或机构内部的高效信息保障体系。

(4)对信息资源管理的绩效进行评价,为改善信息资源管理提供依据。

1.3 信息系统的基本概念

1.3.1 信息系统的要素

1.3.1.1 系统的基本概念

"系统"一词源于古希腊语,用以表示"群体"和"集合"等抽象概念。古希腊哲学家德谟克利特所著《世界大系统》最早采用"系统"一词。我国学者钱学森认为系统是由处于一定环境中的相互联系和相互作用的若干部分结合而成,并为达到整体目的,具有特定功能的有机整体。

可以从三个方面理解系统的概念:

（1）系统由若干要素组成。这些要素可能是一些个体、元件、零件，也可能其本身就是一个系统（或称之为子系统）。如运算器、控制器、存储器、输入/输出设备组成了计算机的硬件系统，而硬件系统又是计算机系统的一个子系统。

（2）系统有一定的结构。一个系统是其构成要素的集合，这些要素相互联系、相互制约。系统内部各要素之间相对稳定的联系方式、组织秩序及失控关系的内在表现形式，就是系统的结构。例如钟表是由齿轮、发条、指针等零部件按一定的方式装配而成的，但一堆齿轮、发条、指针随意放在一起却不能构成钟表；人体由各个器官组成，单个各器官简单拼凑在一起不能称其为一个有行为能力的人。

（3）系统有一定的功能，或者说系统要有一定的目的性。系统的功能是指系统与外部环境相互联系和相互作用中表现出来的性质、能力和功能。例如信息系统的功能是进行信息的收集、传递、储存、加工、维护和使用，辅助决策者进行决策，帮助企业实现目标。

系统在实际应用中总是以特定系统出现的，如消化系统、生物系统、教育系统等，其前面的修饰词描述了研究对象的物质特点，即"物性"，而"系统"一词则表征所述对象的整体性。对某一具体对象的研究，既离不开对其物性的描述，也离不开对其系统性的描述。

这样的系统（又被称为动态系统）包含以下三个相互关联的基本要素或功能：

（1）输入（input），指获取和收集要输入系统并加以处理的元素。例如，为便于系统处理，原材料、能源、数据和人的努力等要素必须是固定的和有组织的。

（2）处理（processing），是将输入转换为输出的转换过程。例如，生产过程、人的呼吸过程和数学计算过程。

（3）输出（output），是将系统转化过程所产生的元素传递给特定的接受者。例如，产成品、人类服务与管理信息等必须传递给系统用户。

如果再增加以下反馈与控制两个要素，系统的概念将变得更加有用。带有反馈与控制要素的系统被称为控制系统，即可以实现自我控制与自我调整的系统。

（1）反馈（feedback），是关于系统行为特征的数据。例如，销售业绩数据对销售主管来说是反馈信息。

（2）控制（control），是对反馈数据进行监控和评价，以确定系统是否向着目标前进。控制功能可以对系统的输入和处理要素做出必要的调整，以确保系统产生正确的输出。例如，销售主管在评价销售业绩等反馈信息后，可以将销售人员派往新的销售地区，从而实施销售控制。

1.3.1.2 系统的特征

系统的特征可以归纳为以下几点：

（1）目标性。一个系统有一个总目标，组成这个系统的各个要素都为实现这个系统的目标而贡献。可以根据系统的可分性，将系统目标分解，各个子系统确保相关子系统功能的实现，就能保证系统总目标的实现。

（2）整体性。系统整体功能不是各个组成要素功能的简单叠加，而是呈现出各个组成要素所没有的新功能，部件及部件的运动，作为集合的整体的功能要比所有子系统的功能的和要大。

（3）层次性。系统组织表现出等级性；系统要素中存在子系统，子系统的要素中又包含更低一层的子系统；由上至下组成金字塔结构，逐层具体化；结构化方法就是考虑到系统的层次性，采取从抽象到具体、逐步求精的方法对系统进行研究。

（4）可分性。将复杂系统分成较小的系统，较小的系统又可以再分解，直到分解的子系统易于求解为止。

（5）相关性。系统内部各要素是相互作用、又相互联系的。

（6）稳定性。系统能够保持和恢复原来的有序状态、结构和功能；稳定不是绝对的，在发展中求稳定。

（7）突变性。系统存在质变，通过失稳而发生。

（8）环境适应性。一个开放的系统为了生存下去，必须适应环境的变化。通过调整或改变内部的要素组成比例、要素之间的关系，甚至要素的组成等，使系统克服"刚性"以适应环境。

1.3.1.3　信息系统的概念

对于信息系统这一概念，可以从不同的角度去定义和解释它。从应用的角度出发，根据它所处理的信息内容的不同，有不同的内涵，例如，电子类专业定义的信息系统是指对电子信息进行处理，除此以外还有气象预报信息系统、地理信息系统、新闻信息系统、管理信息系统等。

在管理领域，信息系统这一名词是指对经营、管理方面的信息进行加工和处理，这种用于经营管理方面的信息系统也称为管理信息系统。近年来，随着管理信息系统（Management Information Systems，MIS）概念的不断拓展，对于管理信息系统的理解有广义和狭义之分，国外有关管理信息系统的近期著作都用信息系统（IS）一词代替早期的管理信息系统，成为广义概念上的管理信息系统的代名词和专用名词。广义管理信息系统包括各种形态、各种模式的用于经济、管理领域的计算机信息系统。而在另外一些场合，如在描述信息系统结构时，又给管理信息系统赋予狭义的含义，狭义的管理信息系统常常指为组织内部管理层服务的计算机信息系统，是各类信息系统的一种。本书采用信息系统一词代替广义管理信息系统。

信息系统具有和通常系统一样的特征，信息系统的主要目标是把数据转换成信息。如果抛开信息系统的应用背景，从系统的角度定义信息系统，那么信息系统是指接受输入数据，按照人们规定的要求进行处理，并输出有用信息的人机系统。

美国著名教授劳登夫妇（Lenneth C Laudon 和 Jane P Laudon）在其所著的《管理信息系统》（第6版）中从技术和经营两个方面对信息系统进行了全面的定义。他们认为：从技术角度看，信息系统可以定义为一组相互关联的能够通过收集、处理、存储和传播信息来支持组织内部决策和控制的部件的集合。从经营角度看，信息系统是一个基于信息技术的，为了应对环境造成的挑战而生成的组织和管理的解决方案。

1.3.1.4　信息系统的构成要素

信息系统是一个以人为主导，以科学的管理理论为前提，在科学的管理制度基础上，利用计算机硬件、软件、网络通信设备以及其他办公设备进行信息的收集、传输、加工、储存、更新和维护，以提高企业的竞争优势，改善企业的效益和效率为目的，支持企业高层决策、中层控制、基层作业的集成化的人机系统。图1-3给出了信息系统模型（information system model），它是表达信息系统构成要素及系统活动的基本概念框架。信息系统作为一个人机系统，人员包括高层管理决策人员、中层职能人员和基层业务人员。机器包括计算机硬件和软件；软件包括业务信息系统、知识工作系统和办公自动化系统、决策支持系统、经理信息系统；硬件包括各种办公和通信设备。

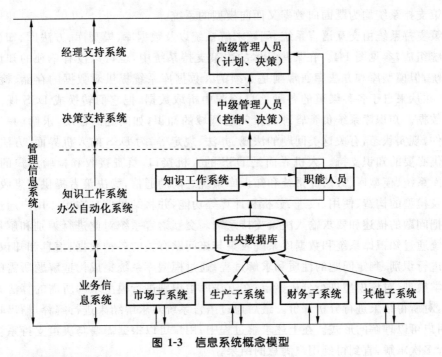

图 1-3　信息系统概念模型

1.3.2　信息系统的类型

1.3.2.1.　经理信息系统

经理信息系统(Executive Information System,简称 EIS),人们通常也称其为主管信息系统,是支持组织的战略层,针对高级管理人员的信息需求,辅助管理者解决非结构化问题决策的信息系统。由于经理是处在组织的上层并对组织的战略和政策制定有重大影响的管理者,所以对信息系统有着特殊的要求,一般要通盘考虑组织的长期和短期目标,其特点是:

(1) 数据调用方便,易于操作。

(2) 数据全面反映历史、当前以及预测未来的信息,数据对象丰富,包括行业、客户、竞争者等。

(3) 采用图、表、文字等形式输出信息。

(4) 能够对存在的问题和异常情况及时报警。

1.3.2.2　决策支持系统

决策支持系统(Decision Support System,简称 DSS)支持管理层,为组织中高层管理者的决策提供支持。它是将数据、管理模型、软件和用户友好地集成在一起的能够支持组织高层和中层管理人员进行半结构化和非结构化决策的信息系统,其目的在于提高决策的效能,而不是效率。DSS 中常用的模型包括:财务模型、统计模型、预测模型、What-if 模型、优化模型等。

随着信息技术应用的深入,信息系统已不仅仅支持信息的处理,而且向上发展,支持管理的决策。要支持决策就要有分析能力和模型能力,所以决策支持系统是利用计算机分析和模型能力对管理决策进行支持的系统。用户可以针对管理决策的问题,建立一个模型以考查一些变量的变化对决策结果的影响。例如,用户可以观察利率的变化对一个新建制造厂的投资的影响。决策支持系统有的只提供数据支持,叫面向数据的决策支持系统(Data Oriented DSS);有的只提供模型支持,叫面向模型的决策支持系统(Model Based DSS),现在的决策支持系统均为既面向数据又面向模型的系统。

决策支持系统由交互语言系统、问题求解系统以及数据库、模型库、方法库、知识库及其管理系统组成,参见图 1-4。在某些具体的决策支持系统中,也可以没有单独的知识库及其管理系统,但模型库和方法库通常则是必须的。数据库系统提供对数据的存储、检索、处理和维护,并从来自于各种渠道的各种信息资源中析取数据,把它们转换成 DSS 规范所要求的内部数据。知识库系统负责管理决策问题领域的知识,如问题的性质,求解的一般方法,限制条件,现实状态,有关这类问题的法规、办法、规定等,为 DSS 的人机界面、方法库、模型库等提供必要的知识支持。人机界面是 DSS 的人机接口,负责接收和检验用户的请求,协调数据库系统、模型库、方法库系统和知识库系统之间的通信,为决策者提供信息收集、问题识别以及模型的构造、使用、改进、分析和计算等功能,并将结果信息输出。用户通过交互语言系统把问题的描述和要求输入决策支持系统。交互语言系统对此进行识别和解释。问题处理系统通过知识库系统和数据库系统收集与该问题有关的各种数据、信息和知识,据此对该问题进行识别、判定问题的性质和求解过程;通过模型库系统集成构造解题所需的规则模型或数学模型,对该模型进行分析鉴定;在方法库中识别进行模型求解所需的算法并进行模型求解,对所得结果进行分析评价。最后通过语言系统对求解结果进行解释,输出具有实际含义、用户可以理解的形式。在上述求解过程中,用户可以根据需要与决策支持系统交互对话,进行多次求解,直到得到用户满意的结果。

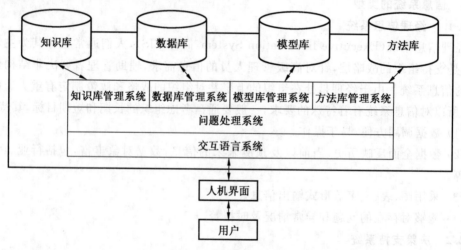

图 1-4　DSS 的基本结构

1.3.2.3　管理信息系统

管理信息系统(Management Information System,简称 MIS)支持管理层,为组织中层管理者的监控、管理提供支持。狭义上管理信息系统是指那些能从内部和外部收集数据,经过加工处理,形成有用的信息,为中层使用的信息系统,起到衔接战略层和作业层的目的。

管理信息系统提供各种报表给管理者使用。主要有以下几种形式:

(1)周期报表。按周期或规定日程生成的报表,如每日、每周、每月的报表。

(2)定制报表。按管理者的要求为提供某些信息而制作的报表。

(3)异常报表。反映企业异常情况的报表。异常报表的内容可以引起管理者的注意,从而及时采取措施。

(4)详细报表。为管理者提供详细数据的报表。

1.3.2.4 知识工作系统

知识工作系统(Knowledge Work System,简称 KWS)支持作业层,进行公司的专业技术和知识的创建、捕获、存储和传播,有利于组织的学习活动和知识的创造。KWS 可以对知识员工做出快速响应,它鼓励员工改变工作方式,能够显著提高企业业绩。随着组织学习过程的继续,知识库的扩展,知识创造型企业可以将其知识与业务流程、产品以及服务整合起来。这使企业更具创新性,并成为敏捷的高质量产品和服务的提供商,成为市场中一个强大的竞争者。

知识工人是那些掌握组织中不断变化的、与组织有关的知识,不断发现或创造新知识并存入知识库的人。他们是组织变革和发展的主要力量。提高知识工人的工作效率是知识时代管理的最重要的任务。知识工作与其他的办公工作相比,复杂程度高、专业化程度高,很多知识工作都离不开信息技术的支持。知识工人迫切需要特殊的信息系统来支持知识工作,以提高知识工人的工作效率。

知识工作系统则是专门针对组织中的知识工人对信息系统的特殊需求,建立和集成新知识的信息系统。它促进新知识的创造,确保新的知识和技术能同企业经营恰当地结合,是组织知识管理的重要组成部分。

1.3.2.5 办公自动化系统

办公自动化系统(Office Automation System,简称 OAS)支持作业层,通过办公室信息的协调与交流提高工作效率。传统 OAS 是以文档的建立、处理和管理为核心,随着现代办公活动的日益发展,OAS 更强调了对协作型工作的处理能力,以信息交流为核心。随着知识经济时代的到来,OAS 将提升为以系统的运用知识为核心,形成基于知识管理的第三代OAS。OAS 的主要功能包括:

(1) 文字处理与电子表格。Microsoft Word 是现在办公室最常用的文字编辑、排版、打印软件,它的使用使办公室的效率大幅提高。对于数据的处理主要采用 Microsoft Excel 作为主要工具,采用公式、函数、排序、数据透视表、数据分析等功能对数据进行分析处理。

(2) 工作流管理。工作流是一类能够完全或部分自动执行的经营过程,它根据一系列过程规则、文档、信息或任务能够在不同的执行者之间进行传递与执行。系统自动处理文档的整个流转过程,并监控文档的当前状态,从而提高办公效率。

(3) 支持群体工作。使用计算机网络来连接群体中的每个成员,共享信息,支持电子会议的召开,包括音频和视频会议,安排日程,使用电子公告栏作为发布各种公用信息的平台、交流意见或讨论,收发电子邮件等。

1.3.2.6 事务处理系统

事务处理系统(Transaction Processing System,简称 TPS)支持作业层,处理和记录组织的基本活动和事务处理,作业层活动是高度结构化的,其过程有严格的步骤和规范。例如工资核算、销售订单处理、原材料出库、费用支出报销等。事务处理系统的基本特点:

(1) 主要处理日常业务数据,数据量大,数据详细,精度高,逻辑关系简单,规律性和结构化程度高。

(2) TPS 处理的信息大多来自企业内部。

(3) 支持多用户。

(4) 服务对象主要是组织的作业层。

1.3.2.7 组织间信息系统

组织间信息系统(Inter-organizational Information System),简称 IOS。

全球经济使更多的企业考虑全球战略,于是出现全球采购、全球产品研发、全球制造、全球市场等,跨地域的商务往来越来越频繁,企业需要求助于先进的信息技术和通信技术进行快速的信息交流。IOS 是由许多互相联系的组织,为实现共同目标,应用信息技术克服地理位置、组织边界的障碍而组成的协同工作系统。另一方面,虚拟企业、供应链模式、电子商务等新的组织和经营理念本身就是在信息技术和信息系统的基础上形成的,快速跨地域的信息沟通和信息处理成为当今组织需要解决的首要任务。

1.3.3 信息系统的结构

1.3.3.1 层次结构

安东尼认为经营管理活动可以分成战略层、管理层、作业层 3 个层次。由于管理层次的构成和目的不同,每个层次的信息需求也不同。战略层信息系统支持高级管理层进行长期计划活动如企业发展目标、市场战略、产品品种等需求,一般属于非结构化问题,包括经理信息系统(EIS);管理层信息系统支持中层管理人员进行监督、控制、决策和行政活动,受战略管理层所做的目标和策略的限制,对组织的人、财、物等资源合理配置,制定具体的实施计划,指导作业层按计划完成工作任务,一般属于半结构化或结构化的决策,包括管理信息系统(MIS)、决策支持系统(DSS);作业层信息系统负责组织的基本活动和交易,信息量大,数据变动频繁,数据收集汇总的任务比较繁重,工作模式较为固定,一般属于结构化决策,包括知识工作系统(KWS)、办公自动化系统(OAS)、事务处理系统(TPS)。

从信息处理的数量来看,随着管理层次的变化,对应的信息量也在发生变化,层次越高,信息量越小,形成如图 1-5 所示的金字塔型结构。

1.3.3.2 功能结构

任何信息系统都有一个确定的管理目标,管理目标是通过若干功能来实现的,每项管理功能又可以有相对独立的子目标,管理功能之间保持内在联系,构成一个有机的整体。图 1-6所示的是一个信息系统功能结构示意图。

目前,信息系统的功能子系统通常设计为悬挂式的,每个子系统既可单独使用,也可以组装成多功能的综合系统。这种悬挂式结构不仅方便用户组合,也极大地方便系统开发与系统维护。当功能子系统的规模较大时可以分解为几个下级子系统。

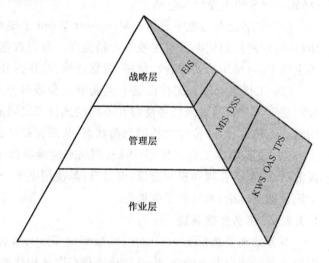

图 1-5 管理三角形对应的信息系统

信息系统是一个密切联系、信息共享、具有反馈能力的闭环系统。因此,信息系统的不同功能子系统之间必须保持它们的内在联系,不要使每个子系统成为一个个"孤岛",人为地切断功能子系统之间的信息联系。否则,无法实现资源共享,不能反映系统全貌,管理人员难以正确决策与实施有效控制。

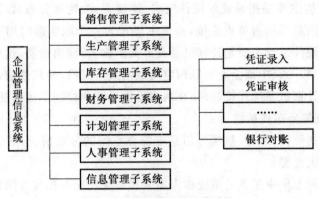

图 1-6　信息系统的功能结构

1.3.3.3　软件结构

MIS 的软件由两部分构成,即系统软件和用户软件。目前支持 MIS 运行的系统软件主要是数据库管理系统。用户软件主要是以数据库管理系统为平台,根据用户管理需求,由用户或委托软件开发公司设计开发,或直接购买商品化管理软件。图 1-7 描述了一个具有多种职能、信息资源共享、能为不同层次管理者提供信息服务 MIS 的软件结构模型。图中的每一项管理职能均可构成一个软件子系统,每个软件子系统又可分为战略规划、管理控制、作业控制和业务处理 4 个下级子系统。子系统一般由多种功能来实现其管理目标,复杂的功能通常需要分解为多个简单的功能,每个简单的功能设计成用户系统的一个模块。子系统可以有自己的专用数据文件,由本子系统产生、供其他子系统使用的数据可存入公用数据文件或特定文件。子系统之间通过公用数据文件或特定接口文件交换数据,实现数据共享,沟通子系统之间的联系。在信息系统中,数据的存储方式分为两大类:分散式和集中式。如银行存款管理系统,储户数据分散存储在存款储蓄点的计算机中,中心银行计算机并不直接管理每个储户的具体数据;如飞机、火车订票系统,数据集中于中央计算机,不是分散存储在订票工作站,以实时控制方式实现旅客订票。若将机、车票数据分散存储在各工作站,势必会出现两种情况:不同旅客都订同一班次号机、车客票;有的工作站客票剩余,有的工作站客票紧缺。各子系统均可调用模型库、知识库和公用程序资源为自己服务。

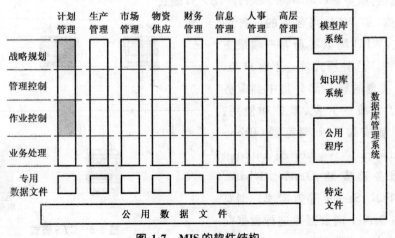

图 1-7　MIS 的软件结构

1.3.3.4 物理结构

MIS的物理结构主要是指系统的硬件组成、连接方式、物理分布，以及每个设备所担负的功能等。简单的信息系统为单机系统，通常主要是为一个职能部门用于数据处理及事务管理。单机系统的硬件组成主要是计算机及其有关的输入/输出设备，这种系统无法实现不同组织间的信息共享。大、中型企业可以构建局域网或广域网，使用通信设备与通信线路将分布在不同地域的计算机系统连接起来，在网络操作系统的控制下实现资源共享。

1. 集中式系统与分布式系统

根据信息系统的硬件、软件、数据等信息资源在空间的分布情况，系统的结构又可分为集中式和分布式两大类型。

信息资源在空间上集中配置的系统称为集中式系统。配有相应外围设备的单台计算机为基础的系统，通常称为单机系统，就是典型的集中式系统。面向终端的多用户系统也是将系统的硬件、软件、数据和主要外围设备集中于一套计算机系统之中，分布在不同地点的多个用户通过设在当地的分时终端享用这些资源。距离较远的用户可通过调制解调器和通信线路实现与主机通信。

分布式系统是利用计算机网络把分布在不同地点的计算机硬件、软件、数据等信息资源联系在一起，服务于一个共同的目标而实现相互通信和资源共享，就形成了信息系统的分布式结构。具有分布结构的系统称为分布式系统。

分布式系统的特征为：实现不同地点的硬件、软件和数据等信息资源共享；各地与计算机网络系统相联的计算机系统既可以在计算机网络系统的统一管理下工作，又可脱离网络环境利用本地信息资源独立开展工作。

2. 客户机/服务器(Client/Server,C/S)模式

网络系统上的计算机系统分成客户机与服务器两类。服务器可能包括文件服务器、数据库服务器、打印服务器、专用服务器等。网络系统结点上的其他计算机系统称为客户机。用户通过客户机在网络系统上向服务器提出服务请求，服务器根据请求向有关方面提供经过加工的信息。客户机本身也承担本地信息管理工作。客户机/服务器将信息处理工作分解为两部分，一部分由服务器来实现，另一部分由客户机本身来完成。如图1-8所示。

3. 浏览器/服务器(Browser/Server,B/S)模式

B/S结构，是WEB兴起后的一种网络结构模式，WEB浏览器是客户端最主要的应用软件。这种模式统一了客户端，将系统功能实现的核心部分集中到服务器上，简化了系统的开发、维护和使用。客户机上只要安装一个浏览器(Browser)，如 Netscape Navigator 或 Internet Explorer，服务器安装 Oracle、Sybase、Informix或 SQL Server 等数据库。浏览器通过 Web Server 同数据库进行数据交互。其结构如图1-9所示。

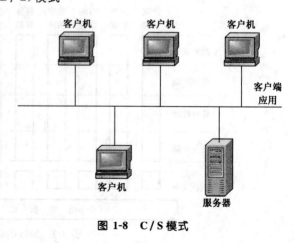

图1-8 C/S模式

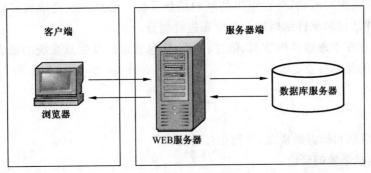

图 1-9　B/S 模式

B/S 模式具有维护和升级方式简单,成本降低,配置选择更多等优势。目前,软件系统的改进和升级越来越频繁,B/S 架构的产品明显体现着更为方便的特性。对一个稍微大一点的单位来说,系统管理人员如果需要在几百甚至上千部电脑之间来回奔跑,效率和工作量是可想而知的,但 B/S 架构的软件只需要管理服务器就行了,所有的客户端只是浏览器,根本不需要做任何的维护。无论用户的规模有多大,有多少分支机构都不会增加任何维护升级的工作量,所有的操作只需要针对服务器进行;如果是异地,只需要把服务器连接专网即可,实现远程维护、升级和共享。所以客户机越来越"瘦",而服务器越来越"胖"是将来信息化发展的主流方向。今后,软件升级和维护会越来越容易,而使用起来会越来越简单,这对用户人力、物力、时间、费用的节省是显而易见的。因此,维护和升级革命的方式是"瘦"客户机,"胖"服务器。

Windows 操作系统非常普遍,浏览器成为了标准配置,但在服务器操作系统上 Windows 并不是处于绝对的统治地位。现在的趋势是凡使用 B/S 架构的应用管理软件,只需安装在 Linux 服务器上即可,而且安全性高。事实上服务器操作系统的选择是很多的,但不管选用哪种操作系统,都可以让大部分人使用 Windows 作为桌面操作系统而不受影响,这就使得最流行免费的 Linux 操作系统快速发展起来,Linux 除了操作系统是免费的以外,连数据库也是免费的,这种选择非常盛行。比如说很多人每天上"新浪"网,只要安装了浏览器就可以,并不需要了解"新浪"的服务器用的是什么操作系统,而事实上大部分网站没有使用 Windows 操作系统,但用户的电脑大部分本身安装的是 Windows 操作系统。

应用服务器运行数据负荷较重。由于 B/S 架构管理软件只安装在服务器端上,网络管理人员只需要管理服务器就行了,用户界面主要事务逻辑在服务器端完全通过 WWW 浏览器实现,极少部分事务逻辑在前端实现,所有的客户端只有浏览器,网络管理人员只需要做硬件维护。但是,应用服务器运行数据负荷较重,一旦发生服务器"崩溃"等问题,后果不堪设想。因此,许多单位都备有数据库备份服务器,以防万一。

本章小结

本章介绍了信息系统的基本概念,主要包括数据、信息、知识,以及不同的专家和学者从不同角度对信息系统的定义。信息作为一种战略资源,得到越来越广泛的关注,信息资源管理提供了一种新的管理思想和管理模式。以系统的观点,对应管理的层次性结构,介绍了组织内几种常见的信息系统类型,分别是服务于作业层、管理层、战略层的 TPS、OAS、KWS、MIS、DSS、EIS,它们各有其信息需求和特点。组织间的信息系统 IOS 是一类跨越组织边界,支持信息在组织间流动,并被组织共享的信息系统。信息系统的结构可以从层次结构、功能结构、软件结构和硬件结构四个角度来进行划分。

本章的重点在于理解掌握数据、信息、知识、信息管理以及信息系统的概念,了解和掌握各类信息系统的基本特点。

思考题

1. 数据、信息和知识的概念,如何相互转化?
2. 简述信息系统的概念。
3. 信息系统的主要类型有哪些?
4. 信息系统的结构可分为哪几种? 对每一种的内容进行简述。
5. 简述 B/S 结构的优缺点。

案例:MIS 在麦当劳公司的成功应用

麦当劳(McDonald's)公司已经销售了几十亿个汉堡包。自 1955 年以来,从伊利诺伊州德斯普兰斯市(Des Plaines)的一家免下车餐馆开始,麦当劳发展到今天已经在 115 个国家拥有了 25 000 多家餐馆。作为一个品牌,麦当劳这个词等同于以合理的价格提供高品质的产品。同等重要的是,麦当劳不仅把自己作为一个购买汉堡包的地方,还有罗纳德·麦当劳叔叔、快乐套餐、洁净的餐馆以及各种新产品和主题促销,它们每天都给全世界麦当劳的所有餐馆超过 4 000 万个不同年龄层的顾客增添着无穷的乐趣。

麦当劳的黄金准则是"顾客至上,顾客永远第一"。提供服务的最高标准是质量(Quality)、服务(Service)、清洁(Cleanliness)和价值(Value),即 QSC&V 原则。这是最能体现麦当劳特色的重要原则。Quality 是指麦当劳为保障食品品质制定了极其严格的标准。例如,牛肉食品要经过 40 多项品质检查;食品制作后超过一定期限(汉堡包的时限是 20 min~30 min,炸薯条是 7 min),即丢弃不卖;规定肉饼必须由 83% 的肩肉与 17% 的上选五花肉混制等。严格的标准使顾客在任何时间、任何地点所品尝的麦当劳食品都是同一品质的。Service 是指按照细心、关心和爱心的原则,提供热情、周到、快捷的服务。Cleanliness 是指麦当劳制定了必须严格遵守的清洁工作标准。Value 代表价值,是后来添加上的准则(原来只有 Q、S、C),加上 V 是为了进一步传达麦当劳的"向顾客提供更有价值的高品质"的理念。也可以说,QSC&V 原则不仅体现了麦当劳的经营理念,而且因为这些原则有详细严格的量化标准,使其成为所有麦当劳餐厅从业人员的行为规范。这是麦当劳规范化管理的重要内容。

全世界 80% 的麦当劳餐馆都是连锁店。每个餐馆都必须达到严格的要求以使它与其他的麦当劳餐馆一样。这保证了每次顾客不论开车或走进哪个麦当劳店,其所点的巨无霸(Big Mac)的味道、大小、重量和质量都是一样的。当然,麦当劳还有着很有竞争力的价格。

有效的合同、质量标准和操作规范保证了每个餐馆的所有菜品、食物都一样。大多数人在开车和走进麦当劳时都不会想到,麦当劳的管理信息系统(MIS)在保证每个三明治质量一致性中所起的重要作用。麦当劳公司有着一个严格的规定:食物必须是新鲜的,储存期受到限制。MIS用于指导管理人员从事员工管理,进行汉堡包、面包、土豆和软饮料的订购和跟踪管理。因为餐馆在一天中的忙碌程度不一样,MIS帮助管理人员最合理地安排每个厨师和服务员的工作。MIS还帮助跟踪餐馆的现金流,防止配料不准确和浪费。随着越来越多的新产品以及根据地理和民族的不同而设立更多特定的市场销售点,麦当劳的管理者必须进行更加复杂的决策:每天,每餐饭,怎样的菜品、食物搭配为最好。

麦当劳的"按需定制"活动使用了销售点终端(point of sale,POS)系统,记录了每位顾客"按需定制"的订单。其"鲜味品尝"活动则找到了顾客都喜欢的新产品。通过MIS还能很好地安排促销和社区性活动。

▌案例思考题▐

1. MIS从哪些方面提高了麦当劳的管理效率?
2. 麦当劳的MIS包含哪些功能?你认为还应该添加哪些功能能够使管理更加完善?
3. 麦当劳具有哪些核心竞争力?

第2章 信息系统的技术基础

【学习目的和要求】

1. 理解信息系统及其相关的信息技术
2. 掌握数据库环境下的数据组织
3. 掌握数据库的相关概念、数据模型、关系模式规范化的理论
4. 了解数据仓库与数据挖掘
5. 了解数据通信与网络的基本知识
6. 熟悉网络安全的概念及措施

2.1 信息技术概述

信息技术是信息系统的基础,只有把信息技术与管理系统紧密地结合起来,才能真正发挥出信息系统的作用。随着信息技术的应用范围越来越广,新技术、新方法的不断更新,使其逐渐发展成为一个完整的学科和技术体系。信息系统也正是在计算机系统的基础上建立起来的,系统的开发、运行、维护等都离不开计算机的硬件、软件平台(环境)。

2.1.1 计算机的分类

按计算机的规模和性能,计算机可分为六大类。

(1) 微型计算机。微型计算机是终端用户最重要的计算机,可分为台式计算机、便携式计算机及服务器三类。台式计算机是信息系统中使用最普遍的计算机,是进行输入输出、分布式的数据处理、存储等的基本单元,在网络中作为客户机使用;便携式计算机方便人们在外出时和移动中使用;服务器是高档高配置的专用微型计算机,采用多 CPU 结构,并配置了大容量的内存和硬盘,处理功能很强。

(2) 工作站。工作站是一种功能极强的微型计算机,有很好的联网能力,还具有很强的图形化处理功能。其运算速度比微机快,一般用于图像处理、计算机辅助设计等专业领域。

(3) 小型机。其计算速度为每秒几千万次至几亿次。小型机一般可以满足部门级或中型企事业单位的需要。

(4) 大中型机。大中型机具有很强大而齐全的功能,运算速度为每秒几千万次,存储容量大,可连接数百至数千个终端同时工作。大中型机主要用于大型商场、企业集团、银行、航空公司订票系统、国民经济管理部门等。

(5) 小巨型机。小巨型机是新发展起来的小型超级计算机,它是巨型机小型化的结果,其性能与巨型机相似,而造价比巨型机低得多,具有很好的性能价格比。

(6) 巨型机。又称为超级计算机,它具有极高的性能和速度,其运算速度在每秒一亿次以上,最快可达几千亿次,多用于尖端科技领域。生产这类计算机的能力可以反映一个国家的计算机科学水平。我国是世界上有能力生产巨型计算机的少数国家之一。

2.1.2 计算机硬件

硬件是计算机进行工作的基础。计算机有很多种类,不同的计算机生产厂商也各有其独具特色的产品,它们的体系结构不尽相同,但从基本原理和基本结构看,每一个计算机系

统在硬件结构上基本上都是由中央处理器、主存储器、辅助存储器、输入设备、输出设备和连接设备等组成的。

（1）中央处理器。即 CPU(Central Processing Unit)，它是计算机的核心。CPU 在很大程度上决定了计算机系统的性能。CPU 是负责解释并执行指令，协调系统中其他硬件共同工作的硬件。CPU 的功能就是高速、准确地执行预先安排好的指令，每一条指令完成一次基本的算术运算或逻辑判断。

近十几年来，由于微电子技术的飞速发展，以超大规模集成电路为基础的功能芯片，其发展和更新速度不断加快。当今 CPU 的主要制造商包括 INTEL(用于个人电脑的 Celeron 和 Pentium 系列)和 AMD(Duron、Sempron、Athlon 系列)。

（2）主板与总线。主板是计算机系统中最大的一块电路板，主板上布满了各种电子元件、插槽、接口等。计算机在正常运行时对系统内存、存储设备和其他 I/O 设备的操控都必须通过主板来完成，因此计算机的整体运行速度和稳定性在相当程度上取决于主板的性能。总线是连接计算机中 CPU、内存、外存、输入输出设备的一组信号线以及相关的控制电路，它是计算机中用于在各个部件之间传输信息的公共通道。

（3）主存储器。即平时所说的内存，通常由半导体电路组成，通过总线与 CPU 相连。它是计算机内用于临时保存信息、操作系统以及应用软件的内存区。

（4）辅助存储器。又称外存储器，是挂接在计算机上的外部存储设备。它通过总线与主板相连。与内存不同，辅助存储器在关机时不会丢失信息。其特点是：数据存储容量大，可以长期保存，但数据的读写速度要比内存储器慢得多。常见的辅助存储设备包括：硬盘、U 盘、软盘、CD-ROM 等。

（5）输入设备。是用来获取信息和命令的工具，其功能是将数据信息以计算机可以接受的形式输入计算机。例如，可以用键盘输入信息或用鼠标指向并点击按钮和图标。常见的输入设备包括：键盘、鼠标、扫描仪、销售终端(POS)、触摸屏、条形码阅读器、光标阅读机等。

（6）输出设备。是用看、听或其他方式接收信息处理结果的工具，其作用是将计算机信息处理得到的二进制代码信息转换成人们能够直观地理解和使用的形式。在输出设备中，以显示器和打印机最为普遍，但有时也会使用扬声器和绘图仪。信息系统中常用的输出设备有：显示器、打印机、绘图仪等。

（7）输入/输出(I/O)设备接口。与 CPU 相比，外围设备的工作速度相差悬殊，处理的信息从数据格式到逻辑时序一般不可能直接兼容，因此，微型机与外围设备间的连接与信息交换不能直接进行，而必须设计一个"接口电路"作为两者之间的桥梁。其中用于系统本身的接口电路已做在称为主板芯片组的集成电路中，其余的接口电路又叫"适配器"，可供用户选择，连接于系统总线的插槽中，控制和驱动外设。主要的适配器有：显示适配器（显卡）、声卡、网络接口卡等。

2.1.3 计算机软件

软件包括计算机硬件执行的一系列指令，用来完成某个信息处理任务。硬件与软件是相互作用的，软件依赖于硬件的物质条件，而硬件则需在软件支配下才能有效地工作。随着信息技术的发展，软件变得越来越重要。没有软件，计算机就是一个昂贵又毫无用处的裸机。有了软件，用户面对的将不再是物理设备，不必了解计算机本身，可以采用更加方便、更加有效的手段使用计算机。从这个意义上说，软件是用户与硬件的接口。

一般把软件分为两大类:系统软件和应用软件。在一个计算机系统中,硬件、系统软件、应用软件及用户之间的关系如图 2-1 所示。

2.1.3.1　系统软件

系统软件是用来管理计算机中 CPU、内存、通信连接以及各种外部设备等所有系统资源的程序,其主要作用是管理和控制计算机系统的各个部分,使之协调运行,并为各种数据处理提供基础功能。系统软件包括四种基本类型:操作系统、数据库管理系统、工具软件、程序设计语言。

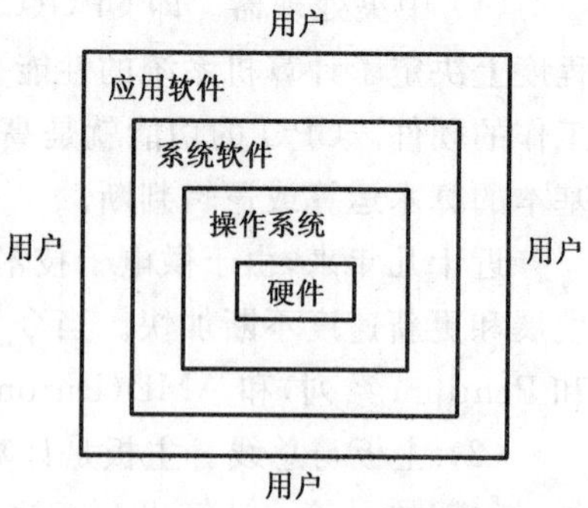

図 2-1　计算机系统的层次结构

1. 操作系统

计算机中用来控制和管理系统中的硬件资源和软件资源并且提供用户支持的程序以及与之有关的各种文档。操作系统是界于用户和计算机硬件之间的操作平台,只有通过操作系统才能使用户在不必了解计算机系统内部结构的情况下正确使用计算机。所有的应用软件和其他的系统软件都是在操作系统下运行的。它是整个计算机系统的管理指挥中心,操作系统的主要功能包括:

(1) 处理器(CPU)管理。当多个程序同时运行时,解决处理器时间的分配问题。

(2) 存储器管理。为每个应用程序提供存储空间的分配和应用程序之间的协调,保证每个应用程序在各自的地址空间里运行。

(3) 设备管理。协调、控制主机与外部设备之间输入输出的数据。

(4) 文件管理。主要负责整个文件系统的运行,包括文件的存储、检索、共享和保护,为用户操作文件提供接口。

(5) 用户接口。用户上机操作时直接用到操作系统提供的用户接口。操作系统对外提供多种服务,使得用户可以方便、有效地使用计算机硬件和运行自己的程序。现代操作系统向用户提供如下三种类型的界面:命令界面、程序界面和图形界面。

2. 数据库管理系统

在计算机应用于生产经营活动的过程中逐渐发展起来的。最初采用文件方式存储和管理在生产经营活动中产生的大量数据,由于这种方式下数据的独立性、共享性以及完整性等方面都存在很多问题,提出了需要一个系统软件来统一管理这些数据的要求,从而在 20 世纪 60 年代末出现了数据库管理系统(Database Management System,DBMS)。即以数据库的方式组织和管理数据,通过 DBMS 实现数据的整理加工、存储、检索和更新等日常管理工作。因为有了 DBMS 负责处理数据库和用户程序间的接口,所以用户不必注重数据的逻辑和物理表达细节,只需注意数据的内容就可以了。

3. 工具软件

为用户操作系统提供附加功能的软件。屏幕保护软件就是一个最简单的例子。工具软件包括各类对系统进行设置和维护的软件。更重要的是,工具软件中包含防病毒软件。防病毒软件是在内存和存储设备中扫描并消灭病毒的一种工具软件。除此之外,工具软件还包括防崩溃软件、卸载软件以及磁盘优化软件等。

4. 程序设计语言

应用软件是具有特定功能的一组程序。程序是指用某一种计算机语言编写的、计算机可以直接或间接执行的代码序列。使用某一种语言编程时,这种语言的支持软件、编译程序或解释程序、内部库函数、用户支持环境、各种设计工具以及与编程和程序运行有关的软件,就构成了这种语言的程序设计环境。程序设计语言可以分为以下几类:

(1)机器语言。早期的计算机不配置任何软件,这时的计算机称为"裸机"。裸机只认得 0 和 1 两种代码,程序设计人员只能用一连串的 0、1 构成的机器指令码来编写程序,这就是机器语言程序(Machine Language)。机器语言是一种面向计算机的程序设计语言,用它所设计的程序是一系列的指令。计算机的 CPU 可以直接执行机器语言程序,这种程序称为目标程序(Object Program)。机器语言程序目前很少人工编写,而是由高级语言程序通过软件生成。

(2)汇编语言。为了解决机器语言的缺点,人们提出了用符号(称为"助记符")来代替机器语言中的二进制代码的方法,设计了汇编语言。汇编语言是一种接近机器语言的符号语言。它将机器语言的指令用便于人们记忆的符号来表示,通过这种语言系统所带的翻译程序翻译成目标程序后再执行,汇编程序执行效率很高。目前在实时控制等方面的编程中仍有不少应用。

(3)高级语言。是一种完全符号化的语言,与上面的语言相比,其优势在于:更接近于自然语言,一般采用英语表达语句,便于理解、记忆和掌握;高级语言的语句与机器指令并不存在一一对应关系,一个高级语言语句通常对应多个机器指令,因而用高级语言编写的程序(称为高级语言源程序)短小精悍,不仅便于编写,而且易于查错和修改;通用性强,程序员不必了解具体机器指令就能编制程序,而且所编程序稍加修改或不用修改就能在不同的机器上运行。

(4)第四代语言。是相对于机器语言(第一代)、汇编语言(第二代)、高级语言(第三代)而言,与先期语言相比,更加非过程化并且更易于对话。大多数第四代语言(4GL)让用户和程序员使用非过程化的语言说明他们的要求,由计算机决定实现这个要求的指令序列。因此用户可以省却许多时间去开发实现某个需求的程序。4GL 有助于简化程序设计的过程。

2.1.3.2 应用软件

应用软件运行在操作系统之上,完成用户指定的特定任务。不同操作系统下的应用软件的结构是不同的。一个 UNIX 系统下的应用程序不能在 WINDOWS 下运行。微机上的应用软件可谓是丰富多彩,其应用范围几乎遍布各个领域。下面列举主要几个方面的应用。

1. 办公应用软件

办公应用是计算机应用领域中最为广泛的一种。它包括文字处理、制表、幻灯片制作等方面。人们通过办公应用软件来处理各种办公信息工作,实现办公自动化。

2. 图形图像处理软件

在多媒体时代,用计算机设计制作图形图像,其符号和色彩对于人类的视觉所传达的信息,比文字更直接。目前此类软件很多,常用有 AutoCAD、3DS Max、Photoshop 等。

3. 其他专用软件

用于输入、存储、修改、检索、报表制作等各种信息管理的软件,如财务管理系统、仓库管理系统、人事档案管理系统、设备管理系统、计划管理系统等。这类软件一般是用户自己或联合协作单位开发的应用程序,具有很强的针对性和实用性。这种软件发展到一定水平,通过局域网的建立,各个单项的软件互相联系起来,实现各种信息的合理的、规范化的流动,可以形成一个完整高效的信息系统。

2.2　数据库技术

2.2.1　数据库系统概述

"数据库"一词起源于 20 世纪 50 年代,当时美国为了战争的需要,把各种情报收集在一起并存储在计算机里,称为 Database。随着计算机在数据处理领域中的作用不断增大,人们开始研究在计算机系统中如何准确地表示数据,如何有效地组织与存储数据,以及如何高效地获取和处理数据,于是出现了数据库技术。由于数据库中的数据具有结构化、最小冗余、较高的程序与数据之间的独立性等特点,尤其是关系数据库概念简单、使用方便,并建立在一定的理论基础上,这使得数据库产品从 20 世纪 70 年代初一进入市场就受到广大用户的欢迎。

数据库技术是数据管理的最新技术,它已成为计算机领域中最重要的技术之一,它是软件学科中一个独立的分支。数据库的出现使得计算机应用渗透到各个领域及各行各业,事务处理系统、管理信息系统、办公自动化系统、决策支持系统等都是使用了数据库技术的计算机应用系统,数据库系统是信息系统的基础和主要组成部分。

2.2.1.1　数据库管理技术的发展

在了解数据库系统基本概念之前,先从数据管理技术的发展过程来认识数据是如何进行处理的。从数据处理的演变过程,就不难看出数据库技术的历史地位和发展前景。

1. 人工管理阶段

人工管理阶段出现在 20 世纪 50 年代中期以前,当时计算机主要用于科学与工程计算。由于当时没有必要的软件、硬件环境的支持,用户只能直接在裸机上操作,数据处理采用批处理方式。在这一管理方式下,用户的应用程序与数据相互结合不可分割,当数据有所变动时程序则随之改变,程序与数据之间不具有独立性;另外,各程序之间的数据不能相互传递,缺少共享性,各应用程序之间存在大量的重复数据,称为数据冗余。因而,这种管理方式既不灵活,也不安全,编程效率很低。

在人工管理阶段,应用程序与数据之间是一一对应的关系,如图 2-2 所示。

2. 文件管理阶段

文件管理阶段出现在 20 世纪 50 年代后期至 60 年代后期,由于大容量存储设备逐渐被投入使用,操作系统也已经诞生,而且操作系统中有了专门的数据管理软件,一般称为文件管理系统,即把有关的数据组织成一种文件,这种数据文件可以脱离应用程序而独立存在,由一个专门的文件系统实施统一管理。文件管理系统是一个独立的系统软件,它是应用程序与数据文件之间的一个接口,数据处理不仅采用批处理方式,而且能够联机实时处理。

在这一管理方式下,应用程序通过文件管理系统对数据文件中的数据进行加工处理,应用程序和数据之间具有了一定的独立性。但是,一旦数据的结构改变,就必须修改应用程序;反之,一旦应用程序的结构改变,也必然引起数据结构的改变,因此,应用程序和数据之间的独立性是相当差的。另外,数据文件仍高度依赖于其对应的应用程序,不能被多个程序所通用,数据文件之间不能建立任何联系,因而数据的共享性仍然较差,冗余量大。

在文件管理阶段,应用程序与数据之间的对应关系如图 2-3 所示。

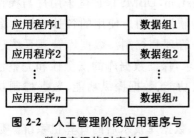

图 2-2 人工管理阶段应用程序与
数据之间的对应关系

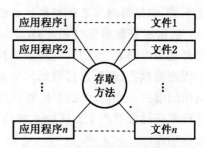

图 2-3 文件管理阶段应用程序与
数据之间的对应关系

3. 数据库管理阶段

数据库管理阶段出现在 20 世纪 60 年代后期,由于计算机需要处理的数据量急剧增长,同时为了克服文件管理方式的不足,数据库管理技术便应运而生。数据库管理技术的主要目的是有效地管理和存取大量的数据资源,它可以对所有的数据实行统一规划管理,形成一个数据中心,构成一个数据仓库,使数据库中的数据能够满足所有用户的不同要求,供不同用户共享。为数据库的建立、使用和维护而配置的软件称为数据库管理系统。数据库管理系统利用了操作系统提供的输入输出控制和文件访问功能,因此它需要在操作系统的支持下运行。

在这一管理方式下,应用程序不再只与一个孤立的数据文件相对应,而是通过数据库管理系统实现逻辑文件与物理数据之间的映射,这样应用程序对数据的管理和访问不但灵活方便,而且应用程序与数据之间完全独立,使程序的编制质量和效率都有所提高;另外,由于数据文件间可以建立关联关系,数据的冗余大大减少,数据共享性显著增强。

在数据库管理阶段,应用程序与数据之间的对应关系如图 2-4 所示。

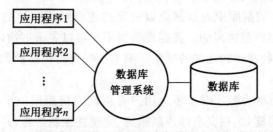

图 2-4 数据库管理阶段应用程序与数据之间的对应关系

4. 高级数据库阶段

从 20 世纪 80 年代以来,数据库技术在商业领域的巨大成功刺激了其他领域对数据库技术需求的迅速增长。这些新的领域为数据库应用开辟了新的天地,另一方面在应用中提出的一些新的数据管理的需求也直接推动了数据库技术的研究和发展,尤其是面向对象的数据库系统。另外,数据库技术不断与其他计算机分支结合,向高一级的数据库技术发展。例如,数据库技术与分布处理技术相结合,出现了分布式数据库系统;数据库技术与并行处理技术相结合,出现了并行数据库系统。

2.2.1.2 数据库系统的相关概念

1. 基本概念

(1) 数据库(DataBase,DB),是存储在计算机存储设备上,结构化的相关数据的集合。它不仅存放数据,而且还存放数据之间的联系。数据库中的数据是以文件的形式存储在存储介质上的,它是数据库系统操作的对象和结果。

(2) 数据库管理系统(DataBase Management System,DBMS),是位于用户与操作系统之间的帮助用户建立、使用和管理数据库的数据管理软件。用户使用的各种数据库命令以及应用程序的执行,都要通过数据库管理系统来统一管理和控制。数据库管理系统还承担着数据库的维护工作,按照数据库管理员所规定的要求,保证数据库的安全性和完整性。数据库管理系统通常有四个方面的主要功能:数据定义功能、数据操纵功能、数据控制功能和数据通信功能。

(3) 数据库系统(DataBase System,DBS),是引入数据库技术后的计算机系统。数据库系统不但能够实现有组织地、动态地存储大量相关的数据,而且为数据处理和信息资源共享提供了便利条件。数据库系统主要由五部分组成:计算机硬件系统、数据库、数据库管理系统及相关软件、数据库管理员和用户。

(4) 数据库应用系统(DataBase Application System,DBAS),是利用数据库系统资源开发的面向某一类实际应用的应用软件,例如,学生成绩管理系统、人事工资管理系统、产品销售管理系统等。

2. 数据库系统的特点

数据库系统具有如下特点:

(1) 数据共享性好。数据共享是数据库系统最重要的特点。数据库中的数据能够被多个用户、多个应用程序所共享。数据共享可以大大减少数据冗余,节约存储空间,给数据应用带来很大的灵活性。

(2) 数据独立性强。在数据库系统中,应用程序与数据是相互独立的,因此,对数据结构的修改不会对应用程序产生影响或者不会有大的影响,而对应用程序的修改也不会对数据产生影响或者不会有大的影响。

(3) 数据结构化。数据库中的数据是以一定的逻辑结构存放的,这种结构是由数据库管理系统所支持的数据模型决定的。数据库系统不仅可以表示事物内部各数据项之间的联系,而且还可以表示事物和事物之间的联系。只有按一定结构组织和存放的数据,才便于对它们实现有效的管理。

(4) 统一的数据控制功能。由于多个用户可以同时使用同一个数据库,因此必须提供必要的数据安全保护措施,包括安全性控制措施、完整性控制措施、并发操作控制措施等。

2.2.2 数据库系统的结构

尽管数据库软件产品种类繁多,使用的数据库语言各异,基础操作系统不同,采用的数据结构模型相差甚大,但绝大多数数据库系统在总体结构上都体现三级模式的结构特征:模式(Schema)、外模式(External Schema)和内模式(Internal Schema)。这个结构称为"数据库的体系结构",有时也称为"三级模式结构"。数据库的三级模式结构是针对数据的三个抽象级别,它把数据的具体组织留给 DBMS 去做,用户只要抽象地处理数据,而不必关心数据在计算机中的表示和存储,这样就减轻了用户使用系统的负担。

三级结构之间往往差别很大,为了实现这三个抽象级别的联系和转换,DBMS 在三级结构之间提供两个层次的映像,即外模式/模式映像和模式/内模式映像。

2.2.2.1 数据库系统的三级模式结构

数据库系统的三级模式结构是指数据库系统由外模式、模式和内模式三级构成,如图 2-5 所示。

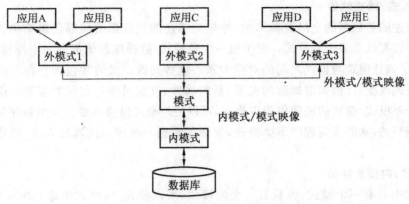

图 2-5　数据库系统的三级模式结构

1. 模式

模式也称逻辑模式,是数据库中全体数据的逻辑结构和特征的描述,是所有用户的公共数据视图。它是数据库系统模式结构的中间层,既不涉及数据的物理存储细节和硬件环境,也与具体的应用程序、所使用的应用开发工具及高级程序设计语言无关。

模式实际上是数据库数据在逻辑级上的视图。一个数据库只有一个模式。数据库模式以某一种数据模型为基础,统一综合地考虑了所有用户的需求,并将这些需求有机地结合成一个逻辑整体。定义模式时不仅要定义数据的逻辑结构,例如数据记录由哪些数据项构成,数据项的名字、类型、取值范围等,而且要定义数据之间的联系,定义与数据有关的安全性、完整性要求。

2. 外模式

外模式也称用户模式,它是数据库用户(包括应用程序员和最终用户)能够看见和使用的局部数据的逻辑结构和特征的描述,是数据库用户的数据视图,是与某一应用有关的数据的逻辑表示。

外模式通常是模式的子集。一个数据库可以有多个外模式。由于它是各个用户的数据视图,如果不同的用户在应用需求、看待数据的方式、对数据保密的要求等方面存在差异,则其外模式描述就是不同的。即使对模式中同一数据,在外模式中的结构、类型、长度、保密级别等都可以不同。另一方面,同一外模式也可以为某一用户的多个应用系统所使用,但一个应用程序只能使用一个外模式。

外模式是保证数据库安全性的一个有力措施。每个用户只能看见和访问所对应的外模式中的数据,数据库中的其余数据是不可见的。

3. 内模式

内模式也称存储模式(Storage Schema),一个数据库只有一个内模式。它是数据物理结构和存储方式的描述,是数据在数据库内部的表示方式。例如,记录的存储方式是顺序存储、按照 B 树结构存储还是按 hash 方法存储;索引按照什么方式组织;数据是否压缩存储,是否加密;数据的存储记录结构有何规定等。

2.2.2.2 数据库系统的二级映像

数据库系统的三级模式是对数据的三个抽象级别,为能在内部实现这三个抽象层次的联系和转换,数据库管理系统在这三级模式之间提供了两层映像,它保证了数据库系统中的数据能够具有较高的逻辑独立性和物理独立性。

1. 外模式 /模式映像

模式描述的是数据的全局逻辑结构,外模式描述的是数据的局部逻辑结构。对应于同一个模式可以有任意多个外模式。对于每一个外模式,数据库系统都有一个外模式/模式映像,它定义了该外模式与模式之间的对应关系。这些映像定义通常包含在各自外模式的描述中。当模式改变时(例如增加新的关系、新的属性、改变属性的数据类型等),由数据库管理员对各个外模式/模式的映像作相应改变,可以使外模式保持不变。应用程序是依据数据的外模式编写的,从而应用程序不必修改,保证了数据与程序的逻辑独立性,简称数据的逻辑独立性。

2. 模式 /内模式映像

数据库中只有一个模式,也只有一个内模式,所以模式/内模式映像是唯一的,它定义了数据库全局逻辑结构与存储结构之间的对应关系。例如,说明逻辑记录和字段在内部是如何表示的。该映像定义通常包含在模式描述中。当数据库的存储结构改变了(例如选用了另一种存储结构),由数据库管理员对模式/内模式映像作相应改变,可以使模式保持不变,从而应用程序也不必改变。保证了数据与程序的物理独立性,简称数据的物理独立性。

2.2.3　数据模型

数据库是某个企业、组织或部门所涉及的数据的综合,它不仅要反映数据本身的内容,而且要反映数据之间的联系。由于计算机不可能直接处理现实世界中具体事物,所以人们必须事先把具体事物转换成计算机能够处理的数据,在数据库中用数据模型这个工具来抽象、表示和处理现实世界的模拟。

不同的数据模型实际上是提供给用户模型化数据和信息的不同工具。根据模型应用的不同目的,可以将这些模型划分为两类,它们分属于两个不同的层次。第一类模型是概念层数据模型,习惯称它为概念模型,按照用户的观点来对数据和信息建模,主要用于数据库的设计。另一类模型是组织层数据模型,简称数据模型,它是按照计算机系统的观点对数据建模,主要用于数据库的实现。

2.2.3.1　概念层数据模型

概念模型用于现实世界的建模,是现实世界到信息世界的第一层抽象,是数据库设计人员进行数据库设计的有力工具,也是数据库设计人员和用户之间进行交流的语言。概念模型面向用户,描述用户的需求,它不依赖于某一个 DBMS,但可以转换为计算机上某一DBMS 支持的特定数据模型。概念模型的表示方法很多,其中最为著名、常用的是实体-联系方法。

1. 基本概念

(1) 实体(entity)。客观存在并且相互区别的事物称为实体。实体可以是实际的事物,例如,一个职工、一位教师、一本书等;实体也可以是抽象的事件,例如,一场比赛、一个创意、一次选课等。

(2) 属性(attribute)。描述实体的特性称为属性。一个实体可以由若干个属性来刻画,例如,职工实体由职工号、姓名、性别、年龄、职称、部门等属性组成,则(1002,李娜,女,32,工程师,02)这组属性值就构成了一个具体的职工实体。属性有属性名和属性值之分,如:"姓名"是属性名,"李娜"是姓名属性的一个属性值。

(3) 实体集(entity set)。具有相同类型及相同性质(或属性)的实体集合称为实体集。

例如,职工实体指的是名为职工的实体集(1002,李娜,女,32,工程师,02)是该实体集中的一个实体,同一实体集中没有完全相同的两实体。

(4) 码(key)。能唯一标识实体的属性或属性集,称为码,有时也称为实体标识符,或简称为键。如职工实体中的职工号属性。

(5) 域(domain)。属性的取值范围称为该属性的域(值域),如"职工性别"的属性域为[男,女]。

2. 实体间的联系

在现实世界中,事物之间是有关联的,这些关联在信息世界中被称为实体之间的联系。实体之间的联系可以归纳为一对一的联系、一对多的联系和多对多的联系三种类型。

(1) 一对一的联系。若对于实体集 A 中的每一个实体,在实体集 B 中都有唯一的一个实体与之联系,反之亦然,则称实体集 A 与实体集 B 具有一对一的联系。例如,一个部门只能有一名经理,而每一名经理只能在一个部门任职,则部门与经理之间具有一对一的联系。

(2) 一对多的联系。若对于实体集 A 中的每一个实体,在实体集 B 中有 $n(n>0)$ 个实体与之联系,反之,对于实体集 B 中的每一个实体,在实体集 A 中只有一个实体与之联系,则称实体集 A 与实体集 B 具有一对多的联系。例如,一个部门有若干名职工,而每一名职工只能在一个部门工作,则部门与职工之间具有一对多的联系。

(3) 多对多的联系。若对于实体集 A 中的每一个实体,在实体集 B 中有 $n(n>0)$ 个实体与之联系,反之,对于实体集 B 中的每一个实体,在实体集 A 中有 $m(m>0)$ 个实体与之联系,则称实体集 A 与实体集 B 具有多对多的联系。例如,一名学生可以选修多门课程,而每一门课程又可以被多名学生选修,则学生与课程之间具有多对多的联系。

3. 实体-联系模型

了解了实体、实体的属性及实体之间的联系之后,就可以着手建立实体-联系模型了。该模型是用来对实体、实体的属性及实体之间的联系进行描述的。实体-联系图(简称 E-R 图)就是一种描述实体-联系模型的常用工具。

E-R 图的图例说明如下:

实体:用矩形表示,矩形框内写明实体名。

实体的属性:用椭圆形表示,并用无向边将其与相应的实体连接起来。

联系:用菱形表示,菱形框内写明联系名,并用无向边分别与有关实体连接起来,同时在无向边旁标上联系的类型($1:1$、$1:n$、$m:n$)。

以上三种联系如图 2-6 所示。

2.2.3.2 组织层数据模型

数据库系统为了能很好地支持概念数据模型,必须要采用具体的数据组织结构,这就是组织层数据模型。组织层数据模型是位于概念层数据模型和数据库系统之间的一个层次。较为常见的组织层数据模型有层次模型、网状模型、关系模型和面向对象模型四类。它们之间的根本区别在于数据之间联系

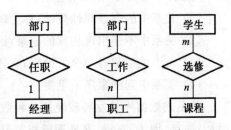

图 2-6 实体之间的联系 E-R 图

的表示方式不同(即记录型之间的联系方式不同)。其中,关系型数据库是目前最重要的一种数据库。20 世纪 80 年代以来,计算机厂商推出的数据库管理系统大多都采用关系型数据库系统。

1. 层次模型

层次模型是用树形结构来表示实体与实体之间的联系的。在这种模型中，记录类型为结点，由根结点、父结点和子结点构成。层次模型像一棵倒置的树，根结点在上，层次最高，子结点在下，逐层排列。其主要特征是：有且只有一个无双亲的根结点；根结点以外的子结点，向上仅有一个父结点，向下可以有若干个子结点。

层次模型表示的是一个父结点对应于多个子结点，而一个子结点只能对应于一个父结点的一对多的联系，它不能表示较复杂的数据结构，但却简单、直观、处理方便、算法规范，如图 2-7 所示。

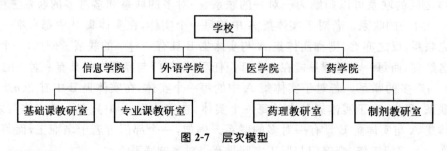

图 2-7　层次模型

2. 网状模型

网状模型是用网状结构表示实体与实体之间的联系的。在这种模型中，记录类型为结点，由结点与结点之间的相互关联构成，网状模型是层次模型的扩展，表示多个从属关系的层次结构，呈现一种交叉关系的网络结构。其主要特征是：允许有一个以上的结点无双亲结点；至少有一个结点有多于一个的双亲结点。

网状模型在概念上、结构上都比较复杂，实现的算法也难以规范化，但这种数据模型可以表示较复杂的数据结构，如图 2-8 所示。

3. 关系模型

关系模型是用二维表结构来表示实体与实体之间的联系的。关系模型的结构如表 2-1 所示，表格中的每一行代表一个实体，称为记录；每一列代表实体的一个属性，称之为字段。实体的多方面特性可用多个数据项（字段值）所组成。这样的二维表格也称作一个"关系"。关系具有如下性质：

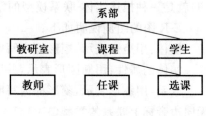

图 2-8　网状模型

（1）关系中的列是同性质的，称为属性或称为字段。用字段名来区分不同的属性。

（2）关系中不能出现相同的记录，记录的顺序无限制。

（3）每个关系都有一个关键字，它能唯一地标识关系中的一个记录。

（4）关系中列的顺序不重要。

关系式数据库是发展较晚的一种数据库，但由于关系式数据结构具有坚实的数学理论基础，简单、明了、直观、容易理解和掌握，在现实生活中应用最多，因此关系式数据库得到了非常广泛的应用。而且，由于层次式和网状式数据结构都可以通过一定方法转化为关系式数据结构，应用关系式数据模型来处理。因此，关系式数据库被认为是今后数据库的发展方向。

表 2-1　关系表

学号	姓名	性别	年龄	班级	……
08080101	张三	男	19	信息1班	……
……	……	……	……	……	……

4. 面向对象模型

面向对象数据库吸收了面向对象程序设计方法学的核心概念和基本思想。一个面向对象数据模型是用面向对象观点来描述现实世界实体(对象)的逻辑组织、对象间限制、联系等的模型。

现实世界中的任何实体都被统一地抽象为对象表示,每一个对象都有它唯一的标识,称为对象标识。每一个对象是其状态和行为的封装。对象的状态是该对象属性值的集合,而对象的行为是在对象状态上操作方法(程序代码)的集合。对象被封装的状态和行为在对象外部是不可见的,只能通过显式定义的消息传递来存取。

2.2.4　关系模式规范化

关系模式的规范化理论研究关系模式中各属性之间的依赖关系及其对关系模式性能的影响,探讨关系模式应具备的性质和设计方法。它给我们提供了判别关系模式优劣的标准,在数据库设计工作中首先要经过规范化处理,根据具体的应用需求将每一个关系规范成第一范式、第二范式、第三范式的形式。

2.2.4.1　第一范式(1NF)

第一范式要求关系中的每一个属性都是不可分的数据项,简称 1NF。示例如表 2-2。

表 2-2　基本情况表

学号	姓名	性别	政治面貌	籍贯	学习情况	
					课程名称	成绩
001	张晓	女	团员	河北石家庄	高等数学	85

从表 2-2 中可以看出数据项"学习情况"又包含了三个数据项:"课程名称"、"成绩"。如果将"学习情况"看成一个数据项的话,就不符合第一范式形式。可将"课程名称"、"成绩"看作是独立的数据项,如表 2-3 所示,则该关系表符合第一范式要求。

表 2-3　第一范式表

学号	姓名	性别	政治面貌	籍贯	课程名称	成绩
001	张晓	女	团员	河北石家庄	高等数学	85
001	张晓	女	团员	河北石家庄	英语	90

但是,如果用这种关系表描述一个学生的基本情况,可能产生以下问题:第一,有关姓名、性别、政治面貌、籍贯等数据元素的值要被重复存储,由此产生了大量的数据冗余;第二,当某人的基本信息需要改变的话,如张晓的"政治面貌"要由"团员"改为"党员",那么有关她的所有记录都要进行修改,假如她的第一条记录被修改而第二条记录没有得到修改,则产生了数据修改的不一致,在数据处理时就会产生错误;第三,在数据存储中关键字是不能为空的,当某学员刚入学没有学任何课程时,该学生的记录就无法输入到数据库中,这种现象称为插入异常;第四,当某学生的记录输入到数据库中时,如果该生因病取消了所选的所有课程,为此需要将该生的相关课程名称予以删除,由于关键字不能为空,在删除这些信息的同

27

时有关这个学生的基本信息也将被删除,这种现象称为删除异常。因此,需要将其进一步规范化处理。

2.2.4.2 第二范式(2NF)

第二范式首先要求满足第一范式,且所有非主属性完全函数依赖于其主属性,简称 2NF。

对于表 2-3 所示的关系表,关键字是"学号"和"课程名称",非关键字"成绩"完全函数依赖于关键字,而"姓名"、"性别"、"政治面貌"和"籍贯"则只依赖于学号,与关键字是部分依赖的关系,不满足第二范式。

为了消除部分函数依赖,假设考虑到所有学员的所选课程只有"高等数学"和"英语"的话,可将原关系表写成如表 2-4 所示的关系表。在表 2-4 中,关键字是"学号",非关键字都依赖于"学号",所以表 2-4 满足第二范式。

表 2-4　第二范式表

学号	姓名	性别	政治面貌	籍贯	课程名称1	成绩1	课程名称2	成绩2
001	张晓	女	团员	河北石家庄	高等数学	85	英语	90

如果有的学生选了 3 门或 3 门以上的课程,这种表达形式就不能够满足要求。为此就必须调查所有学生的选课情况,得到全体学生所选课程的总数 n,然后建立数据元素,一般来说不同的学生在其读书期间所选的课程可能是不同的,因此而带来了大量的数据冗余,而且增加了处理的复杂程度,影响处理速度。由此可见一些关系虽然满足了第二范式的要求,但仍不是一种良好的结构,还需要进一步进行规范处理。

2.2.4.3 第三范式(3NF)

第三范式应满足第二范式,且它的任何一个非主属性都不传递函数依赖于任何主属性,简称为 3NF。

由于表 2-4 所示的关系中,"学号"为关键字,"课程名称 1"依赖于关键字"学号";而"成绩 1"依赖于"课程名称 1",即"成绩 1"传递依赖于关键字"学号",所以,表 2-4 所示的关系表不满足第三范式。

为消除这种传递关系,我们将表 2-4 分解成如表 2-5 和表 2-6 所示的两个关系表。在表 2-5 中,关键字为"学号",其他非关键字都不传递依赖于关键字,所以满足第三范式。在表 2-6 中,关键字为"学号"和"课程名称"其他非关键字都不传递依赖于关键字,所以满足第三范式。

表 2-5　第三范式表(一)

学号	姓名	性别	政治面貌	籍贯
001	张晓	女	团员	河北石家庄

表 2-6　第三范式表(二)

学号	课程名称	成绩
001	高等数学	85
001	英语	90

这样分解后的两个关系模式都满足了第三范式的要求,完全消除了操作异常的问题。关系规范化的目的就是要消除关系中的操作异常问题。在模式分解时,往往通过投影的方式进行分解,通过连接可将分解后的关系恢复成原样,这样的分解才能既消除了问题,又不损失信息。

目前,规范理论已提出了五级范式。在实际应用中,关系模式分解到 3NF 已足够了。

2.3　数据仓库与数据挖掘

2.3.1　数据仓库

在数据库应用的早期,计算机系统所处理的是从无到有的问题,是传统手工业务自动化的问题,例如银行的储蓄系统,这属于典型的联机事务处理(OLTP)系统。联机事务处理系统只涉及当前数据,系统积累下的历史数据往往被转储到脱机的环境中。由于在计算机系统应用的早期,还没有积累大量的历史数据可供统计与分析,因此,联机事务处理成为 20 世纪整个 80 年代直到 90 年代初数据库应用的主流。

数据库系统作为数据管理的手段,传统上主要用于事务处理。在这些数据库中已经保存了大量的日常业务数据。企业的决策分析早期也是建立在这样的数据处理环境上进行的。尽管数据库在事务处理方面的应用获得了巨大的成功,但它对分析处理的支持一直不能令人满意,尤其是当以业务处理为主的联机事务处理应用与以联机分析处理为主的 DSS 应用共存于同一个数据库系统时,两种类型的处理发生了明显的冲突。人们逐渐认识到,事务处理和分析处理具有极不相同的性质,直接使用事务处理环境来支持 DSS 是行不通的。因此就产生了现在的数据仓库技术。

2.3.1.1　数据仓库的定义及特点

著名的数据仓库专家 W. H. Inmon 于 1992 年在其著作《Building the Data Warehouse》一书中给予数据仓库如下定义:数据仓库是一个面向主题的、集成的、相对稳定的、反映历史变化的数据集合,用于支持管理决策。对于数据仓库的概念可以从两个层次予以理解:首先,数据仓库用于支持决策,面向分析型数据处理,它不同于企业现有的操作型数据库;其次,数据仓库用于对多个异构的数据源有效集成,集成后按照主题进行重组,并包含历史数据,而且存放在数据仓库中的数据一般不再修改。以下对数据仓库的 4 个特点进行分析:

(1) 面向主题(Subject Oriented)。传统数据库的数据组织面向事务处理任务,各个业务系统之间各自分离;而数据仓库中的数据是按照一定的主题进行组织的。主题是一个抽象的概念,是指用户使用数据仓库进行决策时所关心的重点方面,一个主题通常与多个操作型信息系统相关。

(2) 集成的(Integrate)。面向事务处理的传统数据库通常与某些特定的应用相关,如财务、人事、销售、生产等系统,数据库之间相互独立,往往异构(如编码、命名习惯、实际属性、属性度量等方面的不一致,例如,对顾客的性别编码,有的系统用"男女"来表示,有的用"0"或"1"表示;再比如产品编码、人员编码等在不同的系统可能采用不同长度的字符串表示)。而数据仓库中的数据是在对原有分散的数据库数据抽取、清理的基础上经过系统加工、汇总和整理得到的,必须消除源数据中的不一致性(即当这些数据进入数据仓库的时候,必须采用某种方法消除应用问题中存在的许多不一致,使之在数据仓库中有统一的表示和含义),以保证数据仓库中的信息是关于整个企业的一致的全局信息。

(3) 相对稳定的(Nonvolatile)。传统数据库中的数据通常实时更新,数据根据需要及时发生变化。数据仓库的数据主要供企业决策分析之用,所涉及到的数据操作主要是数据查询,一旦某个数据进入数据仓库,一般情况下将被长期保留,很少修改和删除,只需定期加载、刷新。

(4) 反映历史变化(Time Variant)。传统数据库主要关心当前某一个时间段内的数据;而数据仓库中的数据通常包含历史信息,系统记录了企业从过去某一时间点到目前的各个阶段的信息,通过这些信息,可以对企业的发展历程和未来趋势做出定量分析和预测。

数据仓库不是数据的简单堆积,而是从容量庞大的事务型数据库中抽取数据,并将其清理、转换为新的存储格式,即根据决策目标将存储在数据库中对决策分析所必需的、历史的、分散的、详细的数据,经处理转换成集中统一的、随时可用的信息。

2.3.1.2 数据仓库系统的体系结构

整个数据仓库系统是一个包含 4 个层次的体系结构,如图 2-9 所示。

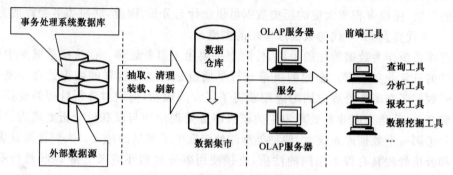

图 2-9 数据仓库系统体系结构

(1)数据源。数据源是指企业来自于不同业务系统的、以不同形式存储的数据,包括企业数据库、业务文件和其他数据来源。数据源是数据仓库系统的基础,是整个系统的数据源泉。

(2)数据的存储与管理。数据仓库要从各种数据源中获得数据,必须具备有效的输入工具,对这些原始"粗数据"进行必要的处理工作。这些粗数据源中很多信息并不需要,因此,必须有选择地抽取需要的字段。除此之外,对一些必要的但原始数据中缺乏的信息,也必须提供"默认值"。总之,由于数据仓库有自己的独立数据库系统,字段长度、字段类型、索引定义等与源数据库有很大的不同,数据在导入之前,各种转换工作是必然的。

企业的所有数据经汇集整理后,集中到中央数据仓库,形成企业级的一致和完整的数据仓库,可以进一步根据不同主题需要将中央数据仓库划分为不同数据集市(当然也可以将不同数据集市统一成为中央数据仓库)。

(3)OLAP 服务器。它对分析需要的数据进行有效集成,按多维模型予以组织,以便进行多角度、多层次的分析,并发现趋势。

(4)前端工具。主要包括各种报表工具、查询工具、数据分析工具、数据挖掘工具以及各种基于数据仓库或数据集市的应用开发工具。其中数据分析工具主要针对 OLAP 服务器,报表工具、数据挖掘工具主要针对数据仓库。

2.3.2 OLAP 和数据挖掘

2.3.2.1 OLAP 技术基本概念

联机分析处理(On-Line Analytical Processing,OLAP)的概念最早由关系数据库之父 E. F. Codd 于 1993 年提出的。Codd 认为联机事务处理(OLTP)已不能满足终端用户对数据库查询分析的要求,SQL 对大数据库的简单查询也不能满足用户分析的需求。用户的决策分析需要对关系数据库进行大量计算才能得到结果,而查询的结果并不能满足决策者提出的需求。

因此,Codd 提出了多维数据库和多维分析的概念,即 OLAP。OLAP 委员会对联机分析处理的定义为:使分析人员、管理人员或执行人员能够从多种角度对从原始数据中转化出来的、能够真正为用户所理解的、并真实反映企业维特性的信息进行快速、一致、交互地存取,从而获得对数据的更深入了解的一类软件技术。OLAP的目标是满足决策支持或多维环境特定的查询和报表需求,它的技术核心是"维"这个概念,因此OLAP也可以说是多维数据分析工具的集合。

数据仓库与OLAP的关系是互补的,现代OLAP系统一般以数据仓库作为基础,即从数据仓库中抽取详细数据的一个子集并经过必要的聚集存储到OLAP存储器中供前端分析工具读取。

数据仓库和数据集市是用于存储分析数据的场地,OLAP是允许客户应用程序有效地访问这些数据的技术。OLAP可以为分析数据的用户提供的好处有:

(1) 查询数据的预先计算可以大大加快查询响应的时间。

(2) 多维数据模型使得检索、浏览数据更加简单。

(3) 有助于用户根据许多计算函数创建新的数据视图。

(4) 这种技术增强了安全性管理、客户机/服务器查询管理和数据缓存,允许DBA优化用户需要的系统性能。

2.3.2.2 数据挖掘的概念

从技术角度讲,数据挖掘(Data Mining,DM)是从大量的、不完全的、有噪声的、模糊的、随机的实际应用数据中,提取隐含在其中的、人们事先不知道的、但又是潜在有用的信息和知识的过程。

从商业角度看,数据挖掘是一种新的商业信息处理技术,是对商业数据库中的大量业务数据进行各种处理,从中提取辅助商业决策的关键性数据,是一个深层次的数据分析方法。

数据挖掘可描述为:按企业既定业务目标,对大量的业务数据进行探索和分析,揭示隐藏的、未知的或验证已知的规律性,并进一步将其模型化的先进有效的方法。

2.3.2.3 数据仓库和数据挖掘的关系

数据仓库与数据挖掘是作为两种独立的信息技术出现的。数据仓库与数据挖掘从不同的侧面完成对决策过程的支持,相互间有一定的内在联系。建立数据仓库的目的是能够按主题存放海量数据,从大量数据中寻求有用的信息。数据仓库是有效进行数据挖掘的基础,它与数据挖掘有自然的联系。很多人一讲数据挖掘,首先必须讲数据仓库。数据挖掘是从大量的数据中发现有意义的模式,但大量的数据并不一定是来源于数据仓库。因为,这样会造成一种误解,进行数据挖掘项目,一定要先建立数据仓库。

另一方面,数据仓库的结构,其实并非适合进行数据挖掘分析,因为大部分数据仓库的结构采用星型或雪花型数据模型,这些数据仓库其实是为OLAP建立的,更适合进行OLAP的多维分析,而要从事数据挖掘项目还需要将数据转换成数据挖掘算法能够识别的数据结构。

数据仓库为数据挖掘所做的,应该从数据整合和清洗的角度来理解。也就是说,数据仓库将不同操作源的数据存放到一个集中的环境中,并且进行适当的清洗和转换。数据挖掘所需要的数据,能够直接从数据仓库获得,但是获得后还是需要进行转换,如果没有数据仓库,就需要直接从操作型数据源中获取,并且要进行ECTL(抽取、清洗、转换、装载)的操作。

因此,没有数据仓库也是能够进行数据挖掘项目,数据仓库的结构不是为数据挖掘设计的,它更适合OLAP操作。

2.3.2.4 数据挖掘的功能

数据挖掘通过预测未来趋势及行为,做出基于知识的决策。数据挖掘的目标是从数据库中发现隐含的、有意义的知识,主要有以下五类功能:

(1)自动预测趋势和行为。数据挖掘自动在大型数据库中寻找预测性信息,以往需要进行大量手工分析的问题如今可以迅速的直接由数据本身得出结论。一个典型的例子是市场预测问题,数据挖掘使用过去有关促销的数据来寻找未来投资中回报最大的用户,其他可预测的问题包括预报破产以及认定对指定事件最可能做出反应的群体。

(2)关联分析。数据关联是数据库中存在的一类重要的可被发现的知识。若两个或多个变量的取值之间存在某种规律性,就称为关联。关联可分为简单关联、时序关联、因果关联。关联分析的目的是找出数据库中隐藏的关联网。有时并不知道数据库中数据的关联函数,即使知道也是不确定的,因此关联分析生成的规则带有可信度。

(3)聚类。数据库中的记录可被化分为一系列有意义的子集,即聚类。聚类增强了人们对客观现实的认识,是概念描述和偏差分析的先决条件。聚类技术主要包括传统的模式识别方法和数学分类学。20 世纪 80 年代初,Mchalski 提出了概念聚类技术,其要点是,在划分对象时不仅考虑对象之间的距离,还要求划分出的类具有某种内涵描述,从而避免了传统技术的某些片面性。

(4)概念描述。概念描述就是对某类对象的内涵进行描述,并概括这类对象的有关特征。概念描述分为特征性描述和区别性描述,前者描述某类对象的共同特征,后者描述不同类对象之间的区别。生成一个类的特征性描述只涉及该类对象中所有对象的共性。生成区别性描述的方法很多,如决策树方法、遗传算法等。

(5)偏差检测。数据库中的数据常有一些异常记录,从数据库中检测这些偏差很有意义。偏差包括很多潜在的知识,如分类中的反常实例、不满足规则的特例、观测结果与模型预测值的偏差、量值随时间的变化等。偏差检测的基本方法是,寻找观测结果与参照值之间有意义的差别。

2.3.2.5 数据挖掘的主要方法

目前,国内外有许多研究机构、公司和学术组织在从事数据挖掘工具的研究和开发。这些数据挖掘工具采用的主要方法包括决策树、相关规则、神经元网络、遗传算法,以及可视化、OLAP 联机分析处理等,另外也采用了传统的统计方法。

(1)决策树(Decision Tree)。决策树是建立在信息论基础之上,对数据进行分类的一种方法。首先,通过一批已知的训练数据建立一棵决策树。然后,利用建好的决策树,对数据进行预测。决策树的建立过程可以看成是数据规则的生成过程,因此可以认为,决策树实现了数据规则的可视化,其输出结果也容易理解。例如:在金融领域中将贷款对象分为低贷款风险与高贷款风险两类。通过决策树,我们可以很容易地确定贷款申请者是属于高风险的还是低风险的。决策树方法精确度比较高,结果容易理解,效率也比较高,因而比较常用。

(2)神经网络(Neural Network)。神经网络建立在自学习的数学模型基础之上。它可以对大量复杂的数据进行分析,并可以完成对人脑或其他计算机来说极为复杂的模式抽取及趋势分析。神经网络系统由一系列类似于人脑神经元一样的处理单元组成,我们称之为节点(Node)。这些节点通过网络彼此互连,如果有数据输入,它们便可以进行确定数据模式的工作。神经网络有相互连接的输入层、中间层(或隐藏层)、输出层组成。中间层由多个节点组成,完成大部分网络工作。输出层输出数据分析的执行结果。例如:我们可以指定输入层为代表过去的销售情况、价格及季节等因素,输出层便可输出判断本季度的销售情况的数据。

(3) 相关规则。相关规则是一种简单却很实用的关联分析规则,它描述了一个事物中某些属性同时出现的规律和模式。例如:超级市场中通过 POS 系统收集存储了大量售货数据,记录了什么样的顾客在什么时间购买了什么商品,这些数据中常常隐含着诸如:购买面包的顾客中有 90% 的人同时购买牛奶的相关规则。相关规则分析就是依据一定的可信度、支持度、期望可信度、作用度建立相关规则的。

(4) K-nearest 邻居。邻居就是彼此距离很近的数据。依据"Do as your neighbors do"的原则,K-nearest 邻居方法认为:邻居数据必然有相同的属性或行为。K 表示某个特定数据的 K 个邻居,可以通过 K 个邻居的平均数据来预测该特定数据的某个属性或行为。

(5) 遗传算法。遗传算法是一种基于生物进化论和分子遗传学的搜索优化算法。它首先将问题的可能解按某种形式进行编码,编码后的解称为染色体;随机选取 N 个染色体作为初始种群,再根据预定的评价函数对每个染色体计算适应值,性能较好的染色体有较高的适应值;选择适应值较高的染色体进行复制,并通过遗传算子,产生一群新的更适应环境的染色体,形成新的种群,直至最后收敛到一个最适应环境的个体,得到问题的最优化解。

数据挖掘的用途很多,在客户关系管理中,它可以发现使客户盈利的因素或促使客户转向竞争对手的因素;在医疗领域,它可以确定哪些过程更为有效,哪些病人最适合于做外科手术;在市场销售领域中,它可以确定哪些客户更感兴趣于哪些特定商品或增加销售收入的方法;在制造领域,它可以确定哪些过程参数最能影响产品的质量。

2.4 网络与通信

2.4.1 数据通信系统基础

数据传输是计算机网络各种功能的基础。如果没有数据传输,网络中的数据只能停留在本地,这使网络的连通失去了本来的意义。而数据传输是在数据的发送方和接收方能够发生通讯的基础上才能实现的。

2.4.1.1 通信系统原理

1. 基本概念及基本结构

数据通信系统就是通过适当的通信线路将数据信息从一台机器设备传送到另一台机器设备,这里的机器设备可以是计算机、各种输入输出终端和存储设备等。通信系统的三要素包括:信源、信宿和信道。其中产生和发送信息的一端称为信源;接收信息的一端称为信宿;两地间传输数据信号的通路,即信号的传输通道(包括传输媒体和通信设备)称为信道。

通信系统中若没有噪声则是一种理想模型,而实际上噪声是或多或少存在的,因此为了保证在信源和信宿之间能够实现正确的信息传输与交换,除了使用一些克服干扰以及差错的检测和控制方法外,还要借助于其他各种通信技术来解决这个问题,如调制、编码、复用等。通信系统的基本框图如图 2-10 所示。

2. 模拟通信系统

指传输模拟信号的数据通信系统,通常由信源、调制器、信道、解调器、信宿以及噪声组成。如:普通的电话、广播、电视等。

模拟通信系统工作原理:将信源所产生的原始模拟

图 2-10 通信系统的基本框图

信号经过调制后再通过信道传输,到达信宿后再通过解调器将信号解调出来(见图 2-11)。

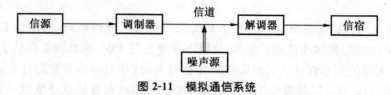

图 2-11　模拟通信系统

3. 数字通信系统

数字通信系统是指传输数据信号的数据通信系统,由信源、信源编码器、信道编码器、调制器、信道、解调器、信道译码器、信源译码器、信宿、噪声源组成(见图 2-12)。如:计算机通信、数字电话、数字电视等。

在数字通信系统中,若信源发出的是模拟信号,则要经过信源编码器对模拟信号进行调制编码使其成为数字信号;若信源发出的是数字信号,仍然要进行数字编码。

信源编码有两个作用:一是实现数/模转换,二是降低信号的误码率。信源译码则是其逆过程。

信道编码是为了能够自动地检测出错误或纠正错误所采用的检错编码或纠错编码。信道译码则是其逆过程。

从信道编码器输出的数字信号还是基带信号,除了近距离能够直接传输外,通常为了与采用的信道相匹配,要将基带信号经过调制变换成频带信号再传输,这就是调制器的任务;解调器正是它的逆过程。

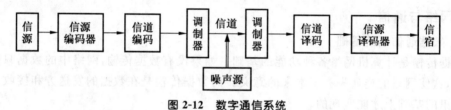

图 2-12　数字通信系统

4. 数据通信的主要技术指标

数据通信的任务是传递信息,要求速度快、效率高、差错率小,一般从有效性和可靠性两方面的参数来衡量。有效性主要由数据传输速率、传输延迟、信道带宽和信道容量等指标来衡量。可靠性一般用数据传输的误码率指标来衡量。

(1)信道带宽和信道容量:信道带宽是指通信系统传输信息的信道的最大频率范围。信道容量是指单位时间内信道所能传输的最大信息量,它表征信道的传输能力。信道容量有时也表示为单位时间内最多可传输的二进制数的位数(bit/s)。一般情况下,信道带宽越宽,则信道容量就越大,单位时间内信道上传输的信息量就越多,传输效率也就越高。信号传输速率受信道带宽的限制。

(2)数据传输速率:指单位时间内传输信息量的多少,单位为比特/秒(bit/s)。

(3)误码率:二进制码在传输过程中出现错误的概率。

(4)传输延迟:指由于各种原因的影响,而使系统信息在传输过程中存在着不同程度的延误或滞后的现象。信息的传输延迟时间包括发送和接收处理时间、电信号响应时间、中间转发时间和信道传输时间等。

5. 通信方式

数据在通信线路上传输是有方向的。根据数据在线路上的传输方向和特点,有单工、半双工和全双工 3 种通信方式。

（1）单工通信：在通信线路上，数据只可按一个固定的方向传送而不能进行相反方向传送的通信方式。例如广播、遥控通信。

（2）半双工通信：数据可以双向传输，但不能同时进行，在任一时刻只允许在一个方向上传输信息的通信方式。

（3）全双工通信：可同时双向传输数据的通信方式。

2.4.1.2　数据传输的多路复用技术

在数据通信系统或计算机网络中，传输媒体的带宽或容量往往超过单一用户的需求，为有效利用通信线路，需利用一条信道同时传输多路信息，这就是多路复用技术。多路复用技术能把多个信源信号组合在一条物理信道上传输，使多个计算机或终端设备共享信道资源，提高信道的利用率。

1.　频分多路复用（Frequency Division Multiplexing，FDM）

事实上，通信线路的可用带宽超过了给定信号的带宽，频分多路复用恰恰是利用了这一优点。频分多路复用的基本原理是：如果每路信号以不同的载波频率进行调制，而且各个载波频率是完全独立的，即各个信道所占用的频带不相互重叠。相邻信道之间用"警戒频带"隔离，那么每个信道就能独立地传输一路信号。其基本原理如图 2-13 所示。

频分多路复用的主要特点是，信号被划分成若干通道（频道，波段），每个通道互不重叠，独立进行数据传递。频分多路复用在无线电广播和电视领域中应用较多。ADSL 也是一个典型的频分多路复用。ADSL 用频分多路复用的方法，在 PSTN 使用的双绞线上划分出三个频段：0～4 kHz 用来传送传统的语音信号；20 kHz～50 kHz 用来传送计算机上载的数据信息；150 kHz～500 kHz 或 140 kHz～1 100 kHz 用来传送从服务器上下载的数据信息。

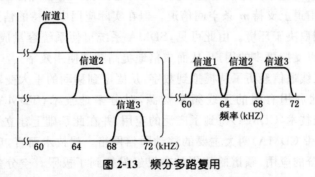

图 2-13　频分多路复用

2.　时分多路复用（Time Division Multiplexing，TDM）

时分多路复用是以信道传输时间作为分割对象，通过为多个信道分配互不重叠的时间片的方法来实现多路复用。时分多路复用将用于传输的时间划分为若干个时间片，每个用户分得一个时间片。

时分多路复用通信，是各路信号在同一信道上占有不同时间片进行通信。由抽样理论可知，抽样的一个重要作用，是将时间上连续的信号变成时间上离散的信号，其在信道上占用时间的有限性，为多路信号沿同一信道传输提供了条件。具体说，就是把时间分成一些均匀的时间片，将各路信号的传输时间分配在不同的时间片，以达到互相分开，互不干扰的目的。图 2-14 为时分多路复用示意图。

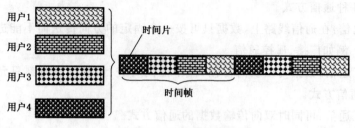

图 2-14　时分多路复用

3. 码分多址（Code Division Multiple Access，CDMA）

它是采用地址码和时间、频率共同区分信道的方式。CDMA 的特征是每个用户具有特定的地址码，而地址码之间相互具有正交性，因此各用户信息的发射信号在频率、时间和空间上都可能重叠，从而使有限的频率资源得到利用。

CDMA 是在扩频技术上发展起来的无线通信技术，即将需要传送的具有一定信号带宽的信息数据，用一个带宽远大于信号带宽的高速伪随机码进行调制，使原数据信号的带宽被扩展，再经载波调制并发送出去。接收端也使用完全相同的伪随机码，对接收的带宽信号作相关处理，把宽带信号换成原信息数据的窄带信号即解扩，以实现信息通信。不同的移动台（或手机）可以使用同一个频率，但是每个移动台（或手机）都被分配带有一个独特的"码序列"，该序列码与所有别的"码序列"都不相同，因为是靠不同的"码序列"来区分不同的移动台（或手机），所以各个用户相互之间也没有干扰，从而达到了多路复用的目的。

4. 空分多址（Space Division Multiple Access，SDMA）

这种技术是将空间分割构成不同的信道，从而实现频率的重复使用，达到信道增容的目的。SDMA 系统就能够在一条普通信道上创建大量的频分、时分或码分双向空间信道，每一条信道都可以完全获得整个阵列的增益和抗干扰功能。从理论上而言，带有 m 个单元的阵列能够在每条普通信道上支持 m 条空间信道。但在实际应用中支持的信道数量将略低于这个数目，具体情况则取决于环境。由此可见，SDMA 系统可使系统容量成倍增加，使得系统在有限的频谱内可以支持更多的用户，从而成倍地提高频谱使用效率。

近几十年来，无线通信经历了从模拟到数字，从固定到移动的重大变革。而就移动通信而言，为了更有效地利用有限的无线频率资源，时分多址技术（TDMA）、频分多址技术（FDMA）、码分多址技术（CDMA）得到了广泛的应用，并在此基础上建立了 GSM 和 CDMA（是区别于 3G 的窄带 CDMA）两大主要的移动通信网络。就技术而言，现有的这三种多址技术已经得到了充分的应用，频谱的使用效率已经发挥到了极限。空分多址技术（SDMA）则突破了传统的三维思维模式，在传统的三维技术的基础上，在第四维空间上极大地拓宽了频谱的使用方式，使得移动用户仅仅由于空间位置的不同而复用同一个传统的物理信道成为可能，并将移动通信技术引入了一个更为崭新的领域。

2.4.1.3　数据交换技术

数据在通信线路上传输的最简单的形式是在两个互连的设备之间直接进行数据通信，但网络中所有设备都直接两两互连是不现实的，通常需要经过中间节点将数据从信源逐点传送到信宿，实现发送端和接收端的通信，这就涉及数据交换技术。

1. 电路交换

在数据通信网发展初期，人们根据电话交换原理，发展了电路交换方式。当用户要发信息时，由源交换机根据信息要到达的目的地址，把线路接到那个目的交换机。这个过程称为线路接续,是由所谓的联络信号经存储转发方式完成的,即根据用户号码或地址(被叫),经局间中继线传送给被叫交换局并转被叫用户。线路接通后,就形成了一条端对端(用户终端和被叫用户终端之间)的信息通路,在这条通路上双方即可进行通信。通信完毕,由通信双方的某一方,向自己所属的交换机发出拆除线路的要求,交换机收到此信号后就将此线路拆除,以供别的用户呼叫使用。电路交换与电话交换方式的工作过程很类似。如图 2-15 所示。

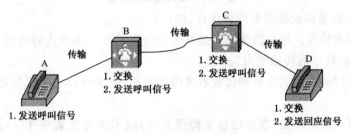

图 2-15 电路交换示意图

主机 A 要向主机 D 传送数据,首先要通过通信子网 B 和 C 在 A 和 D 之间建立连接。首先主机 A 向节点 B 发送呼叫信号,其中含有要建立连接的主机 D 的目的地址;节点 B 根据目的地址和路径选择算法,选择下一个节点 C,并向节点 C 发送呼叫信号;节点 C 根据目的地址和路径选择算法,选择目的主机 D,并向主机 D 发送呼叫信号;主机 D 如果接受呼叫请求,它一方面建立连接,一方面通过已建立的连接 A-B-C-D,向主机 A 发送呼叫回应包。

由于电路交换的接续路径是采用物理连接的,在传输电路接续后,控制电路就与信息传输无关,所以电路交换方式的主要优点是:数据传输可靠、迅速,不丢失且保持原来的序列。缺点是在有的环境下,电路空闲时的信道容量被浪费,而且数据传输阶段的持续时间不长的话,电路建立和拆除所用的时间也得不偿失。因此它适合于系统间要求高质量的大量数据传输的情况,其计费方法一般按照预定的带宽、距离和时间来计算。

2. 报文交换

20 世纪 60 年代和 70 年代,为了获得较好的信道利用率,出现了存储-转发的想法,这种交换方式就是报文交换。目前这种技术仍普遍应用在某些领域(如电子信箱等)。

在报文交换中,不需要在两个站之间建立一条专用通路,其数据传输的单位是报文,即是站点一次性要发送的数据块,长度不限且可变。传送的方式采用存储-转发方式,即一个站想要发送一个报文,它把一个目的地址附加在报文上,网络节点根据报文上的目的地址信息,把报文发送到下一个节点,一直逐个节点地转送到目的节点。每个节点在收下整个报文之后,检查无错误后,暂存这个报文,然后利用路由信息找出下一个节点的地址,再把整个报文传送给下一个节点,因此,端与端之间无需事先通过呼叫建立连接。

它的基本原理是用户之间进行数据传输,主叫用户不需要先建立呼叫,而先进入本地交换机存储器,等到连接该交换机的中继线空闲时,再根据确定的路由转发到目的交换机。由于每份报文的头部都含有被寻址用户的完整地址,所以每条路由不是固定分配给某一个用户,而是由多个用户进行统计复用。如图 2-16 所示。

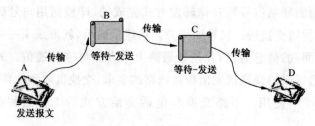

图 2-16　报文交换示意图

这种方法比起电路交换来有许多优点,如:

(1) 线路效率较高。这是因为许多报文可以分时共享一条节点的通道。对于同样的通信容量来说,需要较小的传输能力。

(2) 不需要同时使用发送器和接收器来传输数据,网络可以在接收器可用之前,暂时存储这个报文。

(3) 在电路交换网络上,当通信量变得很大时,就不能接受某些呼叫,而在报文交换网络上,却仍然可以接收报文,但传送延迟会增加。

(4) 报文交换系统可以把一个报文发送到多个目的地,而电路交换网络很难做到这一点。

报文交换的主要缺点是,它不能满足实时或交互式的通信要求,经过网络的延迟相当长,而且有相当大的变化。因此,这种方式不能用于声音连接,也不适合于交互式终端到计算机的连接。有时节点收到过多的数据而不得不丢弃报文,并阻止了其他报文的传送,而且发出的报文不按顺序到达目的地。另外,报文交换中,若报文较长,需要较大容量的存储器,若将报文放到外存储器中去时,会造成响应时间过长,增加了网路延迟时间。

3. 分组交换

分组交换也称包交换,它是将用户传送的数据划分成一定的长度,每个部分叫做一个分组。分组交换与报文交换都是采用存储-转发交换方式。二者的主要区别是:报文交换时报文的长度不限且可变,而分组交换的报文长度不变。分组交换首先把来自用户的数据暂存于存储装置中,并划分为多个一定长度的分组,每个分组前边都加上固定格式的分组标题,用于指明该分组的发端地址、收端地址及分组序号等。

以报文分组作为存储转发的单位,分组在各交换节点之间传送比较灵活,交换节点不必等待整个报文的其他分组到齐,一个分组、一个分组地转发。这样可以大大压缩节点所需的存储容量,也缩短了网路时延。另外,较短的报文分组比长的报文可大大减少差错的产生,提高了传输的可靠性。

在分组交换方式中,由于能够以分组方式进行数据的暂存交换,经交换机处理后,很容易地实现不同速率、不同规程的终端间通信。分组交换的特点主要有:

(1) 线路利用率高。分组交换以虚电路的形式进行信道的多路复用,实现资源共享,可在一条物理线路上提供多条逻辑信道,极大地提高了线路的利用率。

(2) 不同种类的终端可以相互通信。数据以分组为单位在网络内存储转发,使不同速率终端、不同协议的设备经网络提供的协议变换功能后实现互相通信。

(3) 信息传输可靠性高。每个分组在网络中进行传输时,在节点交换机之间采用差错校验与重发的功能,因而在网络中传送的误码率大大降低。而且当网络内发生故障时,网络中的路由机制会使分组自动地选择一条新的路由以避开故障点,不会造成通信中断。

(4) 分组多路通信。由于每个分组都包含有控制信息,所以分组型终端可以同时与多个用户终端进行通信,可把同一信息发送到不同用户。

4. 信元交换

普通的电路交换和分组交换都很难胜任宽带高速交换的交换任务。对于电路交换,当数据的传输速率及其变化非常大时,交换的控制就变得十分复杂;对于分组交换,当数据传输速率很高时,协议数据单元在各层的处理就成为很大的开销,无法满足实时性要求很强的业务需求。但电路交换的实时性很好,分组交换的灵活性很好。于是,一种结合这两种交换方式优点的交换技术——信元交换产生了。

信元交换又叫异步传输模式(Asynchronous Transfer Mode,ATM),是一种面向连接的快速分组交换技术,它是通过建立虚电路来进行数据传输的。ATM采用固定长度的信元作为数据传送的基本单位,信元长度为53字节,其中信元头为5字节,数据为48字节。长度固定的信元可以使ATM交换机的功能尽量简化,只用硬件电路就可以对信元头中的虚电路标识进行识别,因此大大缩短了每一个信元的处理时间。另外ATM采用了统计时分复用的方式来进行数据传输,根据各种业务的统计特性,在保证服务质量要求的前提下,在各个业务之间动态地分配网络带宽。

2.4.1.4 传输媒体

传输媒体是通信网络中发送方和接收方之间的物理通路,按媒体类型可分为有线信道和无线信道。双绞线、同轴电缆和光纤是常用的有线传输媒体,无线传输媒体包括无线电波、微波、红外线等。

1. 有线传输媒体

(1)双绞线。双绞线是最常用的传输媒体,由旋扭在一起的两根、四根或八根绝缘导线组成。这样可使各个线对之间的电磁干扰最小。双绞线具有成本低、易弯曲、易安装、适于结构化布线等优点。因此,在一般的局域网建设中被普遍采用。但它也存在传输时有信息辐射、容易被窃听的缺点。如图2-17a)所示。

(2)同轴电缆。同轴电缆是计算机通信网中最常用的传输介质之一。同轴电缆的结构如图所示,它是由绕同一轴线的两个导体所组成的,即内导体(铜芯导线)和外导体(屏蔽层),外导体的作用是屏蔽电磁干扰和辐射,两导体之间用绝缘材料隔离。同轴电缆有基带同轴电缆和宽带同轴电缆。基带同轴电缆只用于传输数字信号。宽带同轴电缆可用于传输多个经过调制的模拟信号。同轴电缆的抗干扰能力较强,价格介于双绞线和光纤之间。如图2-17b)所示。

(3)光纤。光纤是光导纤维的简称。以金属导体为核心的传输介质,传输的是电信号;而光导纤维传输的是具有数字特征的光脉冲信号。光缆由缆芯、包层、吸收外壳和保护层等四部分组成。光纤传输光信号基于光的全反射原理,通过光在光纤中的不断反射来传送被调制的光信号,就可以把信息从光纤的一端传送到另一端。光纤的特点:重量轻;传输速率高;误码率低;还有不受电磁干扰、保密性好、传输损耗低等一系列优点。如图2-17c)所示。

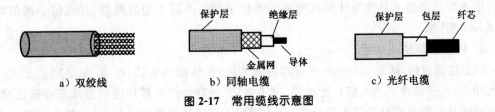

a)双绞线　　　　b)同轴电缆　　　　c)光纤电缆

图2-17　常用缆线示意图

2. 无线传输媒体

(1) 无线电波。可分为短波和微波。短波信号频率较低,传输时通信质量较差。计算机网络中使用的无线介质主要是微波,微波是一种频率很高的电磁波。微波由天线发出后,沿两条路径在空间传播。其中,地波沿地表面传播,天波则在地球与地球电离层之间来回发射。其他频段类似。

缺点:易受天气等因素的影响,信号幅度变化较大,容易被干扰。

优点:技术成熟,应用广泛,能用较小的发射功率传输较远的距离。

(2) 微波通信。无线电微波通信在数据通信中占有重要地位,但由于微波在空间是直线传播的,而地球表面是个曲面,因此传播距离只有 50 km 左右,为了增大传播距离,使用较高的天线塔(如 100 m 的天线塔其传播距离为 100 km)。为实现远距离通信必须在一条无线电通信信道的两个终端之间建立若干个中继站,中继站把前一站送来的信号经过放大后再发送到下一站,即为地面微波"接力"通信。

(3) 卫星通信。卫星通信系统是通过卫星微波形成的点-点通信线路,是由两个地球站(发送站、接收站)与一颗通信卫星组成的。地面发送站使用上行链路向通信卫星发射微波信号。卫星起到一个中继器的作用,它接收通过上行链路发送来的微波信号,经过放大后使用下行链路(与上行链路具有不同的频率)发送回地面接收站。

由于发送站要通过卫星转发信号到接收站,因此就存在传输延时。商用卫星通信是在地球站之间利用位于 3.59×10^4 km 高空的人造同步地球卫星作为中继器的一种微波接力通信。其覆盖跨度达 1.8 万多公里,如在地球赤道上空的同步轨道上等距离放置 3 颗相隔 120°的卫星,就能基本上实现全球的通信。

2.4.2　计算机网络技术

计算机网络是信息系统的基础。由于一个企业或组织中的信息处理都是分布式的,把分布式信息交给分布在不同位置的计算机进行处理,并通过网络把分布式信息组织起来,是信息系统的主要运行方式,因此,计算机网络技术是信息系统的基本技术。

2.4.2.1　网络的基本概念

1. 计算机网络的概念

计算机网络是把分布在不同地理位置的计算机及通信设备用传输介质连接起来,并配以相应的网络软件所构成的系统。计算机网络是计算机及相关外部设备组成的一个群体,其中计算机是网络中信息处理的主体,网络中的每台计算机既是网络中的一个节点同时又是一个独立的实体,它们必须遵守共同的网络协议,通过传输介质来实现数据通信和资源共享及分布式处理。

计算机网络大体上总可以把它划分为两个部分:资源子网和通信子网。用于实现联网信息处理功能的部分称为资源子网。资源子网一般由主计算机系统、终端、监控设备、连网外设等组成。资源子网负责全网的数据处理和向网络用户提供网络资源及网络服务等。完成数据通信功能的部分称为计算机网中的通信子网。不同类型的网络,其通信子网的物理组成各不相同。

2. 计算机网络的功能

(1) 数据通信:随着 Internet 在世界各地的风行,传统的电话、电报、邮递通信方式受到很大冲击,电子邮件已为人们广泛接受,网上电话、视频会议等各种通信方式正在迅速发展。数据通信是计算机网络最基本的功能,该功能用于实现计算机和计算机、计算机与终端之间的数据传输。

(2)资源共享:资源共享是指网上的用户能部分或全部地享用系统中的资源,从而大大提高系统资源的利用率。共享的资源包括软件资源、硬件资源和数据资源。

(3)分布式处理:应用在具有分布式处理能力的计算机网络中。当网络中某台计算机负荷过重时,网络操作系统自动完成对多台计算机的协调工作,将任务分布到多台计算机上进行处理,使各台计算机的负载平衡,提高了每台计算机的可用性,也提高了计算机的处理能力。

2.4.2.2 计算机网络的分类

在网络应用范围越来越广泛的今天,各种各样的网络越来越多。对网络进行分类,可以对现有的网络有一个清晰的、整体的把握。

按照计算机网络的地理覆盖范围,可分为局域网、城域网和广域网。按照网络构成的拓扑结构,可分为总线型、星型、环型和树型等。按照网络服务的提供方式,可分为对等网络、服务器网络。按照介质访问协议,可分为以太网、令牌环网、令牌总线网,如图 2-18 所示。分类标准还有很多,在此只介绍前两种常见的分类方案。

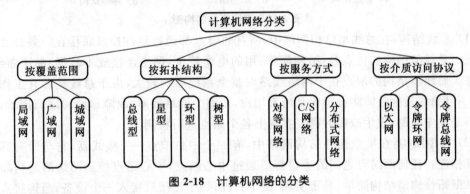

图 2-18 计算机网络的分类

1. 按网络覆盖范围分类

计算机网络按其覆盖的地理范围可分为如下 3 类:

(1)局域网(Local Area Network,LAN)。局域网地理范围在 10 km 以内,属于一个部门、一个单位或一个组织所有。例如,一个企业、一所学校、一幢大楼、一间实验室等。这种网络往往不对外提供公共服务,管理方便,安全保密性好。局域网组建方便,投资少,见效快,使用灵活,是发展最快、应用最普遍的计算机网络。与广域网相比,局域网传输速率快,通常在 100 Mbit/s 以上;误码率低,通常在 $10^{-11} \sim 10^{-8}$ 之间。

(2)城域网(Metropolitan Area Network,MAN)。城域网介于局域网与广域网之间,地理范围从几十千米到上百千米,覆盖一座城市或一个地区。在计算机网络的体系结构和国际标准中,专门有针对城域网的内容,作为分类需要提出来。但城域网没有自己突出的特点,从这个意义上说,也可以把网络划分为局域网和广域网两大类。局域网、城域网和广域网的比较如表 2-7 所示。

(3)广域网(Wide Area Network,WAN)。广域网地理范围在几十千米到几万千米,小到一个城市、一个地区,大到一个国家、几个国家、全世界。因特网就是典型的广域网,提供大范围的公共服务。与局域网相比,广域网投资大,安全保密性能差,传输速率慢,误码率较高。

表 2-7 局域网、城域网和广域网比较

类型	覆盖范围	传输速率	误码率	计算机数目	传输介质	所有者
LAN	<10 km	很高	$10^{-11} \sim 10^{-8}$	$10 \sim 10^3$	双绞线、同轴电缆、光纤	专用
MAN	几百千米	高	$<10^{-9}$	$10^2 \sim 10^4$	光纤	公/专用
WAN	很广	低	$10^{-7} \sim 10^{-6}$	极多	公共传输网	公用

2. 按拓扑结构分类

计算机网络的拓扑结构指表示网络传输介质和节点的连接形式,即线路构成的几何形状。计算机网络的拓扑结构通常有 3 种,即总线型、环型和星型。

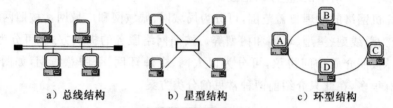

a) 总线结构   b) 星型结构   c) 环型结构

图 2-19 网络拓扑结构图

(1) 总线结构:在总线型结构网络中,所有的节点都通过硬件接口联接在一条公共的电缆线上。总线型结构的优点是:结构简单;用的电缆较少,网络连接成本较低;易于布线,安装容易。总线型结构的缺点在于网络线路对整个系统影响较大,由于总线是所有工作站共享的,一旦总线发生故障将会影响到所有用户,使整个网络瘫痪;故障诊断和隔离困难,总线结构不是集中控制,发生故障时需要在网上各个站点进行检测。

(2) 星型结构:在星型拓扑结构网络中,有一个中央节点——集线器,它与所有其他节点直接相连。任何两结点之间的通信都要通过中心结点,中心结点控制网络的通信如图所示。星型拓扑构型结构简单、易于实现、便于管理;每个连接只接入一个设备,当连接点出现故障时不会影响整个网络;由于每个站点直接连接到中央节点,因而故障易于检测和隔离,可以很方便地将有故障的站点从系统中拆除。但是网络的中心结点是全网可靠性的瓶颈,中心结点的故障可能造成全网瘫痪。

(3) 环型结构:在环型拓扑构型网络中,所有的计算机用公共传输电缆组成一个闭环,数据将沿环的一个方向逐站传送。环型拓扑结构简单,传输延时确定。但环上节点增多时效率下降,负载能力较差。环中任何一个结点出现线路故障,都可能造成网络瘫痪。为保证环的正常工作,需要较复杂的环维护处理,环结点的加入和撤出过程都比较复杂。

2.4.2.3 计算机网络协议

通过通信信道和设备互联起来的多个独立功能的计算机,要使其能协同工作,必须遵循某种互相都能接受的规则,这就是网络协议。网络协议规定了计算机网络中的数据交换标准。

国际标准化组织(International Standard Organization,简称 ISO)在 20 世纪 70 年代后期提出的开放系统互联参考模型(Open Systems Interconnection,简称 OSI),规定了一个 7 层的网络体系结构,作为一个框架来协调各层标准的规定。通过建立 OSI 参考模型,国际标准化组织向厂商提供了一系列标准,以保证世界上许多公司提供的不同类型的网络技术之间具有兼容性和互操作性;定义了连接计算机的标准框架。它超越了具体的物理实体或软件,从理论上解决了不同计算机及外设、不同的计算机网络之间相互通信的问题,成为计

算机网络通信的标准。OSI 参考模型各层功能的简单描述如图 2-20 所示。

OSI 参考模型的每一层都有独立的功能,并且每一层只和其相邻层存在接口,可以进行数据通信。OSI 参考模型中的每一层的真正功能是为其上一层提供服务。例如,$(N+1)$ 层对等实体间的通信是通过 N 层提供的服务来完成的,而 N 层的服务则要使用 $(N-1)$ 层及其更低层提供的功能服务。OSI 参考模型的最高层——应用层为网络应用程序提供网络通信服务,是网络应用程序和 OSI 参考模型的接口。OSI 参考模型的最低层——物理层把网络数据转换成电信号发送到网络上,是 OSI 参考模型和网络的接口。

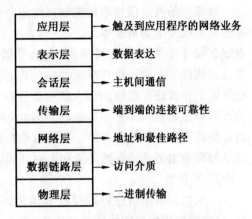

图 2-20　OSI 参考模型各层功能描述

OSI 7 层模型可以分为两个大的层次:介质层和主层。介质层控制网络之间消息的物理传送,是面向网络通信的。主层负责计算机之间数据的精确传输,是面向数据的。常见的网络互联设备分别工作在主层,如集线器工作在物理层,交换机工作在数据链路层,路由器工作在网络层。网络中的主机除了能够与介质层接收和发送数据外,还要完成通信控制、会话管理、数据表达等主层的处理工作。

下面介绍 OSI 参考模型各层的作用。

(1) 物理层:在物理媒体上传输原始的数据比特流。

(2) 数据链路层:将数据分成一个个数据帧,以数据帧为单位传输。有应有答,遇错重发。

(3) 网络层:将数据分成一定长度的分组,将分组穿过通信子网,从信源选择路径后传到信宿。

(4) 传输层:提供不具体的网络的高效、经济、透明的端到端数据传输服务。

(5) 会话层:进程间的对话也称为会话,会话层管理不同主机上各进程间的对话。

(6) 表示层:提供数据信息的语法表示变换。

(7) 应用层:提供应用程序访问 OSI 环境的手段。

2.4.3　计算机网络安全

随着全球信息基础设施和各国信息基础设施的逐渐形成,国与国之间变得"近在咫尺"。网络化、信息化已成为现代社会的一个重要特征。网络的快速普及、客户端软件多媒体化、资源共享、开放、远程管理化,电子商务、金融电子化等已成为网络时代必不可少的产物。科技进步在造福人类的同时,也带来了新的危害。从某种意义上讲,网络信息系统的广泛普及,就像一个打开了的潘多拉魔盒,网络信息系统中的各种犯罪活动也随之而来,并已经严重地危害着社会的发展和国家的安全,也给人们带来了许多新的课题。下面就网络安全的相关概念,威胁来源及常见的网络攻击防范措施展开讨论。

2.4.3.1　网络安全的概念

网络信息安全与保密主要是指保护网络信息系统,使其没有危险、不受威胁、不出事故。从技术角度来说,网络信息安全与主要表现在系统的保密性、完整性、真实性、可靠性、可用性、不可否认性等方面。

1. 可靠性

可靠性是网络信息系统能够在规定条件下和规定的时间内完成规定的功能的特性。可靠性是系统安全的最基本要求之一,是所有网络信息系统的建设和运行目标。可靠性主要表现在硬件可靠性、软件可靠性、人员可靠性、环境可靠性等方面。硬件可靠性最为直观和常见。软件可靠性是指在规定的时间内,程序成功运行的概率。人员可靠性是指人员成功地完成工作或任务的概率。人员可靠性在整个系统可靠性中扮演重要角色,因为系统失效的大部分原因是人为差错造成的。因此,人员的教育、培养、训练和管理以及合理的人机界面是提高可靠性的重要方面。环境可靠性是指在规定的环境内,保证网络成功运行的概率。这里的环境主要是指自然环境和电磁环境。

2. 可用性

可用性是网络信息可被授权实体访问并按需求使用的特性。即网络信息服务在需要时,允许授权用户或实体使用的特性,或者是网络部分受损或需要降级使用时,仍能为授权用户提供有效服务的特性。可用性是网络信息系统面向用户的安全性能。网络信息系统最基本的功能是向用户提供服务,而用户的需求是随机的、多方面的、有时还有时间要求。可用性一般用系统正常使用时间和整个工作时间之比来度量。可用性还应该满足以下要求:身份识别与确认、访问控制、业务流控制、审计跟踪等。

3. 保密性

保密性是网络信息不被泄露给非授权的用户、实体或过程,或供其利用的特性。即防止信息泄漏给非授权个人或实体,信息只为授权用户使用的特性。保密性是在可靠性和可用性基础之上,保障网络信息安全的重要手段。

4. 完整性

完整性是网络信息未经授权不能进行改变的特性。即网络信息在存储或传输过程中保持不被偶然或蓄意地删除、修改、伪造、乱序、重放、插入等破坏和丢失的特性。完整性是一种面向信息的安全性,它要求保持信息的原样,即信息的正确生成和正确存储和传输。

5. 不可否认性

在网络信息系统的信息交互过程中,确信参与者的真实同一性。即所有参与者都不可能否认或抵赖曾经完成的操作和承诺。利用信息源证据可以防止发信方不真实地否认已发送信息,利用递交接收证据可以防止收信方事后否认已经接收的信息。

6. 可控性

可控性是对网络信息的传播及内容具有控制能力的特性。

概括地说,网络信息安全的核心是通过计算机、网络、密码技术和安全技术,保护在公用网络信息系统中传输、交换和存储的消息的保密性、完整性、真实性、可靠性、可用性、不可否认等。

2.4.3.2 网络安全威胁的来源

计算机网络的发展,使信息共享应用日益广泛与深入。但是信息在公共通信网络上存储、共享和传输,会被非法窃听、截取、篡改或毁坏而导致不可估量的损失。尤其是银行系统、商业系统、管理部门、政府或军事领域对公共通信网络中的存储与传输的数据安全问题更为关注。

网络安全所面临的威胁来源于很多方面,可宏观的分为人为威胁和自然威胁。自然威胁可能来自于各种自然灾害、恶劣的场地环境、电磁辐射、网络设备老化等。这些无目的的事件有时会直接影响网络信息安全。本书重点讨论人为威胁,此种威胁通过攻击系统的弱点,使得信息的保密性、完整性、可靠性等受到损害,进而造成重大损失。

1. 恶意攻击

这是网络面临的最大威胁。人为的恶意攻击是有目的破坏。恶意攻击可以分为主动攻击和被动攻击。主动攻击是指以各种方式有选择地破坏信息(如:修改、删除、伪造、添加、重放、乱序、冒充、病毒等)。被动攻击是指在不干扰网络信息系统正常工作的情况下,进行侦收、截获、窃取、破译和业务流量分析及电磁泄露等。信息战、商业间谍、窃听、拒绝服务、病毒等都属于有代表性的恶意攻击。

2. 安全缺陷

假如网络信息系统本身没有任何安全缺陷,那么恶意攻击者不能对网络信息安全构成威胁。但是,遗憾的是现在所有的网络信息系统都不可避免地存在着这样或那样的安全缺陷。

网络信息系统是计算机技术和通信技术的结合。计算机系统的安全缺陷和通信链路的安全缺陷构成了网络信息系统的潜在安全缺陷。计算机硬件资源易受自然灾害和人为破坏;软件资源和数据信息易受计算机病毒的侵扰,非授权用户的复制、篡改和毁坏。计算机硬件工作时的电磁辐射以及软硬件的自然失效、外界电磁干扰等均会影响计算机的正常工作。通信链路易受自然灾害和人为破坏。采用主动攻击和被动攻击可以窃听通信链路的信息并非法进入计算机网络获取有关敏感性重要信息。网络信息系统的安全缺陷通常包括物理网络的安全缺陷、过程网络的安全缺陷以及通信链路安全缺陷三种。

3. 软件漏洞

网络信息系统由硬件和软件组成。由于软件程序的复杂性和编程的多样性,在网络信息系统的软件中很容易有意或无意地留下一些不易被发现的安全漏洞。软件漏洞显然会影响网络信息的安全。陷门、操作系统的安全漏洞、数据库的安全漏洞 TCP/IP 通信协议、网络软件与网络服务的漏洞都属于有代表性的软件安全漏洞。

4. 结构隐患

拓扑逻辑是构成网络的结构方式,是连接在地理位置上分散的各个节点的几何逻辑方式。拓扑逻辑决定了网络的工作原理及网络信息的传输方法。一旦网络的拓扑逻辑被选定,必定要选择一种适合这种拓扑逻辑的工作方式与信息的传输方式。如果这种选择和配置不当,将为网络安全埋下隐患。事实上,网络的拓扑结构本身就有可能给网络的安全带来问题。

2.4.3.3 保证网络安全的措施

保障信息安全的方法很多,涉及许多信息安全技术,下面简单介绍几种关键的信息安全技术。

1. 数据加密技术

随着计算机网络的迅速发展,网上数据通信将会越来越频繁,为了保证重要数据在网上传输时不被窃取或篡改,就有必要对传输的数据进行加密,以保证数据的安全传输。所谓数据加密就是将被传输的数据转换成表面上杂乱无章的数据,只有合法的接收者才能恢复数据的本来面目,而对于非法窃取者来说,转换后的数据是读不懂的毫无意义的数据。数据加密是网络信息安全的核心技术之一,它对保证网络信息安全起着特别重要的作用,是其他安全技术无法替代的。

把没有加密的原始数据称为明文,将加密以后的数据称为密文,把明文变换成密文的过程叫加密,而把密文还原成明文的过程叫解密。加密和解密都需要有密钥和相应的算法,密钥一般是一串数字,而加解密算法是作用于明文或密文以及对应密钥的一个数学函数。

在密码学中根据密钥使用方式的不同一般分为两种不同的密码体系,即对称密钥密码体系和非对称密钥密码体系。对称密钥密码体系在加密和解密过程中使用相同的密钥,而非对称密钥密码体系在加密和解密过程中使用的是不同的密钥,一般用公钥进行加密,而用与之对应的私钥进行解密,也可以用私钥进行加密,而用与之对应的公钥进行解密。

2. 数字签名

数字签名是指对网上传输的电子报文进行签名确认的一种方式。这种签名方式不同于传统的手写签名,手写签名只需把名字写在纸上就行了;而数字签名却不能简单的在报文或文件里写个名字,因为在计算机中可以很容易地修改你的名字而不留任何痕迹,这样的签名很容易被盗用,如果这样,接收方将无法确认文件的真伪,达不到签名确认的效果。数字签名必须满足以下 3 条:

(1) 接收方能够核实发送方对报文的签名。

(2) 发送方不能抵赖对报文的签名。

(3) 接收方不能伪造对报文的签名。

目前数字签名已经应用于网上安全支付系统、电子银行系统、电子证券系统、安全邮件系统、电子订票系统、网上购物系统、网上报税等一系列电子商务应用的签名认证服务。

3. 数字证书

数字证书相当于网上的身份证,它以数字签名的方式通过第三方权威认证中心 CA 有效地进行网上身份认证,数字身份认证是基于国际 PKI 公钥基础结构标准的网上身份认证系统,帮助网上各终端用户识别对方身份和表明自身的身份,具有真实性和防抵赖的功能,与物理身份证不同的是,数字证书还具有安全、保密、防篡改的特性,可对网上传输的信息进行有效的保护和安全的传递。数字证书一般包含用户的身份信息、公钥信息以及身份验证机构(CA)的数字签名数据,身份验证机构的数字签名可以确保证书的真实性,用户公钥信息可以保证数字信息传输的完整性,用户的数字签名可以保证信息的不可否认性。

数字证书还包含发行证书 CA 的签名和用来生成数字签名的签名算法。随着 Internet 的日益普及,以网上银行、网上购物为代表的电子商务已越来越受到人们的重视,开始深入到普通百姓的生活中。在网上做交易时,由于交易双方并不在现场交易,无法确认双方的合法身份,同时交易信息是交易双方的商业秘密,在网上传输时必须既安全,又保密。交易双方一旦发生纠纷,还必须能够提供仲裁,所以在网上交易之前必须先去申领一个数字证书。

4. 防火墙技术

防火墙是设置在被保护的内部网络和外部网络之间的软件和硬件设备的组合,对内部网络和外部网络之间的通信进行控制,通过监测和限制跨越防火墙的数据流,尽可能地对外部屏蔽网络内部的结构、信息和运行情况,用于防止发生不可预测的、潜在破坏性的入侵或攻击,这是一种行之有效的网络安全技术。

防火墙主要保护内部网络的重要信息不被非授权访问、非法窃取或破坏,并记录了内部网络和外部网络进行通信的有关安全日志信息,如通信发生的时间、允许通过数据包和被过滤掉的数据包信息等。大部分防火墙软件都可以与防病毒软件搭配实现扫毒功能,有的防火墙则直接集成了扫毒功能。对于个人计算机可以用防病毒软件建立病毒防火墙。

按照防火墙实现技术的不同可以将防火墙分为以下几种主要的类型：

（1）包过滤防火墙。数据包过滤是指在网络层对数据包进行分析、选择过滤。选择的依据是系统内设置的访问控制表又叫规则表，规则表指定允许哪些类型的数据包可以流入或流出内部网络。通过检查数据流中每一个 IP 数据包的源地址、目的地址、所用端口号、协议状态等因素或它们的组合来确定是否允许该数据包通过。包过滤防火墙一般可以直接集成在路由器上，在进行路由选择的同时完成数据包的选择与过滤，也可以由一台单独的计算机来成数据包的过滤。

数据包过滤防火墙的优点是速度快、逻辑简单、成本低、易于安装和使用，网络性能和透明度好，广泛地应用于 Cisco 和 Sonic System 等公司的路由器上。缺点是配置困难，容易出现漏洞，而且为特定服务开放的端口存在着潜在的危险。

例如"天网个人防火墙"就属于过滤类型防火墙，根据系统预先设定的过滤规则以及用户自己设置的过滤规则来对网络数据的流动情况进行分析、监控和管理，有效地提高了计算机的抗攻击能力。

（2）应用代理防火墙。应用代理防火墙能够将所有跨越防火墙的网络通信链路分为两段，使得网络内部的客户不直接从外部的服务器通信。防火墙内外计算机系统间应用层的连接由两个代理服务器之间的连接来实现，优点是外部计算机的网络链路只能到达代理服务器，从而起到隔离防火墙内外计算机系统的作用；缺点是执行速度慢，操作系统容易遭到攻击。

（3）状态检测防火墙。状态检测防火墙又叫动态包过滤防火墙。状态防火墙在网络层由一个引截获数据包并抽取出与应用层状态有关的信息，以此作为依据来决定对该数据包是接受还是拒绝。检查引擎维护一个动态的状态信息表并对后续的数据包进行检查，一旦发现任何连接的参数有意外变化，该连接就被终止。

状态检测防火墙克服了包过滤防火墙应用代理防火墙的局限性，能够根据协议、端口及 IP 数据包的源地址、目的地址的具体情况来决定数据包是否可以通过。

在实际应用中，一般综合采用以上几种技术，使防火墙产品能够满足对安全性、高效性、适应性和易管理性的要求，用集成防毒软件的功能来提高系统的防病毒能力和抗攻击能力，例如：瑞星企业级防火墙 RVF—100 就是一个功能强大、安全性高的混合型防火墙，它集网络层状态包过滤、应用层专用代理、敏感信息的加密传输和详尽灵活的日志审计等多种安全技术于一身。可根据用户的不同需求，提供强大的访问控制、信息过滤、代理服务和流量统计等功能。

防火墙设计时的安全策略一般有两种方式：一种是没有被允许的就是禁止；另一种是没有被禁止的就是允许。如果采用第一种安全策略来设计防火墙的过滤规则，其安全性比较高，但灵活性差、只有被明确允许的数据包才能跨越防火墙，所有其他数据包都将被丢弃；而第二种安全策略则允许所有没有被明确禁止的数据包通过防火墙，这样做当然灵活方便、但同时也存在着很大的安全隐患，在实际应用中一般需要综合考虑以上两种策略，尽可能做到既安全又灵活。防火墙是网络安全技术中非常重要的一个因素，但不等于装了防火墙就可以保证系统百分之百的安全，防火墙仍存在许多的局限性，还需考虑其他技术和非技术的因素。

本章小结

　　本章主要介绍了与信息系统相关的信息技术。计算机是信息系统运行的基础平台,由硬件系统和软件系统构成,硬件是计算机工作的基础,软件为用户使用计算机提供了接口。

　　信息系统内存储了大量帮助企业决策的数据,数据的组织形式主要是数据库。数据库管理技术经历了人工管理、文件管理和数据库管理阶段。数据模型是对现实世界的模拟和抽象,目前关系数据模型应用较多。关系规范化理论研究关系模式中各属性之间的依赖关系及其对关系模式性能的影响,在数据库设计时应符合一定的规范程度,根据具体的应用需求分为 1NF、2NF 和 3NF。

　　数据仓库技术注重对数据的分析处理,它具有面向主题、集成的、相对稳定、反映历史变化等特点,具有四层次的体系结构。OLAP 和数据挖掘注重对数据仓库中数据的深入分析。

　　现代的信息系统依赖网络进行数据的共享与传输,本章对计算机网络的相关知识进行了介绍。数据传输是网络的基础,实现了从信源到信宿的数据传递。在传输中为有效利用信道空间,常用的多路复用技术有频分多路复用、时分多路复用和码分多路复用等。传输媒体分为有线和无线传输媒体。随后本章对网络的概念、功能、分类进行了介绍。随着网络的普及,网络安全技术也日益引起人们的关注,常见的保证网络安全的措施有数据加密、数字签名、数字证书和防火墙技术。

思考题

　　1. 简述计算机系统的体系结构。

　　2. 计算机软件由哪几部分构成?

　　3. 什么是数据库和数据库系统?

　　4. 常见的数据模型有哪几种?

　　5. 简述数据规范化理论的 1NF、2NF、3NF 的含义。

　　6. 数据仓库与数据库有什么联系和区别?

　　7. 简述数据仓库与数据挖掘的关系。

　　8. 数据挖掘常用哪几种方法?

　　9. 数据通信的基本通讯过程是怎样的?

　　10. 数据传输中常见的多路复用技术有哪些?

　　11. 什么是计算机网络?按照 ISO/OSI 模型,网络有哪几层协议?

　　12. 计算机网络的拓扑结构主要有几种?分别有何优缺点?

　　13. 网络系统安全的威胁主要来自哪些方面?

　　14. 防火墙的基本类型有哪些?

　　15. 常见的保证网络安全的措施有哪些?

案例:联合包裹服务公司利用信息技术在全球竞争

　　联合包裹服务公司(United Parcel Service)是世界上最大的空中和地面包裹递送公司。1907 年初建时,只是厕所大小的一间地下办公室。两个来自西亚图的少年 Jim Casey 和 Claude Ryan 只有两辆自行车和一部电话,当时他们曾承诺"最好的服务,最低的价格"。联合包裹公司成功地运用这个信条达近 100 年之久。

今天联合包裹公司仍然兑现这个承诺,它每年向美国各地和 185 个以上的国家和地区递送的包裹和文件几乎达到 30 亿件。公司不仅胜过传统的包裹递送方式,并且可以和联邦特快专递的"不过夜"递送生意抗衡。

公司之所以成功的关键是投资于先进的信息技术。从 1992 年到 1996 年之间,联合包裹公司投资于信息技术 1.8 亿美元,这使公司在全世界市场处于领导地位。技术帮助联合包裹公司在低价位和改进全部运作的同时,促进了对客户的服务。

由于使用了一种叫发货信息获取装置(DIAD)的手持计算机,联合包裹公司的司机们可以自动地获得有关客户签名、运货汽车、包裹发送和时间表等信息,然后司机把 DIAD 接入卡车上的车用接口,即一个连结在移动电话网上的信息传送装置。接着包裹跟踪信息被传送到联合包裹公司的计算机网上,在联合包裹公司的位于新泽西州 Mahwah 的主计算机上进行存储和处理。在那里信息可以通达世界各地向客户提供包裹发送的证明。这个系统也可以为客户的查询提供打印信息。

依靠"全程监督"——即公司的自动化包裹跟踪系统,联合包裹公司能够监控整个发送过程中的包裹。从发送到接受路线的各个点上,有一个条形码装置扫描包裹标签上的货运信息,然后信息被输入到中心计算机中。客户服务代理人能够在与中心机相连的台式计算机上检查任何包裹的情况,并且能够对客户的任何查询立刻做出反应。联合包裹公司的客户也可以使用公司提供的专门的包裹跟踪软件来直接从他们自己的微型计算机上获得这种信息。

联合包裹服务公司的商品快递系统建于 1991 年,为客户储存产品并一夜之间把它们发送到客户所要求的任何目的地。使用这种服务的客户能够在凌晨 1:00 以前把电子货运单传送给联合包裹服务公司,并且在当天上午 10:30 货物的运送就应完成。

1988 年,联合包裹服务公司积极进军海外市场,建立它自己的全球通信网络——联合包裹服务网。该网作为全球业务的信息处理通道,通过提供有关收费及送达确认、跟踪国际包裹递送和迅速处理海关通关信息的访问,联合包裹服务网拓展了系统的全球能力。联合包裹服务公司使用自己的电信网络把每个托运的货物文件在托运的货物到达之前直接输送到海关官员,海关官员让托运的货物过关或者标上检查标记。

联合包裹服务公司正在增强其信息系统的能力,以便能保证某件包裹或若干包裹能按规定的时间到达其目的地。如果客户提出要求,联合包裹服务公司将会在送达之前拦截包裹,并派人将其返回或更改送货路线。说到底,联合包裹服务公司甚至可以使用它的系统直接在客户之间传送电子书信。

案例思考题

1. 联合包裹服务公司的包裹跟踪系统的输入、处理、输出分别是什么?

2. 联合包裹服务公司采用了什么技术?这些技术同联合包裹服务公司的经营战略是怎样相联系的?假如这些技术不存在,情况又会怎样?

第3章 信息系统开发概述

3.1 系统开发的概念及应遵循的原则

信息系统的开发是一个复杂的系统工程,它不仅涉及到技术方面的问题,而且还涉及组织、管理、资源和能力等方面的问题。选择信息系统的开发方法是一个重要的决策,它对于系统开发的时间、费用、资源需求和最终产品都有着很大的影响。

3.1.1 系统开发的概念

信息系统开发具有开发周期长、任务复杂、需要很强的团队合作性和有一定的风险性等特点。信息系统开发是指从用户提出项目开发需求,成立开发小组,经过全面的调查研究、系统规划、分析、设计、实施到正式运行、后期维护和系统评价的整个过程。在这个过程中,需要明确开发的目标,从系统论的观点出发,运用系统工程的方法,为组织建立起计算机化的信息系统,同时兼顾信息系统的开发效率、质量和成本的满意程度,涉及到计算机技术、网络通信、信息安全、管理学、工程方法等各个方面的问题。

信息系统的开发者面临的最大的问题在于如何准确、完整地获得用户的需求,而大多数系统的开发者不可能是一个业务专家,对相关问题没有充分的认识,因此在信息系统的开发中有一个认知过程。就是根据需要解决的问题,建立一个有信息技术支撑、与解决问题相关的、用于数据处理的可运行的计算机模型。

从20世纪50年代末开始,计算机越来越普及,并广泛应用。可到了70年代初,出现了"软件危机"。危机主要表现为软件成本超出预算,开发进度一再拖延,软件质量难以保证。原因在于系统规模越来越大,复杂度也越来越高,用户需求不明确,缺乏正确的理论指导。"软件危机"使人们意识到信息系统的开发需要一套科学的、工程化的方法来指导,这就是常说的"系统分析与设计方法"。

系统工程是一门用于大规模复杂系统设计的学问,是组织管理系统的规划、设计、制造、试验和使用的科学方法。它的思想是以系统概念为基础,表现为由粗到细、由表及里、由上到下、由整体到局部、逐步求精的分析。系统工程方法的一般步骤如下:调研确定目标,确定功能,考虑方案(多个),选择一个方案,实施,维护和评价。

系统工程的思想对所有的系统都具有普遍的意义,信息系统的开发也要以系统工程的思想为指导,任何系统都会经历一个由发生、发展、成熟、消亡、到更新换代的过程,在结构化的系统开发方法中,信息系统的开发应用也符合系统生命周期的规律。系统开发生命周期SDLC(System Development Life Cycle)包括五个阶段:系统规划、系统分析、系统设计、系实施、系统运行与评价,如图 3-1 所示。

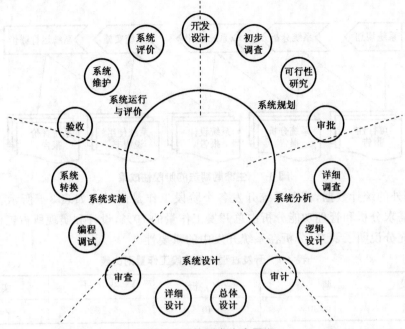

图 3-1 系统开发生命周期

1. 系统规划阶段

系统开发的目的是什么？系统规划首先提出系统开发要求,系统开发人员进行初步调查,明确问题,确定系统目标和总体结构,并给定资源条件和约束条件,确定分阶段实施进度,然后进行可行性分析,然后制定系统开发计划。

2. 系统分析阶段

系统开发的目标对象是什么？系统分析是一个有目的、有步骤的探索、研究和判断的过程,系统分析员使用科学的分析工具和方法,对系统的目标、功能、环境、费用、效益等进行充分的调查和分析,最后获得最佳的系统方案。

3. 系统设计阶段

根据需求调查和系统分析的结果,进行概略设计,提出不同的新系统方案,同时对新系统方案进行比较,并由此确定新系统的最佳方案,最后进行系统详细设计。

4. 系统实施阶段

系统实施阶段的主要任务是以新系统的物理模型,即系统设计说明书为依据,编制可在计算机上执行的程序代码,建立文件和数据库等,测试整个信息系统,使系统设计的物理模型付诸实现。这一阶段的工作结果是一个可实际运行的程序系统、各种数据库及一系列文档资料。

5. 系统运行与评价阶段

信息系统开发成功,可以正式投入运行,逐步取代旧系统。在运行期间,由于业务的发展和体制调整,会存在各种错误和不足,需要对其进行扩充修改与优化。信息系统评价的主要任务是看新系统是否达到了预期的目的,主要由目标与功能评价、性能评价和经济效果评价等方面组成。

生命周期法每个阶段都需要生成规范的工作档案(如图 3-2 所示),一方面记录该阶段的主要工作内容、采用的方法等相关信息；另一方面为下一阶段的工作提供基础资料和依据。

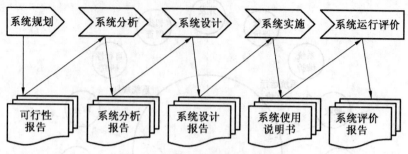

图 3-2　生命周期法的阶段性成果

根据国外的统计数据，信息系统开发各个阶段工作量的对比如表 3-1 所示。可以看出系统调查、需求分析和管理功能分析占总开发工作量的 70%，设计和实现所占工作量相对小得多，这也充分说明了调查、分析在系统开发中的重要性。

表 3-1　开发过程中各阶段工作量对比表

阶　　段	调　　查	分　　析	设　　计	实　　现
工作量	≈30%	≈40%	≈20%	≈10%

3.1.2　系统开发的原则

3.1.2.1　领导参加的原则

信息系统的开发是一项庞大的系统工程，它涉及到组织日常管理工作的各个方面，所以领导出面组织力量，协调各方面的关系是开发成功的首要条件。

3.1.2.2　优化与创新的原则

信息系统的开发不能简单模拟旧的管理模式和业务流程，它必须根据实际情况和科学管理的要求，加以优化和创新。

3.1.2.3　适应性原则

MIS 要满足用户需求，适应管理需要，充分考虑到组织结构、管理模式、业务流程等可能发生的变化，使系统具有一定的柔性，能够在一定范围内适应环境的变化。管理基础要适应现代信息技术要求，要努力采用计算机系统及其网络支持的现代管理原理方法再造业务流程。系统要结构清晰，容易理解，容易改正错误，容易改进性能，容易扩充功能。

3.1.2.4　充分利用信息资源的原则

数据尽可能共享，减少系统的输入输出，对已有的数据作进一步的分析处理，以便充分发挥深层次加工信息的作用。

3.1.2.5　实用和实效的原则

要求从系统规划开始直到系统实施，所有的方案都必须是实用的、及时的、有效的。

3.1.2.6　规范化原则

要求按照标准化、工程化的方法和技术进行系统开发。同时也要求用户单位基础管理科学化，即满足管理工作程序化、管理业务标准化、报表文件标准化、数据资料完整化。

3.2　系统开发策略

系统开发的复杂性、长期性、风险性使开发过程需要根据开发任务的特点采取不同的对策，这样可以使开发的技术成果和用户的需求相吻合，提高系统开发的效率。具体可以分为：“自顶而下”的策略、“自底向上”的策略以及综合策略三种。

3.2.1 “自顶而下”的开发策略

“自顶而下”的策略强调了系统的整体性和逻辑性，在系统分析与设计时，从组织的高层管理着手，考虑系统的整体目标，以及资源与约束，再确定需要哪些功能去保证目标的完成，划分相应的子系统，并进行各子系统的业务分析和设计。开发过程采用自顶向下逐层分解、由粗到细、由复杂到简单的策略，其特点就是分解，把大规模和复杂的系统分解成子系统，子系统仍可以继续被分解为下一级子系统，如此逐层分解直至子系统足够简单，能被清楚理解和准确表达为止。

“自顶而下”的策略的优点是整体性好、逻辑性较强、条理清晰、保证系统的集成性，适用于大中型规模的系统开发任务。缺点是开发工作量大，周期长，开发费用高等。

3.2.2 “自底向上”的开发策略

“自底向上”的策略强调了系统的模块化，在系统分析与设计时，从组织的各个基层业务子系统的日常业务处理入手，先实现一些具体的业务功能，形成一些基本功能模块，然后再根据需要逐步增加有关管理控制和决策方面的功能，由低级到高级，从简单到复杂，进行系统分析与设计，从而构成整个信息系统，并支持企业战略目标。基层业务子系统容易被识别、理解、开发和调整，有关的数据流和数据存储也容易确定。当基层子系统分析完成后，再进行上一层系统的分析与设计，将不同的功能和数据综合起来考虑。

“自底向上”的策略的优点是这种开发策略符合人们由浅入深、由简到繁的认知规律，能准确地完成系统的基本任务，适用于规模较小以及开发经验不足的开发任务。缺点是开发子系统时，由于缺乏对系统总体目标和功能的考虑，造成系统的整体性和功能协调性较差，并难以保证各个子系统之间联系的合理性和有效性。另外，由于各个子系统独立开发，容易造成它们之间数据的冗余和不一致，导致重复开发和返工。

3.2.3 综合策略

上述两种策略各有优缺点，为了扬长避短，人们往往将它们综合起来应用。“自顶而下”的策略适用于一个组织的总体方案的设计，根据组织的目标确定信息系统的目标，围绕信息系统目标大体划分子系统，确定各子系统间要共享和传递的信息及其类型，而“自底向上”的策略适用于具体业务信息系统总体设计。在用“自顶而下”原则确定了一个信息系统的总体方案之后，再采用“自底向上”的策略，在总体方案指导下，对一个个业务子系统进行具体功能和数据的分析和分解，并逐层归纳到决策层。也就是说综合策略是首先“自顶而下”的进行项目的整体规划，再“自底向上”的逐步实现各子系统的应用开发。这种策略适用于大型的信息系统开发，这样可耗费较少的人力、物力、时间，开发出用户满意的新系统。

3.3 系统开发方法

3.3.1 原型法

3.3.1.1 原型法的概念及过程

Bally 等人 1977 年提出原型法（Prototyping），原型法是用户与开发人员合作，以满足用户当前信息需求为目标，首先开发简易、不完善、实验性的系统框架，即原型。用户使用原型系统过程中，随环境变化与用户需求调整，改进原型，完善设计，运行新系统；反复上述过程，使系统逐步完善。原型法的工作流程如图 3-3 所示。

（1）快速分析，弄清用户的基本信息需求。用户首先提出自己的基本需求，开发者识别和归纳用户要求，并快速确定信息系统的基本要求。

（2）构造初步原型系统。实现一个可运行的原型系统。初始原型不求完善，但必须满足用户的基本需求。这一阶段，原型的建立速度很重要，而不是运行效率，为此需要强有力的工具来支持，如采用第四代高级语言实现原型，引入以数据库为核心的开发工具等。

（3）评价原型。这一阶段是开发者和用户频繁沟通，发现问题，消除误解的重要阶段。其目的是验证原型的正确性，进而开发新的并修改原有的需求，并通过所有相关人员的审查和测试。由于原型并不成熟，需要纠正过去交互中的误解和分析中的错误，增补新的要求，并为满足环境变化或用户的新设想而提出全面的修改意见。为了促进原型的改进，要充分全面地解释原型的合理性，广泛征求用户的意见，在交互中使原型更完善。

（4）修改和完善原型系统。找出原型中的错误，并合理判断错误的严重程度，若是严重错误，应当立即放弃，而不再凑合。大多数原型不合适的部分可以修改，以成为新模型的基础。

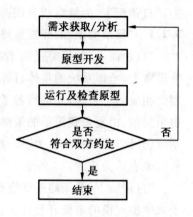

图 3-3　原型法工作流程

3.3.1.2　原型法的优缺点

原型法比较简单，易于理解，其优点在于：

（1）遵循了人们认识事物的规律，因而更容易为人们所普遍接受。人们认识任何事物都不可能一次就完全了解并把工作做得尽善尽美。认识和学习的过程都是循序渐进的。人们对于事物的描述往往都是受环境的启发而不断完善的。人们批评指责一个已有的事物，要比空洞地描述自己的设想容易得多，改进一些事物要比创造一些事物容易得多。

（2）将模拟的手段引入系统分析的初期阶段，沟通了人们的思想，缩短了用户和系统分析人员之间的距离，解决了结构化方法中最难于解决的一环。所有问题的讨论都是围绕某一个确定原型而进行的，彼此之间不存在误解和答非所问的可能性，为准确认识问题创造了条件。能够及早地暴露出系统实现后存在的一些问题，促使人们在系统实现之前就加以解决。

（3）用了最新的软件工具，摆脱了老一套工作方法，使系统开发的时间、费用大大减少，效率等方面都大大地提高。

（4）可以提供很好的项目说明和示范，简化了项目管理。

（5）可以接受需求的不确定性和风险。

作为一种具体的开发方法，它有一定的适用范围和局限性。主要表现在：

（1）对于一个大型的系统，如果我们不经过系统分析来进行整体性划分，想要直接用屏幕来一个一个地模拟是很困难的。

（2）对于大量运算的、逻辑性较强的问题，原型法很难构造出模型来供人评价。

（3）对于基础管理不善、信息处理过程混乱的问题，使用有一定的困难。

（4）对于一个批处理系统，其大部分是内容处理过程，这时用原型方法有一定的困难。

原型方法是在信息系统研制过程中的一种简单的模拟方法，与人们不经分析直接编程时代以及结构化系统开发时代相比，它是人类认识信息系统开发规律道路上的"否定之否定"。它站在前者的基础之上，借助于新一代的软件工具，螺旋式地上升到了一个新的更高的起点；它"扬弃"了结构化系统开发方法的某些繁琐细节，继承了其合理的内核，是对结构化开发方法的发展和补充。这种相互补充、相互促进的系统开发方式将会是今后若干年信息系统或软件工程中所使用的主要方法。

3.3.1.3 原型模式的类型

1. 丢弃式原型法

丢弃式原型法以快速而粗糙的方式建立原型，使用户能够尽快通过与原型的互动来确定需求项目，或允许开发人员以此来寻求问题的解决方案。这种原型因为用过即丢，所以不需要考虑原型系统的运作效率和可维护性，也不需要容错的能力。建立这种原型系统的目的，是评价目标系统的某个（或某些）特性，以便更准确地确定需求，或者更严格地验证设计方案。这种途径本质上仍属于传统的瀑布模型（Waterfall Model），建立原型只不过是一种辅助性的步骤。

2. 演进式原型法

演进式原型法是为某实现方案而设计的原型，按照基本需求开发出一个系统，作为沟通各方的基础和用户实践的场所，让用户先试用，开发人员根据用户试用后的意见，对原型进行修改和扩充，然后再次交给用户试用，并根据试用后提出的意见，再次对原型进行修改和扩充，这样，经过多次迭代直到用户满意为止。演进式原型法从初始描述后，就开始适用于任何开发阶段。这类原型的构造应该看成是最终系统描述的一种强化。演进式原型法的过程一般由设计、实施、演化三个阶段组成。演进式原型法的特点是开发完成的系统可立即使用，开发完成后的系统能很好的满足客户的要求，但修改和增加原系统的功能极为频繁。采用此原型应注意在实际实施中要加强管理和控制，围绕系统的基本需求进行开发，否则，会引起无休止的反复，使时间和费用都无法控制。

3. 增长型原型法

把系统划分为若干个子系统，选择其中一个作为首期工程，用演化原型法开发这个子系统；再选择另一个与之相关的子系统作为二期工程，在首期过程开发的子系统的基础上，用演化原型法增加二期工程的子系统需要的信息与功能，并把它们集成为一个整体；这样一期期地推进，直到完成整个系统的开发。可见，增长原型法先要把系统开发划分为若干期工程，每期工程从首轮开始，有要有若干轮的演进。每期内采用的是螺旋模型，如图 3-4 所示，一期期向前推进则形成渐增模型。

按照螺旋模型，整个系统（软件）开发项目始于螺旋中心，然后绕着中心做 360°的旋转，每旋转一周便得到一个原型版本，对整个系统而言则是开发过程中的一个步骤。这种不断的旋转可以大量节省开发和维护的时间和费用，因为下一个版本总是在上一个版本的基础上加上改进和维护的结果。这种通过不断地螺旋式旋转、反馈、修改与完善来完成最终版本的途径，正是 4GL 与螺旋式应用开发系统的目标。

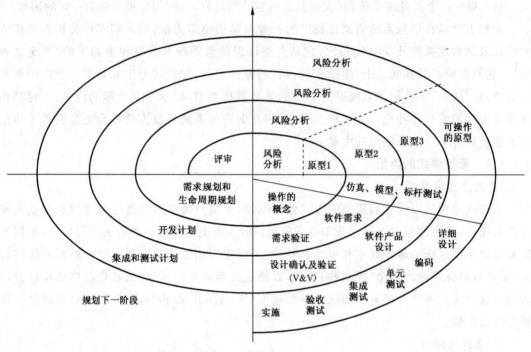

图 3-4　螺旋模型构成图

3.3.2　结构化方法

3.3.2.1　结构化方法的基本观点

结构化方法(Structured System Development Methodologies)的基本观点是:用系统工程的思想和工程化的方法,按用户至上的原则,结构化、模块化、自顶向下地对系统进行分析和设计。在系统调查或理顺管理业务时,从最顶层的管理业务入手,逐步深入到最基层。在系统分析和系统设计阶段,应从宏观整体分析入手,先考虑系统整体的优化,然后再考虑局部的优化问题。在系统实施过程中,采用自底向上的实施策略,组织开发人员从最基层模块的编程入手,并对模块逐个测试,然后按照系统设计的结构,将模块集成起来,进行系统总体调试,最后,自底向上、逐渐地构成整体系统。在整个过程中生成标准化、规范化的工作文档。用结构化方法开发系统时,整个开发过程按照生命周期被划分为若干个首尾相连的阶段。生命周期有多种变体,传统的生命周期模型,也就是将开发过程分为:系统规划、系统分析、系统设计、系统实施、系统运行。

3.3.2.2　结构化方法的优缺点

结构化的方法比较成熟,被广泛使用,其主要的优点包括:

(1)自顶向下整体性分析与设计和自底向上逐步实施的开发过程。在系统分析与设计时,要从整体、全局的角度考虑自顶向下进行工作,制定总体方案,根据企业目标确定信息系统目标,围绕系统目标大体划分子系统,确定各子系统间要共享和传递的信息及其类型;而在系统实现时,则根据设计的要求,从一个个具体的功能模块的编制入手,采用自底向上的原则逐步实现整个系统。

(2)以用户为中心的开发原则。在系统开发过程中,必须牢牢树立起"用户至上"的原则,加强与用户的沟通,充分洞察用户的心理,全面了解用户的需求和愿望。开发过程中要始终与用户保持接触,加强联系,并不断让用户了解系统研制的进展情况,核准研制工作方向。

（3）深入调查研究。在设计系统之前，必须深入用户单位，详细调查、细心体会，努力弄清实际业务处理过程的每一个细节，然后分析研究，制定出科学合理的新系统方案。

（4）严格划分工作阶段。有计划地处理各方面的工作。如遇到较小或较简单的问题，可以跳过某些步骤，但不可打乱或颠倒顺序。

（5）逻辑设计和物理设计分别进行。在系统分析阶段，构造新系统的逻辑模型，在系统设计阶段，进行具体的物理设计，新系统的逻辑模型是物理设计的依据。

（6）工作文档标准化、规范化。每个阶段都要生成阶段性成果报告，以便衔接不同阶段的开发工作。工作文档的标准化、规范化为今后系统维护带来方便。

（7）主要适用于规模较大、结构化程度较高的系统的开发。

结构化方法的缺点在于系统分析员和用户、管理者之间的沟通存在问题；开发周期长，难于适应环境变化；结构化程度较低的系统，在开发初期难以锁定功能要求。

3.3.3 面向对象方法

3.3.3.1 面向对象方法的基本观点

面向对象方法（Object-oriented Method，简称 OO 方法）是从 20 世纪 80 年代基于各种面向对象的程序设计方法（如 Smalltalk、C++等）而逐步发展起来的。最初用于程序设计，后来扩展到系统开发的全过程，出现了面向对象的分析与设计。

在信息系统工程中，结构化生命周期法把软件工程中重在处理过程的结构化开发方法与数据库设计中重在数据结构的实体联系方法结合起来，努力实现动态过程与静态结构的集成融合和开发阶段间的过渡。正是这种努力产生了面向对象基本思想。OO 方法是从现实世界的客观事物（即对象）出发来构造信息系统，并在构造系统时尽可能运用人们的自然思维方式，强调直接以要解决问题中的事物为中心来思考问题、认识问题，并根据这些事物的本质特征，把它们抽象地表示为系统中的对象，作为系统的基本构成单位。OO 方法运用人类在日常的逻辑思维中经常采用的思想、方法和原则，例如抽象、分类、继承、聚合、封装等。这样能够使得软件开发者能更有效地思考问题，并以人们能看得懂的方式把自己的认识表达出来，用对象的属性及其方法来完整反映客观事物的静态属性和动态属性，用类、类的继承等概念表述客观事物及其联系，通过对象的组合来创建具体的信息系统。面向对象的方法按照人们习惯的思维方式建立问题模型和构造系统，力图用更自然的方法反映客观世界事物的运动和相互作用，使信息系统更易于理解和维护，因此采用面向对象方法开发的系统具有较强的应变能力、较好的重用性。

对象是现实世界事物的抽象，是组成世界的基本模块，对象内部有自己的静态结构（属性）和动态行为（操作）；对象之间的静态联系（关联）是相对稳定的，而其动态连接（事件驱动）则不断地改变着对象的状态，使世界千姿百态丰富多彩；对有共性的对象的抽象概括与封装把对象划分为类，而通过派生继承又得到子类，构成类层次；在整个信息系统生命周期中保持这些概念与模型不变，从而真正实现了动态过程与静态结构的完全集成融合和开发阶段间的无缝连接。

（1）对象。客观世界中的事物都是由对象组成，对象是在各种事物基础上抽象的结果。任何复杂的事物都可以通过对象的某种组合构成。对象由属性和方法组成。属性反映了对象的信息特征或者说静态特征，方法则是用来定义或改变属性状态的各种操作。为了实现从客观世界中对象到目标系统中对象的转换，将对象表示为一个封装了数据和操作的整体。

数据用于表述对象的状态或特征、属性;操作完成对自身封装数据的处理和对象内部数据同外界的交互,从而改变对象的状态。例如,企业中员工是一个对象,这个对象的属性包括:员工号、姓名、性别、年龄、所属部门、职务等。这个对象可以执行两个操作:日常工作、领取工资。

(2) 类。把众多的事物归纳成一些类是我们在认识客观世界时经常采用的思维方法,就像我们常说的"物以类聚,人以群分"。分类依据的原则是抽象,即忽略事物的非本质特征,依据事物的本质找出其共性,把具有共同性质的事物划分为一类,得出一个抽象的概念。类是在对象之上的,对象就是类的具体化、或者局部化。类可以有子类,可以有父类。例如,企业员工包括管理人员、技术人员、普通员工等,管理人员包括行政管理人员、技术管理人员,技术管理人员包括某技术管理人员,管理人员可看成是行政管理人员的父类,行政管理人员是管理人员的子类,某技术管理人员是对象。

(3) 消息。我们仍以人这样的对象来进行分析,一个人不是生活在真空中,总是要和其他人交往,请求他人帮助解决一些问题。这里的"请求"便是一个人与其他人进行交往的手段。在面向对象技术的专业术语中,将这些请求称之为"消息"。日常生活中不仅有请求,而且还会有命令,命令也是一种消息。在面向对象技术中,消息是对象之间交互的手段,是外界能够引用对象操作及获取对象状态的唯一方式。这个特征保证了对象的实现只依赖于它本身的状态所能接受的消息,而不依赖于其他对象。

(4) 封装。封装是将一个对象的属性和操作集成为一个对象整体,对外隐蔽对象的内部细节,只留下接口以便于外界联系,接受外界的消息。封装机制保证了对象的相对独立性,使对象的设计者和使用者分开,使用者不必知道对象行为实现的细节,只需要按照设计者提供的外部接口来对对象进行操作。

(5) 继承。继承性是父类和子类之间共享数据和方法的机制,子类可以继承父类的属性和操作,一个子类既有自己定义的属性和操作,又有继承下来的属性和操作。当这个子类又被更下层的子类继承时,它继承来的和自己定义的属性和操作又被下一层的子类继承下去。因此继承是可以传递的。在继承机制下,要修改或增加某一属性和操作,只需要在相应的类中进行修改,而它派生的所有子类都将自动地完成相应的改动。因此,继承性有助于实现软件模块的可重用性、独立性、可扩充性,缩短开发周期,提高软件开发的效率,同时使软件易于维护和修改。

(6) 多态。对象之间的相互操作、调用和应答都是通过发送消息到对象的外部接口来实施的,在收到消息时,对象要予以响应,不同的对象收到同一消息可产生完全不同的结果,这一现象叫做多态。

3.3.3.2　面向对象方法的开发过程

OO 方法进行系统开发的工作过程分为五个阶段:

(1) 系统调查和需求分析。对系统将要面临的具体管理问题以及用户对系统开发的需求进行调查研究,即先弄清要干什么的问题。

(2) 面向对象的分析。在繁杂的问题域中抽象地识别出对象以及其行为、结构、属性、方法等。这一阶段一般被称之为面向对象分析,简称为 OOA(Object-Oriented Analysis)。OOA 强调直接针对问题域中客观存在的各种事物来设立 OOA 模型中的对象,用对象的属性和服务分别描述事物的静态特征和行为。问题域有哪些值得考虑的事物,OOA 模型中就有哪些对象,而且对象及其服务的命名都强调与客观事物的一致。

另外,OOA 模型也保留了问题域中事物之间关系的原貌。这包括:把具有相同属性和相同服务的对象归结为类;用一般-特殊结构描述一般类和特殊类之间的关系(即继承关系);用整体-部分结构描述事物间的组成关系;用实例连接和消息连接表示事物之间的静态联系(一个对象的属性与另一个对象有关)和动态联系(一个对象的行为与另一个对象的行为有关)。可以看到,无论是对问题域中的单个事物,还是对各个事物之间的关系,OOA 模型都保留着它们的原貌,没有加以转换、扭曲,也没有打破原有的界限而重新组合。所以OOA 模型能够很好地映射问题域。

(3) 面向对象的设计。即对分析的结果作进一步的抽象、归类、整理,最终以范式的形式将它们确定下来。这一阶段一般被称之为面向对象设计,简称为 OOD(Object-Oriented Design)。OOA 与 OOD 的职责划分是:OOA 针对问题域运用 OO 方法,建立一个反映问题域的 OOA 模型,不考虑与系统的具体实现有关的因素(如采用什么编程语言、图形用户界面、数据库等),从而使 OOA 模型独立于具体实现。OOD 则是针对系统的一个具体的实现运用 OO 方法。其中包括两方面的工作:一是把 OOA 模型直接搬到 OOD,作为 OOD 的一个部分;二是针对具体实现中的人机界面、数据存储、任务管理等因素补充一些与实现有关的部分。这些部分与 OOA 采用相同的表示法和模型结构。

OOA 与 OOD 采用一致的表示法是 OO 方法优于传统开发方法的主要原因之一。这使得从 OOA 到 OOD 不存在转换,只有局部的修改或调整,并增加几个与实现有关的独立部分。因此 OOA 与 OOD 之间不存在传统开发方法中分析与设计之间的鸿沟,二者能够紧密衔接,大大降低了从 OOA 过渡到 OOD 的难度、工作量和出错率。

(4) 面向对象的编程。即用面向对象的程序设计语言将上一步整理的范式直接映射(即直接用程序语言来取代)为应用程序软件。这一阶段一般被称之为面向对象的编程,简称为 OOP(Object-Oriented Programming)。OOP 的任务就是采用一种面向对象的编程语言(OOPL)把 OOD 模型中的每个成分书写出来。理想的 OO 开发规范,应要求在 OOA 和OOD 阶段就对系统需要设立的每个对象类及其内部构成(属性和服务)与外部关系(静态和动态联系)都达到透彻的认识和清晰的描述,而不是把许多问题遗留给程序员去重新思考。程序员所做的事情就是:用具体的数据结构来定义对象的属性,用具体的语句来实现服务流程图所表示的算法。OOP 阶段产生的程序能够紧密地对应 OOD 模型;OOD 模型中一部分对象类对应 OOA 模型,其余部分的对象类对应与实现有关的因素;OOA 模型中全部类及对象都对应问题域中的事物。这样的映射关系不但提高了开发的效率和质量,对以后的维护也十分有帮助。

(5) 面向对象的运行与维护。OOT(Object-Oriented Test)是指对于用 OO 技术开发的系统,在测试过程中继续运用 OO 技术,进行以对象为中心的系统测试。对于用 OOA 和OOD 建立模型并由 OOPL 编程的软件,OOT 能够更准确地发现程序错误并提高测试效率。原因在于:用 OOPL 实现的程序中,对象的封装性使对象成为一个独立的程序单位,只通过有限的接口与外部发生关系,从而大大减少了错误的影响范围。OOT 以对象的类作为基本测试单位,差错范围主要是类定义之内的属性和服务,以及有限的对外接口(消息)所涉及的部分。此外,由于继承性的存在,OOT 完成对父类的测试后,子类的测试重点只是那些新定义的属性和服务。

OO 方法为系统维护提供了有效的途径。程序与问题域是一致的,各个阶段的表示是一致的,从而大大减少了理解的难度。无论是发现了程序中的错误而逆向追溯到问题域,还是需求发生了变化而从问题域正向跟踪到程序,道路都是比较平坦的。

3.3.3.3 面向对象方法的优缺点

面向对象的开发方法以对象为基础,利用特定软件工具直接完成从对象客体的描述到软件结构间的转换,其主要优点有:

(1)易维护。采用面向对象思想设计的结构可读性高,由于继承的存在,即使改变需求,那么维护也只是在局部模块,所以维护起来非常方便并且成本较低。

(2)质量高。在设计时可重用现有的或在以前的项目领域中已被测试过的类,它们能使系统满足业务需求并具有较高的质量。

(3)效率高。在软件开发时,根据设计的需要对现实世界的事物进行抽象,产生类。使用这样的方法解决问题,接近于日常生活和自然的思考方式,势必提高软件开发的效率和质量。

(4)易扩展。由于继承、封装、多态的特性,自然设计出高内聚、低耦合的系统结构,使得系统更灵活、更容易扩展,而且成本较低。

面向对象的缺点在于:

(1)需要一定的软件支持环境。

(2)不太适宜大型的 MIS 开发,若缺乏整体系统设计划分,易造成系统结构不合理、各部分关系失调等问题。

(3)只能在现有业务基础上进行分类整理,不能从科学管理角度进行理顺和优化。

(4)初学者不易接受、难学。

3.4 系统开发的多种形式

企业开发信息系统可选择适合的开发形式,包括自行开发、合作开发、委托开发、购用软件包,企业可以根据开发需求的不同,采用适合的形式。如表 3-2 所示。

3.4.1 自行开发

自行开发方式完全依靠用户单位自身力量,由用户单位自身组成项目组,根据用户单位的特点来开发 MIS。自行开发可以得到适合本单位需要的、满意的系统,在系统开发过程中还可以培养自己的技术力量。缺点是开发周期往往较长。自行开发需要强有力的领导,有足够的技术力量,需进行一定的调研和咨询。该方法适合于有较强的信息系统分析与设计队伍和程序设计人员、系统维护使用队伍的组织和单位,如高等院校、研究所、计算机公司等单位。自行开发的优点是满足用户单位的个性化需求,开发费用少,实现开发后的系统能够适应本单位的需求且满意度较高,系统维护方便。缺点是由于不是专业开发队伍,容易受计算机业务工作的限制,系统优化不够,开发水平较低。

3.4.2 合作开发

合作开发方式适合于使用单位有一定的信息系统分析、设计及软件开发人员,但开发队伍力量较弱,希望通过信息系统的开发建立完善和提高自己的技术队伍,便于系统维护工作的单位。由用户单位和用户单位以外的单位组成系统开发小组,由对方负责,针对企业具体情况和要求,共同完成系统开发任务。双方共同开发成果,实际上是一种半委托性质的开发工作。在开发过程中要注意任务分工明确,责任明确,注意双方工作人员之间的协调和配合,尤其是各种文档的交流。优点是相对于委托开发方式比较节约资金,可以培养、增强使用单位的技术力量,便于系统维护工作,系统的技术水平较高,系统维护也比较方便。缺点是双方在合作中沟通易出现问题,需要双方及时达成共识,进行协调和检查。合作开发对于培养自己的技术力量最有利。

3.4.3 委托开发

委托开发从用户角度最省事,但必须配备精通业务的管理人员参加,经常检查和督促。这种开发方式一般费用较高,系统维护比较困难。委托开发方式适合于使用单位无信息系统分析、设计及软件开发人员或开发队伍力量较弱、但资金较为充足的组织和单位。委托开发的方式的优点是省时、省事,系统的技术水平较高。缺点是费用高、系统维护需要开发单位的长期支持。此种方式需要使用单位的业务骨干参与系统的论证工作,开发过程中,需要开发单位和使用单位双方及时沟通,进行协调和检查。

3.4.4 购买软件包

目前,软件的开发正在向专业化方向发展,一些专门从事信息系统开发的公司已经开发出一批使用方便、功能强大的专项业务信息系统软件。为了避免重复劳动,提高系统开发的经济效益,也可以购买现成的适合于本单位业务的信息系统软件,如企业管理信息系统、教育管理信息系统、财务管理系统、进销存管理系统等。此方式的优点是节省时间、费用、系统技术水平高。缺点是通用软件专用性较差,跟本单位的实际工作需要可能有一定的差距,有时可能需要做二次开发工作。因此,在选择通用软件时,不可只看开发商的宣传,要经过多方详尽地考查后再作决定。购买现成软件最省事,但很难买到完全适合本单位的软件,因此需要有较强的鉴别能力。这种方式谈不上什么系统维护。

表 3-2 系统开发形式对比表

	自行开发	合作开发	委托开发	购买软件包
系统分析与设计能力要求	非常需要	非常需要	不太需要	不需要
编程能力要求	非常需要	不太需要	不太需要	不需要
系统的可维护性	容易	容易	比较困难	困难
程序的可维护性	容易	相当困难	相当困难	困难
开发费用	少	较少	多	较少
开发风险	大	比较大	比较大	小
说明	开发时间长,但可以得到本单位要求的系统,并培养了自己的系统开发人员,该形式需要强有力的领导。需要进行一定的咨询	单位必须具有自己的系统设计能力,最好也有自己的编程能力,在委托之后,由用户编写并提出系统说明和程序说明是不可少的	由专业公司全盘负责系统的分析、设计和实施。由于双方对 IT 知识的不对称,因此需要第三方咨询机构或监理机构参与	明确该软件包是否切合本单位的需要,应当由精通业务的人员来选购软件包。此外,单位应具有检验软件包性能、条件的能力

3.5 系统开发的组织与分工

任何信息系统的开发都不是一个人能完成的,需要各种角色的人员群策群力共同努力才能保证系统开发的顺利进行。因此,合理安排这些人员,充分发挥团队作用,是新系统顺利开发与运行的重要保证。系统开发的相关人员包括信息主管、项目经理、系统分析员、系统设计员、程序员以及辅助人员等。开发各阶段的参与人员见表 3-3。

表 3-3 开发各阶段的参与人员

开发阶段	主 要 人 员
系统规划	CIO、项目经理、系统分析员
系统分析	系统分析员、终端用户
系统设计	系统设计员、数据库管理员
系统实施	程序设计员、数据库管理员、终端用户
系统运行与评价	系统维护人员、数据库管理员

3.5.1 信息主管(CIO)

信息主管是负责企业信息资源管理的决策者,负责企业的信息管理工作。根据企业的战略目标,考虑和提出企业的信息战略,保证信息战略与企业战略相配合,并对企业信息化的发展做出长远规划。信息主管首先是一个管理者,但不是技术管理者,而是业务管理者。

3.5.2 项目经理

作为项目领导主要负责确定系统目标、范围与功能;负责制定整体规划,审核可行性报告、分析报告、设计报告等,监督项目进度和质量;负责企业组织整改;协调科室与部门配合开发;组织系统验收评价等。

3.5.3 系统分析员

系统分析员负责设计系统整体方案:目标、范围、接口等;编写可行性分析报告;建立系统逻辑模型与编写分析报告;建立系统物理模型与编写设计报告;编制开发计划与质量标准;确定系统配置;协调开发、参与实施、验收工作。

3.5.4 系统设计员

设计员应该具有扎实的信息技术方面的知识。对信息系统而言,要掌握的知识主要有:计算机网络、系统安全、数据管理技术、软件结构、系统集成等。同时系统设计员也应该具有一定的管理知识,具有在经济和技术之间平衡的能力。

3.5.5 程序员

程序员依据系统设计报告完成以下任务:建库、建表、编程、调试、系统验收准备与实施、系统投运、用户培训、编写使用说明书及整理有关技术资料等。

3.5.6 数据库管理员

数据库管理员负责数据库的设计,能够准确地理解系统设计者的意图,熟练掌握各种关系数据库的使用,特别是对当前主流数据库的掌握应达到能够综合应用的水平。

3.5.7 其他人员

包括系统维护人员、终端用户等。系统维护人员负责系统的优化、升级等工作,保证系统能随环境的变化而变化,及时更新系统软硬件。终端用户是指系统的使用者,是系统功能需求的主要来源,按照管理的层次又可划分不同权限的用户,包括业务操作人员、查询用户、管理用户和主管用户等。

本章小结

信息系统的开发是一项艰巨而复杂的系统工程,涉及到很多领域的知识。本章探讨了系统开发的概念及开发时应遵循的基本原则。一般来说,信息系统的开发活动可以按照生命周期模型来管理,生命周期可划分为系统规划、系统分析、系统设计、系统运行与评价四个阶段。开发过程中,可根据对问题域的理解程度,相应地采用"自顶而下"、"自底向上"或综合策略。

本章详细介绍了三种典型的信息系统的开发方法,即原型法、结构化方法和面向对象的开发方法,分析了这几种开发方法的基本观点及各自的特点、优缺点和适用范围。简述了信息系统开发的四种形式:自行开发、合作开发、委托开发、购买软件包等,对它们的特点进行了比较。最后,介绍了信息系统的组织与分工,主要是信息系统的相关者,包括信息主管、项目经理、系统分析员、系统设计员、数据库管理员、程序员和其他人员。

对于开发信息系统这样大型而复杂的系统,严格按照某一种开发方法是不可取的,因为无论哪一种方法都具有各自的特点与不足。实践证明,由于组织的具体情况不同,选用具体的开发方法时不能生搬硬套,必须根据具体情况来选择设计。因此,应该在充分分析应用领域的本质特征和开发规律的基础上,综合各种开发方法的特点,在长期的工程实践中灵活应用,逐步加以完善和改进。

思考题

1. 系统开发的生命周期包括哪些阶段?每个阶段的主要任务是什么?
2. 结构化系统开发方法有哪些优点和缺点?
3. 简述原型法的基本原理,运用该方法的优缺点。
4. 简述结构化方法的基本原理及优缺点。
5. 对象、类、消息、继承、封装、多态的基本概念。
6. 面向对象方法的基本观点和优缺点。
7. 试述面向对象方法论与结构化方法论的本质区别。
8. 简述系统开发的几种主要形式。

案例:快速原型法在深圳地铁 AFC 系统中的应用

自动售检票(AFC)系统是综合技术性很强的一个专业系统,涉及到机械、电子、微控、传感、计算机、网络、数据库和系统集成等多个方面,整个系统实现具有很大难度。AFC 应用系统软件是其中最具有代表性的,它不仅要集成所有售检票设备信息,还要对车票和现金等实物进行管理,涉及车站管理、收益管理和车票管理等各个环节,数据关系较为复杂,需求难以把握,开发具有一定难度,是实现 AFC 系统集成的关键环节。

深圳地铁 AFC 系统的建设是在探索中前进的,作为第一个具有自主知识产权的国产化 AFC 系统来讲,它不断要根据实际情况做出改进。但对于这个涉及面广、层次多的庞大系统而言,达到应用系统的需求一步到位是不可能的。这就对 AFC 项目的使用维护方提出了高水平的要求,要在掌握到第一线的乘客需求、车站运作情况和目前应用系统软件所实现功能的前提下,提出 AFC 系统的改进方向。对项目的开发方而言,用户需求的多变是让开发人员头痛的问题,如何快速地根据用户需求改进软件,尽快拿出满足用户需求的软件更是增加了开发的难度。

通过深圳地铁 AFC 系统两年来的实际使用,其中存在的一些问题显现出来,比如,管理信息不完整,部分统计数据不能满足实际运营需要,系统功能待改进等,造成工作效率低下、人力资源浪费和运作成本提高。在此基础之上，经深入讨论研究，使用快速原型法可以使实际和应用结合的较为紧密，是解决以上问题的有效方法。

AFC 系统实现系统运作、收益及设备维护集中管理功能。监控并管理车站 AFC 系统内的所有设备，采集并上传售检票设备的交易、工作状态等信息，储存并下载运营和设置参数，具备售检票设备及运营的收益管理功能，能统计、生成及打印地铁运营日的现金收益、车站管理和票卡管理等报表，具备辅助分析功能。

1. 通过快速建立需求规格模型法建立用户需求

深圳地铁 AFC 应用系统的优化和改进首先采用了"快速建立需求规格模型法"来确认用户需求。这种快速原型法通过建立模型反映系统的某些方面，密切用户和开发人员的关系，促进相互了解，因此，有助于获得更完整精确的需求说明书。对深圳地铁 AFC 应用系统而言，采用快速原型法为 AFC 用户需求建立一个模型，该模型是系统功能的一个子集，开发人员测试通过后将这个模型提交给用户，通过用户的测试使用可以发现这个模型是否满足预想的需求，哪些功能冗余，哪些地方需要改进。

2. 通过快速建立演进原型法逐步优化系统

待用户和开发人员逐步确定需求说明书之后，其后的开发工作采用"快速建立演进原型法"来完成系统优化。"快速建立演进原型法"采用循环进化的开发方式，对系统模型做连续的精化，将系统需具备的性质逐步添加上去，直到所有的性质全部满足，此时，模型也就成为开发人员的系统目标了。

在 AFC 应用系统的优化过程中，开发人员根据报告的描述，设计出一个模型，通过开发人员的内部测试后，将模型提交。在深圳地铁培训中心测试平台的支持下，用户严格测试系统的功能和各部件的接口，修改所发现的问题，直至模型测试通过。测试完后，用户和开发人员一起进行原型审查，确定正确无误后，就可让系统进入车站试用。开发人员也可以通过用户的使用加深对用户需求的了解，经过相互了解促进这样一个过程，直至模型确定。最后，将测试通过的模型转变成目标系统，小规模地上线使用，观察一段时间，经过实地运作确保不产生其他影响后，才全线铺开实施。

通过不断跟进深圳地铁票务人员、车站人员和乘客使用 AFC 系统的情况和根据得到的反馈，快速原型法使用户在感性的层面上了解系统的概貌，通过与用户的交流，能很好地理解用户的意图与需求。在采用快速原型法的开发过程中，开发人员一直与用户密切联系，以少量代价快速地构造一个可执行的软件系统模型，使用户和开发人员可以较快地确定需求。在初步了解用户的基本需求后，开发人员建立一个他们认为符合用户要求的模型系统并交给用户检验，由于模型是可以执行的，所以为用户提供了获得感性认识的学习机会。增进了用户和开发人员之间的沟通交流，节省了开发时间，降低了开发强度，需求可以更快地得以确定，目标也能加快实现。

快速原型法这种支持用户的方法，使得用户在系统生存周期的设计阶段起到积极的作用。它能减少系统开发的风险，特别是在深圳地铁 AFC 项目投入运营后，由于对项目需求的分析难以一次完成，而且时间紧迫，采用快速原型法效果更为明显。它既适用于系统的重新开发，也适用于对系统的修改，也可以与传统的生命周期方法相结合使用，这样会扩大用户参与需求分析、初步设计及详细设计等阶段的活动，加深对系统的理解。在采用快速原型法设计的过程中，加入再用式软件开发方法，采用快速原型法做需求分析,后续阶段使用重用机制,还能够有效地降低开发成本。采用快速原型法优化后的 AFC 应用系统精简了票务管理流程,极大减少人为的统计分析和干预,其智能化、模块化和个性化地提供后台统计分析的数据及报表,同时也为深圳地铁运营决策层提供了高效的素材和有利的保障。

▌案例思考题▐

1. 原型法的概念是什么? 快速原型法发展了哪两种开发方法?
2. 快速原型法从哪些方面优化了深圳地铁 AFC 项目的开发过程?
3. 快速原型法在深圳地铁应用中有哪些优势?

第 4 章　信息系统总体规划

【学习目的和要求】

1. 明确系统规划的概念及内容
2. 掌握信息系统的常用规划方法的基本思想、步骤和优缺点
3. 熟练掌握初步调查的方法以及可行性研究方法
4. 了解规划阶段制定的系统方案包含的内容
5. 掌握网络规划技术及其在系统开发中的应用

4.1　信息系统总体规划概述

4.1.1　总体规划的概念

信息系统的开发是一个复杂的社会过程,涉及组织的目标、战略、资源、环境等多种错综复杂的因素;同时,信息系统的建设又是一个复杂的系统工程,涉及人员、技术、资金、设备、管理等要素。因此在系统开发之前,必须对这些因素进行全面、宏观的分析和规划。自20世纪60年代起,信息系统的规划就受到企业界和学术界的高度重视,许多学者在实践的基础上提出了不同的方法。

信息系统规划就是根据组织的总体发展战略制定的,面向组织信息化发展远景的,关于企业信息系统的整个建设计划,包括信息系统的发展方向和目标、信息系统的 IT 方案、实施策略和计划、预算。信息系统规划可以帮助组织充分利用信息技术来规范组织内部管理,提高组织工作效率和顾客满意度,使组织获取竞争优势,实现组织的宗旨、目标和战略。

信息系统规划主要解决 4 个问题:

(1) 如何保证信息系统规划同企业的总体战略一致。

(2) 怎样为组织设计出一个信息系统总体结构,并在此基础上设置、开发应用系统。

(3) 对相互竞争的应用系统,应如何拟定优先开发计划和运营资源的分配计划。

(4) 面对前三个阶段的工作,应怎样选择并应用行之有效的设计方法论。

4.1.2　总体规划的内容

总体规划在于指出企业如何使用信息技术来创造价值,并作为资源分配及控制的基础。其内容包括:

4.1.2.1　信息系统的目标、约束及总体结构

系统的目标确定了信息系统应实现的功能;系统的约束包括信息系统实现的环境、条件(如规章制度、人力、物力等);系统的总体结构指明了信息的主要类型和主要的子系统。

4.1.2.2　单位(企业、部门)的现状

包括计算机软件及硬件情况、产业人员的配备情况以及开发费用的投入情况等。

4.1.2.3　业务流程的现状、存在的问题以及在新技术条件下的流程重组

业务流程重组实际上是根据信息技术的特点,对手工方式下形成的业务流程进行根本性的再思考、再设计。

4.1.2.4　对影响规划的信息技术发展的预测

信息技术主要包括计算机硬件技术、网络技术及数据处理技术等。这些技术的推陈出

新将给信息系统的开发带来影响(如处理效率、响应时间等),并决定将来信息系统性能的优劣。因此,规划及时吸取相关新技术,有可能使开发出的信息系统更具生命力。

4.1.3 总体规划的过程

进行信息系统的总体规划,可以分为以下步骤进行,如图 4-1 所示。

(1)确定规划的基本问题。包括确定规划的年限,规划方法的选择、规划方式(集中或分散)的选择以及是采取进取型还是保守型的规划等。

(2)收集初始信息。进行初步调查,调查包括:企业现状、组织机构和管理状况、企业现行信息系统建设水平、管理水平和信息技术现状。

(3)现状评价、识别计划约束。包括分析系统的目标;对现行系统存在的设备、软件及其质量进行分析和评价;对系统的人员、资金、运行控制等进行计划和安排。

(4)设置目标。是由企业组织的领导和系统开发负责人,依据企业组织的整体目标来确定信息系统的目标,包括系统的服务质量和范围,人员、组织以及要采取的措施等。

(5)选择开发方案。由于受到资源的限制,各项活动和项目不可能同时进行,应选择企业需要最为紧迫的项目先进行。在确定优先开发的项目后,还要确定总体开发次序、开发策略和开发方法。

(6)信息系统总体架构设计。给出信息系统总体框架、技术路线以及各子系统的划分等。

图 4-1 信息系统规划的步骤

(7)编制项目的实施进度计划。估计项目成本和人员需求,依次编制项目的实施进度计划。

(8)写出信息系统开发的总体规划。是将信息系统开发的总体规划整理成规范的文档,在成文过程,与用户、系统信息的开发人员及各级领导要不断协商,交换意见。

(9)报送总经理批准。整理成文的信息系统的总体规划,必须经过总经理批准才能生效,否则只能返回到前面某一个步骤,重新再来。

4.1.4 总体规划的组织

信息系统规划需成立一个领导小组,进行有关人员的培训,并明确规划工作的进度。

4.1.4.1 规划领导小组

规划领导小组应由单位(企业、部门)的主要决策者负责。领导小组成员最好是本单位各部门的业务骨干,他们的任务是完成有关数据及业务的调研和分析工作。

4.1.4.2 人员培训

制定系统划需要掌握一套科学的方法,为此应组织对高层管理人员、分析员和规划领导小组成员进行培训,使他们掌握制定信息系统战略规划的方法。

4.1.4.3 规定进度

明确了规划方法之后,应该为规划工作的各个阶段给出一个大体上的时间限定,以便对规划过程进行严格管理,避免因过分拖延而丧失信誉或被迫放弃。

4.1.5 诺兰模型

诺兰模型是西方国家进行信息系统规划的指导性理论之一。西方发达国家信息系统发展经验表明:一个企业或地区信息系统的发展具有一定的规律性,一般要经历从初级到成熟的成长过程。诺兰(Nolan)总结了这一规律,于 1973 年首次提出了信息系统发展的阶段理论,被称为诺兰模型。到 1980 年,诺兰进一步完善该模型,把信息系统的成长过程划分为 6个不同阶段,这 6 个阶段分别是:初装阶段、普及阶段、控制阶段、整合阶段、数据管理阶段和成熟阶段。如图 4-2 所示。

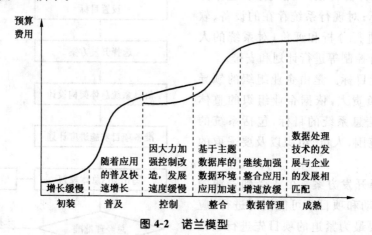

图 4-2 诺兰模型

(1)初装阶段。从企业购置第一台计算机开始并初步开发管理应用程序。该阶段计算机的作用被初步认识到,个别人具有初步使用计算机的能力,计算机是分散控制的,没有统一的计划。一般初装阶段大多发生在单位的财务部门。

(2)普及阶段。随着计算机的应用初见成效,信息系统(管理应用程序)从少数部门扩散到多数部门,使单位的事务处理效率有了提高,但对信息系统的管理和费用方面都产生了危机。此阶段计算机处理能力得到飞速发展,但在组织内部又出现许多有待解决的问题,如数据冗余、数据不一致以及难以共享等。

(3)控制阶段。管理部门了解到计算机数量超出控制,计算机预算每年增长比例过高,而投资的回收却不理想。于是组织开始定制管理方法,对整个企业的系统建设进行统筹规划,特别是利用数据库技术解决数据共享问题。这时严格的控制阶段便代替了普及阶段。诺兰认为,第三阶段将是实现从以计算机管理为主到以数据管理为主转换的关键,一般发展较慢。

(4)整合阶段。整合阶段就是在控制的基础上,对子系统中的硬件进行重新联接,建立集中式的数据库及能够充分利用和管理各种信息的系统。由于重新装备大量设备,此阶段预算费用又一次迅速增长。

(5)数据管理阶段。诺兰认为,在整合阶段之后才会真正进入数据管理。这时数据真正成为企业的重要资源。由于美国在 20 世纪 80 年代时多数企业还处在第四阶段，因此诺兰对于第五阶段还无法给出详细的描述。

（6）成熟阶段。信息系统的成熟表现在它与组织的目标完全一致，可以满足组织中各管理层系的要求，能适应任何管理和技术的新的变化，从而真正实现信息资源的管理。

这是一种波浪式的发展历程，其前三个阶段具有计算机数据处理时代的特征，后三个阶段则显示出信息技术时代的特点，前后之间的"转折区间"是在整合期中，由于办公自动化机器的普及、终端用户计算环境的进展而导致了发展的非连续性，这种非连续性又称为"技术性断点"。

诺兰的阶段模型总结了发达国家信息系统发展的经验和规律。一般认为模型中的各阶段都是不能跳越的。因此，无论在确定开发信息系统的策略，或者在制定信息系统规划的时候，都应首先明确本单位当前处于哪一发展阶段，进而根据该阶段的特征指导信息系统的建设。该模型既可以用于诊断当前处在哪个阶段、向什么方向前进、怎样管理对开发最有效，也可以用于对各种变动的安排，进而以一种可行方式转至下一生长阶段。虽然系统成长现象是连续的，但各阶段则是离散的。在制定规划过程中，根据各阶段之间的转换和各种特性的逐渐出现，可运用诺兰的阶段模型辅助规划的制定，因此将它作为信息系统规划指南是十分有益的。

4.2　总体规划主要方法

在信息系统的开发中，可用于总体规划的方法很多，如关键成功因素法、战略目标集转化法、企业系统规划法、投资回收法、征费法等。下面重点介绍在实践中使用最多的三种方法。

4.2.1　关键成功因素法

关键成功因素法（Critical Success Factors，CSF）是一种重点问题突破法，即首先抓住影响系统成功的关键因素，进行分析，确定企业组织的信息需求，这种方法于 1970 年由哈佛大学教授 Willian Zani 提出，是一种较早应用于信息系统开发规划的方法。

4.2.1.1　关键成功因素法的基本步骤

任何一个企业组织中，都存在着对该组织的成功起关键作用的影响因素，称为关键成功因素。决策信息往往就来自这些关键成功因素。关键成功因素总是与那些能够确保企业生存和发展的方面和部门相关，在不同的业务活动中，在不同的时期，关键成功因素也会不同。随着时间的改变，某个时期的关键成功因素可能会变成一般的影响因素，一些很一般的因素可能会成为关键成功因素。问题的关键是：当我们制定信息系统规划时，要明确弄清哪些影响因素是规划涉及期内最重要的。

CSF 法通过对关键成功因素的识别，找出实现目标所需的关键信息集合，从而确定系统开发的优先次序。以数据库的分析与建立为例，关键成功因素法的具体步骤是：

（1）了解企业组织的目标；

（2）识别关键成功因素；

（3）识别性能指标和标准；

（4）识别测量性能的数据。

这四个步骤，用图表示如图 4-3 所示。

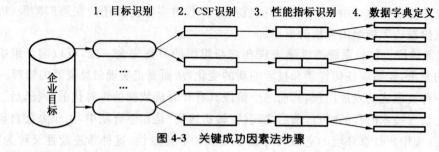

1. 目标识别　　2. CSF识别　　3. 性能指标识别　　4. 数据字典定义

图 4-3　关键成功因素法步骤

4.2.1.2　工具

关键成功因素法的起点是企业目标,通过对目标的分解和识别、关键成功因素识别、性能指标识别,终点是到产生数据字典。从建立数据库开始,逐步推进,直至细化到数据字典。对关键成功因素的识别,是识别联系系统目标的主要数据类及其关系,常用工具为树枝因果图。例如,某企业的目标是提高市场竞争力,对于各种影响因素以及子因素,可以用树枝图描述,如图 4-4 所示。

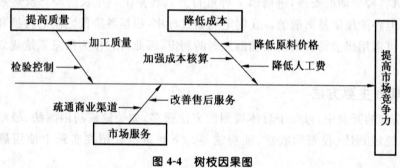

图 4-4　树枝因果图

对于影响企业组织目标的多种因素,如何对其进行分析、评价,找出关键成功因素,不同企业可以采取不同的方法。习惯由高层进行决策的企业,可以由高层决策者个人进行选择;习惯由群体进行决策的企业,可以采用德尔菲法,对不同人的观点进行综合考虑。关键成功因素法适用于高层领导进行决策和规划,因为企业组织的高层领导往往面临的是半结构化或非结构化的问题,自由度大,经常考虑关键的影响因素。

4.2.2　战略目标集转化法

战略目标集转化法(Strategy Set Transformation,SST)是将整个战略目标看成由使命、目标、战略和其他战略变量(如管理的复杂性、改革习惯以及重要的环境约束等)组成的一个"信息集合",这种方法是由 William King 于 1978 年提出来的。信息系统的规划过程就是把企业组织的战略目标转化为信息系统的战略目标。过程如图 4-5 所示。

战略目标集转化法的步骤:

(1) 识别组织战略目标。先考查一下该组织是否有成文的战略或长期计划,如果没有,就要去构造这种战略集合。可以采用以下步骤:

——描绘出组织各类人员结构,如卖主、经理、雇员、供应商、顾客、贷款人、政府代理人、地区社团及竞争者等。

——识别每类人员的目标。

——对于每类人员识别其使命及战略。

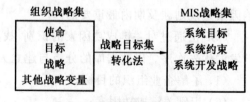

图 4-5　战略目标集转化法

（2）将企业战略目标转化成信息系统战略目标,信息系统战略目标应包括系统目标、系统约束以及开发策略和设计原则等。这个转化的过程包括将对应企业战略集的每个元素转换为对应信息系统的战略约束,然后提出整个信息系统的结构。

4.2.3 企业系统规划法

企业系统规划法（Business System Planning,BSP)是一类全面调查法,主要基于用信息支持企业运行的思想,是由 IBM 公司于20 世纪70 年代初提出来的,是一种企业组织内部系统开发的方法。它的基本思路与前面方法相类似,首先自上而下识别系统目标,识别企业过程,识别数据,然后再自下而上设计系统。企业系统规划法的基本思路如图 4-6 所示。

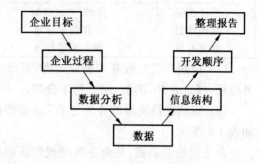

图 4-6 企业系统规划法步骤

企业系统规划法是把企业目标转为信息系统战略的全过程,该方法所支持的目标是企业的各层次目标,这种支持是在多个子系统的支持下得以实现的。企业系统规划法的工作过程,可以归纳为以下 4 个阶段,如图 4-7 所示。

4.2.3.1 准备工作阶段

准备工作阶段主要进行系统规划的前期工作,包括以下 3 个方面:

（1）在信息系统项目得到上级领导或主管部门批准后,下达任务,明确系统开发的目标,着手成立系统开发的组织。

（2）制定系统调查计划,调查对象,调查大纲等准备工作。

（3）开动员会,由信息系统项目的开发负责人介绍企业组织的现状、组织机构、决策过程、用户对现行系统的看法和对新系统的期望,统一明确对系统开发的问题和要求。

4.2.3.2 系统分析阶段

系统分析阶段,是系统规划的基础,也是系统设计的前提。主要包括以下 3 个方面的工作:

1. 定义企业过程

定义企业过程是指识别企业逻辑上相关的一组决策和活动的集合。企业管理活动是由许多企业过程组成的,可以归纳为计划与控制、产品和服务、支持资源 3 方面。识别企业过程,实际上就是识别这 3 个方面的过程。

（1）识别计划与控制的企业过程,是指从第一个源计划与控制的过程出发,经过分析、讨论、研究和磋商,将企业的战略规划和管

图 4-7 企业系统规划法详细步骤

理控制方面的过程列成一个表的过程。如表 4-1 所示。

表 4-1　计划与控制的企业过程

战略规划	管理控制	战略规划	管理控制
经济预测	市场/产品控制	放弃/追求分析	运行计划
组织计划	工作资金计划	预测管理	预算
政策开发	职工素质计划	目标开发	测量与评价

（2）识别产品与服务的企业过程，是指按照产品的生命周期的每个阶段，列出产品与服务过程，经过合并、调整，使之趋于合理。

（3）识别支持资源的企业过程，是指按照资源的生命周期，列出企业全部资源的过程。如表 4-2 所示。

企业过程的识别，是企业系统规划法的核心和关键。通过对企业过程的识别，可以对企业组织如何完成其目标加深了解，为进行信息识别打下基础。

表 4-2　支持资源的企业过程

过程　　周期 资源	要求	获得	服务	退出
人　才	人事计划、 工资管理	招聘 转业	补充和收益、 职业发展	终止合同、退休
资　金	财务控制、 成本控制	资金获得、接收	公文管理、银行账、 会计总账	会计支付
材　料	生产需求	采购、接收	库存控制	定货控制、运输
设　备	主设备计划	设备购买、建设、 管理	机器维修、家具、 附属物	设备报废

2.定义数据类

定义数据类是指对能够激发企业管理工作活动所需求数据的识别。其目的是了解企业当前的数据状况和数据要求，查明数据共享的关系，并建立数据过程矩阵，为设计信息系统的体系结构提供依据。

识别企业数据的方法有两种：

（1）企业实体法。首先找到企业实体，根据实体发现数据。企业实体有顾客、产品、材料及人员等企业中客观存在的事物，联系于每个实体的生命周期阶段就有各种数据。企业实体法首先是列出企业实体，然后再列出一个矩阵，实体位于水平方向，垂直方向列出数据类。如表 4-3 所示。

表 4-3　实体/数据矩阵

实体 数据类	产品	顾客	设备	材料	卖主	现金	人员
计划	产品 计划	销售领域 市场计划	能力计划 设备计划	材料需求 生产调度		预算	人员计划
统计	产品 需求	销售历史	运行 设备利用	开列需求	卖主行为	财务统计	生产率 盈利历史
库存	产品成 品零件	顾客	设备 机器负荷	原材料成本 材料单	卖主	财务 会计总账	雇佣工资 技术
业务	订货	运输		采购订货	材料接受	接受付款	

（2）企业过程法。它利用以前识别的企业过程,分析每一个过程利用什么数据,产生什么数据,或者说每一过程的输入和输出数据是什么。它可以用输入-处理-输出图形象地表达,见图 4-8。

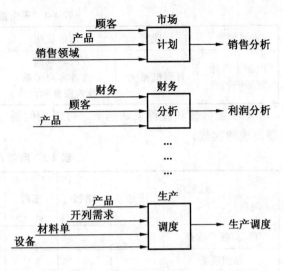

图 4-8　输入-处理-输出图

3. 分析企业和系统的关系

采用"组织/过程矩阵",它在水平方向列出各种过程,垂直方向列出各种组织。如果该组织是该过程的主要负责者或决策者,则在对应的矩阵元素中画 ∗;若为主要参加者就画×,若为部分参加者就画/,这样就一目了然。如果企业已有现行系统,我们可以画出"组织/系统矩阵"。在矩阵元素中填 C,表示该组织用该系统,如果该组织以后想用某系统可以在矩阵元素中填入 P,表示该组织计划用该系统。同理可以画出"系统/过程矩阵",用以表示某系统支持某过程。同样可以用 C 和 P 表示现行和计划。用同样方法还可以画出系统和数据类的关系。

4.2.3.3　系统设计阶段

1. 确定经理的想法

确定经理的想法就是确定企业领导对企业长期发展战略的看法。在采访前,规划小组应事先拟定采访提纲,在采访结束后,还应认真分析总结。

2. 评价企业问题

在 BSP 采访后应当根据这些资料来评价企业的问题,评价过程的流程图见图 4-9。

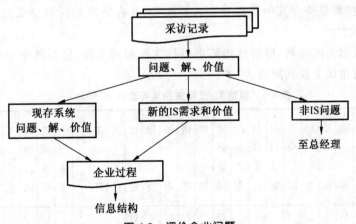

图 4-9　评价企业问题

（1）总结采访数据。将结果汇集到一张表上,见表 4-4。

（2）分类采访数据。任何采访的数据均要分三类,即现存系统的问题和解、新系统需求和解,以及非信息系统问题。第三类问题虽不是信息系统所能解决的,但也应充分重视,并整理递交总经理。

表 4-4　采访数据总结表

主要问题	问题解	价值说明	信息系统要求	过程/组影响	过程/组起因
由于生产计划影响利润	计划机械化	改善利润 改善客户关系 改善服务和供应	生产计划	生产	生产

(3) 把数据和过程关联起来。可以用问题/过程矩阵表示, 表 4-5 中的数字表示这种问题出现的次数。

表 4-5　问题/过程矩阵

问题 ＼ 过程组	市场	销售	工程	生产	材料	财务	人事	经营
市场/客户选择	2	2						2
预测质量	4						4	
产品开发			4			2		1

3. 定义信息系统结构(划分子系统)

BSP 方法是根据信息的产生和使用来划分子系统的, 它尽量把信息产生的业务过程和使用信息的业务过程划分在一个子系统中, 从而减少了子系统之间的信息交换。具体的作法是根据信息的产生和使用建立 U/C 矩阵。U/C 矩阵划分子系统的步骤如下:

(1) 利用 U/C 矩阵定义系统的总体结构。在对数据类和企业流程了解的基础上, 下一步就要对它们的关系进行综述。为此, 将数据类对照企业流程安排在一个矩阵中, 用字母 C (create)表示该流程产生数据, 用字母 U(use)表示该流程使用数据。在矩阵中, 按关键资源的生命周期顺序放置过程, 即计划过程、度量和控制流程、直接涉及产品的流程、最后是管理支持资源的流程。然后, 根据流程产生数据的顺序将数据类排在另一轴上, 开始是由计划过程产生的数据, 接着把所有其他数据类列入矩阵中, 并在适当的行列交叉处填上字母 C 和 U, 如表 4-6 所示。

恰当调整数据类的排列, 即对该矩阵进行行变换和列变换, 使矩阵中字母 C 和 U 尽可能集中分布在对角线上及其附近。

表 4-6　数据类/过程关系矩阵图(U/C 矩阵)

过程 ＼ 数据类	顾客	预算	财务	供应厂家	材料计划	材料库存	产品库存	顾客合同	费用	销售	价格	收支	计划	人员	工资	在制品库存	生产进度	机床负荷	采购合同	工艺	产品	设备	零件	材料定额	工时定额
市场分析	U							U		U	U		U								U				
产品调查	U							U		U	U										U				
销售预测	U	C							U	U		C									U				
财务计划		U	U						U				U												
借贷资金		U	C										U												
基金管理		U	U																						

续表 4-6

过程 ＼ 数据类	顾客	预算	财务	供应厂家	材料计划	材料库存	产品库存	顾客合同	费用	销售	价格	收支	计划	人员	工资	在制品库存	生产进度	机床负荷	采购合同	工艺	产品	设备	零件	材料定额	工时定额
产品设计													U								C	U	C		
产品工艺																				C	U	U			
制定定额																					U	U	U	C	C
材料计划				U	C	U							U						U		U			U	
采 购				C	U	U													C		U			U	
进 货				U	U	U													U						
库存控制						C		U											U	U					
作业计划						U							U			U	C	C		U			U		U
在制品控制							U	U								C	U						U		U
作业安排														U			U	U	U						U
设备管理																		U				C			
设备维修																		U				U			
机床安排																		U	U			U			
顾客服务	C						U	U		U	U										U				
产品库存管理							C	U	U	U	U														
顾客合同管理	U						U	C			C	U													
包 装								U													U				
运 输	U							U																	
总 会 计		U	U					U		U		U							U						
出 纳		U	U							U	U	U				U									
现金收支									U			C				U									
费用计算					U	U			C			U		U	U							U			
预算计划		U	U						U				U	U											
成本计算			U						U		C	U													
利润分析			U						U			U													
人员管理			U											U	C	U									
招 工														U	U	C									
人员分配														U											U
考 勤														U	U										U
支付工资			U											U	U										

（2）确定主要系统。将业务流程和数据类依据其管理的资源而划分成若干组，并用方框框起来，如表 4-7 所示。这些方框代表逻辑子系统的组合，表明产生和维护某些特定的、相关的数据类的责任。

表 4-7 U/C 矩阵调整图

过程 \ 数据类	预算	计划	财务	产品	零件	工艺	材料定额	工时定额	材料计划	供应厂商	采购合同	材料库存	生产进度	机床负荷	在制品库存	设备	顾客	产品库存	顾客合同	销售	收支	费用	价格	人员	工资
市场分析		U		U													U	U	U				U		
产品调查				U													U	U	U				U		
销售预测	C	C		U													U			U			U		
财务计划	U	U	U																			U			
借贷资金	U	U	C																						
基金管理	U		U																						
产品设计		U		C	C											U									
产品工艺				U	U	C										U									
制定定额				U	U	U	C	C																	
材料计划		U		U			U		C	U	U	U													
采购				U					U	C	C	U													
进货										U	U	U	U												
库存控制											U	C	U										U		
作业计划		U				U	U		U			U	C	C	U										
在制品控制					U	U							U		C				U				U		
作业安排					U				U				U	U										U	
设备管理													U			C									
设备维修													U			U									
机床安排						U							U			U									
顾客服务				U													C	U	U	U			U		
产品库存管理																	C	U	U		U	U			
顾客合同管理																	U	U	C	C			U		
包装				U														U							
运输											U					U		U							
总会计	U		U																	U	U		U		
出纳	U		U																	U	U	U			U
现金收支																				C	U				U
费用计算										U					U	U		U			U	C			U
预算计划	U	U	U												U				U	U					
成本计算				U																U	U	C			
利润分析				U																U	U	U			
人员管理		U	U																					C	U
招工		U																						U	C
人员分配								U																U	
考勤								U																U	U
支付工资			U																					U	U

(3) 表示数据流向。落在系统方框外的那些字母 U 表示对数据流的应用,用箭头表示数据从一个系统流向另一个系统。

(4) 识别子系统。用方框和箭头表示数据的产生和使用后,可以去掉字母 C 和 U,并给每个子系统命名,这就是一个完整的信息系统的总体结构图,如表 4-8。

表 4-8 U/C 矩阵图转换为信息系统的总体结构图

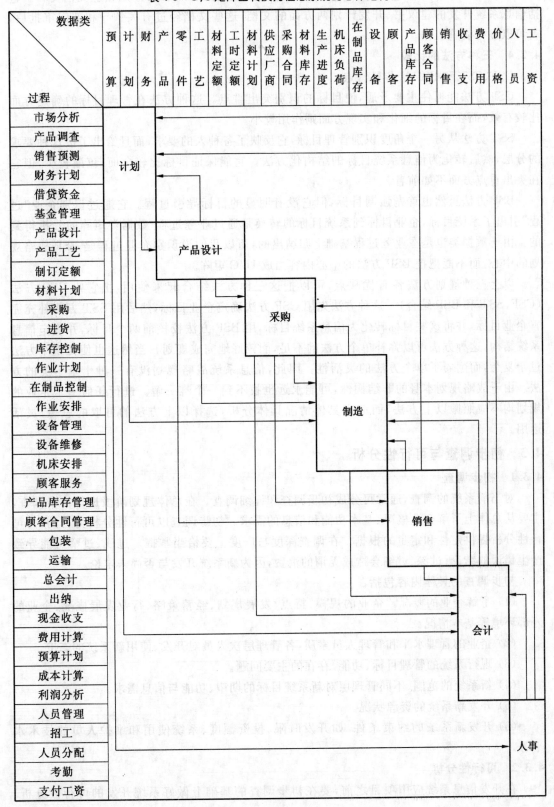

4.2.3.4　文档整理阶段

文档整理阶段，主要是指将以上各阶段的工作进行总结和归纳，形成相应文档资料。包括信息系统开发的建议书、开发计划两方面的文档，这些文档经过有关领导和部门审批后，就可以进行实施工作。

4.2.4　三种方法的比较

CSF、SST 和 BSP 法各具特点。

CSF 方法能抓住主要矛盾，使目标的识别突出重点。这种方法在管理目标的确定方面比较有效，而在目标的细化和实现方面则作用较小。

SST 方法从另一个角度识别管理目标，它反映了各种人的要求，而且给出了按这种要求的分层，然后转化为信息系统目标的结构化方法。它能保证目标比较全面，疏漏较少，但它在突出重点方面不如前者。

BSP 方法虽然也首先强调目标，但它没有明显的目标导引过程。它通过识别企业"过程"引出了系统目标，企业目标到系统目标的转换是通过业务过程/数据类矩阵的分析得到的。由于数据类也是在业务过程基础上归纳出的，所以我们说识别企业过程是 BSP 战略规划的中心，而不能把把 BSP 方法的中心内容当成 U/C 矩阵。

以上三种规划方法各有优缺点，可以把这三种方法结合起来使用，把它叫 CSB 方法（CSF，SST 和 BSP 结合）。这种方法先用 CSF 方法确定企业目标，然后用 SST 方法补充完善企业目标，并将这些目标转化为信息系统目标，用 BSP 方法校核前两个目标，并确定信息系统结构，这种方法可以弥补单个方法的不足，能较好地完成规划。当然这也使得整个方法过于复杂，而削弱了单个方法的灵活性。因此，信息系统战略规划没有一种十全十美的方法。由于战略规划本身的非结构性，可能永远也找不到一个唯一解。进行任何一个企业的规划均不应照搬以上方法，而应当具体情况具体分析，选择以上方法的可取的思想，灵活运用。

4.3　初步调查与可行性分析

4.3.1　初步调查

对当前系统的调查，通常可分成初步调查和详细调查。在总体规划阶段进行初步调查，主要从总体上了解企业概况、基本功能和信息的需求。初步调查以可行性分析为目的，为可行性分析提供定性和定量的根据。在调查深度与广度上要恰当掌握。过浅、过窄可能导致产生错误的结论；过深、过细会造成无谓的浪费，因为新系统开发与否尚未定论。

初步调查的具体内容包括：

（1）了解企业的概况。企业的规模、特点、发展规划、经营策略、行业发展概况、企业的外部环境等基本情况。

（2）企业的管理水平和管理人员素质，各管理层次人员对开发、使用新系统的态度。

（3）现行系统的管理目标、功能、存在的主要问题。

（4）新系统的范围、不同管理层对新系统目标的期望、功能与信息需求。

（5）开发新系统的资源状况。

（6）开发新系统的约束条件，如开发时限、投资额度、系统使用和维护人员的技术水平等。

4.3.2　可行性分析

在开发信息系统应用项目之前，要在初步调查的基础上做好系统开发的可行性分析。

可行性分析的任务是确定项目开发是否必要和可行。建设 MIS 的必要性取决于需求的迫切性和实现的可行性。可行性并不等于可能性，它还包括必要性，如果领导或管理人员对信息的需求并不迫切，或各方面的条件不具备，就是不具备可行性。

4.3.2.1 可行性分析的内容

系统通常都受到资源（人力、财力、设备等）和时间上的限制，可行性分析主要从经济、技术、管理等方面分析所给出的解决方案是否可行，能否在规定的资源和时间的约束下完成。

（1）经济上的可行性。主要是对项目进行成本效益分析，从经济角度确定系统是否值得开发。一方面是系统的成本，主要包括：购置硬件、软件（如数据库管理系统、第三方开发的构件等）和设备的费用；系统的开发费用；系统安装、运行和维护费用；人员培训费用等。另一方面是系统的效益。信息系统的效益包括经济效益和社会效益。经济效益包括使用基于计算机的系统后可增加的收入和可节省的运行费用（如操作人员数、工作时间、消耗的物资等），在进行成本效益分析时通常只统计五年内的经济效益。经济效益通常可用货币的时间价值、投资回收期和纯收入来度量。社会效益指使用基于计算机的系统后对社会产生的影响（如提高了办事效率，提供了更多的信息，使用户满意等），通常社会效益只能定性地估计。

（2）技术上的可行性。技术可行性主要根据系统的功能、性能、约束条件等，分析在现有资源和技术条件下系统能否实现。技术可行性分析通常包括风险分析、资源分析和技术分析。风险分析，主要分析在给定的约束条件下设计和实现系统的风险。如采用不成熟的技术可能造成技术风险，人员流动可能给项目带来风险，成本和人员估算不合理造成的预算风险。风险分析的目的是找出风险，评价风险的大小，并有效地控制和缓解风险。资源分析用于论证是否具备系统开发所需的各类人员、软件、硬件等资源和相应的工作环境。如有一支开发过类似项目的团队，或者开发人员比较熟悉系统所处的领域，并有足够的人员保证，所需的硬件和支撑软件能通过合法的手段获取，那么从技术角度看，可以认为具备设计和实现系统的条件。技术分析用于分析当前的科学技术是否支持系统开发的各项活动。在技术分析过程中，分析员收集系统的性能、可靠性、可维护性和生产率方面的信息，分析实现系统功能、性能所需的技术、方法、算法或过程，从技术角度分析可能存在的风险，以及这些技术问题对成本的影响。

（3）系统环境上的可行性。主要是管理人员对开发信息系统的态度和管理方面的基础工作。新系统运行必然会引起管理系统组织机构、职能分工、管理机制、管理方法等一系列的变革，还面临大量人事方面的改革。因此需要考察管理人员对变革和调整的心理承受能力，更重要的是对新系统运行的适应能力，管理人员的素质是否能适应新系统的要求。管理基础工作好坏主要表现在管理制度和方法是否科学，规章制度是否齐全以及原始数据是否正确等方面。

4.3.2.2 可行性分析的结论

从经济、技术、系统环境三方面，分析在现在的资源及其他条件下，系统目标是否可以达到，是否有必要达到等结论。根据以上分析，对提出的信息系统开发工作做出是否可行的结论。结论可以是以下五种情况之一。

（1）条件具备，可立即进行系统开发。

（2）时机不成熟，需要对目标系统中的某些指标调整后才能进行开发，如增加投资、增加人力、延长开发时间等。

（3）需要推迟,直到某些条件具备之后,才能进行开发,如需要进行管理工作的改进、组织机构的调整等。

（4）目标太低或太高,需要对目标进行某些修改后,才能进行开发。

（5）无必要进行开发,如经济上不合算,技术条件不成熟等。

4.3.2.3　可行性分析报告

可行性分析报告是对可行性分析工作的总结,其内容主要包括如下方面:

（1）现行系统的目标、功能、范围和关键信息需求及存在的主要问题。

（2）拟建新系统的总体方案,以及其他可选方案,并对方案进行分析对比。

（3）系统开发的分阶段投资计划与投资总额;系统正常运行后日常维护、材料消耗等方面的年费用投入;系统投运后所产生的经济与社会效益分析。

（4）开发系统所具有的技术条件和对技术能力的评估。

（5）管理方面的计划,包括人员培训计划。

（6）能否开发系统的结论意见。

可行性分析报告是在初步调查的基础上,对可行性分析的总结报告,是深入进行系统开发工作的依据。可行性分析报告得到企业领导、同行专家的论证批准后,才能继续开展系统分析工作。

4.4　系统方案的拟定

在系统初步调查和可行性分析的基础上,根据企业的规模、长远规划和当前的实际情况等因素,合理安排信息系统的建设进程,从发展的、全局的、长远的角度规划系统方案。系统的方案应包含以下主要内容。

4.4.1　系统目标与主要功能

系统目标是在对系统进行总体规划和可行性分析的基础上建立的系统运行指标。由于不同层次的管理人员对信息的需求是不同的,因此拟定系统目标时应首先确定满足决策层需求的目标系列,特别是那些关键性的目标,然后根据总目标分解产生控制层的子目标。子目标是在服务于总目标对信息需求的前提下确定的。作业层子目标系统主要是收集、处理、汇总基层的日常数据及编排短期作业计划等,为控制层的相应子目标服务,作业层子系统的目标以满足控制层相应子系统目标对信息的需求为前提。系统目标有层次性,越向下越具体,越向上越概括、抽象。只有子目标实现了,总目标才能实现;只有在总目标的指导下确定子目标,整个系统才能优化。系统目标通常不是单一目标,而是一个目标体系。例如某企业建立生产、经营、资金、成本与物资的动态数据收集及处理与控制的信息系统,其目标体系为:

（1）系统能为各级管理人员提供日、旬、月、季、年的各种单项和综合数据报表及计划,并实现对当前生产、经营、物资、资金及项目进度现状进行多功能查询。

（2）系统限定一次性数据采集。系统下游数据由上游数据传递,禁止二次输入,保证数据一致性。

（3）生产成本以批号为单位进行核算,对产品质量与数量以批号进行跟踪,随时提供查询系统。

（4）系统具备管理优化功能,包括计划优化,市场预测和财务预测等。

（5）系统设置与生产线上实时控制系统的接口,实现管理与控制系统资源共享。

确定系统目标要体现下列原则:

(1) 应该充分体现最高战略目标。

(2) 应该充分体现发展方向。

(3) 应该为主要任务服务。

(4) 应该反映系统的发展规律。

(5) 应该具备较强的环境适应性。

系统功能是为实现系统目标服务的,功能通常是目标的细化。

4.4.2 系统运行环境的构想

信息系统的应用不仅把众多的管理人员从繁杂的事物中解脱出来,对管理领域也是一场深刻的革命。传统的管理思想、方法、体制、组织结构设置及职能分工等往往不再适应新系统的要求。为了适应新系统的运行,必须拟定一套管理系统的整改方案与计划,优化管理系统。

4.4.3 计算机系统及其网络系统的初步配置方案

包括计算机系统的软、硬件系统配置和网络系统的软、硬件配置,软、硬件系统必须具备的主要性能指标等。

4.4.4 系统开发计划与分阶段的投资预算

4.5 系统开发实施计划

信息系统的开发周期长,难度大,技术含量高,需要多人合作共同完成。为了有效地管理、控制项目的开发进程,必须制定一个严密的工作计划,有条不紊地按计划开展工作,经常检查工作进度与质量,及时协调各方关系和调整计划,使工作有序有节。通常采用网络规划技术对系统开发的全过程进行管理与控制。

4.5.1 网络规划技术的概念

网络规划技术即应用网络模型描述系统开发工程,并通过网络模型对系统开发工程进行分析和优化的技术。网络规划技术的基本原理是,首先用网络图表达一项工程计划的各工序之间的相互联系和相互制约的关系,然后通过计算找出关键工序和关键路线,再通过不断改变网络规划选择最优方案;在规划的执行中进行有效的控制、监督和协调,以保证用最少的消耗取得最大的效益。

4.5.2 网络规划技术的特点

网络规划技术的特点主要包括以下两方面:

(1) 系统性。网络规划技术是把信息系统开发的全过程作为一个系统来处理,它将系统开发的各项任务、资源及约束条件经组合、分解、统筹安排,有机地构成一个整体,用网络图描述出来,在特定资源条件和约束条件下,力求达到开发周期短、费用省和质量高的目的。

(2) 可控性。网络规划技术既是一种规划管理方法,又是一种控制工程进度的有效手段。它将系统开发的实施过程看作一个动态过程,可及时根据开发进程中情况变化反馈的信息调整规划。它主要是通过计算关键路线控制整个规划的执行。

4.5.3 网络规划图的绘制

4.5.3.1 网络图的构成

网络图的构成情况如下:

(1) 事项:某个工序开始或结束的瞬时状态点。在网络图中用圆表示。

(2) 工序(作业):需要消耗资源和时间的、完成某项具体任务的过程。在网络图中用箭头表示。箭尾表示作业的开始,箭头表示作业的结束。

（3）从始点事项开始,沿箭头所指方向到达终点事项的一条道路。路线上各工序所需时间之和为该线路所需的时间,所需时间最长的线路为关键线路。

4.5.3.2 网络图的绘制规则

绘制网络图的一般规则如下：

（1）图中不能出现循环回路;图中每个作业按先后顺序用唯一的编号从小到大标出。

（2）网络图一般仅有一个起点事项和一个终点事项;不允许使用多分值的箭头。

（3）作业类型:虚箭头表示虚作业,虚作业仅表示作业间执行时的次序,不消耗资源和工时。图 4-10 表示 A 完成后 B、C 同时开始;B、C 均结束后 D 才能开始;C 结束后 E 即可开始。平行作业示意图如图 4-11 所示,表示 B1、B2、B3 3 项作业在 A 作业完成后并行进行。交叉作业示意图如图 4-12 所示。X 称工序 A、Y 的紧前工序,因为 X 一旦结束,A 与 Y 立即开始;Z 称 Y 的紧后工序,即 Y 一旦结束 Z 即可开始。图的作业路线是:X 作业完成后,A、Y 作业开始;Y 结束后 Z 开始;A、Y 均结束后 B 开始;B、Z 均结束后 C 开始。

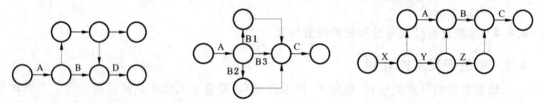

图 4-10　虚作业示意图　　图 4-11　平行作业 B1、B2、B3 示意图　　图 4-12　交叉作业示意图

（4）网络图的简化:将网络图中的一组作业简化成一个组合作业称为简化。组合作业的作业时间为组合作业的关键路线的作业时间。

（5）网络图的合并:将多级网络合并在一起形成总网络图称为合并。通常是先画总体粗结构的网络图,然后再分解细化。

4.5.3.3 网络图绘制

绘制网络规划图按下列步骤进行：

（1）分析、分解任务。分析、分解任务即按任务划分为若干个工序。对大型任务应先将其分解为若干个子任务,再将各项子任务逐个分解为工序。如图 4-13 所示。

（2）确定各工序间的关系,包括紧前、紧后、交叉、平行等关系,然后列出全部工序的明细表。表内的序号、代码留有间隔的目的是可以补充遗漏的工序。见表 4-9。

（3）绘制网络图:首先根据工序明细表,由始点事项开始,逐项绘图直至终点事项,将完成每个作业所需的时间标在工序代码右侧的括号内,圆内标明序号。

图 4-13 描述的网络规划图,作业时间为 125 天。假定某工序系统 P 可分解为:子系统划分 P1(15)、数据库设计 P2(10)、代码设计 P3(4)、I/O 设计 P4(6)等 4 个子工序,P 工序可以分解为如图 4-14 所示的网络示意图,工期不变。

表 4-9　系统开发工序明细表

序号	代码	作业名称	紧前作业	工期（天）	投资计划（元）	责任人
1	A	系统调研		5	10 000	管分析
2	B	总体规划方案	A	8		管分析
3	C	可行性分析报告	B	5		管分析
4	D	论证、审批可行性分析报告	C	2		任企首

续表 4-9

序号	代码	作业名称	紧前作业	工期(天)	投资计划(元)	责任人
7	G	详细调查	D	20		管分析
8	H	需求分析、数据流程图	G	10		管分析
10	J	功能分析、逻辑设计	H	15		管分析
11	K	系统分析报告、整理资料	J	7		管分析
12	L	论证、审批系统分析报告	K	2	20 000	任企首
16	P	系统设计	L	25		管分析
17	S	程序设计调试、系统调试	P	10		边程
19	Q	用户人员培训	P	20		边程
20	T	购置安装调试软硬件系统	P	15	80 000	管分析
21	U	收集、整理数据	P	10		季数
23	W	企业机构、只能整改、制定规章	D	30		任企首
24	X	系统测试、评价	S	5		管分析
25	Y	系统投运	X	6	40 000	边程

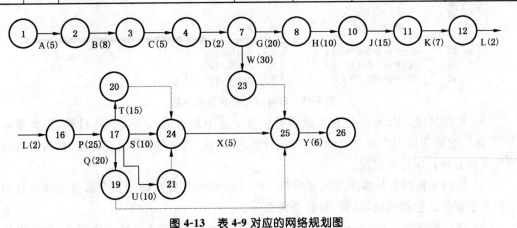

图 4-13　表 4-9 对应的网络规划图

图 4-14　工序分解的网络示意图

　　网络规划技术借助于网络表示各项工作和所需时间,以及各项工作之间的关系。通过网络分析,研究工程费用与工期之间的相互关系,找出在编制计划以及在计划执行过程中的关键路线。网络规划方法是进度控制的主要方法,已成功地应用于无数重大而复杂项目的进度控制,并取得了良好的效益。

　　目前有很多图形化的项目管理软件工具,为项目管理的实施带来了极大的方便。其中微软公司的 Microsoft Project 就是一个功能强大、操作方便的项目管理网络计划软件。它提供了一套完整的项目描述和计算的方法和模型,通过软件生成的图表或文件,使参加项目工作的人员对项目的理解达到共识。Project 管理的具体功能包括制定项目计划、任务管理、资源管理等，能产生很多过去依靠手工完成的计算、绘图和报告整理工作。

（1）快速建立项目计划。Project 只需提供基本的数据，如：项目任务的名称、持续时间、工作人员和设备的工作量以及项目任务之间的关系，它会自动计算出关键路径，每个任务和整个项目的开工、完工日期，项目能否如期竣工，资源分配是否合理等。

（2）管理项目中的工作任务。项目由一个一个的活动、工作、任务组成，Project 将一个项目计划分为 4 阶段进行管理，即：比较基准计划（原始计划）、当前计划、实际计划和待执行计划（未完成计划）。它为每个阶段的计划都设置了数据域，用户可随时查看。图 4-15 为 Project 的任务管理界面和相应的甘特图。

标识		任务名称	工期	开始时间	2004年4月11日 五 六 日 一 二 三 四 五	2004年4月18日 六 日 一 二 三 四 五
33	☑	根据产品规范制定单元测	4 工作	2004年2月17		
34	☑	根据产品规范制定整体测	4 工作	2004年2月23		
35		单元测试	15 工作日	2004年4月2日		
36	☑	审阅模块化代码	5 工作日	2004年4月2日	测试人员	
37	☑	测试组件模块是否符	2 工作日	2004年4月9日	测试人员	
38	☑	找出不符合产品规范	3 工作日	2004年4月13日	0% 测试人员	
39	☑	修改代码	3 工作日	2004年4月16日	0% 测试人员	
40	☑	重新测试经过修改的	2 工作日	2004年4月21日	0% 测	
41		单元测试完成	0 工作	2004年4月2日	4	
42		整体测试	12 工作日	2004年4月23日		
43	☑	测试模块集成情况	5 工作日	2004年4月23日	0%	
44	☑	找出不符合规范的异	2 工作日	2004年4月30日		
45	☑	修改代码	3 工作日	2004年5月4日		
46	☑	重新测试经过修改的	2 工作日	2004年5月7日		
47		整体测试完成	0 工作	2004年5月10		
48		培训	57 工作日	2004年2月17日		
49	☑	制定针对最终用户的培训	3 工作	2004年2月17		
50	☑	制定针对产品技术支持	3 工作	2004年2月20		
51	☑	确定培训方法（基于计	2 工作	2004年2月25		

图 4-15　Project 的任务管理界面

（3）资源管理。Project 把在完成项目任务活动中投入的人员、设备、材料、资金等抽象为"资源"，它能帮助用户建立资源库，排出日程表，提供"资源使用状态"视图，并从项目评价的角度查看项目运作的情况。

（4）使用多种图表从多角度描述项目。Project 提供了能反映项目全部状态的丰富的图形和文字报告。包括网络图、横道图、资源图等。

（5）信息的筛选。Project 可以把需要的信息过滤出来，建立各种文字报告，也可以根据需要建立新的任务和资源的各种报告，如项目摘要报告、任务报告、资源报告等。

借助于项目管理工具，可以使我们方便地完成项目管理的过程控制，进度、费用跟踪，很好地指导日常的项目管理工作。

▌本章小结▐

系统开发前要根据组织的战略发展目标，对信息系统目标、计划、预算等进行总体规划。信息系统规划需成立领导小组，进行人员培训，并明确开发进度。诺兰模型是指导信息系统规划的理论之一，它将信息系统的成长阶段划分为初始、普及、控制、整合、数据管理和成熟阶段。

总体规划常见的方法有三种，其中关键成功因素法强调识别企业关键成功因素，进而确定系统开发的次序，常用工具为树枝因果图。战略目标集转化法强调将企业的战略目标转化为信息系统的战略目标。企业系统规划法通过识别企业过程引出系统目标,其转换通过对 U/C 矩阵的分析得到,实际应用时常用三种方法的综合。

开发系统前要对当前系统进行初步调查,从经济、技术、系统环境方面进行可行性分析,在此基础上拟定系统方案。系统方案包括系统目标、功能,运行环境,系统配置,开发计划等内容,未来信息系统的开发依此方案展开。系统开发的全过程通常采用网络规划技术进行控制,通过计算找出关键工序和关键路线,在规划执行中进行有效的控制。

思考题

1. 什么是信息系统规划?其主要步骤有哪些?
2. 诺兰模型有何意义?它把信息系统的成长过程划分为哪几个阶段?
3. 比较企业系统规划法、关键成功因素法和战略集转化法。
4. 可行性分析的任务和内容是什么。
5. 可行性分析报告的内容有哪些?
6. 系统方案包括哪些内容?
7. 什么是网络规划技术?网络图的绘制应遵循哪些规则?
8. 网络图的绘制分哪几步进行?

案例:某公司信息系统的规划

××钢铁集团公司(以下简称××公司)杨总经理上任后发现,公司在信息管理手段上较为落后,所有信息管理方面的工作极大部分都手工进行。即便是有些单项业务使用了计算机,如生产经营日报的汇总打印,也极具形式化的特征。杨总与高层领导们商量以后,决定让××公司拨出相应经费,建立企业信息系统。

杨总指派有很高协调能力的宣传部部长傅××组织协调这项工作的开展。傅部长接手这项任务后第一项工作就是组建××公司信息中心,并亲自担任信息中心主任。组建的信息中心除傅部长外,还有一位懂技术且原则性很强,能全身心投入的马副主任、熟悉计算机硬件及系统软件的小范及其同事们,共 10 人左右。

傅部长及马副主任接手这项工作以后,找到了东方大学管理学院的王教授,通过与王教授咨询,决定:为了使企业中上层领导对企业管理自动化有一个知识性的了解,并配合企业 MIS 的开发工作,傅部长请示杨总经理后,邀请王教授及其他东方大学相关专家,在××公司举办了针对处级以上领导的企业信息化的培训班。

这之后,王教授组织东方大学管理学院及信息工程学院 MIS 方面的专家到××公司,搜集××公司相关资料,了解目前的业务情况,并分别与各部门的主要管理人员面谈,以了解××公司 MIS 的需求范围与内容。

几周后,王教授及各位专家根据收集来的资料及对其他企业的 MIS 系统的了解,列出了 ××公司 MIS 系统的主要功能需求及信息需求,并应用一些方法对各项功能进行了整理分析,得到了××公司 MIS 系统的总体功能结构,并据此与计算机及网络公司初步进行了经费估算,规划了人力分配、进度计划。最后经杨总经理同意,决定将整个系统的建设分为三期工程来完成。第一期工程开发建设物资管理、销售管理、技术管理、生产计划管理、生产调度、财务管理及总经理综合信息服务等 7 个子系统。王教授的课题组通过几周的工作写出了《××公司信息系统可行性研究报告》。

××公司随后组织了一次研讨会,由王教授及其他专家向××公司的各级主管领导和外请专家对××公司 MIS 系统的系统规划工作做了一个详细的报告。外请专家及××公司各级领导确认了报告的内容并对一些问题提出了修改意见与建议。

中心与东方大学课题组就经费与完成时间进行了谈判,最后双方同意以 350 万元的经费及一年半的时间完成这个系统的第一期工程并签署了合作协议。

在王教授的组织下,由东方大学专家和××公司信息中心工作人员组成了联合项目组,开始进入了××公司 MIS 系统的第二阶段——系统分析阶段。

▌案例思考题▐

1. 分析××公司在信息系统规划方面做了哪些工作?
2. 信息系统规划阶段,需要哪些人参与?是技术人员还是管理人员?

第5章 结构化系统分析

5.1 系统分析概述

5.1.1 系统分析的主要任务

在总体规划阶段,我们拟定了系统开发的总体目标与系统方案的设想,提出了开发实施计划,但是不很细致,需要在此基础上进行系统分析,提出新系统的逻辑方案。系统分析是系统开发的关键阶段。它的任务是通过对企业组织的详细调查,充分分析用户要求,设计出将要建立的信息系统(简称新系统)的逻辑模型。逻辑模型描述了新系统应该具有的功能,而不涉及具体的物理细节。换句话说,系统分析只解决新系统"干什么","怎么干"的问题则由系统设计阶段解决。

要解决系统"干什么"的问题,系统分析人员必须与用户密切协商,从现行系统入手,调查系统的组织结构和各机构间的内在联系,分析组织的职能,详细了解每个业务过程和业务活动的工作流程及信息处理流程,理解用户对信息系统的需求,包括对系统功能、性能方面的需求,对硬件配置、开发周期、开发方式等方面的意向及打算。在详细调查的基础上,系统分析员运用各种系统的开发理论、开发方法和开发技术,确定系统应具有的逻辑功能,经过与用户反复讨论、分析和修改后产生一个用户比较满意的总体设计,再用一系列图表和文字表示出来,形成符合用户需求的系统逻辑模型,为下一阶段的系统设计提供依据。

5.1.2 系统分析的主要内容

系统分析员在系统分析阶段进行的主要工作是从详细调查开始到设计出新系统逻辑模型为止。这个阶段工作的主要内容包括如下几个方面。

5.1.2.1 现行系统的详细调查

现行系统的详细调查是通过各种方式和方法对现行系统做详细、充分和全面的调查,弄清现行系统的边界、组织结构、人员分工、业务流程、各种计划、单据和报表的格式、处理过程、企业资源及约束情况等,使系统开发人员对现行系统有一个比较深刻的认识,为新系统开发作好原始资料的准备工作。

5.1.2.2 组织结构与业务流程分析

在详细调查基础上,用图表和文字对现行系统进行描述,详细了解各级组织的职能和有关人员的工作职责、决策内容对系统的要求,业务流程各环节的处理业务及信息的来龙去脉。其目的是把系统的内在关系分析清楚,以便确定形成新系统的逻辑模型。

5.1.2.3 系统数据流程分析

在对业务流程分析的基础上,分析数据的流动、传递、处理与存储过程,用数据流程图进行描述,建立数据字典。

5.1.2.4 建立新系统的逻辑模型

在详细调查和系统化分析的基础上建立新系统的逻辑模型,采用一组图表工具来表达和描述新系统的逻辑模型,使新系统的概貌清晰地呈现在用户面前。用户可通过逻辑模型了解未来目标系统,并进行讨论和改进,使新系统的逻辑模型得到完善。

5.1.2.5 编制系统分析报告

对前面的分析结果进行总结,编制系统分析阶段的成果文档,完成系统分析报告。系统分析报告是系统分析阶段的成果和总结,是向开发单位有关领导提交的正式书面报告,也是下一工作阶段系统设计的工作依据。

5.1.3 系统分析的工作方法

系统逻辑方案设计主要采用结构化系统分析的方法进行。结构化系统分析方法是结构化方法的基本思想和主要原则在系统分析中所形成的一系列具体方法和有关工具的总称。它是在结构化程序设计思想方法的基础上发展而来的,也是目前在系统分析中采用的主要方法。结构化程序设计采用自上而下、由简到繁、由抽象到具体的分析方法,使用顺序、选择、循环等基本结构来描述程序,使得程序流畅,层次清楚,结构严谨,易读易改。管理系统是一个复杂的系统,系统中存在着大量的结构化、半结构化和非结构化的问题。结构化系统分析方法的基本思想是用系统的观点和系统工程的方法,按照用户至上的原则,自顶向下,由粗到细,逐层展开的方法进行系统分析。通过对系统逐级分解,把一个复杂系统解剖为一系列尽可能独立的子系统、模块、子模块等,使用户不但对系统的目标、功能、结构有一个总体的概念,而且对系统的内部组成也有较深刻的了解,因而使用户能够参与对系统方案的评审。结构化系统分析方法有以下特点:

(1)面向用户,用户自始至终参与系统的分析工作;

(2)强调调查工作的重要性;

(3)对管理业务中的各种数据进行分解;

(4)采用了层次分解的系统思想;

(5)用图形工具来分析和构建新方案。

5.2 系统详细调查

5.2.1 详细调查的方式和目的

新系统产生的基础是现有的系统。因此,对现行系统进行详细调查是系统分析环节中的一个环节。现行系统可能是人工的,或是计算机化的,也可能是部分计算机化。不管是什么形式,现行系统是一个在实际运行中经受过考验的、可行的系统。现行系统的工作流程、信息需求都将成为新系统设计的依据;现行系统存在的缺点和不足正是新系统进行改进和提高的依据。因此,对现行系统了解的程度直接影响新系统方案的制定。

可行性分析报告获得批准后,为了设计出符合用户需求、生命力强、系统优化的逻辑方案,开发班子必须以实现新系统目标为中心对现行系统进行详细调查。调查的方式可以采取问卷、座谈会、访问有关人员、查阅现行系统的有关资料、参加现场业务管理活动等多种方式进行。每次调查均应充分准备,做到目的明确、选准对象、有的放矢。

详细调查与初步调查不同。初步调查的任务是了解企业的概貌,如企业规模、目标、机构、供销、人员、设备、资金、管理水平等；目的是为了进行系统整体规划、拟定新系统目标的框架体系、完成系统开发的可行性研究。初步调查在系统开发的准备阶段进行，是一种概括的、粗略的调查。详细调查是在初步调查的基础上进行的深入、细致、详尽的调查。它涉及企业内部各部门业务信息处理工作的功能及各功能之间的信息流动的关系。详细调查在系统分析阶段进行，其目的是为了设计出新系统的功能及逻辑模型。显然，详细调查的工作量要比初步调查大得多。

5.2.2 详细调查的范围和内容

详细调查的范围应该是围绕组织内部信息流所涉及领域的各个方面。但应该注意的是，信息流是通过物流而产生的，物流和信息流又都是在组织中流动的，因此我们所调查的范围不能仅仅局限于信息和信息流，应该包括企业的生产、经营、管理等各个方面。

详细调查也可以称为系统的功能与数据调查。其内容主要包括：

（1）组织机构。组织是系统初始数据的来源和信息需求的对象，是信息系统的边界，与信息系统存在数据输入、输出的联系。组织机构能概略地从整体上反映出系统业务状况和相关组织间业务的内在联系。调查组织机构时不仅应明确机构设置、各级组织的隶属关系，还应搞清哪些组织与信息系统有关，以便确定系统范围和合理划分子系统。

（2）业务状况。在组织机构调查的同时，对与信息系统有关的所有组织的业务范围、业务内容、处理顺序、处理时间要求以及相关组织间的业务联系等应进行细致调查。业务状况调查的深层目的，是为了在熟悉业务流程的基础上去掉业务的物流内含，进一步反映出数据的来龙去脉、处理顺序与方法、信息形态、数据精度、不同业务间数据的内在联系、信息量等与系统密切相关的内容。进行调查的同时，注意收集各种凭证、单据、报表、账簿、信息量等有关材料。

5.3 组织结构与业务流程分析

5.3.1 组织结构图

现行系统中的信息流动是以组织结构为基础的。因为各部门之间存在着各种信息和物质的交换关系，只有理顺了各种组织关系，才能使系统分析工作找到头绪。有了调查问题的突破口，才能使我们按照系统工程的方法自顶向下地进行分析。

组织结构图是对组织机构调查的结果，将在详细调查中得到的关于企业组织的资料进行整理，用图的形式反映企业内部组织各部门之间的隶属关系。组织结构图是用来描述组织的总体结构以及组织内部各部分之间的联系，它把企业组织分成若干部分，按级别、分层次构成的，以树型结构显示，是一张反映组织内部之间隶属关系的树状结构图。通常用矩形框表示组织机构，用连线表示隶属关系。例如，图 5-1 是某煤炭交易中心股份有限公司的组织结构图，从该图中可见，该公司的组织分为三层：领导决策层、业务管理层和业务执行层。领导决策层由董事长、总经理和副总经理组成，主要职能是决定公司目标、确定经营方针、做出经营管理的具体决策。业务管理层包括综合事业部、财务部、发展规划部、资产经营部、工程技术部和交易中心等机构，其主要职能是按照经营方针，在规定的职权范围内对各项业务进行管理。业务执行层由交易处、结算处、信息处、会员处等市场一线的组织机构组成，完成日常的交割和结算等业务。

在绘制组织结构图时应注意，与企业生产、经营、环境管理直接关系的部门一定要全面、准确地反映出来，有时候会出现有些部门的名称和实际工作性质存在较大差异的情况，要通过详细的调查搞清楚这些部门与其他部门之间的关系，详细、准确地画出组织结构图。

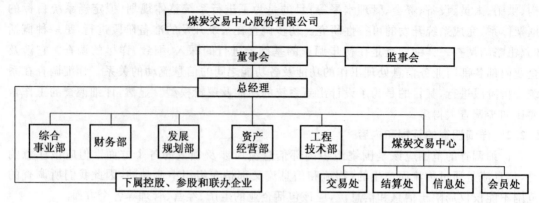

图 5-1　煤炭交易中心股份有限公司组织结构图

5.3.2　功能分析

系统都有一个总的目标,为了达到这个目标,必须要完成各子系统的功能,而各个子系统功能的完成,又依赖于下面各项更具体功能的执行。系统功能结构调查的任务,就是要了解或确定系统的目标、系统功能的结构以及它们的关系。

功能是为实现目标而担当的任务,功能要依靠组织机构来具体实现。在理想情况下,功能和组织应该是一致的。但是由于客观情况的复杂性,在现行系统中,功能结构和组织机构并不能一一对应,这就要求我们在进行调查时认真分析,加以划分。功能分析就是为正式提出新系统的功能而进行的思考和初步设计,新的以信息技术为基础的管理信息系统并不是包罗万象的,应根据目标的要求确定新系统的功能范围。系统规划阶段,虽然已初步确定了新系统的功能范围,但未曾确定每个子系统的下属模块,功能分析的任务是设想一个完整的新系统功能模型,功能分析考虑的问题主要有两个方面:

(1)归纳和抽象现行系统的功能模型。现行系统的功能模型是建立新的信息系统功能模型的依据,系统分析员要从详细调查的资料中归纳和抽象出现行系统的子系统及下属功能模块。

(2)设想新系统的功能模型。系统分析员参考系统规划方案,根据详细调查和分析的结果,设想新系统的功能,包括:新系统的主要服务对象;需要向企业内的各管理层提供哪些服务? 根据企业的具体业务,如何构建组织内的各类信息系统? 是否要建立与供应商、客户之间联系的电子订货、电子支付、EDI 等组织间信息系统? 功能设置的特色和重点是什么? 系统边界到哪里? 需要保留现行系统的哪些模块? 增添新系统的哪些模块?

新系统的功能结构通常用功能图来描述。功能图也称为 H(Hierarchy)图、层次图,是系统分析阶段功能建模的主要工具。H 图是源于 HIPO(Hierarchy Plus Input Process Output)分析方法中的一种图。HIPO 图由 H 图和 IPO 图组成。H 图用图形方式表明一个系统的模块结构,其中矩形及矩形的名称表示子系统或模块的功能,即该模块能做什么。矩形框之间的连线表示调用关系,通过自顶向下或自底向上的方法,构造成层层分解、逐步细化的功能图,上一层模块是下一层模块的抽象,下一层模块是上一层模块的具体化,这样,一项大的业务便可以分解成更小的业务,功能图最底层的模块才表示一项具体的、独立的、不可再分的业务信息处理模块。在系统规划和系统分析中,常常用功能图表示一个信息系统的功能范围,确定信息系统的功能边界。图 5-2 是一个功能图的例子。在 HIPO 法中,由于 H 图只表示模块间的调用关系,不表示模块间的数据控制及通信关系,必须用 IPO 图对每一个模块的输入处理和输出情况进行描述。本章只借用 H 图，读者想了解 IPO 图请查阅软件工程方面的书。

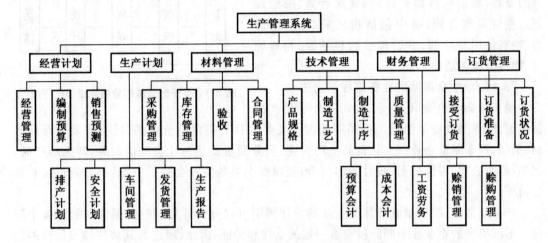

图 5-2 某企业生产管理业务的功能结构图

5.3.3 业务流程分析

在对系统的组织结构和功能进行分析时，须从一个实际业务流程的角度将系统调查中有关该业务的资料串起来作进一步分析。对业务流程进行分析的目的是发现现行系统中存在的问题和不合理的地方，优化业务处理过程，以便在新系统建设中予以克服或改进。在对业务流程进行分析的时候，不仅要找出原业务流程不合理的地方，还要充分考虑信息系统的建设为业务流程的优化带来的可能性，在对现有业务流程进行认真、细致分析的基础上进行业务流程重组，产生新的更为合理的业务流程。因此，对业务流程进行分析是掌握现行系统状况，确立新系统逻辑模型不可缺少的一个重要环节。

5.3.3.1 业务流程分析的主要工作

业务流程分析是为设计新系统的信息流程模型做准备。业务流程分析的主要工作有：

（1）识别流程。详细调查过程中已收集了业务流程及其流程信息处理方面的资料，但是如何划分流程比较合理呢？系统分析员需要应用流程识别方法进一步合理地识别现行系统的流程。

（2）描述流程。识别了信息系统的流程以后，系统分析员可以选用流程描述工具描述流程，例如，用业务流程图描述业务流程。建立起现行系统的业务流程模型，它是构建新的信息系统流程模型的依据。

（3）审视现行系统流程。现行系统的流程模型是企业长期使用的模型。一般来说，企业长期在科层制金字塔形模式下运行，缺乏流程管理的意识，许多流程的运作不够合理。系统分析员运用流程管理的思想与业务主管一起找出现行系统不合理的地方，构思流程规范、优化或再造的方案，为建立新系统流程模型作准备。

5.3.3.2 业务流程的识别方法

业务流程的识别有许多方法，例如，基于时间维的、基于 4 阶段生命周期的方法，逆推判别法，信息载体的跟踪法，基于价值链的、基于供应链的方法等。

1. 基于时间维的业务流程识别方法

企业的许多工作从时间上可分为 3 个阶段：事前、事中、事后。事前要做计划，事中实施计划,事后要统计与分析。因此,可以根据完成的时间来识别企业流程。如图 5-3 所示。

例如,按基于时间维识别的方法,识别物料管理的流程,事前包括物料计划(需求计划、采购计划)、签订采购合同;事中包括物料采购、物料储存、物料使用等活动;事后包括物料结账、物料统计、物料分析等活动。

2. 4 阶段生命周期的业务流程识别法

现实社会中的组织、企业、公司不外乎是产品制造型、服务型或资源型的。产品制造型主要是为社会提供有价值的、社会需要的有形产品,例如,汽车制造企业/公司、食品生产企业;服务型主要是为社会提供服务,即无形产品,例如,旅游公司、咨询公司、政府各部门等;资源型主要是为社会提供资源,例如,石油、矿产公司等。

产品制造型、服务型或资源型企业的运作周期可以分为计划、获得、保管和处理 4 个阶段。不同类型的企业在不同阶段有着一定的共性和特征,因此,通过对其共性和相似性的提炼、总结,抽象出 4 阶段模型,如图 5-4 所示。每一个阶段都有一些典型的流程。例如,在计划阶段,有需求分析、市场研究、设计、生产能力计划、核算等企业流程;在获得阶段,有采购原材料、补充人员、生产调度、加工制造、检测等企业流程;在保管阶段,有成品入库、库存管理、质量管理、包装等;在处理阶段,有交货、销售、订货服务、发运、付款、废品处理等。对于服务型和资源型企业或组织,也都有类似的 4 阶段生命周期。

3. 逆推判别法

对于流程的识别,逆推判别法是比较常用的一个方法,即通过时间的逆行来进行识别。具体地说,就是在试图识别一个流程时,首先确认关心的流程结果是什么,并找出与该结果直接相关的时间或人,即寻找流程的终点,然后再根据输入和输出的相应关系,逆向寻找和识别相应的流程。

4. 信息载体的跟踪法

从技术的视角来看,信息系统就是利用信息技术,完成企业流程中物流、资金流和信息流的相关数据处理,而要完成数据处理,必然要以相关信息为基础。无论是企业的管理流程还是运作流程,企业一个流程中或多或少总有相关的信息载体。

该方法执行的步骤如下:

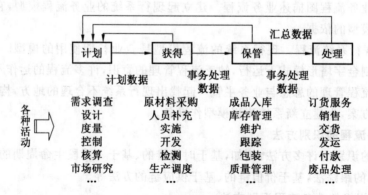

图 5-4 4 阶段生命周期的业务流程识别方法

（1）确定问题。

（2）收集与问题相关的信息载体。

（3）了解各信息载体产生的时间序列。

（4）按产生的时间序列,对全部信息载体进行排序。

（5）按所得的排序,依次分析、掌握每个信息载体的各属性,了解在每个信息载体上发生了什么样的数据处理(记录、存储、加工、传输和输出)。

（6）将获得的每个数据处理按照次序排列,即得到相关的企业流程。

对于复杂的信息载体,所确定的活动粒度可能太粗,根据需要可以细化该活动的流程。该方法要求企业流程相关的信息载体是完备的,且其流程是正确的,否则会造成企业流程错误的识别。

5.3.3.3 业务流程的表示方法

业务流程的表示方法简单地可以分为文字表示法和图示法。文字表示法的结构化程度低,直观性不强,不易于系统开发时的直接利用和转化,通常只有在用流程图表述不清楚时,用文字对其进行补充。图示法是业务流程最常用的表示方法。它利用工程绘图方法,用标准化的图表对业务流程进行结构化的描述,直观性强,便于推广和接受,能方便地对主体流程进行识别和改进。因此流程图是分析业务流程的一种通用语言。常用的业务流程图表示方法可以分为以下 3 种:工艺视图、信息视图和系统视图。这三者之间是一种相辅相成的关系,在进行流程分析时需要结合起来绘制和考虑。本书重点介绍工艺视图和信息视图。

1. 工艺视图

业务流程的工艺视图是按时间的先后顺序或依次安排的活动步骤,用标准化的图形形式表达的流程模型。

图 5-5 为国家标准 GB/T 1526—1989 规定的符号;图 5-6 是某配送中心送货作业流程的工艺视图描述。工艺视图的特点是比较形象、直观,易于理解。业务流程的工艺视图绘制的标准可以是国家、行业、企业甚至是部门制定的,在一定范围内使用,应遵循相同的标准。

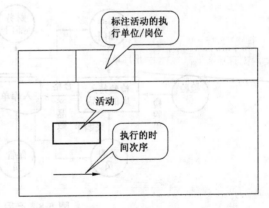

图 5-5 工艺视图法

2. 信息视图

信息视图从信息的角度来表示业务流程。信息是业务流程处理的一个主要对象,业务流程的信息视图着重刻画了企业业务流程中信息流的变化过程。图 5-7 是业务流程信息视图绘制标准中常用的图形符号。

图 5-8 就是遵循这一标准描述的产品入库业务处理流程。图中产品入库业务的工作流程以及相关的数据处理,如“检验待入库的产品”、“制作入库单”、“登记入库明细台账”和“修改库存台账”。

一般来说,信息流程图可体现以下及各方面的内容:

（1）明确的活动;

（2）各个活动所涉及的主体、部门或岗位;

（3）明确的工作步骤;

（4）各活动间的主要信息联系；

（5）数据的存储。

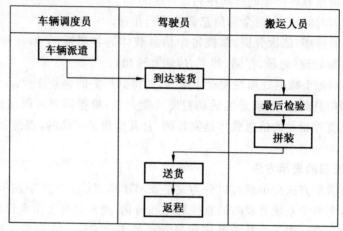

图 5-6　配送中心的送货流程

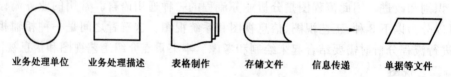

图 5-7　业务流程图的基本符号

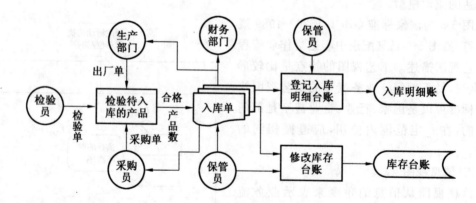

图 5-8　产品入库处理流程图

5.4　数据与数据流程分析

5.4.1　数据分析

数据是信息的载体，是今后系统要处理的主要对象。详细调查以后会收集到许多表单，多的可以达到成百上千份，实在是令系统分析员感到头痛。数据分析的主要任务是：

（1）把收集到的数据从不同的角度进行分类。例如，按输入、输出和存储进行分类；按业务主题进行分类，例如，库存类数据、销售类数据、客户类数据等。

（2）设计新的数据来源。根据新系统功能的要求，考虑还缺少什么数据，如何收集。例如，经理希望了解行业信息，它是一种外部数据，现行系统中无法获取，那么系统分析员要与业务人员商量设计获取数据的途经。又如要建立配送信息子系统,必须采集配送活动中产生的数据,供配送子系统使用。

（3）充分利用信息资源。读者从第 1 章已经知道,信息是一种资源。数据分析过程中,系统分析员要帮助业务人员,充分考虑信息的加工和利用,使一些基本信息变得更有利用价值。例如,通过 MIS 进行数据的对比分析,通过 DSS 进行数据的模型加工:各种预测模型、合理库存模型、财务分析模型等。如果现行系统不能提供建模所需的数据,那么应将这些数据规划到新数据库中。经过加工的信息可供中高管理层决策使用。

5.4.2 数据流程分析

数据流程是指数据在系统中产生、传输、加工处理、使用、存储的过程。数据流程分析主要包括对信息的流动、传递、处理、存储等的分析,其目的是要发现和解决数据流通过程中的数据流程不畅、前后数据不匹配、数据处理过程不合理等问题,以期在新系统中加以改进。

现有的数据流程分析多是通过分层的数据流图（Data Flow Diagram,简称 DFD）来实现的。数据流图能够反映信息在系统中流动和处理的情况,它是描述系统逻辑模型的工具之一,是便于用户理解系统数据流程的图形表示。它能精确地在逻辑上描述系统的功能、输入、输出和数据存储等,而摆脱了其物理内容。数据流图是系统逻辑模型的重要组成部分。

数据流图具有抽象性和概括性。抽象性表现在它完全舍去了具体的物质,如具体的组织机构、工作场所、物质流等都已经去掉,只剩下数据的流动、加工处理和存储;概括性表现在它把系统对各种业务的处理过程联系起来考虑,形成一个整体,可以反映出数据流之间的概括情况。

5.4.2.1 数据流图的基本图素

数据流图的基本图素有 4 个:外部实体、加工环节、数据文件和数据流。图素的表示形式在不同文献中不尽一致,本书用图 5-9 中的符号分别表示不同图素。

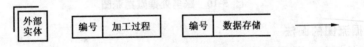

图 5-9　数据流图的基本图素

（1）外部实体:外部实体是不包含在信息系统之内的,但与系统存在数据输入或输出联系的人、部门、单位、组织、其他系统等各类实体。由于外部实体不属于系统内的部分,在数据流图中可以不予考虑。

（2）数据加工:又称数据处理。数据加工的形式通常分为 3 类:运算、数据存取和逻辑判断等。数据处理是数据流图中的中心环节,其中逻辑处理最为复杂。输入系统的数据只有经过一系列的加工处理后,系统才能向外部实体输出需求信息。对一个信息系统而言,数据加工过程是一个连续的、序列处理的过程。为了便于以后描述,每个加工均应命名且给出编号。

（3）数据文件:将输入系统的或经过系统加工后获得的有用数据在存储介质上以一定的格式保存下来,供后续处理过程使用。在介质上保存下来的数据集合即数据文件。一个系统中数据文件通常有多个,因此,每个文件应命名且给出编号。

（4）数据流:数据流是由固定成分的数据项所组成,是信息载体。数据流图中箭头指向表示该数据流的终点,箭尾连接处表示数据流的源点。在数据流图中数据的流向有 5 种可能：

- 从外部实体流向加工；
- 从文件流向加工；
- 从加工流向文件；
- 从加工流向加工；
- 从加工流向外部实体。

除从流出文件或流入文件的数据流外,数据流也应命名并给出编号,其名称最好与业务内容一致,见名知意。账务处理的数据流图如图 5-10 所示,图中的加工框编号均以 P 开头,见到加工名称即知道此项处理的业务内容;存储框编号均以 S 开头,见到存储文件的名称即知道流入、流出该文件的数据流内容,此类数据流不必标注名称;数据流编号以 D 开头,流向加工的数据流必须标注名称和编号。

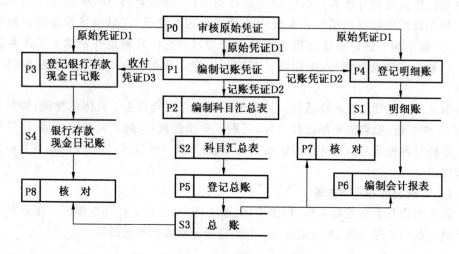

图 5-10　账务处理数据流图

5.4.2.2　数据流图的画法

数据流图绘制的一般原则是自顶向下、按层分解的方式进行。下面以材料供应管理的数据流图绘制过程为例,说明数据流图的绘制方法。材料供应管理是一个较为复杂的业务处理过程,可先绘制顶层数据流图 5-11,将材料供应管理看作是一个加工环节,与该加工环节存在输入、输出联系的所有外部实体和数据流图(见图 5-11)。图 5-11 清楚地反映出系统的边界和系统输入、输出的数据流,系统的输入即各级组织提供的初始数据,系统的输出即组织对信息的需求,对系统内部的详细加工过程暂不涉及。顶层数流图描述的是材料供应管理的整体系统轮廓,它界定了系统的范围。信息系统的范围不包括外部实体。顶层数据流图仅体现了系统与外界的联系,哪些数据流流进、流出系统,数据处理的细节等暂不分析。

第二层数据流图(图 5-12)将图 5-11 中 P 处理过程分解为计划管理 P-1、合同管理 P-2 与库存管理 P-3 三个子加工环节。为了叙述方便,称上层加工环节为父加工环节,直接下层的加工环节为子加工环节。对材料供应管理的内部细节进行分解,进一步体现了业务处理的流程,使外部实体、数据流与具体加工环节的联系进一步明确,每个加工环节产生、使用哪些数据文件、不同加工环节之间有无联系、传递哪些数据等描述的更为清楚。但业务处理过程并没有达到最低层,还应对处理过程 P-1、P-2、P-3 逐个再次分解。

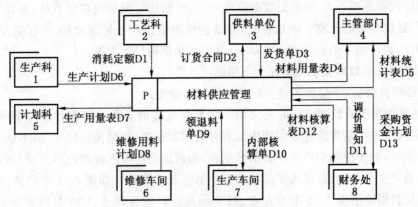

图 5-11 材料供应管理顶层数据流图

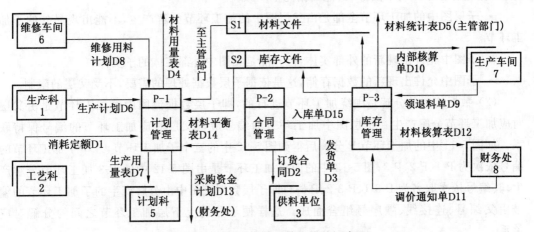

图 5-12 材料供应管理第二层数据流图

图 5-13 是第二层数据流图中库存管理 P-3 再次分解得到的第三层数据流图。第二层数据流图中的加工环节 P-3 再次分解为图 5-13 中的 4 个处理过程,依次为 P-3-1、P-3-2、P-3-3 和 P-3-4。将库存管理的业务流程进行了进一步细化。不同管理系统业务流程的复杂程度是不一样的,自顶向下分解数据流图应分解到最低层,即加工环节的逻辑功能已经非常简单、明确、具体,无需继续分解。

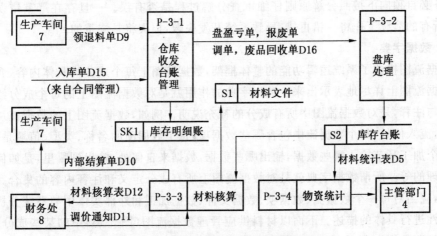

图 5-13 材料供应管理第三层数据流图

从顶层数据流图 5-11 到底层数据流图 5-13,子图比父图的内容更具体、更详细,体现了自顶向下、逐层分解的原则。不难看出,用数据流图描述业务处理过程,不仅适用于系统分析人员阅读,也适用于企业管理人员认识、熟悉系统逻辑设计方案。

自顶向下分解数据流图应掌握如下原则:

(1) 必须保持父、子层图各成分的完整性和一致性。

• 子图中出现的数据流只能是父图中的数据流或由父图数据流分解产生的新的子数据流,即父层图中的数据流在子层图中应有对应的数据流,数据流只能增多,不能减少,否则表示分解出错;若子层图中产生了新的数据流,则新出现的数据流的内容只能是由父层图的数据流分解产生的,或只是更换了父层图某个数据流的名称。如图 5-12 中的数据流入库单 D15 在父层数据流图图 5-11 中不存在,只要认真分析就会知道,D15 是由发货单 D3 派生的,两者的内容除日期不同外,其他数据完全一致。

• 子层图中的加工环节全部是由父层图中的加工环节分解产生,不能出现另外的子加工环节。

• 子图中允许出现新的外部实体,但只能是父图中外部实体的子实体。

• 子图中允许出现新的数据存储,这是依据子层数据处理的需要,不受父层的限制。

(2) 数据流图的分解是围绕加工环节进行的,即子层数据流图中的加工环节是由父层对应加工环节分解产生。子层图中加工环节的编号应与父层对应加工环节的编号保持联系。如图 5-11 中的加工环节 P 分解后得到图 5-12 中的三个子加工环节,三个子加工环节的编号依次为 P-1、P-2、P-3;图 5-13 中的四个加工环节是由图 5-12 中的 P-3 加工环节分解产生,其编号依次取名为 P-3-1、P-3-2、P-3-3;即子层数据流图中由分解产生的子加工环节的编号由父编号、连接线、顺序号组合而成。这样便于分清上下层加工环节之间的分解对应关系。

(3) 自始至终围绕实现系统的总体目标和总体功能展开,在给定系统的范围内分解数据流图。

数据流图是描述系统逻辑模型的主要工具,是系统设计的重要依据,其正确性、合理性关系系统开发的成败。在绘制过程中,必须充分与企业管理人员协商,特别是在出现变更业务流程或为了优化系统,导致组织机构、职能分工需要调整时,务必征得用户同意。绘制结束后,务必自顶向下按照分解原则仔细审查分解过程是否有误。一旦存在严重错误没有排除,则所有的后续工作将一错再错,导致系统开发失败,损失将是惨重的。

5.4.3　数据字典

数据流图描述了系统逻辑功能的整体框架,数据流图上每个成分的具体内容、含意不可能在数据流图上详尽地表示出来。数据字典的作用就是对数据流图上的每个成分给出确切的定义与注释,是对数据流图中所有成分的补充说明。例如,数据流图上的数据流从什么地方流出,流入何处,每个数据流中包含哪些数据项,每个数据项的名称、类型、值域是什么,对于每一个加工环节输入哪些数据,输出哪些数据,数据来自何处,输出到哪里,是如何对数据进行处理的等。所谓数据字典就是对数据流图上所有成分定义和注释内容的集合。在数据字典内,应当对每一个数据流、数据项、数据文件、数据加工和外部实体中与系统分析有关的所有属性进行具体的描述。下面以材料供应管理数据流图(图 5-13)中的某些成分为例,说明如何编写数据字典,如表 5-1、表 5-2、表 5-3、表 5-4 和表 5-5。

表 5-1 数据流的定义格式

图号:5-12	数据流号:D15	数据流名称:入库单
组成:日期+代码+项目名称+规格+单位+单价+数量+批号+货位号+合同号+经办人		
来源:加工,合同管理 P-2	流向:加工,仓库收发台账管理 P-3-1	
信息量:每日约计 100 笔数据		
备注:		

表 5-2 数据项的定义格式

图号:5-12	数据流号:D15	数据流名称:入库单
数据项名:数量	类型代码:N	长度:6 位
值域:1~999 999	精度:0.000 01	
备注:		

表 5-3 数据文件的定义格式

图号:5-12	文件编号:SK1	文件名称:库存明细账
记录结构:日期+代码+项目名称+规格+单位+单价+数量+批号+货位号+合同号+经办人		
文件组织:以日期升序索引	存取频率:100 个/每日	
备注:		

表 5-4 外部实体的定义格式

图号:5-12	实体编号:8
实体名称:财务处	
输入数据流:材料核算表 D12	
输出数据流:调价通知 D11	
备注:	

表 5-5 加工环节的定义格式

图号:5-12	加工编号:P-3-1	加工名称:仓库收发台账管理
输入数据流:入库单 D15、领退料单 D9		
输出数据流:(判盈亏单、报废单、调单、废品回收单)D16、库存明细账 SK1		
加工逻辑:入库单、领退料单登录库存明细账、平行登记总账;年终盘库,结果为下一年度期初库存		
备注:		

5.4.4 描述逻辑加工的工具

数据流图中的"加工"通常分为运算、输入输出和逻辑处理 3 种类型。其中对运算的描述主要是算法,对输入输出的描述主要是数据流的组成及输入输出格式,但对逻辑加工的描述通常是较为复杂的,难以用几句话说明白。为了准确、简洁、易懂、无二义地描述逻辑加工,常用结构化语言、决策树、决策表或流程图等工具来描述逻辑加工过程。

5.4.4.1 结构化语言

结构化语言有 3 种基本框架,即顺序结构、分支结构和循环结构,它是介于程序设计语言和自然语言之间的描述性语言。结构化语言有 3 种类型的基本语句:祈使语句、条件语句和循环语句。也可以将上述 3 种基本语句任意组合构成复合语句。

例如:

(1) 祈使语句:实发工资＝基本工资＋职务工资＋奖金

(2) 条件语句:

如果 应发工资≤800 元

则   调节税＝0

否则,如果 应发工资≤3 000 元

则   调节税＝(应发工资－800)×0.01

否则,如果 应发工资≤10 000 元

则   调节税＝2 200×0.01＋(应发工资－3 000)×0.03

5.4.4.2 决策树

决策树是一种图形工具,它适合于描述逻辑处理中具有多种策略,而策略的确定必须依据多种条件的判定才能选出的场合。决策树的优点是直观、形象;缺点是当判定条件较多且互相组合时,难以表达判断过程。图 5-14 所示是用订货点法进行库存管理的决策树。

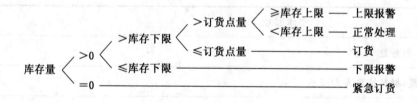

图 5-14   决策树

5.4.4.3 决策表

决策表适合于描述逻辑处理过程中具有多个判定条件且条件相互组合,每种条件组合都有相应策略对应的场合,它弥补了决策树的不足。下面以某运输公司货运计费为例说明决策表的应用。

假定某运输公司货运计费办法按如下 4 种情况区别对待:

(1) 普通货物还是危险品。

(2) 每件物品体积是否超过 1 m³。

(3) 每件货物重量是否超过 100 kg。

(4) 运输里程是否超过 1 000 km。

每种条件有两种可能,共 4 个判定条件,则条件的组合种类为:

$$C_4^0 + C_4^1 + C_4^2 + C_4^3 + C_4^4 = 1 + 4 + 6 + 4 + 1 = 16 = 2^4$$

详见表 5-6，每种条件组合分别对应计算运费的公式 A～Q 中的一个，表中垂直黑粗线与水平双线将决策表分为 4 部分：判定条件区、判定条件组合形式区、不同组合条件对应采取的行动区和行动内容说明区。表中字母 N 代表条件不成立，Y 代表成立。

一般地，若有 n 个判定条件，每个条件存在两种可能，则判定条件的组合种类数：

$$x = 2^n$$

在实际应用中，一般仅对其中的关键性判定条件组合分别对应单独的行动，剩余的非关键性条件组合共同对应一种行动。

编写数据字典的过程是进行数据分析、简要功能分析的过程。

表 5-6　决策表

条件组合　　　组合种类号 条件和运费计算公式		1	2	3	4	5	6	7	8	9	10	11	12	13	14	15	16
判断条件	普通货物	N	Y	N	N	Y	N	N	Y	N	Y	Y	Y	Y	Y	N	Y
	每件物品体积>1 m³	N	N	Y	N	N	Y	N	N	Y	N	Y	N	Y	Y	N	Y
	每件货物重量>100 kg	N	N	N	Y	N	N	Y	Y	N	N	N	Y	N	Y	Y	Y
	里程<1 000 km	N	N	N	N	Y	Y	Y	Y	N	Y	Y	Y	Y	N	Y	Y
运费公式	A（公式内容，下略）	A															
	B		B														
	C			C													
	D				D												
	E					E											
	F						F										
	G							G									
	H								H								
	I									I							
	J										J						
	K											K					
	L												L				
	M													M			
	N														N		
	P															P	
	Q																Q

5.5　系统功能模型设计

在对实际系统的业务流程、管理功能、数据流程以及数据分析都做了详细的了解和形式化的描述之后,就可以在此基础上进行系统化的分析,以便整体地考虑新系统的功能子系统和数据资源的合理分布。进行这种分析的有力工具之一就是功能/数据分析。通过 U/C 矩阵的建立和分析来实现系统功能模型设计。

5.5.1　U/C 矩阵及其建立

U/C 矩阵是对要分析的内容所展开的一个二维表格。从理论上来看,建立 U/C 矩阵时,首先要将管理功能进行系统化、自上而下地划分,然后逐个确定某具体的功能(功能类)和数据(数据类),最后填上功能/数据之间的关系,即完成了 U/C 矩阵的建立过程,如图 5-15 所示。

功能＼数据		产品	计划	联系记录	报价单	客户	市场活动	合同	订单
销售	销售管理	U	U	C	C				
	合同管理				U	U		C	
	订单管理				U	U		U	C
	客户管理			U		C		U	U
市场	市场计划	U	C						
	活动管理	U					C		
......									

图 5-15　U/C 矩阵举例

5.5.2　U/C 矩阵的正确性检验

建立 U/C 矩阵后,一定要根据"数据守恒"原则进行正确性检验,以确保系统功能数据项划分和所建 U/C 矩阵的正确性。它可以指出我们前段工作的不足和疏漏,或是划分不合理的地方,及时地督促我们加以改正。具体来说,U/C 矩阵的正确性校验可以从以下三个方面进行。

5.5.2.1　完备性检验

完备性检验是指具体的数据项(或类)必须有一个产生者(即"C")和至少一个使用者(即"U"),功能则必须有产生(C)或使用(U)的发生(U 或 C 元素的出现)。

该检验能够使我们及时发现 U/C 矩阵中的功能或数据项的划分是否合理,U、C 元素有无填错、漏填等。若出现上述情况,则 U/C 矩阵的建立是不完备的。

5.5.2.2　一致性检验

一致性检验是指对具体的数据项/类必须有且仅有一个产生者。如果有多个产生者(C 元素),则产生了不一致的现象。其原因可能是:

(1) 没有产生者——漏填了 C 元素或是功能、数据的划分不当。

(2) 多个产生者——错填了 C 元素或是功能、数据的划分不独立、不一致。

5.5.2.3　无冗余性检验

无冗余性检验即表中不允许有空行空列出现。如果出现空行空列则原因可能是:

(1) 漏填了 C 元素或 U 元素。

(2) 功能项或数据项划分是冗余的,即没有必要。

5.5.3　U/C 矩阵的求解

U/C 矩阵的求解过程就是对系统结构划分的优化过程。它是基于子系统划分应相互独立,而且内部凝聚性高的原则之上的一种聚类操作。

具体求解是使表中的 C 元素尽可能地靠近 U/C 矩阵的对角线,然后再以 C 元素为标准划分子系统。

U/C 矩阵的求解过程是通过表上作业来完成的。其具体做法是:调换表中的行变量或列变量,使得 C 元素尽量的朝对角线靠近。

5.5.4　系统功能的划分

U/C 矩阵的求解目的是为了对系统进行逻辑功能划分和考虑今后数据资源的合理分布。

5.5.4.1　系统逻辑功能的划分

系统逻辑功能划分的方法是在求解后的 U/C 矩阵中划出一个个的小方块,如图 5-16 所示。划分时应注意:

(1) 沿对角线一个接一个地画,既不能重叠,又不能漏掉任何一个数据和功能。

(2) 小方块的划分是任意的,但必须将所有的 C 元素都包含在小方块之内。划分后的小方块即为今后新系统划分的基础。每一个小方块即一个子系统。另外特别值得一提的是:对同一个调整出来的结果,小方块的划分不是唯一的,具体如何划分为好,要根据实际情况以及分析者个人的工作经验和习惯来定。

5.5.4.2　数据资源分布

在对系统进行划分并确定子系统以后,从图 5-16 中可以看出,所有数据的使用关系都被小方块分割成了两类:一类在小方块以内,一类在小方块以外。在小方块以内所产生和使用的数据,今后主要考虑放在本子系统的计算机设备上处理;而在小方块以外的数据联系(即图中小方块以外的 U),则表示出各子系统之间的数据联系,这些数据资源今后应考虑放在网络服务器上供各子系统共享或通过网络来相互传递数据。

功能 \ 数据		产品	计划	市场活动	联系记录	报价单	合同	订单	客户
销售	销售管理	U	U		C				U
	合同管理					C	C		U
	订单管理					U	U	C	U
	客户管理				U	U	U	U	C
市场	市场计划	U	C						
	活动管理			C					

图 5-16　子系统划分

5.6　新系统逻辑方案的建立

在前面分析的基础上需要进一步确定新系统的逻辑方案。新系统逻辑方案指的是经过分析和优化后,新系统拟采用的信息处理方法。因它不同于计算机配置方案和软件结果模型方案等实体结构方案,故称其为逻辑方案。其工作内容是在满足环境要求的前提下,明确新系统的范围、边界、对系统业务流程与数据流程进行的详细的审查,去掉非计算机操作部分的内容,尽可能优化与改进信息流,确定新系统的逻辑功能,给出准备采用的信息处理方案。

5.6.1　确定新系统目标

系统开发的准备阶段,我们曾提出了一个初步的新系统总体目标。随着系统分析和设计工作的进展和深入,新系统目标也将逐步具体化和定量化。尤其是经过目标分析,系统分析员根据企业目标,考虑用户意见和环境要求,提出一个比较完善的信息系统目标。系统目标主要包括功能目标、系统技术目标和系统经济目标。

5.6.1.1　系统功能目标

系统功能目标是指系统所能处理的特定业务和处理这些业务的质量。信息系统为管理者提供信息的数量和质量,管理者对信息系统所提供信息的满意程度,有了信息系统后能为管理者提供哪些原来无法提供的便利都是衡量系统功能目标的依据。

5.6.1.2　系统技术目标

系统技术目标是指系统应具有的技术性能和应达到的技术水平。常用的衡量技术的指标有运行效率、响应速度、吞吐量、可靠性、灵活性、安全性、可维护性、审核能力、操作使用方便性等。

5.6.1.3　系统经济目标

系统经济目标是指系统开发的预期投资费用和预期经济效益。预期投资费用可分别从研发阶段投资和运行维护投资两方面进行估算。预期经济效益则应从直接经济效益和间接经济效益两方面进行预测。直接经济效益可以用货币额来度量,间接经济效益不容易量化,主要从提高管理水平、优化管理方法、提高客户的满意度等方面考虑。

下面是某金属材料公司准备在五年内实现的信息系统目标:

通过金属材料公司信息系统的建设,规范公司内部管理,提高工作效率和工作质量,通过经营信息、市场信息、价格信息、客户信息的动态分析与预测,辅助高层决策,提高客户服务水平,建立和扩大营销网络,提高金属材料销售的市场份额,争取在五年内成为全国金属材料销售百强企业。

5.6.2　确定新系统的业务流程

新系统的业务流程不仅是对企业业务过程进行描述,还是企业业务过程的重组与优化的过程。在业务流程分析的过程中,已经对原系统的业务流程进行了分析与优化,在确定新系统的逻辑模型时,还应再次分析讨论。

确定新系统业务流程的具体内容包括:

(1) 对企业的业务流程进行分析讨论,找出业务流程中仍不合理的地方。

(2) 对业务流程中不合理的过程进行优化,分析优化后将带来的益处。

(3) 给出最后确定的业务流程图。

(4) 指出业务流程图中哪些部分新系统(主要指计算机软件系统)可以完成,哪些部分需要用户完成(或是需要用户配合新系统来完成)。

5.6.3　确定新系统的数据流程

新系统的数据流程图是系统"做什么"的逻辑基础,在数据流程分析的过程中,已经对原系统的数据流程进行了分析与优化,在确定新系统的逻辑模型时,还应再次分析讨论。

确定新系统的数据流程具体内容包括:

(1) 请用户确认最终的数据指标和数据字典。确认的内容主要是指标体系是否全面合理,数据精度是否满足要求并可以统计到这个精度等。

(2) 删除或合并了哪些多余的或重复的数据处理过程。

(3) 对哪些数据处理过程进行了优化和改动；改动的原因是什么；改动（包括增补）后将带来哪些好处。

(4) 给出最后确定的数据流程图。

(5) 指出在数据流程图中哪些部分新系统（主要指计算机软件系统）可以完成，哪些部分需要用户完成（或是需要用户配合新系统来完成）。

5.6.4 确定新系统的功能模型和资源分布

确定新系统的功能模型就是对新系统进行子系统的划分。在进行组织结构与功能分析时，对系统必须具有的功能作了详细的调查和分析，通过对子系统的划分，建立了系统的功能模型。在确定新系统逻辑模型时，必须再次进行分析讨论，最后确定新系统总的功能模型。对于大系统来说，划分子系统的工作通常在系统规划阶段进行，常用的工具是 U/C 矩阵。

在系统功能分析和子系统划分之后，应该确定数据资源在新系统中的存放位置，即哪些数据资源存储在本系统设备上，哪些是存储在网络服务器或主机上。

5.7 系统分析报告

系统分析报告是系统分析阶段的主要成果，它是系统分析工作的概要总结。新系统逻辑模型是系统设计工作的依据。系统分析报告产生后必须组织有关人员仔细推敲、认真论证，把逻辑方案中可能存在的问题务必发现在系统设计工作之前。否则，一旦将失误隐患传递到后续工作中，其后果是严重的，甚至可能导致前功尽弃，使开发工作可能从零点重新开始。

系统分析报告应包括的主要内容：

(1) 原系统概述。主要内容包括现行系统的目标、范围，主要功能，业务处理流程，用户信息需求、特别是关键需求，现系统存在的主要问题及其系统环境等。对原系统概述的目的是为了形成对项目背景的基本认识，以便开展对新系统逻辑模型的分析论证。

(2) 新系统的目标与开发可行性。经历详细调查之后，在创建新系统逻辑模型的过程中经过反复推敲、讨论、协商、调整所确定的系统目标才是最终目标。系统分析报告中应对实现最终目标重新从技术、经济、系统环境等诸方面进行可行性分析，并在此基础上拟定出开发战略和开发方法等。

(3) 新系统的逻辑模型。新系统的逻辑模型是系统分析报告的核心部分，其主要内容包括新系统的目标、功能（数据流图及数据字典、决策树、决策表等）、逻辑结构（子系统划分与子系统的目标等）、数据存储要求（数据库、数据表的概念结构及逻辑结构、信息需求及存储容量估计等）、输入输出要求（输入、输出界面及报表格式等）等。

(4) 系统实施规划。主要内容包括各项任务的实施顺序、进度（网络规划图、作业表）及质量检查标准等。

(5) 软硬件系统配置初步方案、投资预算、分阶段投资计划及投资效益初步评估等。

(6) 为适应新系统的运行，系统环境的整改方案与措施。

系统分析报告一旦经主管部门或开发单位领导论证、审核、批准，系统设计工作则以此为据开展后续工作。

5.8 信息系统分析实例——考试管理信息系统系统分析

本节以大家比较熟悉的考试管理系统为例进行介绍。本系统的开发过程较好地体现了结构化方法的思想和原则,有关文档比较规范、翔实。为了突出开发方法的应用,对系统背景作了一些合理的简化。本节讨论系统分析部分,第 6 章介绍系统设计的有关知识。

5.8.1　系统开发的可行性分析

随着教育体制改革的深入和发展,某高校的教学改革也在扎实地进行,招生规模不断扩大,使学校的考试管理工作越来越复杂。为了把工作人员从繁重、低效的工作中解脱出来,建立考试管理信息系统是非常必要的。

经过初步调查,了解到该学校的考试管理情况如下。学校共有 10 个二级学院,现设 40 个专业,学生人数约 20 000 人。学校每学期都要组织学生进行各种考试来检验一个学期以来学校的教学质量和学生的学习情况,这也是教学工作的重要组成部分。但该学校的考试管理一直依靠手工方式,投入了较多的人力、物力。而且,手工管理容易造成失误、出错的情况,不能及时向老师和学生提供各类有关考试的情况,从一定程度上影响了教学管理改革的进程。因此,学校领导很重视考试管理工作,决定拨出专款建立一套能动态反映考试管理的信息系统。通过开发考试管理信息系统可以给出学生在校期间的各种信息及其变化,以及对这些信息的各种统计分析,使管理者能从不同角度对学生个体和群体的成绩情况做出快速准确的分析判断。同时通过对学生学习质量的分析,还可以为综合评价教师的教学质量提供依据,并以此带动学校信息化管理的步伐,提高教师素质。

考试管理系统是比较简单的系统,对开发技术的要求不高。由于人机界面友好,操作方便,一般人员都可以使用。学校采用集中统一的管理方式,数据处理量不大,可以考虑开发基于局域网的数据处理信息系统。因此投资不大,学校完全可以承担。系统投入运行后,能够减少因手工劳动产生的管理费用,同时带来一些潜在的收益,如克服信息不畅、提高信息服务质量等。学校领导和工作人员对新系统的开发都给予支持。因此,该信息系统的开发是必要的和可行的,可以立即进行开发。

5.8.2　现行系统的调查与分析

5.8.2.1　组织机构和管理功能

该学校考试管理工作的组织结构如图 5-17 所示。在图中只介绍了与考试管理相关的部门,其他的业务部门没有列出。

为了实现系统目标,现行系统的管理功能设置如图 5-18 所示。

在实际管理活动中,各种各样的查询请求随时都可能发生。例如:

（1）根据学号可以查询成绩。

（2）根据学生人员变动名单的学号查询最新的人员变动情况。

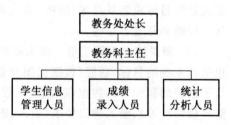

图 5-17　考试管理组织机构图

（3）根据成绩统计报表的班级代码可以了解各班的成绩在整个学校的水平。

5.8.2.2　业务流程分析

1. 系统的业务流程调查

学校考试管理包括学生信息管理和成绩管理两部分工作。

学生信息管理的过程是,当学生人员发生变动时,负责管理学生信息人员应对变动人员进行添加或修改。每年新生入学时,由学生工作办公室提供新生信息,并由教务科存档以备用。学生毕业前,应将毕业生信息删除。其他学生的变动信息应及时更新,经过检查的变动名单由学生信息处理人员进行整理,并存入学生库中。

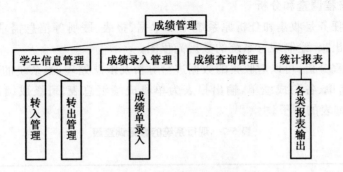

图 5-18 考试管理功能图

学生成绩管理的过程是,每当考试完毕后,任课教师把成绩单一式三份分别送教务科、各系部和学生工作办公室,成绩录入人员将整理后的成绩输入到学生成绩库中。录入成绩完毕后,统计分析人员应根据学生库文件和学生成绩库文件汇总出各班总成绩、各科总成绩和学生总成绩等资料,并把这些累计汇总后的资料报送有关人员。考试管理业务流程图如图 5-19 所示。

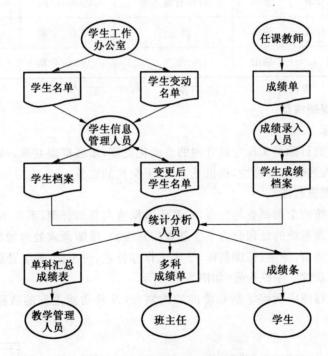

图 5-19 考试管理业务流程图

2. 业务流程分析

根据计算机信息处理的特点,还应对业务流程进行分析,找出不合理的环节和冗余的业务信息,然后在新系统中加以改进。本系统对业务流程的改进如下:

(1)去掉不增值的活动。学生信息处理人员根据学生人员名单和变动名单产生一份整理后的学生人员名单,这份名单没有实际的用途,可将整理名单这个步骤去掉。

(2)消除冗余信息。在原系统中教师要抄送三份成绩单,加大了教师的工作量,在建立新系统逻辑模型时应去掉不必要的数据冗余,改由学校教务科建档统一管理。

5.8.2.3　数据流程调查和分析

这项工作的任务是收集和分析原系统全部单据、报表、账册等信息需求,并把数据的流动情况抽象独立出来,绘制现行系统的数据流程图。

结合业务流程分析,可以对收集的数据进行分析及汇总处理,本系统的输入数据有学生名单、学生变动名单、各科成绩单,输出报表为单科成绩汇总表、班级成绩汇总表、成绩条。表5-7是数据查询表的例子。

表 5-7　现行系统的数据调查表

单位名称:

序号	名　称	类型	来源/去处	发生频率	保密要求	保存时间
1	学生名单	输入	学生工作办公室	20 份/学期	无	5 年
2	学生变动名单	输入	学生工作办公室	2 份/月	无	3 年
3	成绩单	输入	任课教师	500 份/学期	有	2 年
4	单科成绩统计表	输出	教学管理人员	200 份/学期	有	2 年
5	班级成绩统计表	输出	班主任	180 份/学期	无	2 年
6	成绩条	输出	学生	20 000 份/学期	无	2 年

制表人:　　　审核人:　　　　　日期:　　　　第　　页

5.8.3　新系统的逻辑模型

5.8.3.1　系统目标

考试管理系统的目标是实现考试管理的自动化处理,增强资源共享,减少人员和管理费用,加快信息的查询速度和准确性,提供更方便、更全面的服务。

5.8.3.2　系统数据流程图

通过对现行系统的全面调查与分析,本系统数据流向基本合理,系统功能可以满足实际管理工作的需要。新系统的处理分为学生基本信息维护、成绩录入处理和统计报表三部分。系统的主要外部实体有:学生、任课教师、学生工作办公室、班主任、教学管理人员等。

顶层数据流图反映了系统边界,如图 5-20 所示。

第一层数据流程图中明确了新系统的功能划分,及各功能之间的数据联系,如图 5-21 所示。

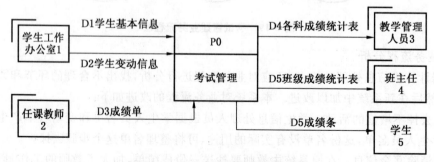

图 5-20　考试管理的顶层数据流图

5.8.3.3 数据字典

数据字典对 DFD 中的所有元素做出了严格定义,是此后数据库设计的基础。以下是考试管理系统的数据字典。

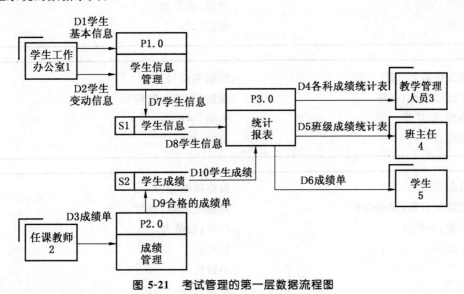

图 5-21 考试管理的第一层数据流程图

1. 数据项的定义

数据项编号:X01 数据项名称:学号 类型:字符型 长度:7	数据项编号:X02 数据项名称:班级代码 类型:字符型 长度:7
数据项编号:X03 数据项名称:班级名称 类型:字符型 长度:8	数据项编号:X04 数据项名称:姓名 类型:字符型 长度:8
数据项编号:X05 数据项名称:性别 类型:字符型 长度:2	数据项编号:X06 数据项名称:出生年月 类型:日期型 长度:8
数据项编号:X07 数据项名称:籍贯 类型:字符型 长度:20	数据项编号:X08 数据项名称:家庭情况 类型:字符型 长度:40

数据项编号:X09
数据项名称:家庭住址
类型:字符型
长度:20

数据项编号:X10
数据项名称:家庭电话
类型:字符型
长度:12

数据项编号:X11
数据项名称:备注
类型:备注型
长度:10

数据项编号:X12
数据项名称:课程号
类型:字符型
长度:3

数据项编号:X13
数据项名称:课程名称
类型:字符型
长度:10

数据项编号:X14
数据项名称:成绩
类型:数值型
长度:5
小数位:1
取值范围:0～100

数据项编号:X15
数据项名称:学期
类型:字符型
长度:1
取值范围:1～8

数据项编号:X16
数据项名称:变动班级
类型:字符型
长度:4
取值/含义:0—毕业;1—退学

数据项编号:X17
数据项名称:变动时间
类型:日期型
长度:8

2. 数据流的定义

数据流编号:D1
数据流名称:学生人员基本情况名单
简述:学生的基本情况
数据流来源:学生工作办公室
数据流去向:学生基本信息维护功能(P1.0)
数据流组成:学号＋班级代码＋班级名称＋姓名＋性别＋出生年月＋籍贯＋家庭情况＋家庭＋住址＋家庭电话＋备注
流通量:20 份/学期

数据流编号:D2

数据流名称:学生人员变动名单

简述:学生的变动情况

数据流来源:学生工作办公室

数据流去向:学生基本信息维护功能(P1.0)

数据流组成:学号＋班级代码＋班级名称＋姓名＋变动班级＋变动时间＋备注

流通量:2 份/月

数据流编号:D3

数据流名称:成绩单

简述:学生各科考试成绩

数据流来源:任课教师

数据流去向:成绩录入处理功能(P2.0)

数据流组成:课程名＋班级代码＋班级名称＋{姓名＋成绩}

流通量:500 张/学期

数据流编号:D4

数据流名称:单科成绩汇总表

简述:按班级汇总的单科成绩

数据流来源:统计报表功能(P3.0)

数据流去向:教学管理人员

数据流组成:课程名＋学期＋{班级代码＋班级名称＋平均成绩＋排名}

流通量:200 份/学期

数据流编号:D5

数据流名称:班级成绩汇总表

简述:给班主任的成绩

数据流来源:统计报表功能(P3.0)

数据流去向:班主任

数据流组成:班级代码＋班级名称＋学期＋{学号＋姓名＋{课程名＋成绩}＋平均成绩}

流通量:180 份/学期

数据流编号:D16

数据流名称:成绩条

简述:给学生的各科成绩

数据流来源:统计报表功能(P3.0)

数据流去向:学生

数据流组成:学号＋班级代码＋班级名称＋姓名＋学期＋家庭地址＋{课程＋成绩}＋平均成绩

流通量:20 000 份/学期

数据流编号:D7

数据流名称:学生基本信息

简述:变动后的学生基本情况

数据流来源:学生基本信息维护功能(P1.0)

数据流去向:学生库

数据流组成:学号＋班级代码＋班级名称＋姓名＋性别＋出生年月＋籍贯＋家庭情况＋家庭住址＋家庭电话＋变动班级＋变动时间＋备注

流通量:5 000 条/学期

数据流编号:D8

数据流名称:统计表中的学生信息

简述:提供学生情况进行成绩汇总分析

数据流来源:学生库

数据流去向:统计报表功能(P3.0)

数据流组成:学号＋班级代码＋班级名称＋姓名＋家庭住址

流通量:20 000 条/学期

数据流编号:D9

数据流名称:合格的成绩单

简述:学生各科考试成绩

数据流来源:成绩录入处理功能(P2.0)

数据流去向:学生成绩库

数据流组成:同 D3

数据流编号:D10
数据流名称:学生成绩
简述:学生各科考试成绩
数据流来源:学生成绩库
数据流去向:统计报表功能(P3.0)
数据流组成:同 D3

3. 数据存储的定义

数据存储编号:S1
数据存储名称:学生库
简述:学生的学号、姓名等信息
数据存储结构:学号+班级代码+班级名称+姓名+性别+出生年月+籍贯+家庭情况+家庭住址+家庭电话+变动班级+变动时间+备注
关键词:学号
相关的处理:P1.0、P3.0

数据存储编号:S2
数据存储名称:学生成绩库
简述:记录学生各科成绩信息
数据存储结构:学号+班级代码+班级名称+姓名+学期+{课程名+成绩}
关键词:学号
相关的处理:P2.0、P3.0

4. 处理逻辑的定义

处理逻辑编号:P1.0
处理逻辑名称:学生信息管理
输入:数据流 D1、D2,来自学生工作办公室
输出:数据流 D7,去向学生库
描述:将学生情况和变动情况录入和更新,以备后用
激发条件:新生入学、毕业或学籍变动的情况发生

处理逻辑编号:P2.0
处理逻辑名称:成绩管理
输入:数据流 D3,来自任课教师
输出:数据流 D9,去向学生成绩库
描述:考试后将学生成绩整理输入到学生成绩库中
激发条件:考试后阅完卷发生

处理逻辑编号：P3.0

处理逻辑名称：统计报表

输入：数据流 D8、D10，分别来自学生库、学生成绩库

输出：数据流 D4、D5、D6，分别去向教学管理人员、班主任、学生

描述：把问卷后的成绩进行分析，整理后制作成报表分发给各科老师、班主任、学生

激发条件：考试成绩输入完毕后发生

5. 外部实体的定义

外部实体编号：1

外部实体名称：学生人员管理办公室

输出的数据流：D1、D2

外部实体编号：2

外部实体名称：任课教师

输出的数据流：D3

外部实体编号：3

外部实体名称：教学管理人员

输入的数据流：D4

外部实体编号：4

外部实体名称：班主任

输入的数据流：D5

外部实体编号：5

外部实体名称：学生

输入的数据流：D6

本章小结

本章介绍了系统分析的目的、任务和工作内容，并简要介绍了结构化系统分析方法的基本思想。以结构化分析方法为主要分析手段，向读者展示系统分析过程和每一个阶段、每一个步骤的具体工作。详细阐述了信息系统逻辑模型的构成及其功能建模、数据建模和流程建模的方法。采用结构化系统分析方法讲授系统分析的好处是容易入门，并且对于 TPS、MIS、OA 这样结构化程度较高的信息系统，目前仍然用得较多，成功率也较高。为了让读者更好地掌握和运用系统分析工具，本章以考试管理信息系统为例，做了设计示范。

思考题

1. 简述系统分阶段的主要任务。

2. 系统分析阶段的主要内容有哪些？

3. 结构化系统分析方法具有哪些特点？

4. 详细调查的内容是什么？系统分析报告主要由哪几部分组成？

5. 数据流程图与业务流程图的联系和差别在何处？

6. 试述用 U/C 矩阵聚合法划分子系统的原理和步骤。

7. 某工厂成品库管理的业务流程如下：

成本库保管员按车间送来的入库单登记库存台账。发货时,发货员根据销售科送来的发货通知单将成品出库,并发货,同时填写三份出库单,其中一份交给成品库保管员,由成品保管员按此出库单登记库存台账,出库单的另外两联分别送销售科和会计科。

试按以上业务过程画出业务流程图和数据流程图。

【本章综合自测题】

课程设计 1:百货商店管理信息系统逻辑模型设计

1. 课题设计依据

依据百货商店业务管理系统的顶层数据流图,设计一个包含销售、采购和会计管理子系统的百货商店进销存业务信息系统的逻辑模型。

(1) 写出系统目标。

(2) 描述业务流程。

(3) 设计系统功能模型。

(4) 设计分层的 DFD。

(5) 编制系统的数据字典。

2. 课程设计的组织

由 3~5 名同学组成一个设计组,推荐组长一名,组长负责本系统设计的总体协调工作。每个组员(包括组长)承担一个子系统的设计。

根据具体情况,也可以把课程设计分拆成几个单项进行,如只做销售管理信息子系统的设计。

第6章 结构化系统设计

【学习目的和要求】

1. 了解系统设计的主要任务和设计步骤
2. 了解结构化设计方法的主要内容
3. 掌握数据库、代码、界面与输入输出设计方法
4. 掌握数据模型的详细设计
5. 学会编制系统设计报告

6.1 系统设计概述

6.1.1 系统设计的主要任务

系统分析阶段是解决系统"干什么"的问题,完成系统逻辑方案的设计;系统设计是解决"怎么干"的问题,将逻辑方案转换为可以实施的系统物理方案的过程。这一阶段的主要任务是从信息系统的总体目标出发,根据系统分析阶段对新系统逻辑功能的要求,并考虑到经济、技术和运行环境等方面的条件,确定系统的总体结构和系统各组成部分的技术方案,合理选择计算机和通信的软、硬件设备,提出系统的实施计划。系统设计阶段的工作包括如下主要活动。

6.1.1.1 总体设计

系统总体设计又称概要设计(Preliminary Design),总体设计是根据系统分析所得到的系统逻辑模型和需求说明书,导出系统的功能模块结构图,并确定合适的计算机处理方式和计算机总体结构及系统配置。总体设计是系统设计中十分重要的一步,总体设计的好坏将直接影响系统的质量和整体特性,系统越大,影响就越大。

6.1.1.2 详细设计

系统的详细设计是系统总体设计的深入,对总体设计中各个具体的任务选择适当的技术手段和处理方法。详细设计主要包括:代码设计、数据库设计、输入/输出设计、处理流程设计、制定设计规范等。

6.1.1.3 编写"系统设计说明书"

"系统设计说明书"是系统设计阶段的成果,它从系统设计的主要方面说明系统设计的指导思想、采用的技术方法和设计成果,是系统实施阶段工作的主要依据。

6.1.2 系统设计的原则

6.1.2.1 可靠性

系统总是在一个客观的环境中运行,诸如系统在使用中停电、误操作、硬件故障、输入错误或非法数据、违反流程操作、非法用户企图进入等现象难免发生。系统可靠性是指系统的抗干扰能力,检错、纠错能力,排除故障后系统的重新启动和恢复能力,预防非法使用、保证数据安全等能力。系统的平均无故障运行时间是衡量系统可靠性的重要指标。提高系统可靠性应从系统硬、软件两方面入手,如选择可靠性能高的关键设备,采用并机或关键设备双工系统(如双硬盘);软件方面可通过建立用户档案、设置密码和用户权限、输入校验及重要

数据备份等措施确保系统安全。

6.1.2.2 效率性

信息系统处理的数据,其主要特点是信息量大、结构复杂、更改频繁、多路径和多条件检索等,系统效率是衡量系统质量的一个重要指标。系统效率是指系统的处理能力、处理速度、相应时间等与时间有关的指标。联机实时处理系统(如订票系统)的工作效率由响应用户的时间决定;批处理系统的工作效率由处理速度决定。影响系统效率的因素不仅是硬件的性能,而且与数据文件的存取方式、软件的设计质量等因素密切相关。

6.1.2.3 适应性

系统环境是不断变化着的,系统应对外界环境条件的变化有较强的适应能力。在允许环境条件变化的范围内,系统不仅应能正常运行,而且还应能够提供满足用户需求的信息,缺乏环境适应性的系统是没有生命力的。

6.1.2.4 可维护性

可维护性是指系统具有易于理解、修改、删除和扩充功能。系统环境在不断变化,为了使系统适应变化了的环境,修改、删除、扩充系统功能是很正常的。质量好的系统在进行系统改动时不会发生"波动效应",各模块的功能单一、结构独立;系统应是开放型的,可以根据用户需求方便地挂接或删除功能模块。提高系统可维护性的途径是采用结构化系统设计。

6.1.2.5 系统性

系统是作为统一整体而存在的,因此,在系统设计中,要从整个系统的角度进行考虑,系统的代码要统一,设计规范要标准,传递语言要尽可能一致,对系统的数据采集要做到数出一处,全局共享,使一次输入得到多次利用。

6.1.2.6 经济性

经济性是指在满足系统需求的前提下,尽可能减小系统的开销。一方面,在硬件投资上不能盲目追求技术上的先进,而应以满足应用需要为前提;另一方面,系统设计中应尽量避免不必要的复杂化,各模块应尽量简洁,以便缩短处理流程,减少处理费用。

6.1.3 结构化系统设计方法

结构化设计方法(Structured Design,SD)是 1974 年由美国 IBM 公司的 W·Stevens 等人首先提出的,是应用最为广泛的一种设计方法,它可以同结构化分析和结构化程序设计方法前后衔接起来使用。结构化系统设计的思路是以数据流程图为基础,采用自顶向下、逐层分解的方法,把系统划分为若干子系统,而子系统又划分为若干功能模块,模块又划分为子模块,层层划分直到每一个模块是相互独立、功能单一的独立程序为止,最后构造出模块结构图。

结构化设计的宗旨是要使设计工作简单化、标准化,SD 方法强调系统要有一个良好的结构。在研究了系统分解所产生的模块间的关系的基础上提出了基本的设计策略——数据流分析技术,以及评价模块结构的标准——"耦合小、内聚大"的设计原则。

6.1.3.1 子系统的划分

将系统划分为若干个子系统,对每个子系统单独设计,单独调试,而后将所有子系统组合成一个系统进行综合调试,最终得到完整的系统。这样,由于多个子系统的开发工作可以并行进行,因而可以大大缩短系统的开发周期。又因为子系统之间相对独立,所以,每个子系统既可以单独使用,也可作为系统的一部分而存在,大大方便了系统的维护与扩展。子系统的划分可以借鉴以下方法:

1. 参照法

参照法是指参考同类信息系统的子系统划分方法来确定本企业的信息系统。采用这种方法时,注意被参考的企业与本企业有较好的相似性,包括组织结构、生产和经营的产品、管理模式等,既要分析企业间的共性,也要分析差异,再取共性为我所用。该方法简单直观,有可借鉴的经验,也可吸收信息系统的先进设计方案。例如某电子厂想自行开发信息系统,可以借鉴某 ERP 产品的子系统划分方法。某材料公司想建设一个信息系统,经过调研发现该系统的基本模块可以取用,但是流程有些不同,那么做些改进就可以成为本公司的方案了。参照法的进一步发展已成为系统移植或购买商品软件的系统建设方案。

2. 职能结构法

这种方法是参考现行管理系统的机构设置和职能分工划分子系统。现行管理系统的机构设置本身就是按系统的理论和概念组织起来的,每个部室由从事相似工作的人员组成,内部各岗位之间的业务(信息)活动联系紧密,部室之间的业务(信息)活动联系相对要弱些。部室职能的设置基本符合子系统划分的原则,这一方法适用于内部管理子系统的划分,例如用于财务部的财务子系统、用于业务部的业务子系统、用于人事部的人力资源子系统等。系统分析员先参考现行职能结构初步划分子系统,然后找出流程或分工不合理的地方予以改进。职能法不适用一些管理基础很差的企业,职能法往往会限制流程优化的思考,在划分子系统的时候常常作为参考。

3. 过程-数据类聚合法

参照法和职能法带有一定的人为主观和经验判断色彩,本书第 4 章曾介绍了系统规划的常用方法:关键成功因素法(CSF)、业务系统规划法(BSP)、战略目标转移法(SST)等,这些方法的本质是定义功能和划分子系统,与参照法和职能法相比,更为严谨,并有一套规范的程序,尤其是 CSF 和 BSP 方法在系统分析中常常与参照法、职能法一起互补使用,进一步调整系统规划期间的子系统划分方案,产生正式的新系统功能模型。过程-数据类聚合法是IBM 公司于 20 世纪 70 年代初在 BSP 中提出的一种系统化的聚类分析方法,主要用于划分子系统,本书曾在第 4 章详细介绍过,在此不再赘述。

按照结构化系统分析与设计的基本思想,根据数据流程图和数据字典,借助一套标准的设计准则和图表,按照自上而下把整个系统划分为若干个大小适当、功能明确、具有相对独立性并容易实现的子系统,从而把复杂系统的设计转变为多个简单模块的设计。合理地进行系统划分、定义和数据协调,是结构化设计的主要内容。

6.1.3.2　层次模块结构图

层次模块结构图(或称结构图,Structure Chart)是描述系统模块结构的图形化工具。它的基本做法是将系统划分为若干子系统,子系统下再划分为若干模块,大模块内再分小模块,模块及模块之间的联系采用规定的图形符号来表示。所谓"模块",即可以组合、分解和更换的系统单元,是结构化系统的基本元素。将系统模块化的目的是把一个复杂的系统分解为若干个规模较小的、功能简单且相对独立的、更易于实现和维护的部分。模块化为系统设计工作的有效组织和控制提供了方便条件。

系统模块化的关键是模块分解,模块分解的合理性直接关系系统设计的质量。模块分解应遵循两条原则:

(1)自顶向下,逐层细化。

(2)模块内部的联系尽量紧密,最理想的是做到模块功能单一,模块之间的联系尽量减少,使之具有较强的独立性。模块间可以进行数据传递,但尽量避免控制信息传递,禁止一个模块直接与另一模块的内部某个部分发生联系,以防止维护系统时发生"波动效应"。

层次模块结构图主要关心的是模块的外部属性,即上下级模块、同级模块之间的数据传递和调用关系,而并不关心模块的内部。下面以领料单处理功能分解过程为例,具体说明系统功能结构图的画法、分解过程和模块之间调用、信息传递的关系。

在控制结构图中,矩形框表示模块,模块之间用方向线连接,箭尾表示调用模块,箭头指向的是被调用模块。模块调用方式分为直接调用、选择调用和循环调用3种情况,如图 6-1所示。模块间通信的表示方法为:方向线尾带有空心圆圈的代表数据流,带有实心圆点的代表控制流,如图 6-2 所示。

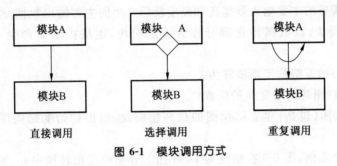

图 6-1　模块调用方式

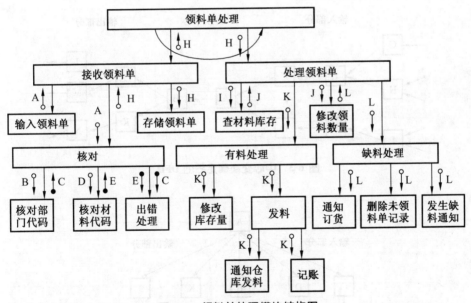

图 6-2　领料单处理模块结构图

图 6-2 中数据流的含义为:

A:原始领料单

B:领料单中部门代码

D:领料单中材料代码

H:合法领料单

I:材料代码与领料数量

J:材料代码与库存数量

K:有料的领料单

L:缺料的领料单

控制流的含义为:

C:部门代码错

E:材料代码错

119

6.1.3.3　从数据流程图到结构图

SD 阶段产生的结构图来源于 SA 阶段所生成的 DFD 图。结构图与 DFD 图的区别在于:前者表现的是上下级模块之间层次化的调用和控制关系;后者表现的是逻辑处理功能的顺序和数据在系统内的流向,而不表示各级控制关系和调用关系。从 DFD 图导出结构图的策略有两种:以变换为中心的策略,以事务为中心的策略。

1. 以变换为中心的策略

以变换为中心的策略是指从 SA 阶段产生的 DFD 图入手,利用适当的设计原则和策略,转换成结构图。这样一来,就将 SA 和 SD 所做的工作有机地衔接起来。

以变换为中心的策略首先在 DFD 图中找出它的主要功能(即中心变换部分),还要找出实现这项功能所需要的主要输入数据流和经变换后产生的主要输出数据,然后,以其中心变换部分作为上层模块,以数据传送部分作为下层模块,逐层扩展而产生一个完善的系统结构。

以变换为中心的策略的实施步骤为:

(1) 确定 DFD 图的中心变换的位置;

(2) 绘制结构图(包括:建立结构图的最高层模块,画出初始的结构图,对初始图进行优化)。

下面给出一个实例,图 6-3 在给定的 DFD 图上分别确定出转换中心、输入、输出 3 部分所在区域,转换后得到的结构图如图 6-4 所示。

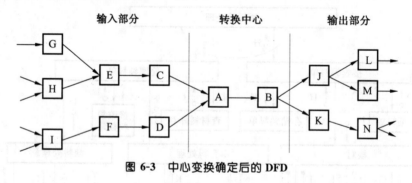

图 6-3　中心变换确定后的 DFD

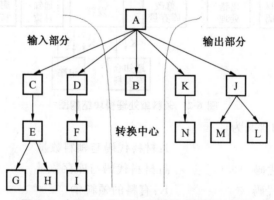

图 6-4　由图 6-3 的 DFD 图转换得到的结构图

2. 以事务为中心的策略

所谓事务,是指一个信号,或一起事件,或一组数据,它们能在系统中引起一组处理动作。以事务为中心的基本思想是首先把一个复杂的 DFD 图分割成若干个较小的 DFD 图，每个小的 DFD 图只反映对同一类型事务处理模块的功能，这些小的 DFD 比较简单，可采用以变换为中心的策略生成若干个较小的结构图。此外，以事务为中心的策略可以再把这些小的结构图合并起来，形成一幅大的结构图来描述整个系统。

以事务为中心的策略的实施步骤为：

（1）分析 DFD 图，确定它的事务中心；

（2）绘制出事务中心所对应的结构图。

DFD 图的事务中心应具有以下功能：

（1）获得原始的事务记录；

（2）分析每一个事务，从而确定事务类型；

（3）为每个事务选择相应的逻辑处理路径；

（4）确保每个事务得到完全的处理。

事务中心具有分析事务类型和调度的功能，它对每个事务起着分派和控制的作用。如果在系统中存在多种类型的事务处理，就必须找出系统的事务处理中心和事务。如果某处理逻辑能够根据输入的数据流确定事务类型，而且产生不同的操作路径，那么这个逻辑就可以被确定为这些事务的事务中心。在结构图中，事务中心表现为结构图的最高模块。

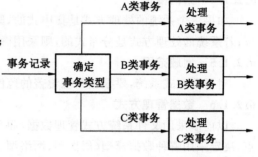

图 6-5　以事务为中心的 DFD 图

下面给出一个实例，图 6-5 中"确定事务类型"处理逻辑就是系统的事务中心，可以据此产生较高层的结构图。由事务中心进行转换出的结构图在给定的 DFD 图上分别确定出转换中心、输入、输出 3 部分所在区域，转换后得到的结构图如图 6-6 所示。

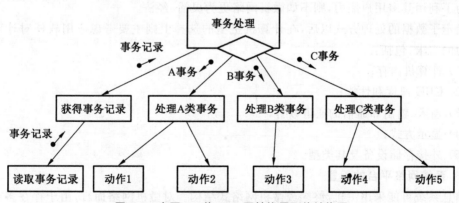

图 6-6　由图 6-5 的 DFD 图转换得到的结构图

6.2　系统平台设计

信息系统平台包括硬件平台、网络平台和软件平台。系统设计的首要任务是根据新系统功能与性能要求，构建支持新系统运行的软硬件环境，也就是进行系统平台设计。

6.2.1　系统平台设计的依据

信息系统的平台设计主要从以下几个方面进行考虑：

6.2.1.1　系统的吞吐量

每秒执行的作业数称为系统的吞吐量。吞吐量越大，系统的处理能力就越强，软、硬件要求就越高。

6.2.1.2 系统的响应时间

从用户向系统发出一个作业请求开始,经系统处理后,给出应答结果的时间称为系统的响应时间。如果要求较短的响应时间,就应当选择运算速度较快的计算机及传输速率高的通信线路。

6.2.1.3 系统的可靠性

系统的可靠性可以用连续工作时间表示。例如,对于每天需要 24 h 连续工作的系统,则系统的可靠性就应该很高,这时可以采用双机结构方式。

6.2.1.4 结构模式

如果一个系统的处理方式是集中式的,则信息系统既可以是主机系统,也可以是网络系统;若系统的处理方式是分布式的,则采用微机网络将更能有效地发挥系统的性能。

6.2.1.5 地域范围

对于分布式系统,要根据系统覆盖的范围决定采用广域网还是局域网。

6.2.1.6 数据管理方式

以前多采用文件系统方式管理数据,而现在大都采用数据库方式,此时要根据应用的特点,决定采用哪种数据模型(层次型、网络型、关系型),并配备相应的 DBMS。

6.2.2 系统硬件平台的配置

硬件的选择取决于数据的处理方式和运行的软件。管理业务对计算机的基本要求是速度快、容量大、通道能力强、操作灵活方便,但计算机的性能越高,其价格也就愈昂贵,因此,在硬件的选择上应全面考虑。一般来说,如果数据处理是集中式的,系统应用的目的是利用计算机的强大计算能力,则可以采用主机—终端系统,以大型机或中小型机作为主机,可以使系统具有较好的性能。若对企业管理等应用,其应用本身就是分布式的,使用大型主机主要是为了利用其多用户能力,则不如微机网络更为灵活、经济。

确定了数据的处理方式以后,在计算机机型的选择上则主要考虑应用软件对计算机处理能力的需求,包括:

(1) 计算机内存;

(2) CPU 速度和性能;

(3) 输入、输出和通信的通道数目;

(4) 显示方式;

(5) 外接存储设备及其类型。

6.2.3 系统网络平台的配置

信息系统可能采用主机/终端或微机网络式结构。对微机网络而言,由于存在多个商家的多种产品,也面临着网络的选型问题。

6.2.3.1 网络拓扑结构

网络拓扑结构一般有总线型、星型、环形等。在网络选择上应根据应用系统的地域分布、信息流量进行综合考虑。通常,应尽量使信息流量最大的应用放在同一网段上。

6.2.3.2 网络的逻辑设计

通常首先按软件将系统从逻辑上分为若干子系统,然后按需要配备设备,如主服务器、主交换机、分系统交换机、子系统集线器(HUB)、通信服务器、路由器和调制解调器等,并考虑各设备之间的连接结构。

6.2.3.3 网络操作系统

目前,流行的网络操作系统有 Unix、Netware、Windows T 等。Unix 历史最早,是唯一能够适用于所有应用平台的网络操作系统;Netware 网络操作系统适用于文件服务器/工作站工作模式,具有较高的市场占有率;Windows NT 由于其 Windows 软件平台的集成能力,随着 Windows 操作系统的发展和客户机/服务器模式向浏览器/服务器模式延伸,无疑是有前途的网络操作系统。

6.2.4 系统软件平台的配置

计算机软件总体上划分成两类:系统软件和应用软件。前者是用于管理与支持计算机系统资源及操作的程序;后者是处理特定应用的程序。

系统开发过程中,软件工具的选择对系统开发是否顺利至关重要,软件指标主要包括:

6.2.4.1 操作系统

操作系统目前有很多,如 UNIX 及其变种、Windows、Windows NT、Linux、Netware 等,其中代表主流发展方向的有 Windows NT 和 UNIX。

6.2.4.2 数据库管理系统

数据库管理系统(DBMS)是 MIS 的基础。选择 DBMS 时主要考虑:

(1) 应是国际上流行的,要支持关系数据模型;

(2) 支持结构化查询语言 SQL;

(3) 具有远程数据存取和分布式处理功能;

(4) 具有良好的安全保密性能;

(5) 原来使用的数据库需要升级换代,所选的新的数据库应与原来数据兼容或有开发工具进行转换;

(6) DBMS 的选择要和硬件选型、操作系统选择、网络环境建立同时进行。目前市场上 DBMS 种类较多,如 Oracle、Sybase、SQL Server、Informix、FoxPro、Access 在小型 MIS 中最为流行,而 Informix 则适用于中型 MIS 的开发。

6.2.4.3 编程设计语言

常用的编程设计语言有 C、Pascal、BASIC、FORTRAN、COBOL 等。若系统采用 OO 方法进行分析与设计,最好选用 OOPL 来编程,如 C++、JAVA。如果系统采用 B/S 架构,可以考虑 ASP、JSP、C♯。若开发的是 DSS,则可以选择 PROLOG、LISP 等。

6.2.4.4 辅助工具

选择合适的辅助工具十分重要。例如,集成开发环境(IDE)提供了多种工具帮助程序员进行编程,如灵巧的编辑器、上下文相关帮助和调试工具。Visual Studio、JBuilder、Power-Builder 都是良好的 IDE。对开发人员来说,CASE 工具能帮助生成重要的系统模型,自动检查模型的完整性,能根据模型生成程序代码,如 Rational Rose 就是支持 UML 建模的工具。

6.2.4.5 商业化软件

在商品化软件选型过程中,应考虑以下几个因素:

(1) 软件是否能够满足用户的需求?

(2) 软件的流程与企业业务流程是否相近?

(3) 软件是否具有灵活性?

(4) 软件是否能够获得长期、稳定的技术支持?

6.3　代码设计

代码是事物、属性或状态的符号表示。计算机是通过代码区分不同的事物的。用代码代表实体,便于数据存储与检索,可提高计算机数据处理的效率,节省存储空间。代码设计是否合理直接影响系统的质量和系统的生命周期,务必仔细斟酌。

6.3.1　代码设计原则

6.3.1.1　唯一性

一个代码必须唯一代表一个实体,禁止出现二义性。

6.3.1.2　可扩展性

代码取值范围应留有余地,当增加实体或实体类别时可以在原代码系统中扩充,避免重新设计代码。

6.3.1.3　直观性

代码设计必须方便使用。代码只有表意直观,逻辑性强,便于记忆才受用户欢迎。

6.3.1.4　标准化

凡代码已有国际标准、国家标准或行业标准的,一律采用标准编码,以加强系统通用性。如会计中的科目代码、固定资产代码等。

6.3.1.5　简单化

在满足系统需求的前提下力求代码短小精悍。位数越长,输入产生的误码率越高。

6.3.2　编码方法

6.3.2.1　顺序码

顺序码即用连续数字或升序排列的字母代表编码对象的码。顺序码简短,易于追加新码;缺点是本身无逻辑含义,不代表任何信息特征,删除记录形成空码,不能用于插入记录。

6.3.2.2　层次码

将代码自左至右分成几段,依次代表编码对象的大类、中类、小类等属性。如图 6-7 的图书馆的图书编码。层次码的特点是分类明确,便于计算机分类处理,追加代码容易;缺点是分类属性较多时代码长度很大。

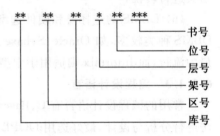

图 6-7　图书编码示意图

6.3.2.3　多面码

当编码对象有多种特性,在代码结构中为每个特性均规定一个位置,即可形成多面码。如表 6-1 所示的螺钉编码,代码 2233 表示为:表面镀铬、直径为 1.0、钉头为六角形的黄铜螺钉。

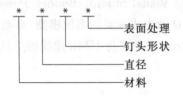

表 6-1　螺钉编码

材料	直径	钉头形状	表面处理
1-不锈钢	1-ϕ0.5	1-圆	1-不处理
2-黄铜	2-ϕ1.0	2-正方形	2-镀锌
3-铁	3-ϕ1.5	3-六角形	3-镀铬
4-铝			4-镀铜

6.3.2.4　区间码

代码对象从规定号码起至规定号码止连续编号,每个代码区间代表一种类型的编码对象。例如某学校职工编码:000～399 为教师;400～499 为管理人员;500～700 为后勤服务人员。使用区间码时,每个区间应留有余量,便于追加记录。

6.3.2.5 助记码

一种易于联想实体的编码。如:TV-C-36 表示 36 寸彩电。当编码对象种类繁多时容易混乱。

在实际代码设计中,经常将不同的编码方法混合使用。

6.3.3 代码校验位

代码是能够唯一代表实体的关键属性,其正确性会直接影响数据处理的结果。人工输入代码时难免出现偶然性错误,为了确保输入代码的正确性,在设计完代码的基础上,通常给代码再加上校验位,即追加 1 位校验位。校验位也作为代码的一个组成部分。校验位是依据固定的算法及代码数值计算出来的。带有校验位的代码输入计算机后,系统也用同样的算法判断代码的合法性。

6.3.3.1 求代码校验位的步骤

求代码校验位的一般步骤如下:

(1) 位码乘权求和。

n 位原代码: D_1 D_2 D_3 … D_n

n 位权因子: P_1 P_2 P_3 … P_n (权因子通常取算术级数、几何级数或质数级数等。)

位码乘权求和: $S = D_1 \times P_1 + D_2 \times P_2 + D_3 \times P_3 + \cdots + D_n \times P_n$

(2) 模数 M 除和求余。模数可取一个方便运算的整数,例如对 10 做运算。

$R = MOD(S, M)$

$D_{n+1} = R$ 校验位的值即 R

例如:代码是   2   3   1   4   5   (x)   x 代表校验位,暂缺

         32   16   8   4   2   几何级数,级数的顺序任意

         64＋48＋8＋16＋10＝146   位码乘权相加求和

         MOD(146,10)＝6   和 146 以模 10 求余得 6

校验位 x＝6

6.3.3.2 检查输入代码的正确性

检查输入代码正确性的方法很多,例如:将输入的代码前 $n-1$ 位(不包括校验位)对应乘以原来的位权相加求和。该和减去校验位值后除以原来的模,若余数为 0,则表示输入代码正确,否则为错。

检验过程:

(1) 输入代码:2   3   1   4   5   6   (末位是校验位)

         位权:32   16   8   4   2

(2) 位码乘权相加求和:64＋48＋8＋16＋10＝146。

(3) 和减去校验位对模求余:R＝MOD((146－6),10)＝0。

(4) 判断余数 R 是否为 0。

输入代码是输入实体记录时人工完成的,第(2)、(3)、(4)步均是通过运行代码检验程序自动处理的。当余数 R≠0 时,可给出屏幕提示重新输入代码。

6.3.3.3 代码校验位的功能

校验位能判断出输入代码时的单移位、双移位、抄写错误等多种错误,确保输入代码正

确。例如:正确代码是1 2 3 4 2 ,其中2是校验码;位码的权规定是质数级数 11、7、5、3;模取 10;若实际输入的代码是 1 2 4 3 2、1 4 3 2 2、1 3 2 4 2、2 1 4 3 2、4 3 2 1 2等,通过校验位判断,均能指出输入代码错。

6.4 数据库设计

6.4.1 数据库设计概述

6.4.1.1 数据库设计的含义

数据库是信息系统开发和建设的核心技术。因此,数据库设计在信息系统的开发中占有非常重要的位置,数据库设计的好坏将直接影响整个系统的效率。数据库设计是指对于一个给定的应用环境,提供一个确定最优数据模型与处理模式的逻辑设计,以及一个确定数据库存取结构和存取方法的物理设计,建立起既能反映现实世界信息和信息联系,满足用户数据要求和加工要求,又能被某个数据库管理系统所接受,同时能实现系统目标,并有效存取数据的数据库。

数据库设计,尤其是大型数据库的设计和开发是一项庞大的工程,是涉及多学科的综合性技术,必须把软件工程的原理和方法应用到数据库建设中去。因此,数据库设计者必须具备数据库系统和实际应用对象两方面的知识。他们不但要熟悉以 DBMS 为基础的计算机系统,还要熟悉涉及所处理的现实世界的内容。由于应用领域的知识随着应用系统所属的领域不同而不同,数据库设计人员必须深入实际与用户密切结合,对应用环境、专业业务有具体深入的了解才能设计出符合具体领域要求的数据库应用系统。所以,设计一个性能良好的数据库不是一项简单工作。

6.4.1.2 数据库设计的方法

由于信息结构复杂,应用环境多样,在相当长的一段时期内数据库设计主要采用手工试凑法。使用这种方法与设计人员的经验和水平有直接关系,数据库设计成为一种技艺而不是工程技术,缺乏科学理论和工程方法的支持,工程的质量难以保证,常常是数据库运行一段时间后又不同程度地发现各种问题,增加了系统维护的代价。十余年来,人们努力探索,提出了各种数据库设计方法,这些方法运用软件工程的思想和方法,提出了各种设计准则和规程,都属于规范设计法。

规范设计法中比较著名的有新奥尔良(New Orleans)方法。它将数据库设计分为四个阶段:需求分析(分析用户要求)、概念设计(信息分析和定义)、逻辑设计(设计实现)和物理设计(物理数据库设计)。其后,S. B. Yao 等人又将数据库设计分为五个步骤,以及 L. R. Palmer 等人主张把数据库设计当成一步接一步的过程,并采用一些辅助手段实现每一过程。基于 E-R 模型的数据库设计方法、基于 3NF(第三范式)的设计方法、基于抽象语法规范的设计方法等是在数据库设计的不同阶段上支持实现的具体技术和方法。规范设计法从本质上看仍然是手工设计方法,其基本思想是过程迭代和逐步求精。

数据库工作者和数据库厂商一直在研究和开发数据库设计工具。经过十多年的努力,数据库设计工具已经实用化和产品化。例如 Design 2000 和 Power Designer 分别是 ORACLE公司和 SYBASE 公司推出的数据库设计工具软件。这些工具软件可以自动地或辅助设计人员完成数据库设计过程中的很多任务。目前许多计算机辅助软件工程(Computer Aided Software Engineering,简称 CASE)工具使得数据库设计和应用设计可以同时进行,并在许多大型数据库设计中投入使用。

6.4.2 数据库设计步骤

按照规范设计的方法,考虑数据库及其应用系统开发全过程,将数据库设计的完整过程分为以下六个阶段:需求分析、概念结构设计、逻辑结构设计、物理结构设计、数据库实施、数据库运行和维护。这六个阶段分别与信息系统的开发阶段相对应,数据库的需求分析和概念结构设计与信息系统的系统分析同步,逻辑结构设计和物理结构设计与信息系统设计同步,数据库实施与信息系统实施同步,数据库运行和维护与信息系统的运行于维护同步。由此,在信息系统设计阶段的数据库设计的任务是完成逻辑结构设计和物理结构设计。

6.4.2.1 需求分析

需求分析是数据库设计的第一阶段。需求分析的任务是通过详细调查现实世界要处理的对象(组织、部门、企业等),充分了解原系统(手工系统或计算机系统)工作概况,明确用户的各种需求,然后在此基础上确定新系统的功能。新系统必须充分考虑今后可能的扩充和改变,不能仅仅按当前应用需求来设计数据库。

6.4.2.2 概念结构设计

概念结构设计的任务是对用户的需求进行综合、归纳和抽象,产生一个独立于 DBMS 的概念数据模型。在概念结构设计阶段,使用的工具主要是 E-R 图。E-R 图的基本思想是在构造一个给定的 DBMS 所接受的数据模型前建立一个过渡的数据模型。E-R 模型面向现实世界,不必考虑给定的 DBMS 的限制,目前广泛地应用于数据库设计之中。概念结构设计基本过程如图 6-8 所示。

构造 E-R 模型事实上就是根据现实世界客观存在的"事物"及其关系所给出的语义要求,组合基本 E-R 图形为 E-R 模型。它包括如下步骤:标示实体集,标示联系集,标识属性值集,标示关键字。

如果所处理的对象是一个比较大的系统,则应先画出局部 E-R 图,而后再将局部 E-R 图经过合并同类实体、消除冗余,汇总为综合整体 E-R 图。

构造概念数据模型时要注意如下几点:应充分反映现实世界中实体与实体之间的联系;满足不同用户对数据处理的要求;易于理解,可以与用户交流;易于更改;易于向关系模型转化。概念模型是 DBMS 所用数据模型的基础,是数据库设计过程的关键步骤之一。

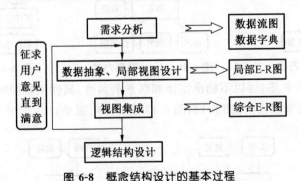

图 6-8 概念结构设计的基本过程

6.4.2.3 逻辑结构设计

逻辑结构设计的任务是将概念模型(如 E-R 模型)转换为某个 DBMS 支持的数据模型,然后再对转换后的模型进行定义描述,并对其进行优化,最终产生一个优化的数据库模式。其步骤主要包括两步:

第一步把概念模型转换为关系模式,按一定的规则向一般的数据模型转换。其方法是:E-R 图中每个实体都相应转换为一个关系。

第二步则按照给定的 DBMS 的要求,将上一步得到的数据模型进行修改完善。转换后的模型往往要进行优化,该优化以应用处理为基础,权衡响应时间、占用存储空间和潜在问题之间的利弊而定。

6.4.2.4　物理结构设计

物理结构设计是为逻辑结构选取最适合应用环境的物理结构,包括存储结构和存取方法。它主要依赖于给定的计算机系统。在进行物理结构设计时主要考虑数据存储和数据处理方面的问题。数据存储是确定数据库所需存储空间的大小,以尽量减少空间占用为原则。数据处理是决定操作次数的多少,应尽量减少操作次数,使响应时间越快越好。

6.4.3　E-R 模型

构造 E-R 模型事实上就是根据现实世界客观存在的"事物"及其关系所给出的语义要求,组合基本 E-R 图形为 E-R 模型。它包括如下步骤:标示实体集,标示联系集,标示属性值集,标示关键字。

6.4.3.1　E-R 图的设计

在系统分析过程中已经建立了数据流图,从数据流图出发确定实体及其属性,依据数据流图中对数据的加工,即可确定实体集间和实体集内部的不同实体间的内在联系。

实体在 E-R 图中用矩形框表示,框内写上实体名。实体间的联系用菱形框表示,联系需赋予联系名。实体间的联系的方式、实体和联系的所有属性在图上表示出来即局部 E-R 图,如图 6-9、图 6-10、图 6-11 所示。

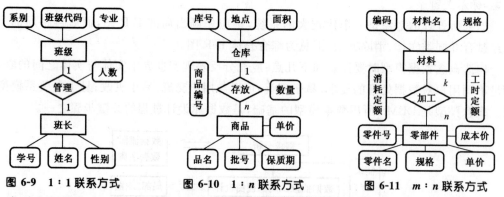

图 6-9　1:1 联系方式　　　图 6-10　1:n 联系方式　　　图 6-11　m:n 联系方式

有时为了简化 E-R 图,可以不标出实体和联系的属性,属性用单独的表格另外列出。实体间的联系还有其他情况,详见图 6-12、图 6-13、图 6-14、图 6-15。

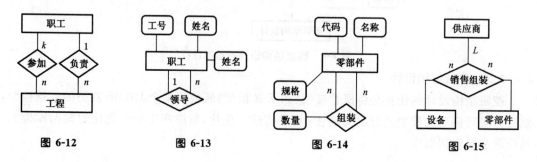

图 6-12　　　　　图 6-13　　　　　图 6-14　　　　　图 6-15

图 16-12 表示 1 名职工参加过 n 项工程的建设，1 项工程有 k 名职工参加建设；在工程建设中，有 1 名职工负责 n 项工程建设，每 1 项工程限定 1 名负责人；图 6-13 表示同一实体内部的个体间存在二元关系，1 名职工领导 n 名职工，每 1 名职工仅接受 1 位负责人的领导；图 6-14 表示同一实体集内部的个体也是二元关系，1 个零部件由另外的 m 种零部件组装而成，1 个零部件被组装到另外的 n 种零部件上；6-15 表示两个以上不同实体间的多元关系。

将局部 E-R 图组合在一起即可得到整体 E-R 图。在整体 E-R 图中，同一实体只出现 1 次，凡由基本数据导出的数据和由其他联系导出的联系均可消除。例如，库存金额＝单价×库存数量，库存金额则可不必出现。

图 6-16 是一个集成的 E-R 图的示例，在集成 E-R 图内同一实体集仅能出现一次。在该图中，一个仓库可以存放多种零件，一种零件可以存放在多个仓库中，仓库与零件为 $m：n$ 联系。

一个仓库有多名职工工作，而每名职工只能在一个仓库中工作，所以它们之间存在 $1：n$ 的联系。

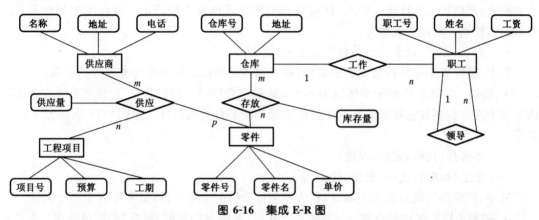

图 6-16 集成 E-R 图

一名供应商为多个工程项目供应物资；一个工程项目有多名供应商供货；一个工程项目使用多种零件；同一类型的零件使用在多个工程项目上；一名供应商经销多种零件；同类零件有多名供应商经销，即 3 个实体集之间两两存在着多对多的联系。

在该例中，职工之间也存在着领导与被领导的关系，如仓库主任领导若干班长，而班长又领导若干保管员，因此职工实体集自身（即一个实体集中的实体之间）存在着 $1：n$ 的联系。

6.4.3.2 E-R 图转换为关系的一般原则

E-R 图转换为关系的一般原则如下：

(1) 1 个实体集转换为 1 个关系。实体的属性即关系的属性，实体的主键即关系的主键。

(2) 1 个联系转换为 1 个关系。该关系的属性由联系的属性和所连接实体的主键组成。该关系的主键与联系方式有关：

• 若联系为 1：1，则联系各实体的主键均是该关系的候选键。如图 6-9 可转换为 3 个关系：（有下划线表示主键或候选键，下同。）

——班级（系别，专业，<u>班级代码</u>）。

——班长（<u>学号</u>，姓名，性别）。

——管理(<u>学号</u>,<u>班级代码</u>,人数)。

* 若联系为 1∶n,则关系的主键为 n 端实体的主键;1 端实体的主键为外部键。如图 6-10可转换为 3 个关系:

——仓库(<u>库号</u>,地点,面积)。

——商品(<u>商品编码</u>,品名,保质期,批号,单价)。

——存放(<u>商品编码</u>,库号,数量),库号是外部键。

* 若联系为 m∶n,则关系的主键为各实体主键的组合。如图 6-11 可转换为 3 个关系:

——材料(<u>材料号</u>,材料名,规格,单位,单价)。

——零部件(<u>零件号</u>,零件名,单位,规格,成本价)。

——加工(<u>材料号</u>,<u>零件号</u>,消耗定额,工时定额)。

* 若同一实体集内部的个体间为 1∶n 联系(如图 6-13),应在实体对应的关系中多设置 1 个属性,用来描述与该个体相联系的另 1 个体的"主键"。假定图 6-13 描述的是某建筑工程公司的职工关系:经理领导各工程队队长,每位队长领导若干名组长,每位组长领导若干名职工,严格按层次管理。当然,任何级别的领导者也是 1 名职工。设职工的属性有:工号,姓名,性别。则建立关系为:

——职工(<u>工号</u>,姓名,性别,领导者工号)。

其中,领导者工号是特意设置的属性,用来描述不同职工间领导与被领导的关系。

* 若同一实体集内部的个体间为 m∶n 联系(如图 6-14),则"联系"应该单独建立关系,该关系中至少包括被它联系的双双个体的主键和联系自身的属性。如图 6-14 应该建立2 个关系:

——零部件(<u>代码</u>,名称,规格)。

——组装(<u>组装件代码</u>,数量,代码)。

其中,组装件代码是添加的属性,作为组装件个体的主键,代码是零部件个体的主键。

* 若两个以上实体间存在 m∶n 的多元联系(如图 6-15),则"联系"必须单独建立关系,该关系中至少包括它所联系的各实体的主键及联系自身的属性。如图 6-15,假定各实体的主键分别为:供应商号,设备代码,零部件代码;销售组装联系的属性是数量、消耗定额,则联系建立的关系应该为:

——销售组装(<u>供应商号</u>,<u>设备代码</u>,<u>零部件代码</u>,数量,消耗定额)。

各实体建立的关系不再列出。

6.5　输入输出与界面设计

用户界面是指软件系统与用户的接口,通常包括人机对话、输出和输入 3 个方面。用户界面设计的好坏是评价软件质量的重要指标,也是用户是否认可系统的重要方面。

6.5.1　人机对话界面设计

人机对话界面是指系统运行过程中,操作人员通过屏幕等设备与系统进行对话的界面。对话界面设计的任务是确定系统与操作员对话的方式、内容及格式。人机对话界面设计应遵循以下原则:

(1) 操作简便、方便使用。最大限度地降低用户输入量。

(2) 对话界面友好。系统提示准确、简洁、友好,给人轻松感。

(3) 界面美观大方。在系统资源允许的情况下,适当采用图形对象,增强操作直观性,激发用户热情。但图形对象占用存储空间大,运行速度慢,应使用适当。

6.5.2 输出设计

原始数据经过系统加工处理后得到了有效信息,系统按照标准格式或用户需求的格式将有效信息输出到指定的介质上,以满足不同层次管理者的需求。输出是系统目标是否实现的集中体现,也是系统开发的一个主要指标。

输出设计主要包括 3 方面的内容:

(1) 输出内容、格式的选择:输出内容及格式必须满足不同层次管理者的需求,必须方便各级管理者和业务人员使用,尽量不让使用人员二次加工,做到各取所需。

(2) 选定输出设备:根据用户需求,确定信息输出设备,如终端显示、打印机、绘图仪、多媒体设备等。

(3) 确定输出介质:依据一次性使用的数据还是长期有用的数据,用户如何使用数据等确定信息输出介质,如纸张、磁盘等。

6.5.3 输入设计

数据输入方式有人机交互、设备现场采集、机器读入(如读卡)等多种形式。人机交互方式是最常用的方式,也是错误数据来源的主要渠道。输入设计的任务之一是保证录入数据的正确性,只有输入到计算机中的初始数据是正确的,才能保证输出结果的正确性。输入设计应遵循下列原则:

(1) 保证输入数据的正确性。系统应该提供有效的校验数据正确性的手段,例如提示人工核对,系统自动进行值域核查、总量平衡核查、批量汇总平衡核查、类型核查、逻辑核查(如月份越界)等。当然,保证输入数据的正确性不是绝对的。

(2) 操作简便,尽量减少人工数据输入量,输入数据的内容以满足输出需求为准则。系统只有操作简便才能方便用户使用,减少数据输入量不仅可以减轻操作人员的负担,同时也可以降低数据的出错机率。因此,系统上游输入的数据和处理的中间结果,禁止下游二次人工输入,保证系统上下游数据的一致性。

(3) 具有较强的查错、纠错、容错能力。系统违规操作是常有的,特别对不熟悉系统使用的用户更是如此。无论使用者是否违反操作流程,是否输入了非法数据等,均不允许出现"死机"现象,而应该对操作者给出友好提示,指导用户如何操作。系统具有友好的联机帮助功能,让用户在放手操作中熟练系统使用。

(4) 输入界面符合业务规范。输入界面设计应符合业务规范,使操作者不感到业务陌生。例如账务管理中的凭证录入界面应与正规的凭证格式类同。

6.6 软件结构设计

6.6.1 软件结构设计的目标

信息系统设计的最终结果是形成一个能完成新系统规定的软件系统。为了得到这个软件系统,从系统分析的详细调查开始到现在已经经历了一个漫长的过程,其间的各项工作都是为最终的软件设计服务的。事实上,系统开发的全过程是先将客观存在的、正在运行的老系统转变为符合新目标要求的、逻辑的新系统,然后再转换为软件系统的过程。因此,系统分析与设计的质量集中反映到软件设计的质量上。MIS 软件结构设计的目标是:提高软件的可靠性、可维护性、可修改性和可重用性。

6.6.2 信息系统的软件结构

信息系统是一个复杂系统,为了使复杂问题简单化,人们运用模块化思想构造信息系统的软件结构。

　　模块化原理有两种方法：HIPO 法和结构化设计方法（SD 方法）。这两种方法是目前应用最广泛的系统设计技术。HIPO 法使用的工具是 H 图（即层次图/功能图）和 IPO 图，SD 方法使用的工具是结构图。这两种方法有各自的缺点。对于 HIPO 方法来说，由于 H 图只表示了模块间的调用关系，不表示模块间的控制及通信关系，必须用 IPO 图对每一个功能模块的输入—处理—输出情况进行详细描述；而 SD 方法虽然克服了 H 图的缺点把 H 图和 IPO 图的功能集中在结构图上表示，但传统的 SD 方法把整个系统的结构图画在一张图上，对于 MIS 这样一个大型系统来说很不方便。SD 方法的另一个缺点是：由于它侧重于系统的"程序结构描述"，是面向系统设计员的，不便于用户理解。

　　实际使用中，系统设计员常常把这两种方法结合起来描述软件结构。这种方法把软件分成两大层次：功能结构层和程序结构层。前者面向逻辑、面向用户；后者面向程序结构、面向系统设计员和程序员。

6.6.2.1　功能结构层

　　这一层用 H 图（功能图）表示，用以描述新系统的逻辑功能，功能结构层是在系统分析的逻辑设计阶段，根据新系统的目标和用户需求确定的。H 图中的每一个模块称为功能模块。

　　功能模块是从用户业务的需要及分解的角度出发进行划分的。它确定了新系统的工作范围，指出"做什么"的问题。H 图自顶向下分解，并逐步细化，上一层模块是下一层模块的抽象，下一层模块是上一层模块的具体化，直到最底层的功能模块才表示一项具体的、独立的业务信息处理活动。由于 H 图面向管理问题，面向业务人员，便于用户理解和确认，是 MIS 软件的外壳，编程阶段可以直接被翻译成菜单。

6.6.2.2　程序结构层

　　通过层层分解，功能图的基层功能已变得很简单，但它还只是从业务活动的角度给予描述的，并没有指出怎样用程序执行，进一步的工作是将它分解成面向程序结构的、更小的模块——程序模块。

　　系统设计阶段，MIS 软件结构设计的任务是为 H 图的每一个基层功能模块设计一张结构图。为了与功能模块区别，结构图中的每个模块称作程序模块，每个程序模块对应一段程序，它也可以是一个公用模块。

　　若系统有 N 个基层功能模块，那么需要设计 N 张结构图，这 N 张结构图便构成了 MIS 软件的程序结构图，形成 MIS 软件的内核。

6.6.2.3　程序结构层的设计过程

　　从新系统的数据流程图可以导出结构图。具体设计过程如下：

　　（1）设计新系统功能图（系统分析阶段已完成）；

　　（2）设计新系统分层的 DFD（系统分析阶段已完成）；

　　（3）根据新系统的基层功能模块所对应的基层 DFD，导出一张结构图。

　　图 6-17 是 MIS 软件结构的两个层次及其设计过程的示意图。可以看出，MIS 软件结构可以表示为一张功能图加上 N 张结构图。

6.6.3　结构设计案例

　　合同管理信息系统功能模型见图 6-18。以图 6-18"合同登记"模块示范结构图设计和模块说明的写作。

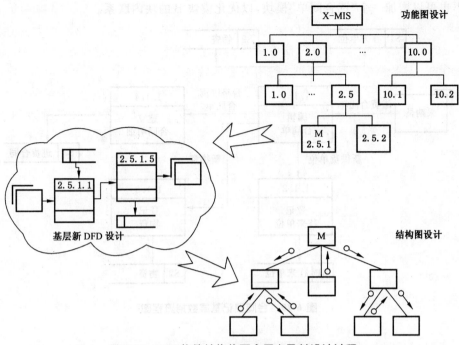

图 6-17　MIS 软件结构的两个层次及其设计过程

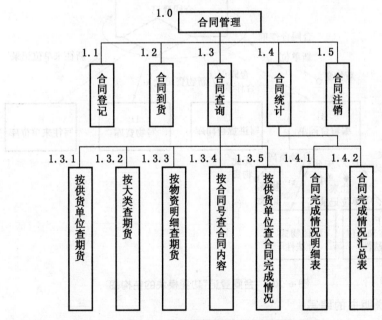

图 6-18　合同管理信息系统功能模块

6.6.3.1　结构图设计

以图 6-18 合同管理功能图为例,它有 10 个基层功能模块,编号分别为:1.1、1.2、1.3.1、1.3.2、1.3.3、1.3.4、1.3.5、1.4.1、1.4.2、1.5,对应 10 张结构图。限于篇幅,我们给出功能模版 1.1"合同登记"的结构图。该模块对应的基层数据流程图如图 6-19,由分析可知,它是一张比较特殊的、以变换为中心的 DFD,它只有输入和输出处理逻辑,没有变换中心。以功能图的基层模块"合同登记"为最高模块,设计的结构图如图 6-20 所示。其中,模块 B 下也可以增加一个"读合同单"模块，以优化模块 B 的块内联系。

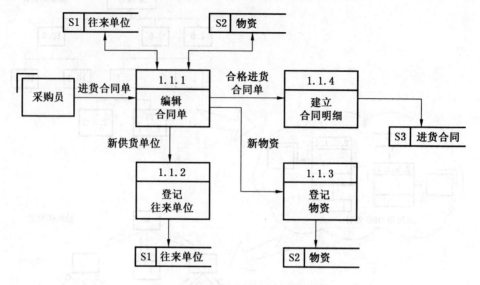

图 6-19　合同登记基层数据流程图

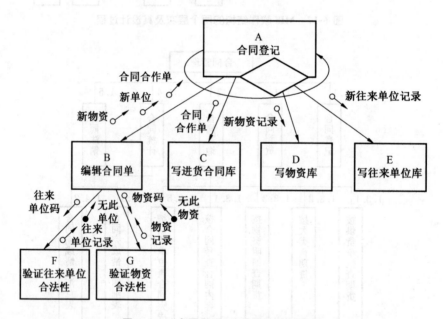

图 6-20　"合同登记"功能模块的结构图

6.6.3.2　模块说明书的编写

编写模块说明书是系统设计的一项基本工作，它定义了一个模块的处理过程。模块说明书由系统设计员编写，是系统实施阶段进行程序设计的基本依据。

模块说明书应包括以下内容：模块名称、所属子系统、模块的处理逻辑、模块的调用与被调用的关系，以及与模块相关的数据库文件。

一张结构图有一个模块说明书。因此，模块的调用与被调用的关系、与模块相关的数据库等可以从对应的结构图与 DFD 中得到，在模块说明书中省略。

下面的文档是对图 6-20 中的模块进行说明的模块说明书。

模块名称:合同登记
模块标识:A
处理逻辑: 　　对每一张进货合同单 　　调用模块 B,获得合格合同单 　　调用模块 C,将合格合同数据写入进货合同 　　若是新物资 　　　　调用模块 D,增加新物资到物资库 　　若是新往来户 　　　　调用模块 E,增加新往来户到往来单位库

模块名称:编辑合同单
模块标识:B
处理逻辑: 　　显示进货合同屏幕 　　输入合同依据、合同号、签订日期 　　输入供货单位码,并调用模块 F,调用 F 验证其合法性 　　若合法 　　　　在屏幕相应位置显示供应商记录 　　否则 　　　　显示 F 发来的标志"无此单位" 　　输入新供应商记录 　　发送"新单位"给模块 A 　　输入收货单位码 　　(过程同输入供货单位码) 　　输入物资码,并发送给调用模块 G,调用 G 验证其合法性 　　若合法 　　　　在屏幕相应位置显示品名、规格、型号 　　否则 　　　　接受"无此物资",并显示 　　输入物资码、品名、规格、型号 　　发送"新物资"给模块 A 　　输入合同数量、合同价、技术标准、交货期 　　输入整车/零担/专线/水运的相应数据 　　输入备注 　　校验(视觉)数据是否正确 　　若正确 　　　　将合格合同单送模块 A 　　否则 　　　　修改各项数据,直到正确 　　　　将合格合同单送 A

模块名称:验证往来单位合法性
模块标识:F
处理逻辑: 　　接受往来单位码 　　查往来单位库 　　如果有此单位 　　　　　发送该单位记录给模块 B 　　否则 　　　　　发送"无此单位"给 B

模块名称:验证物资合法性
模块标识:G
处理逻辑: 　　接受物资码 　　查物资库 　　如果有此物资 　　　　　发送物资记录给模块 B 　　否则 　　　　　发送"无此物资"给 B

模块名称:写进货合同库
模块标识:C
处理逻辑: 　　接受合格进货合同数据 　　按进货合同库要求的内容,写进货合同库

模块名称:写往来单位库
模块标识:E
处理逻辑: 　　接受新往来单位记录 　　写往来单位库

模块名称:写物资库
模块标识:D
处理逻辑: 　　接受新物资记录 　　写物资库

6.7 系统设计报告

系统设计报告是系统设计的阶段性成果,是新系统的物理模型,也是系统实施的依据,其主要内容包括:

(1) 子系统划分及各子系统的功能、范围、内在联系等的详细说明。

(2) 系统功能结构图及其详细说明,包括主要模块的处理流程及说明。

(3) 文件和数据库设计说明。文件名、数据项名、类型、长度、小数位数、记录类型等,以表格形式详细列出,并附以必要的注释性说明。

(4) 代码设计说明。各数据文件的代码名称、结构、功能、编码表及校验位的算法等。

(5) 用户界面设计的详细说明。输入、输出格式、报表清样,保证数据正确性的措施等。

(6) 系统及网络配置、系统实施投资费用计划等的详细说明。

(7) 系统实施方案说明。按层次分解系统实施阶段的具体任务,编制系统实施的详细网络规划图,将任务、工期、要求等逐项落实计划。

系统设计说报告编写完成后,必须组织用户、系统设计人员、业务骨干和有关专家进行评审,将评审意见附在说明书之后交用户领导审批。

本章小结

本章介绍了系统设计的任务、原则、主要内容以及所采用的方法。以结构化设计方法为例展示系统设计过程。结构图是结构化方法的重要工具,它有一套设计和评价标准,可以由数据流图导出。按照结构化系统设计的基本思想,将整个系统自上而下地划分为若干个大小适当、功能明确、具有相对独立性并容易实现的子系统,然后再自下而上地逐步设计。

系统设计包括概要设计和详细设计两个步骤。概要设计阶段的主要任务是确定系统的硬件结构、软件结构、网络结构设计,详细设计阶段包括代码设计、数据库设计、输入输出设计、功能模块设计等内容。本章从系统平台设计、代码设计、数据库设计、输入输出设计、软件结构设计等几个环节,对系统设计过程进行了详细的描述。

在数据库设计中,详细介绍了数据库概念结构和逻辑结构的设计步骤。在软件结构设计中,提出了由功能结构层和程序结构层组成的 IS 软件结构,前者主要面向业务、面向用户;后者主要面向程序设计、面向系统设计员和程序员。在此基础上详细介绍了用 H 图和结构图构建信息系统软件结构的步骤。最后,对系统设计报告进行了简要介绍。

思考题

1. 系统设计的主要任务是什么?应遵循的原则有哪些?

2. 模块分解应遵循什么样的原则进行?

3. 从数据流图转换到结构图有哪些方法?各自的特点是什么?

4. 代码设计的一般原则是什么?常用的编码方法有哪几种?试举例说明。

5. 说明数据库逻辑设计阶段的步骤和内容。

6. 实体的联系方式有哪几种?将 E-R 图转换为关系一般应遵循哪些规则?

7. 设有一商务数据库用以处理销售记账,它涉及的信息包括:顾客姓名,所在单位及电话号码;商品名称,型号及单价,某顾客购买某商品的数量和日期;假设无同名顾客,无同名商品,电话公用(指同一单位的顾客使用同一电话),顾客可在不同日期购买同一商品,要求完成该数据库的逻辑设计。

8．人机对话界面设计应遵循哪些原则？

9．输出设计主要包括哪些内容？输入设计应遵循哪些原则？

10．如何进行系统硬件和软件的配置，考虑的因素有哪些？

11．系统设计报告应包括哪些主要内容？

课程设计 2：百货商店管理信息系统的物理设计

根据课程设计 1，仍按原设计小组分工，根据系统设计的步骤，完成百货商店管理信息系统设计。主要工作有：

（1）平台设计。

（2）代码设计。

（3）数据库设计。

（4）输入输出及用户界面设计。

（5）软件结构设计（结构图和模块说明）。

此外，还应产生相应的系统设计报告（由于文档工作量较大，可以选择有代表性的内容撰写）。

第 7 章 面向对象系统分析与设计

【学习目的和要求】

1. 熟悉面向对象系统分析与设计的基本理论与主要概念
2. 熟悉UML及其常用图，掌握用例图、类图、顺序图等主要用图的制作原理和制作方法，掌握设计类
3. 熟悉对象持久化和ORM原理，掌握结合具体ORM技术进行系统开发的技术
4. 熟悉设计模式原理及其常用设计模式，掌握以MVC模式指导系统开发的原理
5. 实践一个在线购物系统的面向对象模型的分析和设计

7.1 面向对象方法概述

自 20 世纪八九十年代兴起，面向对象(Object Oriented,OO)技术由于所具有的易于维护、可扩展性、代码重用等种种优点，逐渐成为当前系统分析与设计的主流技术。面向对象技术包括面向对象分析(OOA)、面向对象设计(OOD)、面向对象编程(OOP)和面向对象测试(OOT)，面向对象技术的核心是 OOA 和 OOD。

采用面向对象技术开发信息系统，其核心强调以数据为中心描述系统，而数据相对于功能而言，具有更强的稳定性，因此采用面向对象技术设计出的系统模型往往能较好地映射现实域模型。面向对象技术引入的对象、类、继承、多态、动态等重要概念，也为提高软件可重用性和降低软件开发复杂性提供了有效途径。

面向对象的概念和应用已超越了程序设计和软件开发，扩展到很宽的范围。如数据库系统、交互式界面、应用结构、应用平台、分布式系统、网络管理结构、CAD 技术、人工智能等领域。

7.1.1 面向对象与结构化的比较

结构化的系统开发策略是从系统的功能入手，将系统按照工程标准和严格规范分解为若干功能模块，然后以这些模块为中心，采用模块化、自顶向下、逐步求精设计过程开发成型，系统实质是实现模块功能的函数和过程的集合。面向对象的系统开发策略则是从系统处理的数据和针对数据的操作(即对象)入手，按照现实世界的人类思维将问题域分解为对象以及对象和对象之间的关系，通过对象的属性和行为设计开发成型，系统实际所关注的是执行操作的对象和对象之间的交互协作关系。

以"网上购物"为例，按照结构化分析思路:首先是登陆购物网站，其次根据个人偏好找到要购物商品并将其放入购物车，然后结账，整个购物过程结束。数据流图如图 7-1,模块结构图如图 7-2。

而按照面向对象的分析思路，首先要考虑的是网上购物涉及哪些主要对象，每个对象有哪些职责，根据常识，可以确定除了购物者之外，还要有个人欢迎界面(个人购物门户)、购物车、商品和个人账户几个对象，这些对象各司其责，完成其分内的操作，或者发送消息请求其

他对象的服务,通过交互协调共同完成任务。由此,确定网上购物的静态模型如图 7-3 所示,动态模型如图 7-4 所示。

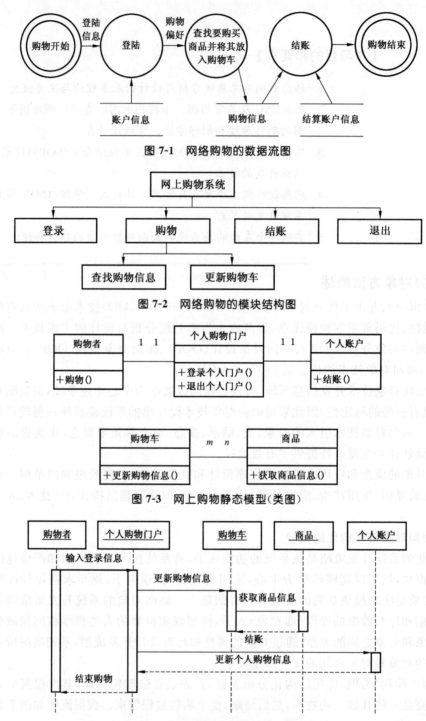

图 7-1 网络购物的数据流图

图 7-2 网络购物的模块结构图

图 7-3 网上购物静态模型(类图)

图 7-4 网上购物动态模型(顺序图)

上例的面向对象模型并不太严格,因为只分析了对象的行为方法,而没有涉及对象静态属性,即只有操作没有数据。但是从上例的对比中能够看出面向对象方法较结构化方法的优势所在。

在结构化方法中,作为系统基本成分的功能模块,由于用户的需求和软、硬件技术的不断发展变化,很容易受到影响,局部修改甚至可能会引起系统的根本性变化。这是因为结构化方法的本质是功能分解,从代表目标系统整体功能的单个处理着手,自顶向下不断把复杂的处理分解为子处理,这样一层一层地分解下去,直到仅剩下若干个容易实现的子处理功能为止,然后用相应的工具来描述各个最低层的处理。然而,用户需求的变化大部分是针对功能的,因此,这种变化对于基于过程的设计来说意味着巨大的成本。归纳而言,结构化方法主要存在三方面问题:软件重用性差,软件可维护性差,开发出的软件不能满足用户的动态需要。

面向对象方法则是用符合人类认识世界的思维方式来分析、解决问题,为需求分析人员提供系统构成视点、静态结构观点和动态结构视点,可以对软件开发过程所有阶段进行综合考虑;支持全面的问题分析和描述,建造起完整、清晰的需求模型,使软件生存期各阶段所使用的方法、技术具有了高度的连续性。

7.1.2 面向对象编程、设计与分析

7.1.2.1 面向对象编程

面向对象方法最早源于面向对象编程(Object Oriented Program,OOP),OOP也是面向对象技术中发展最快的一种,OOP即使用面向对象的程序设计语言,如C♯、Java等,进行编码。Coad和Yourdon给出一个面向对象的定义:面向对象=对象+类+继承+消息。如果一个软件系统是按照这样四个概念设计和实现的,则可以认为这个软件系统是面向对象的。

事实上,面向对象(或者叫物体、实例)编程的哲学非常简单,关键要明确对象的概念。通俗地讲,对象就是那些在自然界中被我们称为"东西"的东西。汽车是个东西,小鸟是个东西,人也一样是个东西!对象这个东西,由它的各个部分(组件)组合而成,例如人是由头、身体、手、腿组成(叫做封装);对象要有自己的特性(属性),例如人的身高、体重等;还要有动作的功能(方法),例如人要吃饭、说话等。可见,类比于自然界,OOP同自然界几乎是完全相似的。一个对象有它自己的属性和完成它自己工作的方法。一个对象属于某种类型,它被称为类(class)。类就是具有相似属性和方法的一组事物。

形同自然界,对象也具有繁殖与多种表现形式,就好比子女会有一些和父母相同的地方(叫做继承),但是也不完全一样(叫做多态),他(她)还有他(她)自己的个性特征(属性)和他(她)自己的特有行为——所有这些就构成了OOP的本质和基础。封装(涵存)、继承(遗传性)和多态(一体多样化),如图7-5所示。

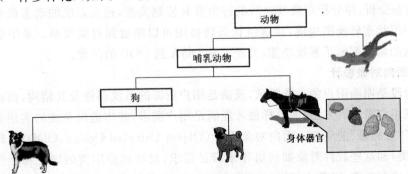

图 7-5 封装、继承与多态的示意图

OOP的起源可追溯到1967年的Simula-67语言,该语言引入了数据抽象和类的概念,

用于仿真实际问题。但是该语言并没有图形界面,因此所谓面向对象编程就是图形化编程并不正确。该语言对后来的许多面向对象语言产生了很大影响,但它没有后继版本。第一个真正意义上的面向对象语言是 20 世纪 80 年代初产生的 Smalltalk,该语言规定一切都是对象,程序设计以尽可能自动化的单元来进行,并且有了图形设计界面的雏形。Smalltalk语言的广泛使用掀起了一场"面向对象运动",随之诞生了 Objective C、C++、VB、Java 和C#等语言。

在图形化界面下,OOP 变的非常简捷,原本需要大量程序才能完成的图形显示、位置移动、颜色或图案设置、数据输入输出等功能,都被简化封装成各种软件对象,它们可以独立地存在和重复使用。而利用这些对象对外提供的属性和方法来控制其外观和行为,复杂的人机交互界面设计就变成了简单的组件组装游戏。

7.1.2.2　面向对象分析

系统分析是系统开发至关重要的阶段,该阶段的主要工作是解决"做什么",即理解问题和需求构模,将现实世界中的问题映射到问题域。在该阶段,要明确用户提出了哪些功能要求,为完成这些要求,系统应有哪些构件,采用什么样的结构,并写出详细的需求规约。面向对象分析(Object Oriented Analysis,OOA)非常重要,OOA 引入了许多面向对象的概念和原则,如:对象、属性、服务、继承、封装等,并利用这些概念和原则分析、认识和理解客观世界,并将客观世界中的实体抽象为问题域中的对象,即问题对象。当然,仅分析出对象还不够,要做出软件系统,还需要分析客观世界中问题的结构和实体之间的关系,即分析出抽象对象间应具有的联系和相互作用。

总体而言,OOA 就是直接将问题域中客观存在的事务或概念识别为对象,并用对象的属性和功能(或者叫服务、操作、方法、事件等)分别描述事物的静态特征和动态行为,并保留问题域所涵盖的所有事物之间的联系。OOA 能够回答:系统应有哪些对象构成?每个对象应有哪些属性和服务?对象间应有怎样的联系?为此要进行三方面工作:

(1)个体特征分析,即找出系统需要的对象,并明确对象的属性和功能(或者叫服务、操作、方法、事件等)。

(2)静态分析,即分析和描述系统的静态结构。一般地,对象系统中的类或对象之间存在着两种关系:一般—特殊关系和整体—部分关系。其中前者更具普遍性,它的一种重要实现形式就是继承机制,绝大大多的 OOA 方法也都为继承提供了相应的表示方法。因此,系统静态分析主要是分析、识别对象或类间的一般—特殊结构,据此添加一些必要的类,构造继承关系。

(3)动态分析,即分析对象及之间的行为及其控制关系,建立系统的动态模型。动态模型一般由一组状态转换图构成,从这组状态转换图可以映射到对象模型。系统的动态模型从对象行为的角度刻划了系统功能,方便了从 OOA 到 OOD 的过渡。

7.1.2.3　面向对象设计

分析阶段是明确用户的功能需求,及满足用户所需的系统部件及其结构;而设计阶段则是确定实现用户需求的方法,即怎样做才能满足用户需求,并构造出系统的实现蓝图。设计阶段解决了"怎么做"的问题。面向对象设计(Object Oriented Design,OOD)强调的是定义软件对象(类)和这些软件对象如何协作来满足需求,设计模型用类的属性和操作来描述对象的数据结构和功能,对象之间通过消息进行交互,在设计模型的基础上直接进行面向对象编程。所谓设计模式,是经过反复验证的成熟的解决方案和设计思想,它们展示了某种对象结构在特定问题中的巧妙应用,值得在不同问题域中反复重用。

OOD 首先从 OOA 的结果开始,并将其从问题域映射到实现域;为满足实现的需要,还要增加一些类、结构及属性和服务,并对原有类及属性进行调整。此外,还要完成应用控制、人机交互界面的设计等。OOD 的主要工作有:

(1) 问题域部分的设计,即对 OOA 结果进行改进和精化,并将其由问题域转化到解域,具体包括:

• 类及对象:在 OOA 阶段有助于问题理解的一些类在 OOD 阶段成为冗余,需要删除,而为了优化调整继承关系还要增加一些类。所有的类都确定以后还要明确哪些类的对象会引发哪些类创建新对象。

• 属性:有些属性在分析阶段有助于问题的理解,而到了设计阶段则可以由其他属性导出或根本没必要保留。因此,应将它们去掉。相反地,为了实现服务算法还需要增加相应的一些属性。

• 服务:OOA 只给出了服务的接口,其具体实现算法要在 OOD 阶段完成。

• 结构:对类间结构进行优化调整。

• 对象行为:明确对象间消息传递的实现算法,依据动态模型确定对象间消息发送的先后顺序,并设计相应算法,协调对象的行为。

(2) 人机交互与应用控制部分的设计,主要工作包括:

• 交互界面子系统的设计:与界面有关的类及类间结构的设计,以及有关算法的设计。

• 交互界面子系统和应用之间接口的设计。

• 应用控制部分的设计:主要完成应用的驱动工作。为此而定义的有关对象不同于从现实世界中抽象出来的对象,这部分对象在现实世界中没有原型,它们要同界面子系统中的对象及问题对象发生作用,进而控制系统的运行。

7.1.3 面向对象方法的主要概念

7.1.3.1 对象

面向对象方法代表一种解决问题的方法论,其核心就在对象(object),对象是一些属性及专用服务的封装体,它是问题空间中一些事物的抽象。通俗地说,对象就是我们在问题空间中要考虑的那些人或事物,它具有一组属性和一组操作;这些属性的值刻画了一个对象的状态;这些操作是对象的行为(即服务),通过他们改变对象的状态(即属性值);对象是数据和操作数据的方法的集合。

例如,目前有一个问题涉及学生信息,那么在该问题域中,一个学生就代表一个对象。将一组相似的对象称作一个对象类型,简称类(class)。虽然没有两个学生是完全一样的,但是学生们的特征和行为具有一定的共性,比如每个学生都有性别、都要去某个学校上课,因此学生就可以被声明为一个类。简言之,类就是按照共性将各种对象分类,因此类中要包含所涉及对象的属性和行为的一般性描述,而任何一个对象就是对应类的一个实例(instance,实际例子),如图 7-6 所示。

系统中的对象在生命周期的不同阶段有不同的表示形式。OOA 提供的对象概念是比较接近现实世界的客观事物,模型较为粗略;OOD 进行细化并转换为软件对象;OOP 则需要写出集体的程序代码。

属性反映了对象的静态特征,行为反映了对象的动态特征。属性实现自我管理,而由操作引发属性的变化。

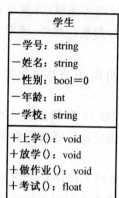

学生
一学号：string
一姓名：string
一性别：bool＝0
一年龄：int
一学校：string
＋上学（）：void
＋放学（）：void
＋做作业（）：void
＋考试（）：float

张三：学生
学号：string＝20101109
姓名：string＝张三
性别：bool＝0
年龄：int＝18
学校：string＝青岛科技大学

图7-6　学生类和一个对象(叫张三的学生)的设计模型

7.1.3.2　类

类(class)是具有相同属性和服务的一组对象的集合,它为属于该类的全部对象提供了统一的抽象描述,包括对所有属性和操作的声明,类也称作对象类,类是用来创造对象的模板。

面向对象编程语言一般还支持两种特殊的类:抽象类和接口。抽象类被定义为永远不会也不能被实例化为具体的对象。抽象类一般用于定义一种抽象上的概念,在类的继承关系中往往被定义在较上层位置。例如在图7-5中,狗和马可以表述出一类具体的概念,它们是不同的,但是它们又同属于哺乳动物,因此"哺乳动物"可以被定义为抽象类,而再往上一层的"动物"也可以被定为抽象类。接口是抽象类的变体,与抽象类不同的是,接口是完全抽象的成员集合。接口的主要特点是只有声明部分,而没有实现部分,即接口本身并不提供成员的实现,而是在继承接口的类中实现,并在类中被定为为单独的实体。类体现了一种"继承"的关系,而接口更侧重于体现"实现"的关系。例如要"比较两个石头的大小"和要"比较两个人的大小",说法一样,但实现却不一样。石头的大小可能是根据其重量确定的,而人的大小可能是根据年龄确定的。如图7-7所示,person类和rock类均实现了Comparable接口的Compare方法,但实现语句是不一样的。

7.1.3.3　封装

封装(encapsulation)是面向对象编程语言用于加强信息隐藏的重要机制,封装即隐藏了对象的属性和实现细节,仅对外公开接口,控制在对象中属性和方法的读写访问级别。封装使对象与对象之间产生了区别,构成封装的基本单位其实就是类。

封装的优点主要体现在两方面:一是安全性。封装使对象只能控制其自身的信息,而不能随意控制其他对象的信息了,如果要访问其他对象的信息,必须要事先征得同意。这可以解决对象之间互操作的安全性问题。例如描述事件"银行客户操作提款机",其中银行客户是一个对象,提款机是一个对象。不难发现银行客户必须要输入密码才能登陆提款机,而且对提款机的操作仅限于查询余额和提款。二是简单性。封装可以将与应用无关的信息隐藏起来,减少不必要的学习时间。例如图形界面编程中使用的各种控件,其实现代码其实是非常复杂的;但是通过封装,界面设计者仅需要将控件从工具箱中拖到合适的位置上去即可。

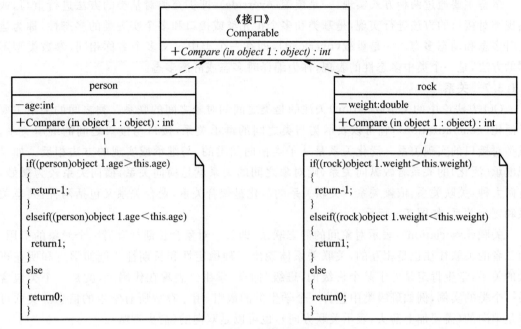

图 7-7 接口举例

7.1.3.4 消息

在面向对象技术中,消息(message)是指向对象发出的服务请求,它应该含有下述信息:提供服务的对象标识、服务类型、输入信息和回答信息。简言之,消息就是对象之间进行交互和通信的实现。

正规的软件项目极少是由一个对象实现的,而绝大部分情况下是多个对象交互作用的结果。这种交互关系就是通过消息实现的,例如当对象 A 需要对象 B 来执行一个 B 中的方法,则对象 A 就会发消息给对象 B。消息提供了两个很好的机制:一是普遍性,即由于对象的行为是通过其方法来表达的,因此消息传递支持所有在对象之间的可能交互。二是异步性,即对象不需要在相同的进程或者相同的机器上发送和接收消息给其他的对象。

7.1.3.5 继承

继承(inheritance)是 OO 的关键特征之一,它是指特殊类的对象拥有其一般类的全部属性和服务。例如先声明一个“人”类,定义三个属性:姓名、住址、电话号码;再声明一个“学生”类,继承自“人”类,则“学生”类不用定义,自动具有了属性:姓名、住址、电话号码。这种机制就是继承。把继承关系中的上层类称为父类或基类,下层类称为子类或扩充类。

继承带来的最大好处是代码重用,只要没有特别的访问权限控制,扩充类可以任意使用基类中已定义好的属性和方法。并且根据自身需要,扩充类本身还可以再添加新的属性和方法,完善功能要求。

7.1.3.6 多态

多态(polymorphism)是指相同的操作(函数或方法)可作用于多种类型的对象并获得不同的结果。例如图 7-7 中,person 类的 Compare 方法和 rock 类的 Compare 方法,方法名、传入参数和返回值都一样,但是其作用结果却不一样;前者是根据 person 的 age 判断,后者是根据 rock 的 weight 判断。实现自同一个接口的方法,在不同的类中却具有表现多种形态的能力,这就是多态。

多态主要通过两种方式实现：一是覆盖（override），即扩充类对基类的方法进行重写，或实现类对接口的方法进行实现，是基类和多个扩充类或接口和多个实现类的多态性，称为运行时多态和动态多态。一是重载（overload），即在一个类中定义多个名称相同、参数类型不同的方法，是一个类中多态性的表现，称为编译时多态或静态多态。

7.1.3.7　关系

OO 方法论中的关系（relation）关注的是类之间和对象之间的联系。类之间的关系主要是泛化（generalization），它可以表示类与类之间的继承关系，接口与接口之间的继承关系，或类对接口的实现关系。泛化关系是从子类指向父类的，与继承或实现的方法相反。如果把继承（泛化）的关系看做纵向关系，则对象之间的关系就是横向关系，横向关系较为微妙，有两大种：关联关系、依赖关系。关联关系的深化是聚合关系，聚合关系又包括两种：共享关系和复合关系，如图 7-8 所示。

关联（association）：表示对象间的静态联系，即某个对象会长期持有另一个对象的引用，而二者的关联往往也是相互的，关联关系体现出一种稳定性和长期性。例如学生和所在班级的关系，学生肯定是处于某个班级的，班级"拥有"学生。表现在代码上，就是一个类包含另一个类的实例，例如班级类中包含一个学生类的数组，用于存放所有学生的信息。关联可以是单向的（需要加上箭头，表示关联方向），也可以是双向的（箭头省略）。

依赖（dependency）：表示对象间的动态联系，体现出一种偶然性。例如学生和观看多媒体的关系，在多媒体课程上，学生要使用多媒体学习，当然在其他课程上，多媒体不必要，学生和多媒体之间是"借用"的关系。表现在代码上，就是依赖类的某个方法以被依赖类作为参数。

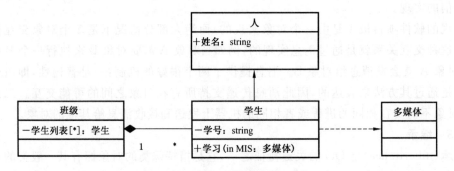

图 7-8　泛化、关联和依赖的示意图

聚合（Aggregation）是关联的特例，是在关联的基础上又增加了更高一级的要求，聚合关系包括共享聚合（Shared）和复合聚合（Composition）两种。共享聚合表示相对松散的从属关系"... owns a ..."，例如社团和学生的关系，社团肯定要由若干学生组成，但不代表社团要强迫每个学生都加入，如图 7-9 所示。

复合聚合表示整体与部分之间的包含关系"… is a part of…"，是强烈的聚合关系，例如汽车和发动机的关系，一辆汽车必须有一个发动机，否则就跑不起来了，如图 7-10 所示。

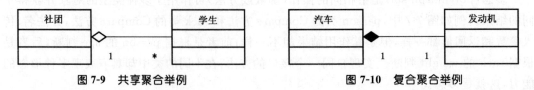

图 7-9　共享聚合举例　　　　　　**图 7-10　复合聚合举例**

7.2 统一建模语言

7.2.1 统一建模语言的概念

UML 是统一建模语言(Unified Modeling Language)的简拼,简单地说,UML 是使用面向对象概念进行系统建模的一组表示法。UML 不是编程语言,而是描述、可视化以及构造软件系统制品的一种语言,它主要着眼于系统建模。UML 是面向对象建模领域的主导性的行业标准。在 UML 之前,国际上至少有 10 种不同的方法可用于面向对象分析与设计,这极大地影响了软件行业的开发效率和技术互通,不利于软件工程的学习和 CASE 工具的开发使用。而 UML 的最重要贡献就在于为全世界的 OO 使用者提供了一个非常完善的、表现力强和形式灵活的标准化建模语言。要想彻底了解 UML 表示法的原始资料,可以从 OMG 的万维网站点 www.omg.org 上学习。

UML 起源于 1994 年~1995 年间,当时 Grady Booch、Jim Rumbaugh 和 Ivar Jacobson 三人将各自开创的、且当时比较流行的建模技术——Booch、OMT(Object Modeling Technique)和 OOSE(Object-Oriented Software Engineering)进行了合并,这就是 UML 的雏形;随后到 1997 年,UML 作为国际建模语言和表示法的候选标准被 OMG(Object Management Group,对象管理组,一个行业标准化组织)采纳,并获得了工业界的普遍认同。许多软件开发组织和 CASE(Computer-Aided Software Engineering,计算机辅助软件工程)工具的开发赞助商都采纳了 UML,UML 迅速发展为广大开发人员、专业图书作者以及 CASE 工具商使用的世界标准。

学完结构化分析和设计的同学可能会误解"UML 是否类似于数据流图或模块结构图",其实不然,UML 绝不仅仅指的是一种图,其强大的语言可以从各个角度建模,既能反映系统静态特征,也能描述动态功能和过程,既可以表现抽象也可以深入到具体实现,UML 可以使用户获得对系统的完整理解。

在正式讲解 UML 之前,还要简单介绍 RUP(Rational Unified Process,Rational 统一过程),这是因为"建模方法=建模语言+建模过程",UML 只是一种建模语言,而不是建模方法,软件开发除了需要建模技术和语言之外,还需要一个更高层次,能够指导软件开发人员进行开发活动的开发过程方法学。目前与 UML 匹配的建模过程最佳实践当属 RUP。RUP 由 Rational 公司开发,它是一个通用的过程框架,适合于各种不同的软件系统、应用领域、组织、功能级别和项目规模。RUP 的突出特点包括四方面:采用迭代增量式、以架构为中心、用例驱动的软件开发方法和采用 UML 语言描述软件开发过程为主要特征,其中以用例驱动又是贯穿软件开发始终的方法。迭代增量即将一个项目划分为较小的袖珍项目,每个袖珍项目都是一次能够产生一个增量的迭代过程,每一次迭代增量以向用户提供一个可使用的发布版本为终结。

7.2.2 统一建模语言主要图

作为一种可视化建模语言,UML(UML 2.0 标准)定义了 13 种图(diagram),它们被分成 3 大类:结构图类(Structure Diagrams)、行为图类(Behavior Diagrams)和交互图类(Interaction Diagrams)。结构图类包括 6 种图,主要用于表示应用程序的静态结构;行为图类包括 3 种图,主要用于表示一般行为类型;交互图类包括 4 种图,主要用于表示不同方面的互动。UML2.0 下的 13 种图及其用途说明如表 7-1 所示。

表 7-1　UML 2.0 下的 13 种图及其用途说明

图类	图名	图名(英语)	图 的 用 途
结构图类	类图	Class	系统静态结构
	对象图	Object	系统运行特定时刻下的一组对象及其关系
	构件图	Component	系统中各软件构件以及相互依赖关系
	复合结构图	Composite Structure	系统运行时的各种内在要素相互通信协作 共同实现目标
	包图	Package	系统的分解
	部署图	Deployment	运行环境的软硬件及网络的物理架构
行为图类	用例图	Use Case	说明系统功能与执行者
	活动图	Activity	描述系统为完成某项功能而执行的活动序列
	状态图	State Machine	描述对象可能的状态和发生某些事件时状态的转换, 强调对象行为的事件顺序
交互图类	顺序图	Sequence	对象之间消息发送的时序
	通信图	Communication	收发消息的对象的结构组织
	时序图	Timing	描述对象状态(或某数值)的时间变化特征
	交互概览图	Interaction Overview	从更高层面上以节点方式显示控制流, 每个节点可以包含一个交互图

　　并不是所有的图都经常会被用到,常用的图只有 10 种:用例图、类图、包图、对象图、顺序图、通信图、状态图、活动图、构件图和部署图。下文将依次介绍。

7.2.2.1　用例图

　　用例图(Use Case Diagram)属于行为图类,是 UML 最常用的模型图之一,这和该图自身通俗易懂有很大关系。用例图主要站在外部观察者的角度描述系统的原理,它所要解决的问题是"系统是什么",而不是"系统如何开发"。

　　用例图与系统描述的情境(scenario)密切相关,所谓一个情境就是一个人机交互的场景。如图 7-11 所示,是一个学生在图书馆预定图书的情境:学生告诉接待员感兴趣的图书名或 ISBN,接待员调出借书记录看看该书是否被借出,

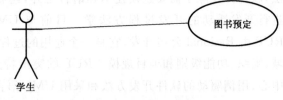

图 7-11　图书预定的用例图

如果已借出,则在图书预定记录上记上预订信息,并告诉学生能够借到图书的时间。

　　用例(Use Case)用于描述情境中一项任务的概况,在 UML 中使用椭圆符号表示。参与者(actor)是系统之外与系统交互的任何事物,它激发了任务涉及的事件,在 UML 中使用小人符号表示。在图 7-11 图书预定的用例图中,图书预定是一个用例,学生是一个参与者,用例和参与者之间的连线表示通信连接(communication association),简称通信(communication)。一个用例图就是一个由若干参与者、用例和通信组成的集合。图 7-12 所示的用例图是图 7-11 用例图的扩展,在图书馆运行用例图中包括了 3 个参与者和 4 个用例,需要注意的是一个用例可以有多个参与者;一个参与者也可以参与多个用例。

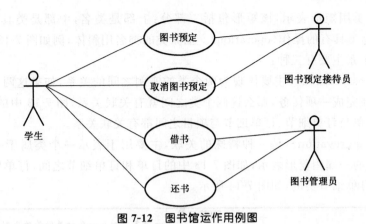

图 7-12　图书馆运作用例图

用例图的用途主要有三方面：一是确定功能和需求。在系统分析和设计阶段，一个新的用例就表示一个新的需求。二是便于被非专业人士理解。这是因为用例图的符号简单明了，开发人员能看懂，一般客户也能够看懂，是双方沟通的好帮手。三是方便生成全面的系统测试案例。用例图上所反映的每一项任务都能够启发生成对应的系统测试案例。

7.2.2.2　类图

类图（Class Diagram）通过显示类及类与类之间的关系给出系统的概况。类图显示了系统的静态特征，它能够显示出类与类之间的关联，但不能显示出关联的互动特征。

以网上购物为例，一位客户在当当网上浏览商品信息（项目），一旦发现感兴趣的商品，他首先要确定该商品购买数量（订单细节），因为买的多的话很可能有税额折扣等优惠（订单细节），然后他将该商品放入购物车（订单）；下面他要重复刚才的购物步骤，直至将所有感兴趣的商品都放入购入车为止；购物结束后进入付款结算环节（支付），网站会根据他的需要提供信用卡、现金汇票、支票等多种付款方式。

图 7-13 所示是对应的类图，该模型的核心类是订单类，该类与客户类和支付类关联（associate），表示客户下订单并进行购买和支付。支付分三种：汇票、支票和信用卡，由此对应三个类。另外，每个订单都包含（contain）若干条订单细节，每条订单细节与一个（商品或服务）项目关联。

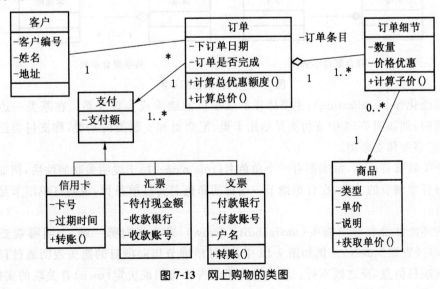

图 7-13　网上购物的类图

149

在类图中,类用矩形表示,该矩形包括三部分:上部是类名,中部是类具有的属性(attribute),下部是类具有的操作(operation)。抽象类的类名用斜体,例如图 7-13 中的支付类。类与类之间的关系主要有三种:

一是关联(association):主要体现为两个类的实例之间的关系,如果这两个类的实例必须相互协作才能完成一项任务,那么这两个类之间就有关联关系,图 7-13 中的客户与订单、订单与支付、订单与订单细节、订单细节与项目之间都有关联关系。

二是聚合(aggregation):是一种特殊的关联,主要用于表示一个类属于一个集合的关系,其中在集合的一端用菱形表示,如图 7-13 中的订单和订单细节之间,订单中的每一个条目就对应一个订单细节实例,如图 7-14 所示。

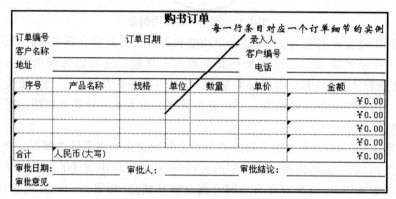

图 7-14　订单直观图

在上文"关系"中已讲到聚合,聚合主要用于界定类之间的关系,这里再对聚合的两种类型加深一下认识:一种是共享聚合(shared aggregation),描述具有共享特性的整体-部分的关系,其含义是部分可能同时属于多个整体对象;一种是复合聚合(composition aggregation),描述具有很强归属性的整体-部分关系,部分只能是一个组合对象的成员,而且部分对象的存在依赖于整体对象,随着整体的创建而创建,随着整体的消亡而消亡,如图 7-15 所示。

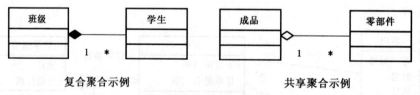

图 7-15　两种聚合的示例

三是泛化(generalization):主要体现类或接口的继承或实现关系。在基类一边由一个三角形指向,例如图 7-13 中支付类是信用卡类、汇票类和支票类的基类,称支付类泛化了信用卡类、汇票类和支票类。

每个关联都有两端,每端都有一个角色名(role name)用于说明关联的性质,例如图 7-13 中订单与订单细节的关联,在订单细节一端标明角色名为订单条目,说明订单细节是订单的组成条目。

关联还能够带有导向箭头(navigability arrow),箭头指向哪一端,表明哪端要被遍历(traverse)或查询(query)。例如图 7-13 中,由订单细节指向项目的箭头表明通过订单细节可以查询项目信息,反之则不行。导向箭头还能告诉我们谁决定(own)着关联的实施,例如由订单细节指向项目的箭头还表明一个订单细节上有一个项目;由订单指向支付的箭头表明订单上要带有支付信息,如图 7-13 和图 7-14 所示。如果关联不带导向箭头,则表明关联是双向导向的。例如图 7-13 中,客户必须要有订单,订单上也必须要有客户信息,所以客户和订单之间是双向导向的关联。

关联的每一端还要带有多重值(multiplicity),表示关联一端的实例对应另一端实例的可能数量。多重值可以是一个数值或者一个数值范围。例如图 7-13 中,一个订单只能对应一个客户,而一个客户却可以下多个订单,则在客户一端的多重值取 1,在订单一端的多重值取 *。常用多重值的释义如表 7-2 所示。

表 7-2 常用多重值释义

多重值	释 义
0..1	0 个或 1 个实例,语法 n..m 表示 n 个到 m 个实例
0..* or *	实例的数量没有限制(包括 0 个)
1	有且仅有一个实例
1..*	至少一个实例

最后要说明的是,类图中必须有类、关联和多重值;导向箭头和角色名则是可选内容,主要用于进一步明确类图的释义。

7.2.2.3 包图

从上面的类图不难看出,系统规模越大,系统含有的类的数量越多。要通过一个类图把一个系统完全囊括,那么这幅图将会是非常复杂的。为了简化类图,可以使用包图(Package Diagram)把类进行分组,这类似于数据流图的分层概念。一个包是一个逻辑上相关的 UML 元素的集合。

图 7-16 所示的考试系统模型把类打包了。包的形状是顶部带有一个凸起的矩形,像公文包一样。包的名字即可以写在矩形中,也可以写在顶部凸起中,包与包之间的虚线箭头表示依赖(dependency)关系,例如图 7-16 中学籍库中的学生成绩依赖于试卷的评分,试卷分数做了修改会连带影响到学籍库中的学生成绩信息,因此画一条由学籍库指向评分的依赖。

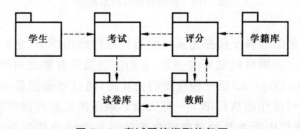

图 7-16 考试系统模型的包图

类似于数据流图的顶层图,包图也是面向对象系统静态分析的顶层图,而在每一个包里面可以再细化子一层的包图或类图等。

7.2.2.4 对象图

对象是类的实例,事实上绝大部分面向对象系统真正运行的都是对象,而不是类,因此仅有类图还不够,对象图(Object Diagram)是专门用于显示对象静态特征的图。对象图对描述琐碎复杂的对象交互关系,尤其是递归关系特别有效。图 7-17 是一个简化递归调用对象图,一个高层的零件可能是由其他低层零件组装而成的,因此零件对象对自身有递归调用关系。

　　对象图上的对象也由矩形表示,该矩形分两部分:上部是对象的名字和对象对应的类的名字,格式为"对象名:类名"(如图 7-18 所示),图 7-17 中的对象名省略了,这是因为按照 UML 规范,只要能够表达清楚意思,对象名和类名可以省略其一,但要注意类名之前必须加":",其他 UML 图均依照该原则表示对象;下部是对象的属性信息,包括属性名、属性数据类型和属性值,格式为"属性名:属性数据类型＝属性值"(图 7-18 示),这一部分也可以做相应的省略化。图 7-18 是图 7-17 的更具体例子,显示了显像管的构成,要注意的是这些对象全部都是同一个类(零件类)的实例。

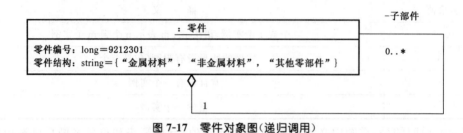

图 7-17　零件对象图(递归调用)

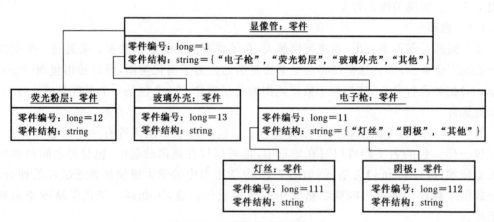

图 7-18　显像管构成的对象图

7.2.2.5　顺序图

　　类图、包图和对象图都属于仅描述系统静态特征的结构图类,它们无法反映系统运行状态时的特征,交互图类则可以做到这一点,它们主要描述对象之间的交互关系。顺序图(或序列图)(Sequence Diagram)是一种重要的交互图,通过该图能够弄明白消息的传递目标和时序,进而能够对操作的执行细节一览无余。顺序图按照时间组织,依时间进度逐渐向页面下方扩展。操作中所涉及的对象序列按接收或处理消息的先后顺序,从左到右依次排开。

　　如图 7-19 所示,是"遥控打开汽车"事件的顺序图。整条消息链从司机起始,首先司机向遥控钥匙发送按遥控按钮的消息,同时传递一个判断信号(flag);随后遥控按钮向汽车发送遥控指令的消息,同时传递判断信号;汽车接收消息后,判断信号表示汽车是否上锁(locked),如果当前汽车是上锁的,则给汽车解锁并启动汽车;而后汽车返回给司机的消息依次是车灯亮和喇叭响。

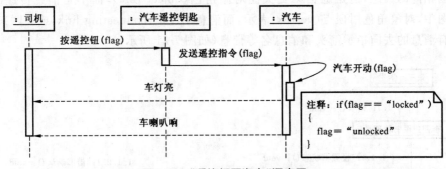

图 7-19 "遥控打开汽车"顺序图

在顺序图中,每一条垂直的虚线代表一条生命线,表示对象可以存活的时间;每一条带箭头的横线代表一个消息调用;在对象生命线上的每一个矩形长条代表一条消息的往返持续期,处于该期间的对象称为激活(activation)。不难看出,正是由于消息调用,对象才被激活;消息调用结束,对象也停止激活。

图 7-19 中,汽车的消息调用比较特别,它是对自身的调用,其意义是:汽车自行判断是否开锁,如果没有开锁,则解锁,然后回复给司机启动信号。再注意到,由汽车发给司机的消息用虚线箭头表示,这表示是返回消息,如果返回消息简单容易想到,可以被省略。还要注意到,在汽车开动消息的下方折起一角的长方形代表 UML 注释,在其中有一段小程序说明 flag 如何因汽车开动而变化的,UML 注释可以被放在任何一种 UML 图中。

图 7-20 显示的是"学生借书"事件的顺序图:学生将预借的书交给图书管理员,图书管理员要设置所有被借书状态。下面要有一个迭代循环事件,即图书管理员要将借书细节的每本书的借阅状态依次更新:如果是总馆的书,书的状态为可借,于是确认图书借出;如果是阅览室的书,书的状态为不可借,于是拒绝图书借出。该消息链的返回消息就是交给学生能借出的图书,比较容易想到,所以被省略了。需要注意的是,顺序图对迭代(iteration)事件的表示方法"*[对每一本书]",迭代通过消息名之前标星号"*"表示,迭代的次数则由星号后面方括号中的数字或文字描述确定。消息中传递的变量值用中括号包起来,例如"[书可借]"中的变量值由借书细节的递归迭代消息赋予,它是逻辑型变量(bool),当其为 true(即书可借)的时候,则消息会传递给借阅类的对象。

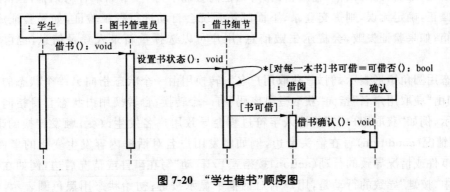

图 7-20 "学生借书"顺序图

7.2.2.6 通信图

在 UML 2.0 标准之前,通信图(Communication Diagram)叫做协作图(collaboration diagram),2.0 标准以后,统一改名为通信图。通信图也是一种常用的交互图,它也能够传达和顺序图相同的信息,但是通信图更关注对象角色(object role),而不是消息传递的时序。在通信图中,对象角色用顶点(vertex)表示,而消息用连接(connecting link,或关联)表示,关联上带有消息的去向指示箭头和消息名等信息(如图 7-21 所示)。

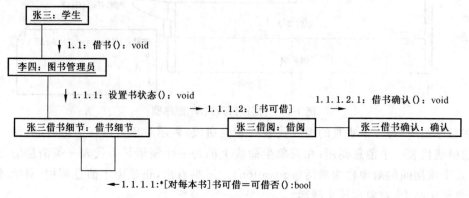

图 7-21 "学生借书"通信图

如图 7-21 所示,是"学生借书"的通信图,对象角色的表示方式与对象相同,也是通过矩形表示;通信图上的每一条消息都要被赋予一个序列号,顶级的顺序号是 1,同级别(发送在同一调用过程中)的消息具有相同的十进制数前缀,然后根据其发生的次序,依次标注 1、2、3等后缀。顺序号为 1.1.1.1 的关联是自关联,迭代的语句表示方式与顺序图一致。张三是学生类的实例,李四是图书管理员的实例,依次类推,可见图 7-21 的通信图其实表达了和图 7-20 的顺序图等量的信息。

7.2.2.7 状态图

状态图(State Machine Diagram)又被译为状态机图。在 UML 2.0 标准之前,状态图的英文原拼是 State Chart Diagram,2.0 标准以后,统一拼为 State Machine Diagram。状态图属于行为图类,对象都有行为和状态,对象的状态取决于它当前的活动或情况。状态图能够显示出对象的状态(state)以及可能造成状态变化的转换(transition)。

图 7-22 所示是"登录邮箱"的状态图。设想登录 126 邮箱的场景:在登录界面下,用户首先将光标移到用户名对话框,输入用户名,对话框内会显示输入的字符;其次按 Tab 键或鼠标移动光标到密码对话框,输入密码,对话框内会显示为"＊";如果各对话框内容录错了,可以再修正,确定无误,则提交登录;下面邮箱系统会自动进行登录验证,如果验证成功,则进入邮箱;如果验证失败,会提示失败信息;用户可以选择重新录入登录信息,也可以取消登录。

状态用圆角矩形表示,例如"获取用户名";转换用由一个状态指向另一个状态的箭头表示,例如由"获取用户名"指向"获取登录密码"有一个转换;自转换用由状态自身指向自身的箭头表示,例如"获取用户名"的输入字符过程会导致用户名发生改变;触发转换的事件(event)或情况(condition)写在箭头旁边,例如触发用户名对话框内容发生变化的事件是"按键";由事件或情况导致的行动(action)按格式"/行动"写在事件或情况后边,例如在用户名对话框中"按键"导致的行动是,用户名对话框中显示按键;初始状态用黑色圆表示,它其实是一个虚拟的行动,表示启动状态转换;终止状态用中心涂黑的圆环表示,它也是一个虚拟行动,表示终止状态转换,登录邮箱有两种结果:"登录成功"或"登录失败",对应终止状态有两个。

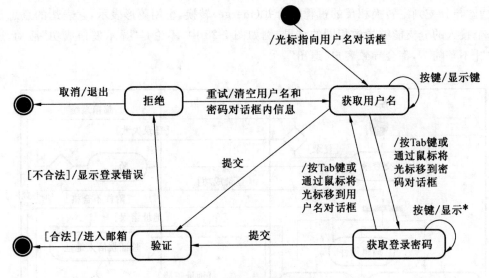

图 7-22 "登录邮箱"状态图

7.2.2.8 活动图

活动图（Activity Diagram）其本质上是一种流程图，它也属于行为图类，且和状态图有重要关系。状态图关注的是流程下的对象状态变化，也有可能是一个流程对应一个对象；而活动图关注的是单一流程下的活动流（flow of activities），即在一个流程下的多个活动之间的相互依赖关系。

图 7-23 所示活动图，描述了"通过电子邮箱发邮件"的一系列活动：客户登录邮箱，如果验证失败，则返回登录界面或者退出；如果验证成功，则可以进行下一步写邮件。写邮件主要包括编辑标题、收信人、发信方式、附件和正文等，其中对标题、发信方式和正文的录入没有限制，对收信人的录入要求必须是正确的邮箱地址，对附件的编辑要求附件必须在一定的大小限制之内，一切编辑无误，则可以进行下一步发邮件。发送邮件成功会在邮箱界面上显示信息，至此发邮件流程结束。

图 7-23 活动图涉及三个类的相关对象活动：客户、客户接口（前台）和邮箱系统（后台）。与状态图一样，整个流程的起始用黑色圆表示；而终止用中心涂黑的圆环表示；与状态图不同的是，活动图中的椭圆表示活动（activity），例如"提交登录"。

在图 7-23 中，三个类的对象各负责若干项活动，由此将所有的活动分成三列，每列叫一个泳道（swimlane），例如客户接口泳道决定的活动是"显示发信成功"。

由一项活动指向另一项活动的箭头表示转换（transition），例如由用户提交登录信息到系统验证是一个转换。转换不局限于一对一形式，也可以是一对多或多对一形式。

从一到多的并行转换叫做分叉并行（fork）转换，用黑色横条表示，例如图 7-23 所示客户待系统验证成功登录后，将写邮件活动分成"编辑方式、标题、正文"、"编辑附件"和"编辑收信人"三项活动并行进行。与分叉并行转换相反的过程是连接并行（join）转换，也用黑色横条表示，它将多个并行进行的转换合而为一，例如"编辑方式、标题、正文"、"编辑附件"和"编辑收信人"全部无误并完成后，发邮件将三项活动合而为一，并从客户接口"显示发信成功"。

从一到多的条件转换叫做分支判定（branch）转换，用菱形表示，例如邮件系统验证客户登录信息后会出现两个互斥转换（exclusive transition）：登录成功的转换或登录失败的转换,决定转换结果的临界表达式(guard expression)用中括号包起来,如[登录成功]和[登录失败]。与分支判定转换相反的过程是合并(merge)转换,也用菱形表示,它表达的意思是任何一个接入的分支能够导致相同的结果,例如图 7-23 中,不论是"显示发信成功"活动,还是客户"[不登陆]",都会导致客户"退出"。

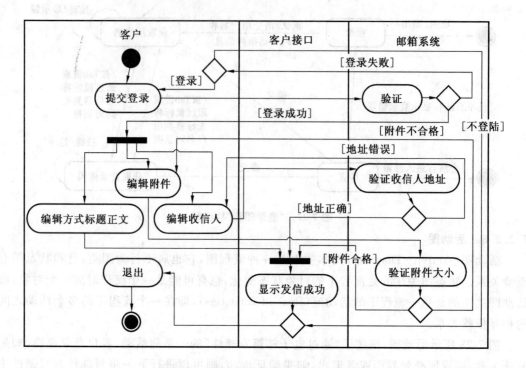

图 7-23　"通过电子邮箱发邮件"的活动图

7.2.2.9　构件图

构件图(Component Diagram)也称组件图,该图将系统划分为若干个提供特定服务的物理部分,即构件。一个构件(component)就相当于一个软件代码的物理模块,它可以是源代码文件、二进制代码文件、可执行文件和动态链接库等。构件图旨在从一个较高的层次上粗粒度的显示系统中的软件与其他软件构件的依赖关系,而每个构件的内部结构和逻辑则可以使用用例图或类图进行更为详细的说明。

构件分成三类:实施构件——构成一个可执行系统必要和充分的构件,如动态链接库(dll)和可执行文件(exe)等。工作产品构件——主要是开发过程的产物,如源代码文件及数据文件。执行构件——作为一个正在执行的系统的结果而被创建的,例如由 dll 实例化形成的对象。

图 7-24 显示一个简单的构件图例子,我们常用的 windows 平台上的记事本程序(note-pad)依赖许多的 windows 系统动态链接库,如 kernel32.dll 和 GDI32.dll 等。通过构件图可以描述清楚它们之间的关系。虚线箭头表示依赖关系,说明记事本构件的正常运行依赖于 kernel32.dll 构件和 GDI32.dll 构件。

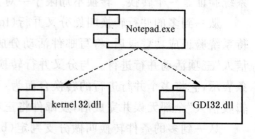

图 7-24　记事本程序的构件图

7.2.2.10 部署图

软件开发的部署阶段，要将硬件和软件交付给最终用户，并提供手册和培训材料。这可能是一个复杂的过程，涉及从旧工作方式到新工作方式的、有计划的渐进转变[1]。顾名思义，部署图（deployment diagram）主要用于显示系统的软硬件配置结构，即描述计算机，展示它们之间的连接，以及驻留在每台机器中的软件。每台计算机用一个立方体来表示，立方体之间的连接表示这些计算机之间的通信关系。部署图与构件图关系密切，构件图的所有符号在部署图中都能找到，另外部署图还增加了一些图形符号，因此可以说部署图是构件图的符号超集。

部署图中一个非常重要的符号（概念）是节点（用三维立方体表示，其名称位于立方体顶部），一个节点可以代表一个物理主机，也可以代表一个虚拟主机。当将部署图与整个系统集成到一起后，系统即由若干节点组成，节点之间的连线则代表两两主机之间的关联；而在节点内部，还可以表示部署在每个节点上的工件。由此我们能看清系统完整的物理结构图。

图 7-25 所示部署图显示了 A 公司的信息系统架构：客户通过浏览器获取 A 公司的相关服务（访问公司网页、使用邮箱、开展公司业务），首先 A 公司装有防火墙软件的服务器 1 要检查客户的安全性，安全的客户可获取服务器 2 上的服务，各项服务的支持数据信息来自服务器 3 上的数据库。客户登录邮箱还会获取到天气预报信息，这是由于 A 公司的邮件服务器从国家气象局的对应服务器上获得了气象服务。正方体代表节点，每个节点都有名字，名字带下划线的节点称为节点实例（如客户）。构件和依赖的符号与构件图的一致（对比图 7-22 和图 7-25）。引出一条线的小圆圈代表接口（如气象服务）。

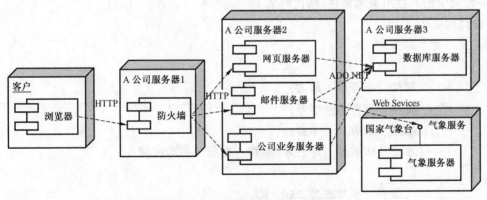

图 7-25 A 公司信息系统架构部署图

7.2.3 统一建模语言设计类

UML 适用于系统开发过程中从需求分析到实施、测试和更新的各个阶段，需求分析阶段，用户模型视图（用例）用来描述用户需求；分析和设计阶段，静态结构视图和行为模型视图用来描述系统的静态结构和动态行为；实现阶段，UML 各类模型可自动转换为基于面向对象语言的代码；测试阶段，UML 模型亦可作为软件测试的依据。为了彻底掌握上述 UML 各图的使用原理，还需要进一步明确下述面向对象设计概念。

7.2.3.1 包和命名空间

类是构成面向对象系统的基本组成，但是对于拥有上百个类的大型系统而言，还需要更

---

[1] Mike O' Docherty, Object-Oriented Analysis & Design Understanding System Development with UML 2.0, John Wilev & Sons, lnc, 2005.

高一层组织方式对类进行更有条理的管理——包(package)。类似于文件夹管理文件,包可以对类进行逻辑分组,包是类的容器和物主。每个包都有唯一的命名。

包与命名空间(namespace)是对等的两个概念(一般,在 Java 里被称为包,而在.Net 里被称为命名空间)。包的真正意义在于创建了一个边界,在边界内所有元素的名称唯一,如果一个包里的元素(类及其方法和属性)要引用另一个包里的元素,则必须说明引用的元素名称和通过包导航到该元素的路径。例如图 7-26 要访问类"狮子",则要通过路径:

动物园::哺乳动物区::猫科动物科

其中动物园、哺乳动物区和猫科动物科三个包构成了一个三层的嵌套包。

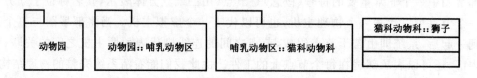

图 7-26　包的嵌套结构

7.2.3.2　类的属性和方法

类(class)是封装数据的基本单位,是一组具有相同数据结构和相同操作的对象的集合,用来定义对象可执行的操作(如方法(method)、属性(attribute)等)。前文已经对面向对象(7.1)有非常全面的介绍,而类与对象的关系就好比模版与个例(或称实例)的关系,例如有10 位同学,分别叫 XM1、XM2、…、XM10,每位同学除了有姓名之外,还有学号和年龄,于是将 10 位同学的共性用类来描述(伪代码 7.1):

伪代码 7.1:

```
类　同学


    属性　字符串　姓名;
    属性　字符串　学号;
    属性　数值　年龄;
    方法　布尔值　评三好(参数　数值　平均成绩)
    {
        如果　平均成绩≥90　则
            返回值　是;
        否则
            返回值　否;
    }
        方法　输出姓名()
        {
            从界面上输出　姓名;
        }
    }
```

一名具体的同学,就是一个同学类的实例(或者叫对象),以定义名叫 XM1 的具体同学为例(伪代码 7.2):

伪代码 7.2：

  同学　XM1

  {

    姓名＝"XM1"；

    学号＝"20100123"；

    年龄＝19；

    评三好(91)；

    输出姓名()；

  }

  参考上面的程序，学生类的成员"姓名"、"学号"、"年龄"是属性，成员"评三好"、"输出姓名"是方法。二者的区别在于属性是一个值，是一个定义在类里，但不属于任何方法的变量，属性描述对象的特征，属性赋值不带括号；方法是一个函数、公式，它可以有传入的参数(如"评三好"的参数"平均成绩")，也可以没传入参数(如"输出姓名")，方法描述了对象的行为，方法调用需后跟括号。请同学们读伪代码 2，确定"评三好"和"输出姓名"两个方法的执行结果。

7.2.3.3　接口和类

  接口(interface)与类(class)，从广义层面上，二者是一回事，接口是一种特别的类；而从狭义层面上，二者是不一样的，类是对某类事物的抽象，而接口则是对某类行为或功能的抽象。接口也可以理解为契约，神话魔幻中有很多和魔鬼定下契约来使自己的力量得到提升的故事，接口的契约大同小异：你想要什么力量必须定下对应的契约，而且立了契约就必须履行。

伪代码 7.3：

  接口　飞行能力

  {

   方法　字符串　起降()；

   方法　千米/时　飞行(参数　米　飞行高度)；

  }

  可以对照接口和类的声明，有明显的区别：接口中的方法只有方法名，没有方法体；而类中的方法则要方法名和方法体完整。下面是客机类的正确代码定义(伪代码 7.4)，客机类完整实现了飞行能力接口。

伪代码 7.4：

  类　客机　实现　飞行能力

  {

    属性　字符串　客机编号；

    方法　字符串　起降()

    {

      返回值　"通过跑道起降"；

    }

    方法　千米/时　飞行(参数　米　飞行高度)

    {

> 如果　飞行高度＞10 000　则
>
> 　　返回值　1 000；
>
> 否则　如果　（飞行高度≤10 000　并且　飞行高度＞5 000）　则
>
> 　　返回值　900；
>
> 否则
>
> 　　返回值　800；
>
> }
>
> }

下面是关于直升机类的错误代码定义（伪代码 7.5），错误在于直升机类只实现了飞行能力的飞行方法，而没有实现飞行能力的起降方法。

伪代码 7.5：

> 类　直升机　实现　飞行能力
>
> {
>
> 属性　数值　载客数量；
>
> 属性　数值　桨数；
>
> 方法　千米/时　飞行（参数　米　飞行高度）
>
> {
>
> 　　如果　飞行高度＞10 000　则
>
> 　　　　返回值　500；
>
> 　　否则　如果　（飞行高度≤10 000　并且　飞行高度＞5 000）　则
>
> 　　　　返回值　400；
>
> 　　否则
>
> 　　　　返回值　300；
>
> 　　}
>
> }

7.2.3.4　界面原型

界面，专业称作用户接口（User Interface，UI），从广义上，指实现人机交互的所有因素；从狭义上，指我们所看到电脑屏幕上的图像效果。这里，大家可以想想 Visual Basic 6.0 的学习经历，首先是设计表单，添加控件，设置属性；然后才是编写控件的响应事件代码。其实不只是这个开发平台，Visual Studio. Net、Java 开发平台如 JBuilder、网站开发平台如 Dreamwaver 等都是按照先做界面、再编代码的模式进行软件开发的。

可见，在面向对象的开发平台上，进行界面设计是非常重要的工作，我们常戏称这种方法为界面驱动型开发，因为在开发前（确切说是程序编码前）大部分工作是处理界面、交互，并且制作出高保真的界面原型。

所谓界面的原型，是指软件界面设计人员根据对用户需求的充分认识，落实成一组由菜单、工具栏等紧密相关、功能齐全的屏幕界面。

界面原型能够对程序编码给予指导，例如用 VB 设计好的程序界面上有一个按钮，其 caption 属性为"打开"，那么编写代码人员一般就会想到要编写该按钮的 Click 事件，并在事件代码中实现打开文件的操作。

界面原型和完整的软件不是一回事，这就类似于房产规划建筑师搭的描述房屋结构的泡沫塑料模型和真正的房屋的区别。界面原型、事件代码、后台程序、相关的公共运行库和动态链接库(DLL)等的全部打包,再进行软件项目的编译或解释,最后才成为了软件。

以图 7-2 为蓝本,制作 UML 用例图,即界面原型,如图 7-27 所示。

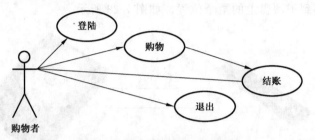

图 7-27　基于用例图的界面原型

参照图 7-27 的界面原型,其淘宝网的具体实现如图 7-28 所示,该门户上对登录、购物、结账的用例实现一目了然,对退出用例的实现更简单——关闭浏览器。通过这个例子可见从界面原型到屏幕界面还是有很大跨度的,其中的转换需要 UI 设计师、美工、框架设计师等多种专业人才的参与完成。

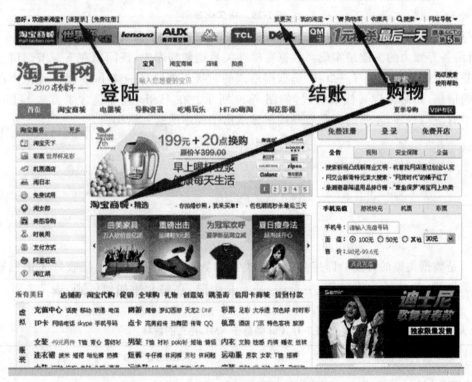

图 7-28　淘宝网门户网站对图 7-2 所示界面原型的实现

7.3　对象持久化

7.3.1　持久化概念

所谓持久化(Persistence)就是把暂存数据(主要是指内存中的数据)保存到可永久保存的存储设备中(如磁盘、光盘等)。例如,当打开 Word 文档并开始时,会发现在同一目录下莫名其妙地出现一些名字以"~"打头,扩展名为.tmp 的隐藏文件;而当保存好文档并关闭后,这些隐藏文件就消失了。这其中的原因在于,正在编辑的 Word 文档是放在内存里面的,可以随时更新、随时修改,而那些隐藏文件存放着更新和修改的临时数据;当关闭文档时,编辑者应该想到文档将来还会被用到,并且应该存有最后修改的状态,也就是要使文档的数据持久化,那么内存中的文档兼带修改的临时数据都归并为一个处于最终状态的文档,然后该文档被转移到了硬盘上的某个位置。如图 7-29 所示。

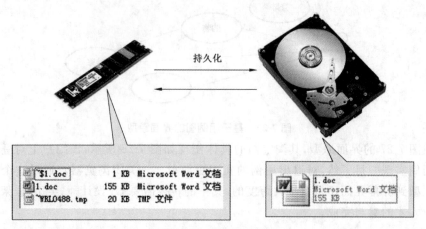

图 7-29　持久化举例

　　持久化的主要应用是将内存中的数据存储在磁盘文件、XML 数据文件、数据库中,等等,目前各界致力的关键是实现将数据存储在关系型数据库中,该问题在下一节细讲。持久化面临的关键难题至少有三个:一是数据格式的对接。例如将一段 Java 程序转化为在网上发布的信息,如何保持其框架格式,如图 7-30 所示。在 Hello 类里包含了方法 hello,hello方法中有三行程序,左侧的折叠展开按钮显示出了程序的这一结构。

```
□ public   class  Hello {
□ public  String hello(String name) {
    if (name == null )
    name = "";
    return  "你好 " + name + ",欢迎来到Web服务的世界! ";
  }
}
```

```
□ public    class  Hello {
□ public  String hello(String name) ⋯
  }
```

图 7-30　在网上发布的一段保持框架结构的程序

　　二是数据类型的对接。即持久化不同类型的数据时,怎样才能让接收持久化数据的存储介质知道,例如持久化整数、字符串,甚至是类时,存储介质如何区别,表 7-3 所示基于XML 格式定义文件的解决方案:

表 7-3　Cat 类基于 XML 格式的解释

C# 或 Java 程序	XML 定义文件
public class Cat {	<class name="Cat">
private String id;	<property name="id" type="String" />
private String name;	<property name="name" type="String" />
private char sex;	<property name="sex" type="char" />
private float weight;	<property name="weight" type="float" />
	</class>

　　三是效率、简单性和兼容性的矛盾。要提高数据持久化的处理效率,例如将 500 M 的数据存到永久介质如硬盘上,过去需要 10 min,现在只需要 2 min,即持久化的效率提升了

5 倍。不考虑 CPU 等硬件处理速度提升的因素,其实现的途径另有三个:一是基于更底层(往往也是更复杂的)的开发技术,例如用 C 语言而不是 VB 开发持久化程序,C 比 VB 执行速度快得多,但从应用程序的开发效率看,VB 比 C 快得多。二是基于单一的解决方案,例如将 500 M 的 VOD 格式电影原封不动的拷到硬盘上只需要 2 min,而如果为了播放兼容性要将其一边转化为 AVI 格式一边拷硬盘上,就需要 120 min 了。三是并发处理,从网上把500 M 的电影下载下来,可以使用下载工具如迅雷(多线程下载),也可以按右键另存(单线程下载或裸下载)。有经验的都明白,绝大多数情况下,迅雷要比裸下载快的多,这可以理解为六车道的大路和独木桥的区别。综上,要提高持久化的效率,往往要以牺牲简单性和兼容性为代价,如何在效率和简单性、兼容性之间找到一个微妙的平衡正是持久化工具致力于解决的,例如 Hibernate、Gentle. NET 等,将在下一节讲到。

7.3.2 对象关系映射

对象关系映射(Object / Relational Mapper,ORM)顾名思义,就是将面向对象技术的对象和关系型数据库中的关系(二维表)进行相互转换的技术,使用 ORM 还暗含一个前提,即必须同时使用面向对象和关系型数据库进行开发。基于面向对象技术的软件在运行时不能持久保存数据,而如果将数据存到数据库中则可以实现持久化,因此 ORM 也是持久化问题。ORM 在有关基于后台数据库的软件项目开发上太常见了,因此成为了业界热点技术。

ORM 的最大好处是将软件的表现层和数据处理层分离,表现层即软件界面设计及直接相关的代码设计,数据处理层即与数据库操作直接相关的代码设计。学过 .net(或 Java)的同学都会有这样的经验,通过 ADO. net(Java 平台上的叫 JDBC)可以直接在界面按钮的单击事件(Click)里添加操作数据库的语句,如代码 7.1 所示。请注意这段程序只适用于指定的数据库 MS SQL Server 和 MySQL(一种广为流行的开源数据库,可以从其官方网站www. mysql. com 上下载安装文件和 ADO. net 驱动),而且尽管是对这两种数据库执行完全相同的操作,即获取 StudentDb 数据库中的 student 表的行数,但却要写两遍类似的程序(如 SqlConnection 和 MySqlConnection、SqlCommand 和 MySqlCommand 等很像),可想而知若换成其他数据库,那么对应的 ADO. net 语法还需要进一步地修改。另外代码 7.1 中没有关于数据库并发处理的语句,即该程序只适用于单用户操作。总之,代码 7.1 的主要问题是将界面编程和数据库处理程序混编一起,具有典型的模块高耦合性特征,在现代编程理念中应该力求避免。

代码 7.1 C#传统数据库操作程序

```
using System;
using System. Windows. Forms;
using System. Data. SqlClient;        //为使用 Ms Sql Server,必需的命名空间
using MySql. Data. MySqlClient;       //为使用 MySql,必需的命名空间
namespace dbtesttradition
{
    public partial class Form1 : Form
    {
        private void btn_Student 表有多少行_Click(object sender, EventArgs e)
        {   //本程序用于获取 studentdb 数据库中的 student 表的行数
            //以下程序是对 Ms Sql Server 的操作
```

```
SqlConnection sqlcon= new
    SqlConnection("server=localhost;database=studentdb;uid=
    sa;pwd=sa");
SqlCommand sqlcom = new
    SqlCommand("select count( * ) from student", sqlcon);
sqlcon. Open();
int sqlco = Convert. ToInt32(sqlcom. ExecuteScalar());
sqlcon. Close();
//以下程序是对 MySql 的操作
MySqlConnection mysqlcon = new
    MySqlConnection("server=localhost;database=studentdb;uid
    =root;pwd=root");
MySqlCommand mysqlcom = new
    MySqlCommand("select count( * ) from student", mysqlcon);
mysqlcon. Open();
int mysqlco = Convert. ToInt32(mysqlcom. ExecuteScalar());
mysqlcon. Close();
//将 student 表的行数用消息框显示出来
MessageBox. Show("MsSqlServer:" +sqlco +" MySql:" +mysqlco);
        }
      }
    }
```

对于代码 7.1 的问题，可以采用 ORM 工具将表现层和数据处理层剥离，这里以 Gentle. NET(一种面向. Net 的开源 ORM 持久化工具，对持久化功能封装的很好，操作简单，具有帮助文档，下载地址为 http://sourceforge. net/projects/gopf/)的解决方案为例。首先了解一下 ORM 持久化工具(或持久化框架、持久层)的思路，如图 7-31 所示。

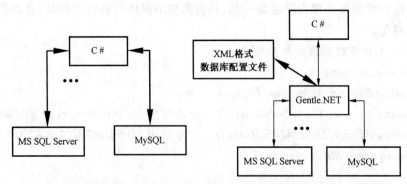

图 7-31　传统数据库应用(左)与基于 ORM 工具的数据库应用(右)的区别

图上的粗箭头代表需要编写程序，不难看出在使用 ORM 工具之前，基于任何一种数据库的应用都要重新编写程序；而使用了 Gentle. NET 等 ORM 工具之后，基于任何一种数据的应用只需要修改一下 XML 格式的数据库配置文件即可，而不用对编写好的程序做任何修改。ORM 工具好像是在显示层和数据应用层之间加的一层过渡，业界称作持久层(Persistence Layer)。下面通过 Gentle. NET 的具体示例来说明 ORM 的原理。

第一步,通过 MyGeneration(一款开源的代码自动生产工具,下载地址为 www. mygenerationsoftware. com)生成 Student 表的映射类,通常称为 POJO 类(Plain Ordinary Java Objects,即简单的 Java 对象),这里的 POJO 类虽然不是用 Java 而是 C# 写的,但是由于该技术最早产生于 Java 平台,所以 POJO 类泛指由数据表映射的类。图 7-32 所示是 student 表的内容,代码 7.2 则是对应该表的 POJO 类的主要代码。可见,一个表对应一个类,表上的每一个列对应类中的每一个字段,而对表数据的存取操作则通过类的属性的读写操作实现。将生成的 POJO 类添加到. net 项目中去。

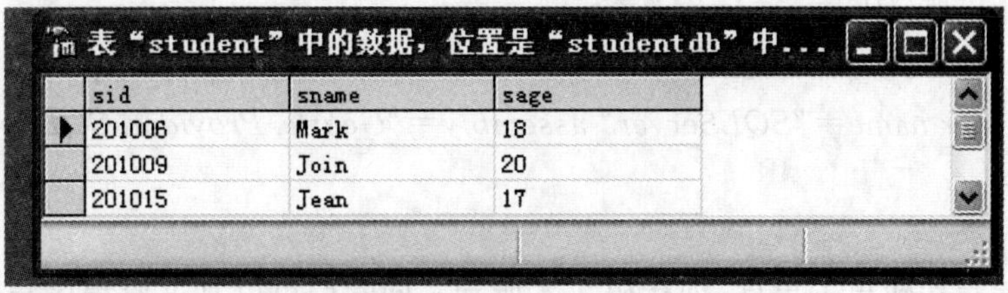

sid	sname	sage
201006	Mark	18
201009	Join	20
201015	Jean	17

图 7-32 studentdb 数据库的 student 表结构

代码 7.2 Student 表对应的 POJO 类主要代码

```
namespace SqlServer. studentdb. gentle
{
    public class Student {
    private string sid;
    private string sname;
    private int sage;
    public string Sid
    {
        get { return sid. TrimEnd(); }
        set { sid = value; }
    }
    public string Sname
    {
        get { return sname; }
        set { sname = value; }
    }
    public int Sage
    {
        get { return sage; }
        set { sage = value; }
    }
   }
}
```

第二步,在. net 项目中添加使用 Gentle. NET 的动态链接库文件,如 Gentle. Common.

dll、Gentle. Framework. dll 等通用库；封装各类数据库操作的动态链接库文件，如操纵 MySQL 的 Gentle. Provider. MySQL. dll、操作 SQL Server 的 Gentle. Provider. SQLServer. dll 等；以及 XML 格式的配置文件 App. Config。这些文件都可以在 Gentle. NET 的程序包里找到。App. Config 的部分代码如 7.3 所示，这些代码是现成的，用户只要去掉注释即可。

代码 7.3　App. Config 中配置 MS SQL Server 数据库的部分 XML 代码

```
...
<DefaultProvider name="SQLServer"
            connectionString="Server=localhost;Database=studentdb;User ID=
            sa;Password=sa" />
<Providers>
      <Provider name="SQLServer" assembly="Gentle. Provider. SQLServer" />
</Providers>
...
```

第三步，编写按钮单击事件，如代码 7.4 所示。同学们可以拿这段程序与代码 7.1 相比较，然后再思考一下 ORM 技术的优点。

代码 7.4　C#基于 Gentle. NET 的数据库操作程序

```
using System;
using System. Collections. Generic;
using System. Windows. Forms;
using Gentle. Framework;              //应用 Gentle. NET 框架
using SqlServer. studentdb. gentle;   //引用 student 表对应的 POJO 类
namespace dbtestgentle
 {
   public partial class Form1 : Form
   {
     private void btn_Student 表的行数_Click(object sender, EventArgs e)
     {
       IList<Student> s = Broker. RetrieveList<Student>();
       // Broker. RetrieveList()是 Gentle. NET 的自带方法，用于获得表中所
       有的行
       MessageBox. Show("Student 表的行数"+s. Count. ToString());
     }
   }
 }
```

下面可以调试了，如果我们要改成对 MySQL 中同名数据库 Studentdb 内的同名同结构的表 Student 的操作，只需要修改上面第二步中提到的 App. Config 文件，将有关 MySQL 的访问注释去掉即可，如代码 7.5 所示。同学们可以自行上机实验，不再赘述。

代码 7.5　App. Config 中配置 MySQL 数据库的部分 XML 代码

```
...
<DefaultProvider name="MySQL"
```

connectionString = " Server = localhost; Database = studentdb; User ID = root;Password=root" />

<Providers>

    <Provider name= "MySQL" assembly= "Gentle. Provider. MySQL. dll" />

</Providers>

...

除了 Gentle. NET 之外,还有很多的 ORM 框架,例如 hibernate、EJB、JDO 等,这些工具的实现技术是不同的,但本质目的一样,即将原本只用两层的应用程序(表现层和数据操作层)变成了三层或更多层的应用程序(表现层、持久层和数据操作层等,如图 7-31 所示)。采用多层架构会使面向对象的系统模块间低耦合,系统整体更具柔性,代码编写更加规范。对于小型软件而言,这看似小题大做,但对于大型信息系统如 ERP、CRM 等而言,基于 ORM 的多层架构则是必需的。设置 ORM 的核心不在 C♯、Java 等程序代码,而是 XML 格式配置文件,这基本上是所有的 ORM 框架的通识,因此,要学好 ORM 还需要掌握 XML 的基本知识。本书对 ORM 框架、POJO 以及 XML 配置文件等只是通过一个简单的例子使同学们明白其原理,更细致的学习可通过搜索丰富的网络资源获取。

7.4 设计模式

在 7.3 中 ORM 技术上提到了软件的表现层和数据处理层分离,其实就属于一种称作 MVC(Model-View-Controller,模型-视图-控制)的设计模式的范畴。

设计模式是在软件开发的长期过程中形成的解决特定场合下的特定问题的一个经过实践检验的可重复使用的高效的解决方案。设计模式是程序设计方法,是以面向对象为基础的。通俗理解,设计模式就好比武术中的招式,打出普通的拳脚功夫和降龙十八掌的区别是什么,关键就在于"郭靖"是否按照固定的模式使用拳脚。我们如果把一拳一脚的功夫理解为一条一条的编程语句,那么降龙十八掌就是一种千锤百炼、以至成为独门绝技的设计模式。设计模式的重要性和威力可想而知。

在软件设计步入面向对象时代后,人们开发软件的能力获得了质的进步,软件项目规模越来越大,软件项目的管理越来越复杂,仅靠一条条语句的生硬编写已经不能满足现在的项目开发需求,一些天才程序员开始转向研究历来最成功的软件项目开发方式,或者叫框架(framework),并进行了归纳、总结和提升,就形成了今天的多种设计模式。设计模式虽然是在面向对象技术基础上诞生的,但其应用面却不局限于此,结构化的程序设计语言同样能够很好的使用设计模式。下面介绍几种最常用的设计模式。

7.4.1 模型-视图-控制设计模式

模型-视图-控制(Model-View-Controller,MVC)模式的目的就是实现多用户并发处理系统(比如网络软件系统,ERP 等大型信息系统都属于此范畴)的职能分工。Model 层实现系统中的业务逻辑,主要是指对数据库的操作;View 层用于与用户的交互,主要是指用户操作的界面程序设计;Controller 层是 Model 与 View 之间通信的桥梁,它可以分派用户的请求给 Model,然后从 Model 反馈的视图中选择恰当的交给 View,另外它也可以解释用户从 View 上的输入并将它们映射为 Model 上可执行的操作(如图 7-33 所示)。举一个例子,上节讲到的 Gentle. NET 可以实现 Model 的功能、ASP. Net 可以实现 View 的功能,基于 C♯ 编写的其他在 Model 和 View 之间的完成交互的语句则实现 Controller 的功能。

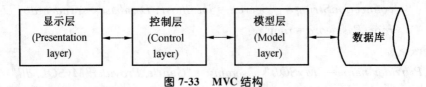

图 7-33 MVC 结构

MVC 开发模式的优势有：

（1）三层各施其职，互不干涉，便于系统维护，哪一层的需求发生了变化，只需要更改相应层中的代码即可。

（2）有利于项目分工，MVC 模式把系统按层划分开发，网页设计人员专门进行开发视图层，对业务熟悉的开发人员开发模型层，其它开发人员则可选择开发控制层。

（3）有利于组件重用，MVC 的各层都可独立成一个能用的组件，供以后的项目使用。

大家可以想一下从 Windows XP 到 Windows Vista 界面变化主要是画质提升，界面布局大同小异，其深层原因就在于 XP 的视图层在 Vista 中被重用和再包装了。

目前业界，常用的显示层的实现技术有 ASP、ASP. Net、JSP、PHP 等，模型层的实现技术有 hibernate、LINQ、EJB 等，控制层的实现技术有 struts、spring、JSF、ajax 等。应该说，MVC 模式从诞生到风靡的二十几年间，对催生多样的新软件技术意义重大，作为最经典的设计模式之一，MVC 当之无愧。

7.4.2 常用设计模式

一般的共识是 23 种设计模式，其基本概念如下：

Abstract Factory：创建一个接口，其实现的类多种多样，据此可创建一系列相关或相互依赖的对象。

Adapter：将一种接口转换成另外一个接口，以实现特定目的。适配器设计模式可以解决类间由于接口不兼容而导致的系统不能对接问题。

Bridge：将用户感觉的系统抽象部分（如界面视图层）与系统实现部分（如模型层）分离，可以相互独立地工作。

Builder：剥离对象的构造与显示，使得同样的构造过程却创建出不同显示特征的对象。

Chain of Responsibility：基于问答响应的原理，在多个对象构成的虚拟链上两两对象之间依次传递消息，每个对象都有机会处理这个消息，若当前对象不能处理，则交给下一个对象，直到有一个对象处理它。

Command：将命令封装成对象，用户通过命令就可以构造对象，命令对象可以排队、计入日志，以及完成取消操作。

Composite：基于树形结构组合对象，构成"部分-整体"的层次结构。用户在操作单个对象（象征树形结构根的对象）时，其相关对象发生一致性操作。

Decorator：给对象动态添加功能。例如通过不同的子类对象来初始化基类的对象。

Facade：为一组子系统的接口提供一个一致的界面，便于用户对不同子系统的上手。例如 Word、Excel、PowerPoint 都有完全一样的绘图工具栏，在 Word 中学会绘图了，其他两个平台上就不用学习了。

Factory Method：定义一个接口，并创建一系列拥有不同功能的实现子类。后面，在产生对象时，不是通过类而是接口定义对象，对象的构造则由实现子类时根据实际情况自动选择。

Flyweight：运用共享技术有效地使用大量实现逻辑简单的对象，例如 POJO 类的对象。

Interpreter：对给定的一种语言新定义出一种语法应用，并对应的定义出来一个解释器。以后就用该解释器，解释该语法情形。

Iterator：提供一个方法，能够顺序访问一个对象集合中的各个元素，但同时还能保护对象集合的内部技术秘密。

Mediator：即中介者，这种对象能够封装一系列的对象交互，为其它对象间提供间接的相互引用，有利于系统低耦合。

Memento：在不破坏对象封装性的前提下，获取并保存一个对象的内部状态。以后若该对象出现错误，可恢复到保存的状态。

Observer：定义一个对象和多个对象之间的依赖关系，当这一个对象的状态发生改变时，所有依赖于它的对象都自动相应发生改变。

Prototype：以原型的数量确定可创建的对象种类数，通过仿制原型创建新的对象。

Proxy：为对象设置代理，代理可以控制对某个对象的读写访问权限。

Singleton：保证一个类仅实例一个对象，并给该对象提供一个面向程序全局的访问点。

State：在改变对象的内部状态时，同时改变它的行为，好像改变了对象基于的类。例如7.3 讲到的改变 Gentle. NET 的 XML 配置文件与之类似。

Strategy：定义一系列的算法，并分别封装，算法之间可以相互调用和替换。让不同的用户感受到不同的算法处理结果。

Template Method：在基类中只定义一个算法模板，而将一些具体的和个性化的实现步骤放到子类中去实现。这样子类可以在不改变基类算法的基本结构的前提下，重新定义某些特殊步骤满足特殊要求。

Visitor：定义针对对象中各元素的一系列操作，便于后续对对象元素的访问，并可以进行功能扩展。例如 POJO 类中的属性访问。

▌本章小结▐

本章首先介绍了面向对象系统分析和设计的基本概念，包括对象、类、封装、消息、继承、多态和关系。然后介绍了面向对象系统分析和设计的建模工具 UML，重点讲解了其设计核心的10 种图的用途、原理、基本元素和制作逻辑，分别是用例图、类图、包图、对象图、顺序图、通信图、状态图、活动图、构件图和部署图。再次介绍了对象持久化和 ORM 的概念，并通过一个基于 ORM 技术的数据库应用程序的开发例子，阐明了对象持久化和 ORM 对面向对象技术的重要价值。本章最后简要介绍了设计模式的理念、MVC 模式和 23 种常用设计模式。

▌思考题▐

1. 面向对象方法与结构化方法的区别是什么？
2. 什么叫对象？对象和类的关系如何？
3. 简述封装、继承和多态的概念。
4. UML 的建模图有哪些？各自的用途如何？
5. UML 动态建模和静态建模的区别是什么？
6. 什么是对象持久化？

7. 什么是 ORM？常用的 ORM 技术有哪些？这些技术的区别是什么？举例说明。

8. 什么是 MVC？常用的 MVC 技术有哪些？这些技术的区别是什么？举例说明。

9. 请设想在线购物网站的系统逻辑，并制作其用例图、类图和顺序图。

案例：实用主义不等于意识形态——IBM 与开源软件

多年以来，IBM 是开源软件的坚定支持者，例如它一直是全球最大的开源社区之一 Eclipse 的主要支持方（Eclipse 是全球最优秀的开源 Java 系统整合开发平台）；但同时，IBM 也是世界第二大私有软件和闭源软件供应商，2005 年全球软件产业利润前 4 名依次为：Microsoft 340 亿美元；IBM 158 亿美元；Oracle 102 亿美元；SAP 93 亿美元。

软件可以是开放源代码和免费的（开源软件），也可以是不公开源代码和收费的（闭源和私有软件），但不能是既开源又闭源、既收费又免费，因为从软件开发人员的角度看，开源与闭源、收费与免费代表了水火不容的意识阵营。对软件厂商这似乎也说得过去，但不适用于 IBM。IBM 生产软件的历史可追溯大半个世纪，而这期间它开发的软件兼顾了看似矛盾的特征，如表 1 所示，IBM 从来也没有对哪项软件创造过程做出意识形态上的承诺，它的战略永远是实用主义利导，即根据眼前的技术经济环境做出使商业利益的最大化的决策。

表 1　IBM 的软件产业发展大事记（1950 年至今）

年代	开放源代码	免费	与用户合作开发	代表性事件
1950—1960	是	是	是	SHARE，1955 Fortran，1957 Source/object code，1959
1960—1970	是	是	否	System/360，1964 OS/360，1964—67
1970—1980	是	否	否	DOJ 反垄断案，1969—1982 软硬件产品分类计价，1970
1980—1990	否	否	否	OCO 政策，1983 Fujitsu 事件，1983—87 SAA，1987 加入 OSF，1988
1990—2000	部分开源、部分闭源	部分免费、部分收费	部分合作、部分私有	集团经营危机，1993 采用 Apache 网络应用服务器，1998
2000 年至今	部分开源、部分闭源	部分免费、部分收费	部分合作、部分私有	Linux 宣言，2001

表 1 归纳了半个世纪以来 IBM 软件产业发展的意识形态转变过程,并罗列了各时期的代表性事件。在 20 世纪 50 年代 IBM 计算机产业创立之初,它就领先全行业采用了近些年才被冠名的开源模型,即开放源代码、免费,以及和用户合作开发软件的模式,当时这样做为 IBM 成功销售硬件提供了巨大的商机。到了 20 世纪 80 年代,IBM 的软件策略发生了彻底的变化,它成为独立软件供应商,即软件是封闭代码、收费的,甚至要独立于硬件租赁给用户,根本不和用户合作开发,这其实也是当时商业现实的真实写照。20 世纪 90 年代中期,由于经营不善等多方面问题,IBM 发生严重危机以致公司财务垮台。伴随其时,IBM 的经营方式和发展战略也在毁灭中重生,重新投向了开源模型。新世纪至今,IBM 致力于转变其传统形象和商业定位,以学习者的身份不断探索开源和私有的平衡点,并保持其软件产业的利润始终占公司总利润的 20% 左右,如表 2 所示。

表2 1996 年至 2006 年 IBM 涉及各主要商业领域的利润额和比例

年\单位	总利润	服务领域		硬件领域		软件领域		其它
	百万美元	百万美元	%	百万美元	%	百万美元	%	百万美元
1996	75 947	22 310	29	36 634	48	11 426	15	5 499
1997	78 508	25 166	32	36 630	47	11 164	14	5 469
1998	81 667	28 916	35	35 419	43	11 863	15	5 390
1999	87 548	32 172	37	37 041	42	12 662	14	5 594
2000	85 089	33 152	39	34 470	41	12 598	15	4 790
2001	83 067	34 956	42	30 593	37	12 939	16	4 500
2002	81 186	36 360	45	27 456	34	13 074	16	4 217
2003	89 131	42 635	48	28 239	32	14 311	16	3 866
2004	96 293	46 213	48	31 154	32	15 094	16	3 752
2005	91 134	47 357	52	24 314	27	15 753	17	3 631
2006	91 424	48 247	53	22 499	25	18 204	20	2 397

IBM 软件产业经营策略由封闭转向部分开源的根本性变化发生在 20 世纪 90 年代。经过三四十年的发展,IBM 的软件产业在 80 年代末达到一个巅峰,软件部门利润占整个集团的 17%～18%。但至此,软件的利润源始终没有新突破,其中 90% 来自系统软件、10% 来自应用软件,而系统软件利润中又有 50% 来自操作系统捆绑式销售——即用户使用 IBM 机,只能使用 IBM 的操作系统。IBM 对其操作系统定价高昂,例如用于大型机的 VM 系统要 10 万美元。除了捆绑式销售带来的利润,系统软件的其他利润主要来自中间件(介于操作系统和应用软件之间的软件),这包括 DB2 数据库系统、CICS、以及 TPF 事务处理系统等。

当时 IBM 在 Unix 系统上倾注了大量心血，Unix 操作系统不属于 IBM 常规操作系统的产品线，但却被寄予厚望。Unix 操作系统的最终版权属于 AT&T，AT&T 将 Unix 源代码授权给了各个独立的软件供应商和主要的计算机公司，既而这些公司又开发了适用于自有计算机的 Unix 优化版本，并起略显差别的名字，如 IBM 的是 AIX、惠普的是 UX、数字设备公司的是 Ultrix 等。1988 年左右，C/S 架构系统日趋流行，Unix 正是这样的系统，因此它成为 IBM 的战略性新兴产品，IBM 还加入了致力于统一全行业 Unix 标准的开放软件基金会（OSF）。到 1992 年，Unix 系统成为 IBM 的拳头产品，销售额 290 亿美元，占全集团总额的 5%。

后来看来，IBM 能及早投入 Unix 和开放系统架构其实是非常英明的决策，在 Unix 系统下线不久，众多客户都拒绝 IBM 唯我独尊式的产品策略，而同时期发生的公司内部经营危机，更让 IBM 认识到了原有产业发展策略的弊端。为了保住客户，IBM 很快转入开放系统领域——Linux。

Linux 是 Unix 的开放源代码版本。其实开源软件（Open Source Software，OSS）运动始于 20 世纪 50 年代，当时软件都需要定制化，而保护源代码的技术尚不存在，因此各软件厂商必须开放源代码；但到了 80 年代，OSS 基本销声匿迹，这是因为保护源代码的技术和法律都已相当成熟，软件供应商没有谁不想从中赚得一桶金。OSS 的重新兴起归功于 1983 年 MIT 的天才程序员 Richard Stallman，Stallman 将自主开发的几个高质量软件免费公开发布，并提出了一种新的软件使用许可机制即 GPL，依 GPL 版权的软件必须向公众开放源代码，而由该软件衍生的软件及代码也必须开放。

Linux 操作系统的版权借鉴了部分 GPL 的思想，并更加注重合作精神。1990 年，芬兰赫尔辛基大学的大二学生 Linus Torvalds，开发了一个适用于 PC 的 Unix 克隆版本（即 Linux 原型），当时 Internet 方兴未艾，基于网络的高层次合作项目成为可能，Linux 项目吸引了全球数百名志愿者的加入。到了 1994 年 3 月，Linux 1.0 版发布，这是第一个走出实验阶段的版本。虽然初期的 Linux 无法与企业级系统媲美，但是作为 PC 桌面系统或者工作组的服务器，其能力绰绰有余。随后两三年间，Linux 吸引了大量人气，数百名志愿程序员对其进行改进升级，由此也产生了致力于 Linux 发布的小规模工业。

IBM 没有突然进入 Linux 和 OSS 领域，其开源文化其实和 20 世纪 90 年代中期新招入的员工有一定关系，这些员工大都了解 OSS 及 OSS 模型的合作方式，甚至很多新员工其学位毕业论文就是遵循现成的开源协议做成的。IBM 首次商业化介入开源领域是参与 Apache 项目，当 1995 年网络开始流行，IBM 需要开发一个网络服务器（web server，这种软件能够将网页发送给联网的客户计算机），与其使用自有的性能差强人意的软件，IBM 最终决定使用 Apache 网络服务器。在 1998 年 6 月 22 日，IBM 宣布其重要的网络集成开发平台 WebSphere 使用 Apache 服务器，此事让开源软件在媒体面前大放异彩，IBM 的竞争者们也纷纷效仿与 OSS 联姻，这包括 Netscape、Oracle、Sun、SAP 等在内的众多大牌企业。

在 20 世纪末 IBM 开始意识到 Linux 可能成为统一其所有硬件平台的操作系统最佳选择，进而在 2001 年 6 月宣布三年内向 Linux 投资 10 亿美元，使其更适用于企业应用，这笔投资相对于延续 10 年最终惨败的 SAA 项目（IBM 在 20 世纪 80 年代投资的大项目,其目标与 Linux 大同小异,多方面原因导致项目失败)要适度得多。

除了参与开源开发社区,IBM 还解决了若干知识产权问题,包括开放一些专利和实施 CPL 授权许可(即普通公众许可)。采用 Linux 操作系统,对 IBM 操作系统的盈利有很大影响,在 1999 年到 2002 年间 IBM 操作系统的利润下滑 20 个百分点,2002 年获利 23.6 亿美元,仅占全部软件利润的 18%。然而另一方面,Linux 操作系统也使客户们重拾对 IBM 中间件的兴趣,因为这些中间件也可以通用于其它公司的 Linux 系统。IBM 在 Linux 中间件领域投资重大,例如 2001 年花 10 亿美元购入 Informix 数据库公司,以增强其分布式数据库技术水平;2004 年又宣布未来三年投入 1 亿美元,开发基于 Linux 的 TPF 业务处理系统。IBM 还对开源项目投资,包括 2001 年 11 月发布的 Eclipse 平台——目前已发展成为业界最领先的开源集成开发环境。但是客观地讲,IBM 在 Eclipse 平台上的作为,与其说是为了赢得开源社区的好名声,更不如说是基于谨慎评估其投入产出效益后做出的决策。

虽然看似倡导 OSS 模型,但从骨子里 IBM 还是私有软件开发商。它 2005 年向开源社区投入的全部开发人员才 700 人,相比之下,IBM 的正规开发人员数以万计,仅从 Informix 收购过程中新增的程序开发人员就达 2 000 人之多;其软件市场销售人员也有 10 000 多人。

今天,开源软件的浪潮不但没有退去,更开始影响 IBM 的另一大软件盈利领域——中间件,包括数据库、Web 应用服务器和事务处理器等。这其中最有影响力的要数 MySQL 数据库,经过 10 年发展,如今的 MySQL 已经能够提供较健全的企业级数据库服务,势必对 DB2、Oracle 和 SQL Server 等商业数据库市场构成威胁。MySQL 虽然是开源免费的,但其 1% 到 2% 的企业客户选择付费已获得更好的服务支持,这笔费用足以维持软件的正常更新,而且要远远小于投资其他商业数据库的成本。2006 年 IBM 的软件利润共计 182 亿美元,其中的 34.83 亿美元(约 20%)来自数据库,可想而知,如果 IBM 的数据库产品被开源数据库彻底替代,后果是严重的。从长远来开,如果 MySQL 能够继续成功发展下去,它必然会像 Linux 蚕食 IBM 的操作系统市场一样蚕食 IBM 的数据库市场,IBM 的其他中间件领域也面临同样的问题,例如 JBOSS(版权属于 redhat Linux 公司)作为稳健的开源网络应用服务器和事务处理器正在占领市场。在未来,开源软件对私有中间件的市场争夺不可避免。

那么,现今的 IBM 是否为此焦虑重重? 可能言过其实了,目前 IBM 53% 的利润(利润主体)来自计算机服务(如表 2 所示),这种服务包括一揽子的软硬件产品整合,其中有些产品是 IBM 的,也有些不是。这种一揽子商品的销售方式让人摸不清楚成本到底是如何分配的,但也没谁愿意去过问,因为从总成本上 IBM 是有品牌优势的,而且也省去客户花费精力零买产品的麻烦。从卖产品到卖服务的转变可以说是 IBM 从 20 世纪 90 年代的危机中学到的最好经验。危机之前,IBM 半数的利润来自硬件,而伴随硬件设备的通用化和低廉化,IBM 系统性的转变了经营思路,用来自服务的利润弥补了硬件领域的损失。到目前,服务利润几近翻番,而硬件利润则降至一半,可以想像,未来类似的变化还将发展在 IBM 的服务和软件之间。

虽然低廉的计算机硬件从 20 世纪 70 年代就开始出现,但真正撼动 IBM 的硬件产业则是 15 年后的事。与之类似,虽然目前开源软件已经开始蚕食私有软件市场,但预计真正能够形成气候还需较长时日,这为 IBM 提供了宝贵的缓冲时间,相信 IBM"解决方案式的"商业模式能够在此之前赢得先机。

▌案例思考题▐

　　1. 分条目归纳 20 世纪 90 年代至今 IBM 在开源软件领域做出的贡献。

　　2. 讨论 IBM 从 20 世纪 90 年代至今的软件产业发展经历对国内企业信息化发展的启示。

第 8 章　系统实施、维护与管理

【学习目的和要求】

1. 掌握程序设计的方法
2. 理解程序调试与系统测试的方法
3. 掌握系统切换的方法
4. 掌握信息系统的维护
5. 了解信息系统运行管理的目标与内容
6. 理解信息系统项目管理的目标与内容

8.1　程序设计

系统实施是系统开发工作的最后一个阶段,实施就是将设计结果转变成实际可以运行的物理系统。程序设计阶段的主要任务是根据系统设计阶段产生的文档和处理过程说明书,使用系统规定的开发环境和语言工具编写程序。

8.1.1　程序设计指标

编程工作的质量将影响整个信息系统的质量、运行以及后期的维护。衡量编程工作质量的指标是多方面的,随系统开发技术和计算机技术的发展而不断变化。从目前技术的发展看,衡量编程工作质量的指标有以下几个方面:

(1) 正确性。这是对程序设计的最基本要求。正确性的要求包括正确使用编程工具,没有语法和语义错误,熟悉设计语言的语句格式、功能、适用条件及场合,并能做到灵活运用;依据系统内的每个模块和处理功能正确设计算法和使用语言描述算法,编写程序满足系统设计要求的功能等。

(2) 可靠性。可靠性是衡量系统质量的重要指标。可靠性指标可分解为两方面:一方面是程序或系统的安全可靠性,如数据存取安全可靠,通信安全可靠,操作权限安全可靠,这些工作一般靠系统分析和设计时严格定义。另一方面是程序运行的可靠性,通过高质量的程序设计、仔细的程序调试实现。程序应具备较好的容错能力,不仅在正常情况下能运行,而且在意外情况下也便于处理。

(3) 规范性。即系统的划分、格式的书写、变量的命名等都统一规范,方便今后程序的阅读、修改和维护。

(4) 可读性。这是高质量程序的一个重要指标。程序不仅要求逻辑正确,计算机能够执行,而且应当层次清楚,易于理解。可读性通过良好的程序结构、清晰的结构以及详尽的注释等方法实现。

(5) 可维护性。系统维护是系统生命周期的重要阶段,可维护性也成为程序设计的重要质量标准。系统投入运行后要不断满足用户新的需求,另外为适应环境的变化而需扩展功能时,必须对程序进行修改、扩充等维护工作。可维护性要求能够方便地维护系统,不因局部修改或增删功能而波及系统其他部分,这要求系统具有良好的结构,采用模块化、组件等技术,并提供完整的系统开发文档等。

8.1.2　程序设计方法

目前程序设计的方法大多是按照结构化方法,原型方法,面向对象的方法进行。不论采用何种方法,必须遵循减少程序设计、调试的工作量,规范化编程,易于维护等原则。

8.1.2.1　结构化程序设计方法

结构化程序设计强调程序设计风格和程序结构的规范化,提倡清晰的结构,要求程序由三种基本结构组成,这种程序设计方法便于编写、阅读、修改和维护,也减少了程序出错的机会,提高了程序的可靠性,保证了程序的质量。

一个复杂的问题是很难一次就准确地写出一个层次分明、结构清晰、算法正确的程序的。结构化程序设计方法的基本思路是:把一个复杂问题的求解过程分阶段进行,每个阶段处理的问题都控制在人们容易理解和处理的范围内。具体来讲,其基本思想是:

(1) 自顶向下逐步细化。

(2) 程序仅由顺序、分支、循环 3 种基本结构及其嵌套形式构成的模块组合而成。

(3) 任何模块都是单入口、单出口。

(4) 任何模块内均不含"死语句",即永远执行不到的语句,少用或不用跳转语句。

由于大多高级语言都支持结构化程序设计方法,其语法上都含有表示三种基本结构的语句,所以用结构化程序设计方法设计的模块结构到程序的实现是直接转换的,只需用相应的语句结构代替标准的控制结构即可,因此减轻了程序设计的工作量。

8.1.2.2　快速原型式的程序设计方法

其具体实施方法是:首先将结构图中类似带有普遍性的功能模块集中,如菜单模块、报表模块、查询模块、统计分析和图形模块等,这些模块几乎是每个子系统都不可或缺的。然后再去寻找有无相应、可用的软件工具,如果没有则考虑开发一个能够适合各子系统情况的通用模块,然后用这些工具生成这些程序模型原型。如果结构图中有一些特定的处理功能和模型,但目前无法通过现有的软件工具生成,则再考虑编制一段程序加进去。利用现有的工具和原型方法可以很快的开发出所要的程序。

8.1.2.3　面向对象的程序设计方法

所谓面向对象的程序设计,就是把面向对象的思想应用到软件工程中,并指导开发维护软件。

面向对象的程序设计(OOP)并不是刚刚提出来的,主要是由于 C++和 Java 这类语言的传播,OOP 最近才显得越来越重要。面向对象的程序设计方法一般与面向对象设计(OOD)的内容相对应。它将 OOD 中所定义的范式直接用面向对象的程序设计方法取代。面向对象的开发方法不仅为人们提供了较好的开发风范,而且在提高软件的生产率、可靠性、可重用性、可维护性等方面有明显的效果,已成为当今计算机界最为关注的一种开发方法。

8.1.3　常用的编程工具

随着计算机在信息系统中的应用日益扩大,人们对软件设计自动化工作也进行了大量的研究,并开发出各种软件生成工具。目前市场上可供系统选用的编程工具非常丰富,它们在数量上突飞猛进,功能的扩展也日新月异,为开发系统提供了越来越方便的实用手段。目前比较流行的编程工具可分为以下几大类:

8.1.3.1　常用编程语言类

它是指由传统编程工具发展而来的一类程序设计语言。通常有:C 语言、C++语言、

COBOL 语言、PL/1 语言、PROLOG 语言、OPS 语言等。这些语言一般不具有很强的针对性,只是提供一般程序设计命令的基本集合,因而适应范围很广,原则上任何模块都可以用它们来编写。但这类工具其适应范围广是以用户编程的复杂程度为代价的,程序设计的工作量很大。

8.1.3.2 数据库类

它是信息系统中数据存放的中心和整个系统数据传递和交换的枢纽。目前市场上提供的主要有两类:xBASE 系统(以微机关系数据库为基础)和大型数据库系统。

xBASE 系统主要是指以微机为基础所形成的关系数据库及其程序开发语言。典型产品代表有:dBASE,FoxBASE 以及 FoxPro 等各种版本。

大型数据库系统指规模较大、功能较齐全的大型数据库系统。目前较为典型的系统有:ORACLE 系统,SYBASE 系统,INGRES 系统,INFORMAX 系统,DB2 系统等。

这类系统的特点是功能齐全,容量巨大,适合于大型综合类数据库系统的开发。在使用时配有专门的接口语言,可以允许各类常用的程序语言任意地访问数据库内的数据。

8.1.3.3 程序生成工具类

它是指第四代程序(4GLs)生成语言,是一种常用数据处理功能和程序之间的对应关系的自动编程工具。较为典型的产品有:AB(Application Builder 应用系统建造工具),屏幕生成工具、报表生成工具以及综合程序生成工具,即有 FoxPro,Visual BASIC,Visual C++,CASE,Power Builder 等。目前这类工具发展的一个趋势是功能大型综合化,生成程序模块语言专一化。

8.1.3.4 系统开发工具类

它是在程序生成工具基础上进一步发展起来的,不但具有 4GLs 的各种功能,而且更加综合化、图形化,使用起来更加方便。目前主要有两类:专用开发工具类和综合开发工具类。

专用开发工具类:是指针对某特定应用领域和待开发功能针对性都较强的一类系统开发工具。如专门用于开发查询模块的 SQL,专门用于开发数据处理模块的 SDK(Structured Development Kits),专门用于人工智能和符号处理的 Prolog for Windows,专门用于开发产生式规则知识处理系统的 OPS(Operation Process System)等。

综合开发工具类:是指一般应用系统和数据处理功能的一类系统开发工具。其特点是可以最大限度地适用于一般应用系统开发和生成。在实际开发系统时,用户只需将特殊数据处理过程编制成程序模块,便可实现整个系统。常见的系统开发工具有:FoxPro,dBASE-V,Visual BASIC,Visual C++,CASE,Team Enterprise Developer 等。

这种工具虽然不能帮用户生成一个完整的应用系统,但可帮助用户生成应用系统中大部分常用的处理功能。

8.1.3.5 客户/服务器(C/S)工具类

它是采用"专业化分工协作"的思想而产生的开发工具。在原有开发工具基础上,将原有工具改变为若干既可被其他工具调用的,又可以调用其他工具的"公共模块"。

在整个系统结构方面,这类工具采用传统分布式系统的思想,产生了前台和后台的作业方式,减轻了网络压力,提高了系统运行效率。常用的 C/S 工具有:FoxPro,Visual BASIC,Visual C++,Excel,PowerPoint,Word,Delphi C/S,Power Builder Enterprise,Team Enterprise Developer 等等。

这类工具的特点是它们之间相互调用的随意性。例如在 FoxPro 中通过 DDE(Dynamic

Data Exchange,动态数据交换)或 OLE(Object Linking and Embedding,对象的链接和嵌入)或直接调用 Excel,这时 FoxPro 应用程序模块是客户,Excel 应用程序是服务器。

8.1.3.6　面向对象编程工具类

它主要是指与 OO 方法相对应的编程工具。目前常见的工具有:C++(或 VC++),Smalltalk。这一类针对性较强,且很有潜力,其特点是必须与整个 OO 方法相结合。

8.2　系统测试

8.2.1　系统测试目的

虽然在信息系统开发周期的每个阶段都经过了认真的规划和检测,但仍然不能完全避免错误的存在。如开发人员之间的沟通不完善,对文档理解的偏差,程序设计阶段产生的错误等原因都可能造成错误。因此,系统投入使用前对其进行测试是不可缺少的,是保证系统质量的关键步骤。据统计,对于一些较大规模的系统来说,系统测试的工作量占整个系统研发总工作量的 40% 以上。

系统测试的目的在于发现其中的错误并及时纠正,保证程序的正确性,尽最大努力避免将错误带入系统运行阶段,防止造成不必要的损失。即使这样,测试通过也不能保证系统绝对无误,只能说明各模块、子系统的功能和运行情况正常,在系统的维护阶段仍可能发现少量错误并需进行纠正。系统测试中可能出现的错误主要有以下几种类型。

(1)编程错误:主要指程序逻辑结构错误,语法类错误可通过编译方便而快速地查出。

(2)过程错误:主要指处理过程中算术运算及逻辑运算方面的错误。

(3)功能错误:指程序员对模块的功能、算法和处理过程的理解与设计说明书有误解而偏离设计要求。

(4)系统错误:指模块间调用时参数传递方面、系统与外部接口的错误等。

这些错误的测试可通过相应的测试方法和测试过程得以解决。

8.2.2　系统测试的原则

如前所述,系统测试的目的是希望排查出系统中隐含的所有错误,但有时想通过彻底的调试找出系统的全部错误是不可能的。因此在一定的开发时间和经济的限制下,应通过有限步操作或执行测试用例,尽可能多的发现错误。为实现这一目的,系统测试应遵循以下原则:

(1)由测试小组全面负责系统测试,测试小组由非系统开发成员的专家组成。这样测试小组容易变换角度,以全新的思路审视系统,易于发现错误。

(2)测试小组必须首先认真审阅系统分析和系统设计报告,特别是在对系统设计无异议、并熟悉设计内容的基础上着手准备系统测试。

(3)精心设计测试用例。测试用例中使用的数据应包括正常数据、边界数据和不合理的数据。对选用这些数据的原因应使用文字进行详细说明;对不同类型数据输入系统后产生的结果事先做出正确的分析判断;对使用这些数据系统运行的结果与预期的正确结果进行对比分析,从中发现系统是否存在错误。

(4)回归测试。当发现系统中存在错误并改正错误后,应使用原测试用例从头开始重新测试。对测试过程中错误多的模块或子系统要重点测试。

所有的测试用例应收入文档,并长期保存。在系统投入运行后一旦发现新的错误,或修改、扩充系统功能,对系统进行维护,还应使用原来的测试用例测试系统。

8.2.3 系统测试方法

系统测试的方法分静态测试和动态测试两种。静态测试是由人工进行测试,其主要目的是检查程序的静态结构,审查程序的算法描述与系统设计的非一致性及程序设计的逻辑错误等,因为这类错误是编译系统不能发现的。静态测试的方式可由程序员自查、测试小组集体会审等不同形式。动态测试是使用测试用例让计算机执行被测程序,分析执行结果并发现错误。动态测试按在设计测试用例时是否涉及程序的内部结构,可以分为黑盒测试和白盒测试两种。

黑盒测试,即暗箱操作,又称功能测试。在完全不考虑程序内部结构和特性的情况下,测试软件的外部特性。依照系统需求设计测试用例,从系统输入输出特性上测试其是否满足设定功能。

白盒测试,即透明操作,又称结构测试。即按照程序的内部结构和处理逻辑设计测试用例,对程序的逻辑路径和处理过程进行测试,检查系统与设计是否相符。

目前已经研究出多种设计测试数据的技术,这些技术各有优缺点,没有哪种是最好的,更没有一种可以代替其余所有技术;同一种技术在不同应用场合效果可能相差很大,因此,实际使用时需联合使用多种技术共同设计测试数据。

本书介绍的设计测试数据技术主要有:适用于黑盒测试的等类价划分、边界值分析及错误推测法;适用于白盒测试的逻辑覆盖法。通常设计测试数据的做法是:用黑盒法设计基本的测试用例,再用白盒法补充一些方案。

8.2.3.1 等价类划分

等价划分是黑盒测试的一种技术。穷尽的黑盒测试需要使用所有有效的和无效的输入数据来测试程序,通常这是不现实的。因此,只能选取少量有代表性的输入数据,以期用较小的代价暴露出较多的程序错误。

该方法是将被测试程序的所有可能的输入数据(包括有效的和无效的)划分成若干个等价类,把无限的随机测试变成有针对性的等价类测试。按这种方法可以合理地做出下列假定:每类中的一个典型值在测试中的作用与这一类中所有其他值的作用相同。因此,可以从每个等价类中只取一组数据作为测试数据。这样可选取少量有"代表性"的测试数据,来代替大量相类似的测试,从而大大减少总的测试次数。

设计等价类的测试用例一般分为两步进行:

第一步:划分等价类并给出定义;

第二步:选择测试用例。

8.2.3.2 边界值分析

经验表明处理边界情况时程序最容易发生错误。例如许多程序经常在下标、数据结构和循环等的边界附近出错。因此,设计使程序运行在边界情况附近的测试方案,暴露出错误的可能性更大一些。

使用边界值分析方法设计测试用例首先应该确定边界情况,这主要依靠经验确定,通常输入等价类和输出等价类的边界,就是应该着重测试的程序边界情况。选取的测试数据应该刚好等于、刚刚小于和刚刚大于边界值。因此测试时应该选取刚好等于、稍小于和稍大于等价类边界值的数据作为测试数据,而不是选取每个等价类内的典型值作为测试数据。

8.2.3.3 错误推测

使用边界值分析法和等价类划分技术,可以帮助开发人员设计有代表性的,容易暴露程序错误的测试用例。但是不同类型不同特点的程序通常又有各自容易出错的情况。此外,有时分别使用每组测试数据时程序都能正常工作,但这些输入数据的组合却可能检测出程序的错误。一般说来,即使是一个很小的程序,可能的输入组合数也往往十分巨大,因此必须依靠测试人员的经验和直觉,从各种可能的测试用例中选出一些最可能引起程序出错的方案。对于程序中可能存在哪类错误的推测,是挑选测试用例时的一个重要因素。

错误推测法的基本想法是列举出程序中可能有的错误和容易发生错误的特殊情况,并且根据它们选择测试用例。根据经验,程序经常在以下情况容易出错。例如,输入数据为零或输出数据为零时往往容易发生错误;如果输入或输出的数目允许变化(例如被检索的或生成的表的项数),则输入或输出的数目为 0 和 1 的情况(例如,表为空或只有一项)是容易出错的情况。还应该仔细分析程序规格说明书,注意找出其中遗漏或省略的部分,以便设计相应的测试用例,检测程序员对这些部分的处理是否正确。

8.2.3.4　输入组合

前面的方法只是孤立地考虑各个输入数据的测试功效,而没有考虑多个输入数据的组合效应,可能会遗漏了输入数据易于出错的组合情况。选择输入组合的一个有效途径是利用判别表和判定树为工具,列出输入数据各种组合与程序应作的动作(及相应的输出结果)之间的对应关系,然后为判定表的每一列至少设计一个测试用例。

8.2.3.5　逻辑覆盖(白盒测试技术)

有选择地执行程序中某些最有代表性的通路是对穷尽测试的唯一可行的替代方案。所谓逻辑覆盖是对一系列测试过程的总称,这组测试过程逐渐进行越来越完整的通路测试。

从覆盖源程序的语句的详尽程度分析,测试数据覆盖程序逻辑的程度大致有以下一些不同的覆盖标准:

(1) 语句覆盖。为暴露程序中的错误,选择足够多的测试数据,使被测试程序中的每个语句至少执行一次。

(2) 判定覆盖。不仅每个语句必须至少执行一次,而且每个判定的可能的结果都应该至少执行一次,也就是每个判定的每个分支都至少执行一次。

(3) 条件覆盖。不仅每个语句至少执行一次,而且判定表达式中的每个条件都取到各种可能的结果。

(4) 判定/条件覆盖。它的含义是,同时满足判定和条件两种覆盖标准的逻辑覆盖,选取足够多的测试数据,使得判定表达式中的每个条件都取到各种可能的值,而且每个判定表达式也都取到各种可能的结果。

(5) 条件组合覆盖。它是更强的逻辑覆盖标准,要求选取足够多的测试数据,使得每个判定表达式中条件的各种可能组合都至少出现一次。

8.2.4　系统测试步骤

系统的测试过程也是结构化的过程。完整的系统测试过程一般要经过以下步骤:

(1) 单元测试。单元是可以独立编写、独立编译、独立运行的最小程序单位。单元测试又称为模块测试,其目的是检验每一个模块是否能正常运行,是否实现了系统设计时规定的功能,发现和排除编程和详细设计中的错误。事实上,单元测试并非待编程工作全部完成后才进行的,在任何一个模块编程后都随即进行静、动态测试,发现错误及时排除。在进行动态测试时可用黑盒法和白盒法交替进行,使用正常数据、边界数据、错误数据反复测试,在确定实现既定功能的前提下,确保模块运行的可靠性。

（2）子系统测试。完成单元测试后，把经过调试的逻辑相关的模块按照系统结构组装成子系统进行综合测试。其主要目的是检查子系统的功能和模块之间接口和数据传递的正确性。

（3）系统测试。把通过调试的所有子系统组装成一个完整的系统进行综合测试称为系统测试。其目的是检验系统的功能是否实现了设计目标，子系统间的接口是否正确，系统可靠性、数据安全性、使用方便程度、交互界面等综合指标是否理想，是对系统指标的全面考核。系统测试是由程序员和系统分析、设计人员完成的。

（4）验收测试。验收测试即在真实的运行环境下，和用户一起完成最终的验收测试。该阶段的测试用例由有实际意义的数据组成，除验证新系统的结果外，还要考察系统的有效性、可靠性和效率。验收测试的结果需经过用户认可才能有效，验收测试的资料和结论也应归档。

为尽可能快速全面的发现问题，在测试过程中测试方法的设计和数据的选择是非常重要的，在不同的测试阶段可以使用不同的测试方法。

8.3 系统切换

系统经过充分的测试和修改后，由原来的系统转换为新系统的过程称为系统切换。系统切换前需进行人员培训和数据转换等大量的准备工作。系统切换存在很大的风险，因此不能将其认为是一个简单的系统替换过程，应根据实际情况选择正确的切换策略，减少风险，保证新旧系统的转换过程平稳进行。

8.3.1 系统切换前的准备工作

在系统投入使用前，其准备工作涉及多个方面，归纳起来主要是三个方面的工作。

8.3.1.1 人员培训

为用户培训系统操作、维护、运行是系统开发过程中不可缺少的重要环节。对用户的培训包括信息系统知识的普及、新制度的学习、操作训练等。针对不同的培训对象，培训不同的内容，主要有以下几个方面的内容：

（1）计算机应用基础知识；

（2）网络与通讯知识；

（3）系统所用主要软件工具（编程语言、工具、软件包、数据库等）的使用；

（4）系统概貌及整体结构；

（5）系统分析设计思想；

（6）系统操作方式；

（7）可能出现的故障以及故障的排除；

（8）运行操作注意事项等。

8.3.1.2 数据准备

在开发系统的过程中，应按照系统分析和系统设计、数据字典等为指导，根据手工管理的资料，组织和整理所需原始数据。数据准备过程中，应遵循真实性、准确性、完整性的原则。同时要将数据采集、输入过程加以规范化，以确保新系统运行有稳定可靠的数据来源。

8.3.1.3 文档移交

对在开发过程中形成的所有文档资料，要由开发者移交给用户，这些文档资料十分重要，用户单位应该妥善保管，以便在系统运行过程中随时查询使用等。主要包括：

（1）系统使用说明书。使用说明书的内容包括：系统使用的软硬件环境，系统的主要功能及结构,软件系统的安装方法与步骤,系统初始化、系统启动方法、有关参数设置及正常操作流程等。

(2)程序设计报告。程序设计报告的内容包括:程序文件名称、功能及说明一览表;数据文件的名称、记录类型、用途、相互关系及说明一览表;原程序清单及其说明等。

(3)系统测试报告。该测试报告的内容包括:系统测试记录及测试用例;验收测试结论及需要说明的问题等。

(4)系统转换过程记录。应和用户管理人员一起,建立使用、维护系统的必要规章制度,如系统操作规程,系统使用登记制度、建立维护档案等。

8.3.2 系统切换方式

系统切换的方式通常有三种。如图8-1所示。

(1)直接切换。在原有系统停止运行的某一时刻,新系统立即投入运行,中间没有过渡阶段。这种切换方式简单,费用低,但风险大。适用于相对简单、规模较小或即使转化不成功也不会造成大的损失的系统的切换。切换时应做好准备,做好初始数据的备份,旧系统可暂时处于待运行的状态,经过一段时间考验确认新系统运行正常后再取消旧系统。

(2)并行切换。在一定时间期限内,新旧系统并行运行,新旧系统处理的结果相互验证,新系统经过考验期的验证证明正确无误且运行可靠,停止旧系统的运行,新系统完全取代旧系统。这种转换方式比较安全,风险较小,对重要系统一般采用并行切换方式。但新旧系统同时运行,费用、设备、人员投入大。

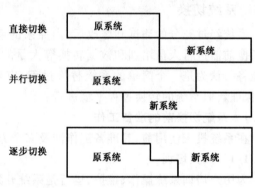

图8-1 系统切换示意图

(3)逐步切换。这种方式是上述两种切换方式的综合,即将新系统分期分批的直接取代旧系统。此方式在一定程度上节省了并行切换的费用,也降低了全部直接切换的风险。逐步切换方式适用于大型系统,使新旧系统切换的过渡比较平稳。先期切换部分的成败对于后继切换工作影响甚大,必须处理好新旧系统切换的接口。

总之,系统切换的工作量较大,情况十分复杂。据国外统计资料表明,软件系统的故障大部分发生在系统切换阶段,这就要求开发人员要切实做好准备工作,拟定周密的计划,使系统切换不至于影响正常的工作。

8.4 系统维护与评价

信息系统是一个复杂的人机系统,随着信息技术的进步,管理水平的提高,系统内外环境的变化,以及各种人为的、机器的因素都在不断变化,从系统投入使用至被更新或淘汰的系统生命周期里,始终离不开系统维护。系统维护的目的不仅在于排除系统故障,保证系统的可靠运行,也是为了使系统适应种种变化,并且不断满足用户的新需求,产生良好的社会和经济效益。另外,大中型软件产品的开发周期一般为一至三年,运行周期则可达五至十年,在这段时期内,除了要改正软件中残留的错误外,还可能多次更新软件的版本,以适应改善运行环境和加强产品性能等需要,这些活动也属于维护工作的范畴。能否做好这些工作,将直接影响系统的使用寿命。系统运行使用的过程,也是改正错误、排除系统故障、修改或扩充系统功能、适应环境变化等完善系统的过程。使用结构化系统分析和设计的方法是提高系统可维护性的根本方法之一。程序编码时强调程序的可读性、可维护性,强调结构化程序设计和在系统分析、设计、实施各阶段做好技术资料的整理归档工作等,其重要目的之一都是为了方便系统投入运行后的维护工作。

8.4.1 系统维护

根据维护活动的目的不同,可将系统维护分成改正性维护、适应性维护、完善性维护和预防性维护四大类。

(1) 改正性维护。在系统交付使用后,因在系统测试阶段会有部分隐藏的错误遗留到运行阶段。这些隐藏下来的错误在某些特定的使用环境下就会暴露出来。为了识别和纠正系统错误、改正系统性能上的缺陷、排除实施中的误使用,应当进行准确的诊断并改正错误。

(2) 适应性维护。它是为使系统适应环境的变化而进行的维护工作。进行适应性维护的原因主要有两方面:一是由于管理体制的改变、机构的调整等带来系统服务环境的变化;另外是由于计算机技术的迅速发展,使得系统的外部环境(新的硬件、系统配置)、数据环境(数据库、数据格式、数据输入输出方式、数据存储介质)可能发生变化,导致系统运行环境的变化。

(3) 完善性维护。在系统的使用过程中,由于业务处理方式和人们对信息系统功能需求的提高,用户往往会对系统提出新的功能与性能要求。例如修改输入格式,调整数据结构使操作更简单、界面更漂亮等。为了满足这些要求,需要修改或再开发系统,以扩充系统功能、增强系统性能、改进加工效率、提高系统的可维护性。这种情况下进行的维护活动叫做完善性维护。

(4) 预防性维护。预防性维护的目的是为了提高系统的可维护性、可靠性等,为以后进一步改进系统打下良好基础。预防性维护是指采用先进的系统工程方法对需要维护的系统或系统中的某一部分重新进行设计、编制和测试。

另一方面,根据维护活动的具体内容不同,可将系统维护分成程序维护、数据库维护、代码维护和设备维护这四类。

(1) 程序维护。指改写一部分或全部程序,程序维护通常都充分利用原程序。修改后的原程序,必须在程序的注释语句中加以说明,指出修改的日期、人员。同时,必须填写程序修改登记表,填写包括所修改程序的所属子系统名、程序名、修改理由、修改内容、修改人、批准人和修改日期等内容。

程序维护不一定在发现错误或条件发生改变时才进行,效率不高的程序和规模太大的程序也应不断地加以改进。

(2) 数据库维护。包括对数据库中存储数据的维护以及数据库安全和结构的维护。由于数据变化或发现错误,需对数据库中的数据进行及时的更新。为保证系统数据的安全,重要的信息系统必须具备数据备份的功能。当系统出现故障造成系统崩溃时,能利用备份的数据进行数据的恢复。对于数据库安全的维护包括对用户的管理和维护,增加、删除用户,修改用户密码或权限等。另外由于环境和需求的变化,可能需要修改数据库的逻辑结构,需增加或删除数据表、数据项、改变数据项的类型等。

(3) 代码维护。随着用户环境的变化,当原有代码已经不能继续适应新的要求时就必须对代码进行维护,包括订正、新设计、添加和删除等内容。代码维护过程中的关键是如何使新的代码得到贯彻。

（4）硬件设备维护。主要指计算机及网络系统设备的维护、管理、维修、更换及升级等。保持计算机及外部设备的良好运行状态是信息系统正常运行的基础。因此，系统运行管理应建立相应的规章制度，定期的对设备进行检查、保养和杀病毒工作，并应设立专门设备故障登记表和检修登记表，以便设备维护工作的进行。

8.4.2　系统评价

信息系统正常运行一段时间以后，需要对系统进行全面评价，考察和评审新系统是否达到了预期目标，技术性能是否达到设计要求，系统的各种资源是否得到充分利用，经济效益是否理想。该过程是检验系统是否达到规划的目标而进行的全面的评价和分析。系统评价是系统开发不可缺少的环节，是系统开发的效果的评价、总结，也是未来新系统开发的基本依据。系统评价应由系统开发人员、用户领导和操作人员共同参加。系统评价主要从目标、性能和经济效益等3个方面进行。

8.4.2.1　目标评价

目标评价的主要工作是按照系统规划的总体方案提出的目标要求，从系统实现功能的角度检查是否完全达到了目标。评价内容主要包括：

（1）开发目标是否实现。

（2）系统功能是否完备，功能设置与分组是否合理，用户对系统功能的满意程度如何。

（3）系统是否实现了不同层次管理人员和业务人员对信息的需求。

（4）输出信息的格式是否符合标准，数据精确度、使用方便程度等用户是否满意。

（5）对输入数据的正确性校验与控制用户是否满意。

8.4.2.2　系统性能评价

性能评价是从技术的角度判断信息系统的技术性能能否满足规划的要求。性能评价内容包括：

（1）系统运行是否可靠、平均无故障运行时间如何。

（2）系统及数据的安全、保密措施是否可行有效。

（3）联机响应时间、数据处理效率是否满意。

（4）系统对环境的适应能力如何。

（5）系统的查错、纠错、容错、控制能力如何。

（6）操作是否方便、用户界面是否直观舒适。

（7）系统的易维护性、可扩展性、源程序的易读性如何。

（8）系统技术资料是否规范、完备等。

8.4.2.3　经济效益评价

经济效益是评价新系统的一个重要指标，但由于系统取得的效益往往是综合效益，因此要对其做出准确的评价具有一定的难度和复杂性。一般认为，信息系统的应用，可以促使企业提高管理水平和管理效率，其经济效益有些可以直接定量计算，有些则很难准确测算。因此信息系统的经济效益可以分为直接效益和间接效益两大类。

1. 直接效益

是指直接取得的可以定量计算的效益。信息系统的应用，增加了投资和一些费用，但可以减少管理人员，减少相应的工资及劳务费用。通过先进的信息处理系统所带来的管理现代化可以节约物资消耗、降低成本消耗、减少库存资金、节约管理费用。直接经济效益评价主要有以下几项：

（1）系统的投资额，包括系统硬件和软件的购置、安装，应用系统的开发等投入的资金、人力和材料等成本。

（2）系统运行费用，包括消耗性材料费、系统投资折旧费、硬件维护费及其他费用。

（3）系统运行所带来的效益。主要体现在成本降低、质量提高、库存积压减少、流动资金周转加快、资金占用额减少、人工费减少和企业利润增加等方面。

（4）投资回收期。投资回收期为通过新增效益逐步收回投入的资金所需的时间，也是反映系统经济效益好坏的重要指标。

2. 间接效益

间接效益主要表现在企业管理水平和管理效率的提高程度上。这是综合性的效益，可以通过许多方面体现，但很难用某一指标来反映间接效益，主要体现在以下几个方面：

（1）提高管理效率。用计算机代替人工处理信息，减轻管理人员的劳动强度，使他们有更多时间从事调查研究和决策工作；由于各类数据集中处理，使综合平衡容易实现；由于采用计算机网络等手段，加强了各部门之间的联系，提高了管理效率。

（2）提高管理水平。由于信息处理的效率提高，从而使事后管理变为实时管理；使管理工作逐步走向定量化。

（3）提高企业对市场的适应能力。应用计算机提供辅助决策方案，当市场情况变化时企业可及时进行相应决策以适应市场。

例如物资管理系统的建立，可以明显提高库存记录的准确性和及时性，减少库存量，从而减少物资的积压浪费，同时也能保证生产用料的供应，避免因原料短缺而生产停顿，最终提高了生产力。生产管理系统的建立可以更合理的安排人力物力，及时掌握生产进度和产品质量，从而提高生产率和生产管理水平。销售管理系统的建立，可提供较强的查询功能，提高服务质量并及时提供各项经营决策。财务管理系统的建立，可大大提高业务处理能力，减少差错，提高资金周转率等。以上这些都是间接效益的表现形式。

8.5　系统运行管理

信息系统在运行阶段将发挥作用，产生预期的效益。但系统建成后，预定的目标并不能肯定实现，开发与运行是影响系统质量与效果的两个同等重要的方面。系统运行管理工作的目的要求与开发阶段有着根本的区别，开发阶段要求经济的、按质按时的开发好系统，而运行管理的目的是使信息系统在一个预期的时间能正常的发挥其应有的作用，产生其应有的经济效益。为使基于网络的信息系统分布于各部门各岗位的计算机设备与软件有一个良好的状态，必须有一个统一的管理。系统中的基本数据及信息是企业重要的资源，为充分利用这些资源，数据与信息的存储、维护，以及安全保密也是运行中的重要工作。运行管理的任务围绕这一目标展开，一般包括三方面的工作：运行情况的记录，文档的规范化管理，系统的安全管理。

8.5.1　运行情况的记录

信息系统运行情况的记录是系统管理的基础，也是系统发生故障时对系统修复的线索。从每天计算机的打开、应用系统的进入、各个功能项的选择与执行，到数据的备份、存档、关机等，按严格要求都要就系统软硬件及数据等的运行情况进行记录。系统运行情况有正常、不正常与无法运行等，后两种情况应将出现的问题、发生的时间及可能的原因作尽量详细的记录。运行情况的记录对系统问题的分析与解决有重要的参考价值，无论是自动记录还是人工记录,都应作为基本的系统文档长期保存,以备系统维护时参考。

8.5.2　文档的规范化管理

系统的开发以文档的描述为依据,系统的运行与维护更需要文档的支持。系统文档是相对稳定的,随系统的运行会有局部的修改与补充。系统文档的管理工作主要包括文档标准与规范的制定以及文档的收存与保管。文档的标准与规范要按国家规定并结合具体系统的特点在开发前制定,用于指导系统开发人员及使用人员及时编写有关的文档资料。形成的文档要集中统一管理并由专人负责。

8.5.3　系统的安全管理

在系统运行过程中会产生和积累大量的信息,这些信息是企业的重要资源。信息系统的安全管理是指为预防意外或人为的破坏,或非法使用信息资源,而对信息系统运行所采取的保护措施。信息系统的安全性问题主要由以下几方面原因造成:

(1) 自然及不可抗因素引起的软硬件破坏与数据破坏。

(2) 操作失误导致的数据破坏。

(3) 病毒侵扰导致的软件与数据的破坏。

(4) 人为对系统软硬件及数据所作的破坏。

为维护信息系统的安全,应做好以下工作:

(1) 按国家法规及企业的具体情况,制定严密的信息系统安全制度。

(2) 制定信息系统损害恢复规程,明确在信息系统遇到自然或人为的破坏时而采取的各种恢复方案与具体步骤。

(3) 配备齐全的安全设备。

(4) 设置可靠的系统访问控制机制,包括权限的授予、用户身份的确认等。

(5) 完整的制作系统软件和应用软件的备份。

系统的运行管理是一项长期性的工作,其目标是对信息系统运行进行实时控制,记录其运行状态,使信息系统能真正的满足用户的需求。

8.6　信息系统项目管理

信息系统的开发是一项涉及面广、技术难度大的系统工程,需投入大量的人力、财力、物力和时间等资源。由于在系统开发过程中存在许多不确定因素,因此需对信息系统的整个开发过程按系统的观点,使用现代项目管理的理念和方法进行控制,才能保证系统的开发成功。本节重点讨论信息系统项目在开发过程中的管理。

8.6.1　信息系统项目管理的目的

项目管理是在一定资源条件,如时间、资金、人力、设备、材料、能源、动力等的约束下,为有效达到项目的既定目标,按照项目的内在规律和程序,对项目的全过程进行有效的计划、组织、协调、领导和控制的系统管理活动。信息系统与传统的工程项目有很大的区别,有其自身的特性,主要表现在:

(1) 信息系统的目标是不精确的,任务的边界是模糊的,质量要求依据项目内容而变化,由项目团队来定义。

(2) 信息系统项目进行过程中,客户的需求会不断变化,需求进一步明确,导致项目的进度、费用等计划不断更改。

(3) 信息系统是智力密集、劳动密集型的项目,受开发团队影响较大,项目成员的结构、责任心、能力和稳定性对信息系统项目的质量以及是否成功有决定性的影响。

在信息系统的项目管理中应强调管理的系统性、综合性和程序化,以通信为基础,将质量管理和时间进度控制集成到统一的环境中,实现二者的协调。

8.6.2 信息系统项目管理的主要任务

信息系统项目管理的任务是确保信息系统项目符合对其预算、进度和质量的要求,并确保交付的软件能达到预定的目标,同时还要对项目的进展情况进行监控。具体包括以下几个方面:

(1)明确项目总体目标,制订开发计划,对开发过程进行切合实际的全局性安排,保证项目总体目标的顺利实现。

(2)严格选拔和培训人员,合理组织开发和管理团队。

(3)编制和调整开发计划进程表。

(4)开发经费的概算与控制。

(5)组织项目复审和书面文件资料的复查与管理。

(6)系统建成后运行与维护过程的组织管理。

8.6.3 信息系统项目管理的内容

按照结构化生命周期开发方法,信息系统的开发分系统规划、系统分析、系统设计、系统实施、维护与管理等阶段。从项目管理的角度看,一个完整的信息系统项目管理通常包括:立项、任务分解与定义、制定开发什划、资源需求估算、项目执行、项目收尾、运行管理及项目评价等内容。信息系统的开发过程与项目管理内容的对应关系如图 8-2 所示。

8.6.3.1 任务分解

任务分解又称为任务划分或工作分解,是将整个信息系统的开发工作定义为一组任务的集合,这组任务又进一步划分成若干个子任务,进而形成具有层次结构的任务群,使任务责任到人、高效运行。

在进行任务分解过程中应特别注意以下两点:

(1)分解任务的数量要适宜。分解任务过多会引起项目管理的复杂性与系统集成的难度;分解任务过少会对项目组成员,特别是任务负责人有较高的要求,从而影响整个系统的开发。因此,应该注意任务细分程度的恰当性。

(2)任务分解后应对任务负责人赋予一定的职权,明确责任人的任务、界限、对其它任务的依赖程度、确定机制和管理规则。

8.6.3.2 计划安排

根据项目任务分解的结果,估算每一项任务所需的时间及各项任务的先后顺序,然后用计划编制方法(甘特图、网络图等)制定整个信息系统开发计划,并制定任务时间计划表。

开发计划可以分解为配置计划、应用软件开发计划、测试和评估计划、验收计划、质量保证计划、系统工程管理计划和项目管理计划等。计划安排还包括培训计划、安装计划和安全保证计划等。

当所有项目计划制定出来后,可以画出任务时间计划表,明确任务的开始时间、结束时间及任务之间的相互依赖关系。这个任务时间计划表可以按照任务的层次形成多张表,系统开发的主要任务可以形成一张表,它是建立所有子任务时间计划表的基础。这些表是所有报告的基础,同时还可以帮助对整个计划实施监控。

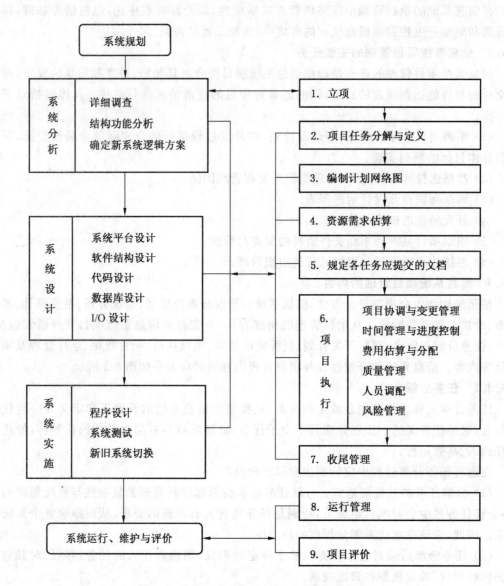

图 8-2　信息系统开发过程与对应的项目管理

8.6.3.3　项目经费管理

项目经费管理的目的是保证在预算范围内完成项目任务,包括估算每项活动的成本,进而对项目的总成本进行预算;项目的资金分配需要根据任务量大小和复杂程度分配适当的可支配资金;在项目实施过程中进行费用控制。

8.6.3.4　项目进度控制

在信息系统的实际开发中,能完全按照项目计划完成任务的很少,这给用户和开发方都造成了很大的损失。因此,在编制项目计划后,对项目进度的控制显得尤为重要。项目进度控制是通过对计划执行的监督跟踪,及时发现计划延误,并采取相应措施来调整计划,尽力保证项目进度与计划一致。

各项任务的工作量都是凭经验估算的,实际工作量与估算经常有很大的差别。由于开发过程中经常产生一些预料以外的工作,使工作量增加、计划拖延。针对开发中存在的不确定性问题,可事先在项目计划中留有一定的余地。另外,由于需求发生变化,使已完成的工作要进行修政,也会导致计划延误。这要求在开发过程中要经常与用户沟通,随时掌握用户的需求变化,发现问题及时解决。

信息系统在开发过程中难免遇到一些问题导致计划延误,这时需要对原计划进行整体调整,综合平衡资源。信息系统的开发是一个复杂的过程,项目进度的控制也较困难,只有在开发过程中不断地积累经验,逐步提高计划制定的准确度,才能更好地控制项目进度。

8.6.3.5　项目风险管理

项目风险主要来自三个方面:项目规模、使用技术的经验和项目结构。项目的投入越多,时间消耗越多,风险也就越大。项目风险管理是对项目潜在的意外损失进行规划、识别、估计、评价、应对和监控的过程,是对项目目标的主动控制手段。采取主动行动,创造条件,尽量减少风险的有利结果,以最少的成本保证项目目标能够安全、可靠的实现。因此,随时研究项目风险并及时制定相应的风险应对策略是项目管理中不可缺少的工作。

8.6.3.6　项目的监理和审计

项目的监理和审计是信息系统项目管理的重要内容,它是保证系统开发工作在预算的范围内,按照任务时间表来完成已定开发任务的重要手段。系统监理和审计的步骤如下所述:

(1)制定系统开发的工作制度。按照所选择的系统开发方法,明确每类开发人员的具体开发任务,确定其在工作中的责任、完成任务的质量标准等。

(2)制定审计计划。按照总体目标和工作标准,制定详细的审计计划。

(3)分析审计结果。针对每一开发阶段进行审计,分析任务计划表执行情况和经费变化情况,根据审计结果,对计划和经费等内容做出相应调整。

(4)控制。根据任务时间计划表和审计结果,掌握项目的进展情况,及时处理开发过程中出现的问题,及时修正开发过程中出现的偏差,保证系统开发工作的顺利进行。

对系统开发过程中出现的各种问题,项目经理要及时与用户联系,取得他们的理解和支持,并针对出现的情况及时采取对策。在必要的时候,可以请第三方监理与审计,以更有利于实现项目目标和保证系统质量。

▌本章小结▐

系统实施是系统开发的最后阶段,也是将系统设计的设计结果最终在计算机系统上实现的阶段,这一阶段的任务包括:程序设计、系统测试及系统的切换、运行和维护、系统的评价等。

程序设计中,应选择合适的程序设计方法,提高程序的可靠性、规范性和可维护性。系统投入使用前应尽可能地发现错误,常见的测试方法有黑盒测试和白盒测试。经过测试的新系统在进行转换时,一般有直接切换、试点过渡、并行切换等方式,在系统应用中应根据具体情况灵活运用。系统投入运行后,要定期对系统的功能、软硬件性能、应用状况和系统的经济效果进行评价,以检查系统是否达到预期目标并提出今后的发展方向。

系统运行中要做好日常维护工作,对系统的运行情况进行准确记录,形成规范的文档,并对信息系统安全采取相应的保护措施。

项目管理是保证信息系统开发项目按期、保质完成的保证。在系统开发过程中,要做好人员管理和实施计划的管理。

▌思考题▐

1. 简述系统实施阶段的主要任务。
2. 程序设计应遵循的原则有哪些？
3. 系统测试过程中常见的方法有哪些？
4. 常见的切换方式有几种？在什么条件下用哪种方式较好？
5. 系统维护的主要内容包括哪几部分？
6. 如何评价信息系统的经济效益？评价中的主要问题是什么？
7. 简述信息系统项目管理的主要目的和内容。

▌案例：谁来负责▐

Hopper 公司是位于新墨西哥州佛明顿的一个经营工业五金的零售商。最初是一个小的沿街铺面，主要为当地的石油和天然气钻工提供服务。店主 Hopper 用了十年时间来扩展自己的生意，使其成为这个州的西北部最大的工业五金销售商。

Hopper 公司和它最大的主顾 BHP 矿业国际公司签订的合同中要求 Hopper 在48 h 内提供 BHP 所需的所有零件的 90%。

随着公司的发展，它的存货清单越来越显示出大而全的趋势。最后 Hopper 决定采用计算机系统来处理所有这些清单，他开始寻找可以为存货密集型的公司提供销售和清单功能的软件。NCR 的库存管理器（Warehouse Manager）软件就是其中的一个。这套软件只需按几下键盘便可以查找清单中上千种商品和现价，在库存不足时发出警告，自动打印清单发票，甚至平衡每月的订购量。这个软件在不到一秒钟的时间内就可以得到顾客的发票清单。对产品做了进一步调查后，它给 Hopper 留下了很深的印象。1998 年底，他决定采用这个软件产品。

9 月份库存管理器安装完毕，公司刚刚启动这个系统便出现了问题。仓库职员发现原定 30 s 的反应时间常常变为几分钟之久。另外终端一天要锁死 20 到 30 次。耽搁的反应时间使 Hopper 的顾客们排成长队等候。并且雇员们不久就发现系统的报价常常出错。

2000 年初，Hopper 让他的员工在两个月内进行了 6 次盘点，每一次计算机显示的数据都和实物相违。客户常常要排队等候，甚至排到了人行道上。由于计算机系统经常出现故障，职员们不得不手写发票。公司的办公室经理经常要每天工作 14 h，并且周末还要加班，仅仅是为了处理计算机系统所引起的问题。

在这段困难的时间里，Hopper 和 NCR 一直保持联系。NCR 的代表告诉他：他的问题很特别，因为这个系统在别的地方运转正常。他们把原因归于职员的无经验，他们的技术人员甚至认为有些问题是静电效果引起的。

Hopper 的问题使他面临竞争，如果他的顾客对 Hopper 特定的服务不满意的话，他们可以选择别人。Hopper 的顾客开始减少，因为他们开始光顾他的竞争对手的商店，这使他不得不减少库存，因为他无法再经营那么多种类的存货。当然，这样做的后果是他常常不能提供顾客所需的现货。

2003 年初,Hopper 雇佣了一个外面的会计事务所清理他的银行账目。他们发现许多数目在公司的计算机化的总账系统中消失了,库存管理器系统已随意地消除了这些数据。为保存生意,Hopper 被迫投入 35 万美元的私人资本。

2004 年 4 月,BHP 公司取消了每年约 35 万美元到 50 万美元的合同。BHP 公司的采购代理解释道:"时间越长,情况会越糟糕。"迄今为止,Hopper 已别无选择。他开始裁减雇员,而留下人员的保健福利也开始减少。他还放弃了计算机系统的使用,因为库存减少,已经没有这个必要了。

Hopper 决定起诉 NCR。Hopper 在起诉书中提到由于系统的原因,他的公司已经损失了 420 万美元。NCR 则声称 Hopper 不该要求赔偿那么多,因为 NCR 根据合同所规定的义务只负担计算机系统的费用,大约 184 567 美元。NCR 还认为诉讼过晚,要求驳回诉讼。因为新墨西哥州对此类案件的法定限期为 4 年,NCR 认为 Hopper 在诉讼以前对这个问题的发现已超过了 4 年。

库存管理器是由 Taylor 公司开发成功的,1997 年 NCR 公司购买其使用权,并移植到 NCR 机器上。但麻烦出现了,一个汽车部件批发公司,向 NCR 抱怨,批评该软件不注意细节及打补丁的问题解决方式,操作员抱怨,如果一个以上的用户要同时存取库存管理器,所有的终端将被锁住。所有的用户只好都退出计算机,然后再重新登录方可使用。但是,当重新登录时,用户发现已经保存的数据常常被莫名其妙地修改并成为非法数据。一个大型建筑零件供应公司的总裁抱怨,他们公司的总分类账受到来自库存管理器的错误数据的影响。他指出,有一个机器部件,公司的购入价格为 114 美元,结果它的售出价格却是 54 美分。他抱怨道:"这个软件是如此的差劲,有那么多缺陷,以至于它可能使我们停业"。

而 NCR 却一直在告诉其客户:软件的问题是孤立的,除此之外的其他部分的运行是没有问题的。然而,尽管否认问题的存在,NCR 仍然保存着它们收到的抱怨的完整记录。NCR 再不能否认软件有问题。1999 年 1 月,NCR 暂时停止销售该软件,让它们的工程师去改正用户提出的软件中的缺陷。同时对于出现的问题,NCR 与 Taylor 开始了长期的争斗。NCR 责备 Taylor 和它的软件,而 Taylor 责备 NCR 的硬件和它的操作系统。最终两家公司因在软件出现的问题之原因上意见不一致而诉诸法律。

▌案例思考题▐

1. 在 NCR-Hopper 案例中有哪些管理、技术和组织中的问题?

2. Hopper 公司在安装 Warehouse Manager 之前是一个成功并发展的企业。有人认为这个软件应为公司的经营失败负责。你认为 Hopper 公司的经营急剧衰败应由谁来承担责任?说明你的理由。

3. 如果你是 Hopper 公司的管理者,你将会如何防止上述问题的出现?对 NCR 你会做些什么?

第9章 企业资源计划（ERP）

9.1 ERP 的含义

企业资源计划（Enterprise Resource Planning，ERP）是由美国著名的计算机技术咨询和评估集团（Gartner Group Inc）在 1990 年发表的研究报告"ERP：A vision of the Nest-Generation MRPⅡ"《ERP：下一代 MRPⅡ 的远景展望》中首次提出的，其思想代表着当今社会先进的企业管理模式，其核心是在 MRPⅡ（Manufacturing Resources Planning，制造资源计划）基础上发展而来的更先进的企业信息管理的综合解决方案。

ERP 是一种管理思想，它体现了信息社会状态下企业管理的最先进的管理理念。ERP 的核心思想是将企业的人、财、物、信息、时间和空间等均作为资源来对待，进行全面的、系统的、集成的管理，以期最大限度地发挥企业资源的整合优势，取得最大的经济效益。

由于计算机和信息技术的飞速发展，ERP 思想得以真正在企业管理中实现，没有计算机技术的支撑，ERP 思想只能停留在纯理论的位置。计算机软件开发人员依据 ERP 的思想，开发出的各种 ERP 软件，使得 ERP 的管理思想真正地进入了企业，进入了应用阶段。

ERP 软件是当今社会具有代表性的信息系统，也是最具复杂性的信息系统之一。ERP 软件将企业的物流、资金流、信息流及企业的所有资源进行全面系统的整合，软件的功能模块涉及企业的各个环节和业务处理。由于企业所属行业的不同，各个企业又有自身的特点和特殊要求，很难有一个通用的 ERP 软件来适用不同的行业，所以不同的 ERP 商品软件往往针对某一行业的特点进行开发，企业选择 ERP 软件时，要从行业的特点和企业的实际需要出发，决定 ERP 系统功能与结构的取舍。

9.2 ERP 的发展历程

企业管理思想的进步和发展，是和社会经济的发展阶段、企业所处经营环境相辅相成的，而管理理论、管理技术的进步和发展及高新技术的推动，必然对现代企业管理思想的普及和应用起到积极的作用。

ERP 理论的形成大致经历了 4 个阶段：订货点法阶段、MRP 阶段和闭环 MRP 阶段、MRPⅡ阶段、ERP 阶段。随着全球经济的发展和市场竞争的加剧，以及信息技术的飞速发展，加之企业产品的复杂性越来越高，使 ERP 管理思想和 ERP 软件得到了快速的推广和广泛的应用。

9.2.1 订货点法

20 世纪 40 年代初期，西方经济学家通过对库存物料随时间的推移而使用和消耗的规律进行研究,提出了订货点的方法和理论,并将其运用于企业的库存计划管理之中。当时工业企业的库存量控制方式普遍采用订货点法,即企业所需各种物料均设置一个最大库存量和安全库存量。最大库存量是综合考虑库存容量、库存占用资金、合适的进货周期等因素而设置的,安全库存量使企业在一些突发事件发生时,能保证企业正常生产的需要。物料的实际库存量不能小于安全库存量。由于物料的供应都需要一定的时间周期,所以物料的订货应在安全库存量之上提前一定的时间进行,这个时间点称为订货点,当所定物料到达时,物料消耗恰恰达到安全库存量,物料得到了及时的补充,并达到最大库存量值,保证了物料供应的连续性。订货点控制模型必须确定两个参数:订货点与订货批量。其示意图如图9-1所示。

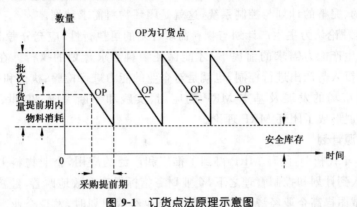

图 9-1 订货点法原理示意图

订货点法简便易行,较适合产品品种单一、产品结构简单、连续性生产较稳定的企业。而对产品结构复杂,产品种类繁多、市场需求变化太快的生产企业,订货点法则暴露出它的不足,它的应用也受到很大的限制。

9.2.2 物料需求计划

20世纪60年代中期,美国IBM公司的管理专家约瑟夫·奥利弗博士首先提出将企业的物料分成独立需求物料和相关需求物料两种类型,并在此基础上总结出一种新的管理理论:物料需求计划MRP理论,也称之为基本MRP(Material Require Planning)。

MRP的理论和方法与传统的库存理论和方法有着明显的不同,其最主要的特点是在传统管理模式的基础上引入了时间分段和反映产品结构的物料清单BOM(Bill Of Materials),较好地解决了库存管理和生产控制中"在需要的时间提供需要的数量"的问题,这种思想提出物料的订货量是根据需求来确定的,这种需求应考虑产品的结构,即产品结构与物料的需求量是紧密相关的。MRP逻辑流程如图9-2所示。

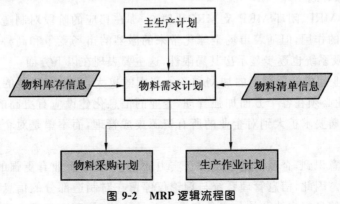

图 9-2 MRP 逻辑流程图

从 MRP 逻辑流程图可以看出，当具备了主生产计划、物料清单和库存信息三个方面的数据，便可以编制出 MRP，得出物料相关需求的准确数据。基本 MRP 的物料需求计划的制定中用到的数据主要来自静态数据，未考虑生产能力和影响生产能力的一些因素，如设备检修或出现故障，车间生产能力将会受到很大影响，由此引发物料需求的数量和时间也会发生变化，正是由于这些问题的存在，使得物料需求计划有时与生产不相协调，这种不协调同样影响库存的有效管理和生产的正常进行。为提高物料需求计划的有效性，人们引用控制系统的闭环控制理论，对 MRP 进行了改进，在 MRP 的基础上增加了能力需求计划（CRP）、车间作业管理（SFC）和采购管理（PM）等功能，并及时得到来自生产能力的反馈信息，从而形成了一个闭环的、完整的计划与控制系统，这就是闭环物料需求计划。

闭环 MRP 理论认为主生产计划与物料需求计划的可执行性，应充分考虑企业生产能力的约束，在满足生产能力需求的前提下，才能保证物料需求计划的执行。在这种思想要求下，企业必须对投入与产出进行控制，也就是对企业的能力进行检验、执行和控制。

由此，随着市场的发展及基本 MRP 的应用、实践和不断完善，20 世纪 70 年代末在 MRP 基础上发展形成了闭环 MRP 理论。

9.2.3　制造资源计划

20 世纪 80 年代初期，闭环 MRP 得到了推广和广泛的应用，企业物料采购环节与生产环节有效地纳入到计划和控制管理之下，企业财务指标得到有效地改善，经济效益得到了提升。但人们在试图提高企业经济效益制定新的企业经营规划时，发现企业高管不仅需要生产产量、时间等方面的数据，还需要产值、销售额、利润、成本和费用等方面的财务数据，而这些数据在 MRP 系统中并没有涉及到。如果能把财务信息与生产信息整合起来，将生产信息及时转换成财务信息，企业管理人员就能对企业的发展有更好的把握。基于这种思想，人们又把闭环 MRP 作了进一步的拓展，把与企业生产经营有着密切联系的成本会计、总账、应付账、应收账和销售等功能与 MRP 进行整合，及时准确地反应产品的成本、费用、资金利用率、销售收入和账务处理的情况，进而全面规划和管理企业的生产经营过程，达到整体优化的水平。这样就形成了新的管理计划体系：制造资源计划（Manufacturing Resources Planning），为了有别于 MRP 的缩写而采用 MRP Ⅱ 来表示。

MRP Ⅱ 在保持原有的闭环 MRP 的基础上，增加了财务信息与采购、生产、销售的整合，还增加了能反映企业长期发展经营目标的经营规划、反映产品生产大纲的生产规划，使物流和资金流有机地结合起来，从而形成了一种先进的企业管理理论和方法。

9.2.4　企业资源计划

上述的基本 MRP、闭环 MRP 及 MRP Ⅱ 理论，都在相应的阶段对制造业的物流管理起到了积极和重要的作用，但随着市场全球化带来的激烈的市场竞争和高科技突飞猛进的发展，MRP Ⅱ 思想及系统也逐步显示出其局限性，这主要表现在以下方面：

（1）面对企业间的竞争程度的加剧和竞争范围的扩大，要想在激烈的市场竞争条件下生存和发展，企业必须在各个方面加强管理，企业的信息化建设应有更高的集成度，同时企业信息管理的范畴要求扩大到对企业的所有资源集成管理，而不单是对企业的制造资源的集成管理。

现代企业都意识到，企业的竞争是综合实力的竞争，要求企业有更强的综合实力，快速的市场响应速度。因此，信息管理系统与理论仅停留在对制造部分的信息集成与理论研究是远远不够的。信息集成涉及的与竞争资源有关的物流、信息流及资金流已经从制造部分扩展到全面质量管理、市场信息与企业所有资源（包括分销资源、人力资源、客户资源、服务资源等），并且要求能够处理工作流，这些方面 MRPⅡ都已经无法满足。

（2）企业规模扩大化，多集团、多工厂要求协同作战，统一部署，这已经超出了 MRPⅡ的管理范围。全球范围内的企业兼并和联合的潮流，造就了大型企业集团、跨国集团不断涌现。越来越庞大的企业规模，要求企业内的各集团之间、集团内各工厂之间统一计划、协调生产步骤、汇总信息及集团内部的资源优化调配等，这些既要独立、又要统一的资源共享管理是 MRPⅡ无法解决的。

（3）信息全球化趋势要求企业之间加强信息交流与信息共享，企业之间既是竞争对手，又是合作伙伴，信息管理要求扩大到整个供应链的管理，这些更是 MRPⅡ所不能解决的。

随着全球信息化的飞速发展，尤其是 Internet 的应用与发展，企业与企业、企业与供应商、企业与用户之间，甚至是竞争对手之间都要求对市场信息快速响应并信息共享。越来越多的企业之间的业务在网络上完成，这些都对企业的信息化应用提出了新的要求。

随着现代管理思想方法的提出和发展，如：JIT（Just In Time，及时生产）、TQM（Total Quality Management，全面质量管理）、OPT（Optimized Production Technology，优化生产技术）及 DRP（Distribution Resource Planning，分销资源计划）等，又相继出现了 MES（Manufacturing Execute System，制造执行系统），以及 AME（Agile Manufacturing System，敏捷制造系统）等。MRPⅡ也逐步吸取和融合其它的先进理念来完善和发展自身理论，20 世纪 90 年代MRPⅡ发展到了一个新的阶段：ERP（Enterprise Resource Planning—企业资源计划）。

企业所有资源简要地说就包括三大流：物流、资金流、信息流。ERP 就是对这三种资源进行全面集成管理的信息系统。概括地说，ERP 就是建立在信息技术基础上，利用现代企业的先进管理思想，全面地集成了企业所有的资源信息，为企业提供决策、计划、控制与经营业绩评估的全方位和系统化的管理平台。ERP 系统是充分体现 ERP 管理理论和管理思想的信息系统，它整合企业的所有资源，包括企业内部资源与外部资源，为企业制造产品或提供服务创造最优化的解决方案，最终实现企业的经营目标。由于 ERP 管理思想必须依附于电脑软件系统的运行，人们往往误解 ERP 系统只是一种软件。理解与应用 ERP 系统，必须深刻理解 ERP 的管理思想与理念，才能做到真正的掌握与应用。

ERP 理论与系统是从 MRPⅡ发展而来的，它除继承了 MRPⅡ的基本思想（制造、供销、财务）外，还极大地扩展了企业管理的范畴，如多工厂管理、质量管理、设备管理、运输管理、分销资源管理、过程控制接口、数据采集接口及电子通信等。它汇合了离散型生产和流程型生产的特点，更加灵活和"柔性"地开展业务活动，实时响应市场的需求，融合了多种现代管理思想，进一步提高了企业的管理水平和竞争力。因此，ERP 理论不是对 MRPⅡ的否认，而是继承与发展，MRPⅡ的核心是物流，主线是计划，伴随着物流的过程，同时存在资金流、信息流；ERP 的主线也是计划，但 ERP 已将管理的重心转移到财务管理上，在企业整个经营运作过程中贯穿了财务成本控制的理念。总之，ERP 极大地扩展了管理业务的范围及深度，包括质量、设备、分销、运输、多工厂管理、数据采集接口等多方面的管理业务。ERP 的管理范围涉及企业的所有供需过程，是供应链的全面管理。

上述我们讨论了 ERP 的含义和它的发展历程，但我们更应当意识到 ERP 是一个不断发展中的概念，用户、软件供应商、实施顾问从不同的角度对 ERP 有着不同的理解，到目前为止，也没有产生一个 ERP 的定义或"ERP 标准系统"，因此，在社会实践中，既要深刻理解 ERP 管理思想的内涵，结合软件的实际功能，更要从企业的实际情况和需要出发，决定 ERP

系统建设中功能与结构的取舍。

9.3　ERP 基本原理

9.3.1　主生产计划

主生产计划（Master Production Schedule,MPS）用来说明在可用资源条件下,企业在一定时间内,生产什么,生产多少,什么时间生产。

任何制造业企业都有自己的生产计划,即使在没有实施 ERP 管理的传统管理模式下也必须有生产计划。传统管理模式企业的生产计划,通常是由计划部门下达,生产部门执行,一些中小企业甚至直接由销售部门给出销售预测或销售订单数量,生产部门直接根据销售部门提供的数据安排生产。

在传统管理模式下,企业生产计划发生变化时,企业内部的调整常常缺乏统一的调度与管理,企业各部门对这些变化不能及时协调有序的进行调整,各部门无法及时获得所需的数据与信息,给生产运行和管理带来严重的后果。

在 ERP 系统管理中,主生产计划是一个重要的管理层次,主生产计划确定每一个具体产品在每一个具体时间的生产计划,计划的对象一般是最终产品。ERP 系统计划的真正运行是从主生产计划开始的。主生产计划的确定过程伴随着粗能力计划的运行,即要对关键资源进行平衡。企业的物料需求计划、生产作业计划、物料采购计划等均来源于主生产计划,即先有主生产计划驱动物料需求计划,再由物料需求计划生成生产作业计划与物料采购计划,由此可见,主生产计划在 ERP 系统中起着承上启下的作用,实现从宏观到微观计划的过渡与连接。主生产计划一旦发生变化,ERP 系统可以迅速地进行处理,给生产管理提供调整的依据,给采购与销售部门提供准确的变更信息。同时,主生产计划又是连接客户与企业销售部门的桥梁,因此,在 ERP 管理系统中,要充分重视主生产计划的作用。成功运行 ERP 系统的企业,主生产计划的管理几乎都是成功的。

当然如果企业产品的生产周期较长,它的重要性就不是很突出了,如一些大型设备、造船、飞机等设备的制造企业,这些企业的主生产计划安排往往是一年一次。

主生产计划必须是可以执行、可实现的,它应该符合企业的实际情况,其制定与执行的周期视企业的情况而定。主生产计划项目还应确定其在计划期内各时间段上的产品需求数量。主生产计划的来源主要有以下几种途径:

（1）客户订单;

（2）市场预测;

（3）独立需求。

9.3.2　粗能力计划

主生产计划下达时,还有一个需要重点考虑的要素——企业的资源能力。主生产计划应该是一个可行的计划,需要在执行过程中得到企业生产能力及相关资源的支持。因此当主生产计划制定完成后,需要计算所需资源支持情况,这是检验主生产计划是否可行的重要依据。

企业生产能力是企业资源能力最重要的环节。企业生产能力是由多个生产环节构成的,在对主生产计划进行检验时,不必对企业每个加工环节的生产能力和各种资源进行检验。约束理论（Theory of Constraints,TOC）认为产能是由瓶颈资源决定的。基于此原理,粗能力计划与约束理论的思想一致,即关键的资源、瓶颈资源决定了企业的产能,依靠提高非关键资源的能力来提高企业的产能是不可能的。

所以主生产计划的可行性主要通过粗能力计划(Rough-Cut Capacity Planning,RCCP)进行检验。粗能力计划是对关键工作中心的能力进行运算而产生的一种能力需求计划,企业中关键工作中心的数量有限,因此它的计算量要比能力需求计划小许多。粗能力计划的运算与平衡是确认主生产计划的重要过程,未进行粗能力平衡的主生产计划是不可靠的。相对而言,细能力需求计划则是针对企业全部工作中心的能力需求计划。

主生产计划人员要在主生产计划和关键资源的能力之间进行协调和平衡,一般从两个方面来解决计划和产能矛盾。

(1) 改变负荷:重新制定计划,延长交货期,取消客户订单,减少生产数量。

(2) 改变能力:更改加工路线,加班加点,组织外协,增加人员和关键设备。

主生产计划人员应尽可能解决这些矛盾,若确有难以解决的严重问题,应把分析的情况及提出的建议报告给上级,协调有关部门工作,与有关部门一起商讨解决办法。图 9-3 为 MPS 与 RCCP 的关系。

9.3.3 物料需求计划

9.3.3.1 概述

物料需求计划是 ERP 管理思想和 ERP 系统的重要部分。物料需求计划的可执行性要经过各种能力约束的检验、平衡,最终结果应该是可以执行的计划。它与主生产计划一样处于 ERP 系统计划层次的计划层,由 MPS 驱动 MRP 的运行。

物料需求计划是对主生产计划的各个项目所需的全部制造件和全部采购件的支持计划和时间进度计划。MPS 的对象是最终产品,产品的结构是多层次的,一个产品可能会包含成百上千种需制造的零配件、外购材料,而且所有物料的提前期(加工时间、准备时间、采购时间等)各有不同,各零配件的投产顺序会有差别。另外,加工必须是均衡的,才能满足 MPS 的需求,这些就是 MRP 要解决的问题。

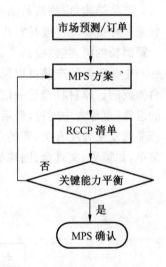

图 9-3 MPS 与 RCCP 的关系

物料需求计划主要解决以下几个问题:

(1) 要生产什么?生产多少?(来自 MPS)

(2) 要用到什么?(根据 BOM 展开)

(3) 已经有了什么?(根据物品库存信息、即将到货或产出信息)

(4) 还缺什么?(计算出结果)

(5) 何时安排?(计算出结果)

物料需求计划子系统是生产管理的核心(也是生产计划管理部分的核心),它将主生产计划排产的产品分解成自制件计划和物料采购计划。物料需求计划子系统能帮助企业摆脱旧的按台套组织生产的管理方式,提供给企业一套全新的、科学的管理方式。物料需求计划的计划时间单位有时需要准确到小时。

MRP 运算、制定的基本原理是:

(1) 由最终产品的主生产计划导出有关物料(组件、材料)的相关需求量与需求时间。

(2) 另一个是独立需求数据。如:维修、服务用的备件、特殊目的的需要等。

(3) 根据物料的提前期确定投产或订货时间。

物料需求计划的展开过程如图 9-4 所示。

由图可以看到，MRP 的运算和形成，涉及到产品结构和物料清单的概念，下面进行简单的介绍。

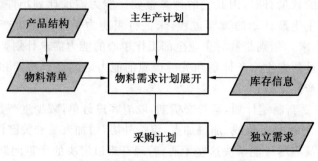

图 9-4 MRP 物料需求计划展开过程

9.3.3.2 产品结构

产品结构，也称产品结构树，是一种常用的、用图形来描述产品结构的方法。一般来说它是一种由零部件或材料作为树枝和叶子而构成的树状结构，根在上面，枝叶在下面，形如一颗倒长的树，其树根是产品。产品结构树反映的产品结构比较直观。

企业生产的产品可以说是从原材料的购买开始的，也就是说任何产品最终都是由原材料构成的。原材料经过一定的生产加工，发生物理、化学变化，然后经过组装、配置形成产品的组件，也称为中间件，最后通过一定的加工（组装等）形成企业的最终产品。产品的结构与产品的复杂程度有关，有的产品由成千上万个零部件组成，如飞机、轮船、汽车等；有的比较简单，如镜子、文具盒、圆珠笔等。图 9-5 描绘了联想启天 M690E 电脑的组成。

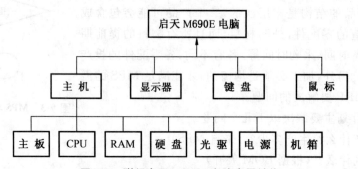

图 9-5 联想启天 M690E 电脑产品结构

顶层的是最终产品（是指生产的最终产品，但不一定是市场销售的最终产品），最下层是采购件（原材料、组件），主机是中间件，这样就形成了一定的层次结构。在直接构成的上下层关系中，把上层的物料（组件）称为父件，下层的构成件称为该父件的子件。因此，处于中间层的所有物料（组件、部件），既是其下层的父件，又是其上层的子件。

9.3.3.3 物料清单

物料清单（Bill Of Material，BOM）是产品结构的技术性描述文件，有时又称为产品结构表。

物料清单表明了产品的组件、子件、零部件和原材料之间的结构关系，包括每个组装件所需要的各个下属部件的数量。每种型号的产品都有自己唯一的物料清单，它决定了构成一个产品所需的全部零部件及其装配关系。有些产品的构造非常复杂，往往由成千上万个零部件组成,因此一个复杂产品的完整 BOM 通常也很复杂。BOM 本质上就是一份反映产品结构的技术文件。表 9-1 所示是联想启天 M960E 电脑的 BOM 输出格式。

表 9-1　联想启天 M960E 电脑的 BOM

物 料 清 单

产品名称:联想启天 M960E　　　计量单位:套　　　制表日期:2010-3-16

序号	物料层次	物料编码	物料名称	型　号	规　格	计量单位	数量
1	1	A00001	主机	启天 M690E		台	1
2	2	B00001	主板	Intel p35/p33	Express	块	1
3	2	B00002	CPU	Intel E5400	2.7G Hz	个	1
4	2	B00003	RAM	圣创雷克 1GB	DDR2 800M Hz	条	2
5	2	H00001	硬盘	三星 HD321HJ	320 GB	个	1
6	2	D00001	光驱	索尼 DVD-ROM	DDU1681S DVD	个	1
7	2	W00001	开关电源	HK280-220P	220V 50Hz 4A	台	1
8	2	J00001	机箱	OC03	立式	个	1
9	1	C00001	显示器	联想 LEN1152	19.1 英寸	个	1
10	1	K00001	键盘	联想 JME7063		个	1
11	1	M00001	鼠标	联想	光电	个	1

9.4　ERP 系统的主要功能模块

ERP 将企业所有资源进行系统化的整合和集成管理。简单地说是将企业的三大流:物流、资金流、信息流进行全面系统化、集成化管理。根据企业的组织结构和业务流程,企业管理主要包括以下几个方面的内容:生产计划管理、物资管理、生产过程管理、销售管理、财务管理和人事管理等。各软件公司开发的 ERP 软件系统在子系统设立上可能有所差异,但基本处理模块都必须具备。

ERP 系统基本业务流程图如图 9-6 所示。

9.4.1　生产计划管理子系统

生产计划管理是 ERP 系统的核心部分,它将企业的整个生产过程有机结合在一起,使企业能够合理地、有效地利用企业的各种资源,提高企业的经营效率和经济效益。生产计划管理使企业各个相对独立部门的生产流程系统化的衔接起来,形成一个有机的整体,系统且协调的运作。

生产计划管理以主生产计划为导向,企业的物料需求计划、车间作业计划、物料采购计划等均依据于主生产计划。

9.4.1.1　市场预测管理

市场预测管理的主要目的是通过一定的数学模型,对市场的销售数据进行数据挖掘和分析,参照现有的订单信息,为企业主生产计划的制定提供了坚实的依据。

9.4.1.2　主生产计划(MPS)

主生产计划是企业在一段时期内总生产活动的安排。通过市场预测和客户订单及对历史销售数据的分析,制定出来各周期中生产的产品种类和数量,在平衡了物料和能力的需求后,形成精确、详细的时间进度计划。

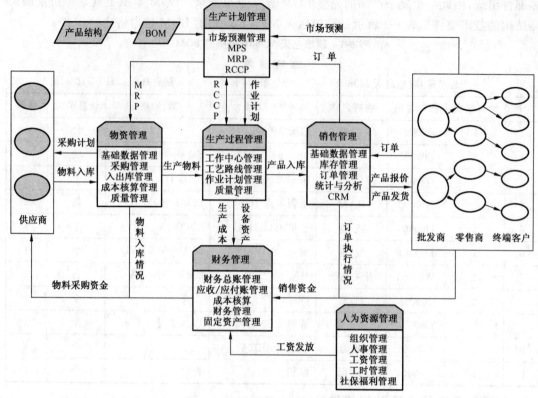

图 9-6　ERP 系统基本业务流程图

9.4.1.3　粗能力计划（RCCP）

粗能力计划是对关键工作中心的能力进行运算而产生的一种能力需求计划。主生产计划制定出后，可通过粗能力计划对瓶颈资源进行计算，做好生产能力和生产负荷的平衡工作，保证 MPS 的可执行性。

9.4.1.4　物料需求计划（MRP）

可行的主生产计划确定之后，依据产品结构数据描述模型，转化为 BOM，并由此计算出每种计划产品的物料需求，然后合并同类物料项，并对照现有的可用库存量，将整个企业要生产的产品计划转变为所需物料的实际需求量，并由此得出各个时段物料的采购计划。

建立产品结构数据描述模型和将其转化为 BOM，是 ERP 软件设计中的技术难点之一。

9.4.2　物料管理子系统

物料管理部分是整个 ERP 系统的最基础的部分，物料管理工作的好坏，直接影响整个 ERP 系统实施的成功与否。

9.4.2.1　基础数据管理

物料基础数据是 ERP 系统中最重要的基础数据，它涉及物料代码、物料名称、物料规格、计量单位、财务科目编码等属性信息，其中物料代码具有唯一性特征，它是整个 ERP 系统中用到物料信息的所有模块所参照和引用的基础数据，对物料基础数据必须建立规范化、标准化的处理方法，一般情况下，一旦建立就不要轻易改动。

9.4.2.2　物料采购管理

物料采购计划是由 MRP 及现可用库存共同决定的。通过对供应商的档案信息分析，确定可信的供应商，合理的订货量、合适的价格，既满足 MPS 的需要，又要保持最佳的安全储备,同时能够随时提供采购、验收信息,跟踪和催促外购或委外加工的物料,保证物料的及时到位。物料采购管理除了提供有关信息的查询功能外,还可提供供应商信誉等级分析、物料价格分析等的决策性信息支持。

9.4.2.3　物料入出库管理

当采购的物料到达企业后,必须进行入库处理,以便仓库管理人员进行有效地监管,同时通过入库处理,能实时、准确地反映当前物料库存数量和成本的状况;连续性生产的企业,每天都要进行物料出库处理,以满足生产的需要,同样每一笔物料出库信息的处理完成,也准确的体现到现库存数量和现物料成本上。

9.4.2.4　物料成本核算

物料成本在大多数制造业的产品成本构成中都占有较大的比重。对产品的成本进行准确的核算和控制,对企业降低产品成本、提高产品的市场竞争力具有重要的意义。一般情况下,物料成本的计算方式采用计算机擅长的实时滚动成本核算方法,即随着入库、出库的变化,物料的成本随时发生着变化。

9.4.2.5　物料质量管理

物料质量管理模块对采购的物料,进行全面的质量管理,在物料采购过程中要对供应商的物料进行质量检验,对到货的物料,要进行全检或抽检,并对检验结果进行详细的记录,以备日后分析之用。物料的质量是企业产品质量好坏的关键,只有把住物料质量关,才能从基础上保证企业产品的质量。

9.4.3　生产过程管理子系统

生产过程管理子系统主要是对各工作中心的工作进行全面的管理,它主要涉及工作中心管理、工艺路线管理、作业计划管理、质量管理等。

9.4.3.1　工作中心管理

工作中心是 ERP 系统基本的生产加工单元,它是由特定的设备和特定的和劳动力组成的特定加工过程(加工、装配、检验等),它也是导致产品的成本发生变化和投入产出核算的基本单元,一般来说,一个连续的加工过程组成的工序可以设定为一个工作中心。工作中心的管理主要包括工作中心加工能力数据、成本数据等基础数据的管理。

9.4.3.2　工艺路线管理

工艺路线(Routing)是描述加工步骤、制造和装配产品的操作顺序的文件。它包含加工工序顺序和工艺要求,指明各道工序的加工设备及所需的额定工时和各种相关费用等。

9.4.3.3　作业计划管理

作业计划是主生产计划在各个工作中心的具体实现,它是随时间变化的、动态的生产过程的计划安排。它将生产作业分配到各个工作中心,并进行作业排序、作业管理和作业控制。

9.4.3.4　质量管理

质量管理模块对整个生产过程中的质量进行全面的管理。在生产过程中,对每一道工序进行全面质量管理和控制,产品下线后,要对产品进行相应标准的质量检验和控制,保证产品的质量达到规定的质量标准,只有保证了产品的质量,才是企业发展的根本所在。

通过质量管理中的批次管理,对批次产品进行管理和跟踪,可以比较精确地分析和控制产品的质量,批次跟踪功能还可以使企业有能力依据客户的特殊技术要求分配最合适的产品批次。

9.4.4　销售管理子系统

销售管理子系统是对生产线的产品下线后入库到成品库起，一直到将产品送到终端客户手中的整个过程的管理，它主要涉及以下几个方面的管理：

9.4.4.1　基础数据管理

产品基础数据是 ERP 系统中最重要的基础数据之一，它涉及产品代码、产品名称、规格、计量单位、财务科目编码、批发价、零售价等基础信息，是整个 ERP 系统中用到产品数据时所参照和引用的基础数据，产品编码必须具有唯一性特征，对产品基础数据必须建立规范化、标准化的处理方法，一旦建立，一般情况下最好不要轻易改动。

9.4.4.2　产品库存管理

1．入库处理

产品下线后，须进行入库处理，以便成品库管理人员进行有效地监管，同时通过入库处理，能实时、准确的反映当前的库存数量状况。

2．产品的库存控制

一般情况下，生产计划的制定随市场预测和订单而决定，产品不会造成积压，但当市场预测发生偏差或订单执行出现异常时，往往造成产品的积压，营销部门需及时采取营销策略进行处置，并将情况及时上报企业高层和计划部门，对下一步的产品结构和生产计划进行及时的调整。

9.4.4.3　订单管理

销售订单是 ERP 的入口，它是主生产计划安排制定的主要依据。而销售订单的管理贯穿了产品销售管理的整个流程。订单管理主要包括：客户信息管理、产品库存查询、产品报价、订单输入、变更及跟踪、订单执行处理及退货管理等。

9.4.4.4　销售数据统计与分析

此模块的主要任务是对销售产品、销售地区、销售客户各种信息的管理和统计，对销售数量、金额、利润、绩效、客户服务做出全面的分析等。可依据各种指标做出统计，比如客户分类统计、产品利润分析、市场分布分析、销售代理各种指标分析等。

通过对市场信息、产品信息、客户信息、服务信息和历史数据的统计、分析和数据挖掘，及时发现新的市场机会，实时调整企业的产品结构，对市场做出积极的响应。

9.4.4.5　CRM 系统

CRM 是一种以客户为中心的管理思想和经营理念，是一种旨在改善企业与客户关系的新型管理机制，目标是通过提供快速、周到和优质的服务来保持更多的客户，并通过对营销业务流程的全面管理来降低产品销售成本；同时它又是以现代信息技术为支撑的一套先进的管理软件和技术，它将最佳的商业实践与数据仓库、数据挖掘、销售自动化及其他信息技术紧密结合在一起，为企业的销售、客户服务和决策支持等领域提供一个自动化的业务解决方案。

ERP 系统也吸收了 CRM 等先进的管理理念，将 CRM 的思想和功能移植到 ERP 的销售管理系统之中，完善和发展了销售管理子系统的功能。

9.4.5　财务管理子系统

财务管理子系统包括会计核算和财务管理两大部分。其主要模块的功能介绍如下：

9.4.5.1　应收／应付账管理

应收账款主要指企业应收的由于商品赊欠而产生的正常客户欠款账。应收账管理模块的功能包括发票管理、客户管理、付款管理、账龄分析等。它和客户订单、发票处理业务相联系，同时将各项活动生成记账凭证，导入总账。

应付账管理主要是针对企业应付物料购货款。应付账管理模块的功能包括发票管理、供货商管理、支票管理、账龄分析等。它能够和采购模块、库存模块完全集成以替代过去繁琐的手工操作。

9.4.5.2 成本核算

产品的成本是生产和销售一种产品所需的全部费用。企业的成本是企业经营过程中为了达到经营目的而发生或未发生的价值牺牲，它可用货币单位加以衡量。按照核算对象和核算目的的不同，成本可分为：实际成本、标准成本、计划成本、定额成本和滚动成本。在现有的市场经济的机制下，计划成本已基本被弃用，物料成本的计算一般采用计算机系统擅长的滚动成本的计算方法。成本核算模块的功能主要包括标准成本制定、成本费用归依、成本计算等。

9.4.5.3 财务管理

财务管理的功能主要是基于会计核算的数据，再加以分析，从而进行相应的预测、管理和控制活动。它侧重于财务计划、控制、分析和预测。

9.4.5.4 固定资产管理

固定资产管理模块的主要功能有：基础数据维护、资产折旧管理、资产增减管理、资产维护管理、资产租赁管理。企业的固定资产类型繁多，规格不一，为了加强管理和核算，需要利用固定资产管理功能来计算和处理资产的购置、废弃、转移和折旧等业务。除了对资产价值的法定折旧费方法外，企业还可以通过多种折旧和评估的方法，对企业固定资产的质量、使用、报废、增置等方面提出合理化的建议，以充分发挥固定资产的作用。

9.4.6 人力资源管理子系统

近年来，企业人力资源被视为企业最重要的资源，企业的人力资源管理，已经越来越受到企业的高度关注。人力资源管理，作为一个相对独立的模块，集成到 ERP 系统中，它和财务管理、生产控制管理、物流管理等系统形成了一个相对融合的的企业资源系统。

人力资源管理主要有以下功能：

9.4.6.1 组织管理

组织模块包括组织结构管理、员工计划与工作描述、人事成本计划等。组织结构管理是战略性的人力资源管理模块，它具备帮助企业重组、管理转型和再造的功能，并能提供准确的组织结构图，使人事主管利用组织管理系统创建全新的组织结构；员工计划与工作描述模块，可为每个员工制定职务模型，包括职位要求、升迁路径和培训计划，给出一系列的培训建议，一旦机构改组或职位变动，系统又会提出一系列的职位变动或升迁建议；人事成本计划是有关人事活动的系统性、前瞻性计划，它为企业的发展提供有力的数据支持。

9.4.6.2 人事信息管理

人事信息管理模块包括职员基本/关系信息管理、招聘管理、出差管理。人事基本信息对职员的各种基本信息进行详细的登记，可涉及婚姻、子女、喜好、习惯等隐密性信息，关系信息管理可包括父母和其他社会关系信息，有效地研究和利用这些信息，这对稳定职员队伍、发挥职员的工作积极性将带来巨大的益处；招聘管理是企业招聘具有合适技能员工的过程，招聘系统支持招聘过程的优化，减少业务工作量，降低成本；出差管理负责对出差的申请、批准及报销工作进行工作流控制。

9.4.6.3　工资核算与薪资管理

工资核算与薪资管理包括工资核算、工资处理、薪资管理。其中，工资核算模块能根据企业跨地区、跨部门、跨工种的不同工资结构及处理流程制定与之相适应的工资核算方法；工资处理模块提供一个在线处理系统，提醒处理人员何时该处理何种工资，并启动系统内嵌的审核功能进行自动记录，作为未来查阅的依据；薪资管理模块包括薪资管理的设计和审批决策、资金的发放和薪金的计算程序。

9.4.6.4　工时管理

工时管理包括班次计划、工时记录管理和考勤管理。其中班次计划根据企业的要求和员工的出勤情况来计划班次情况；工时记录管理可以追踪总工时数，以满足工作分析、休假管理和工作分担等业务的需要；考勤管理可以根据企业当地的日历，灵活安排运行时间和休息时间表。

9.4.6.5　社保福利管理

社保福利管理是人力资源管理工作的重要组成部分，通过此功能，可以对参保单位、参保职员的社会福利的数据进行各种管理工作。

除上述人力资源管理的基本内容外，人力资源管理也不断扩展着许多新的内容，包括工作流管理、internet/intranet 方案和员工自助服务。其中业务工作流为人力资源管理提供了新的工作方式，在合适的时间自动把任务分配给合适的员工；internet/intranet 方案给人力资源管理带来了新的挑战和机遇；员工自助服务使员工能够查看和更新个人数据，帮助企业提高信息的质量。

9.5　ERP 的实施与开发

9.5.1　ERP 的实施现状

ERP 进入中国企业已有 20 多年的历史，它为中国企业带来了一个全新的企业管理理念和管理工具，开阔了企业家管理的视野，它先进的管理思想、方法和信息技术的应用在企业管理中发挥着越来越大的作用。近几年来，国内企业实施 ERP 的需求持续高涨，不少企业已经将 ERP 成功的应用到了企业管理的各个领域，并创造了不少成功实施的案例。然而失败的案例也不少，ERP 实施成功率不高是一个不容回避的事实，对实施 ERP 所遇到的困难，怎么强调都不过分。

目前，国内 ERP 应用存在的主要问题表现在以下几个方面：软件系统对企业管理需求的满足度不高，交付结果和预想目标差距大；产品交付能力差，项目久拖不决、成本失控；管理基础薄弱，造成项目返工、夭折；初期没有进行管理咨询，缺乏整体项目规划。

另外由于 ERP 系统是以信息化技术支撑的企业管理系统，涉及管理、计算机软硬件技术、通讯、网络、数据库技术等多个领域的交叉和配合，使 ERP 项目从规划开始，在项目准备、业务流程优化、项目实施、项目评估、系统运行和维护等整个项目的生命周期中都存在着巨大的困难和风险。

9.5.2　ERP 的实施原则

ERP 系统是一个复杂度极高的信息系统，实施过程中必然存在巨大的困难和风险，我们必须遵循信息系统和软件工程的设计和实施理念，采取科学的方法和积极的应对措施，有效规避和化解实施风险，保证企业 ERP 项目的顺利实施和成功运行。

（1）一把手工程原则。ERP 实施是企业管理模式的革命性变革，没有企业各级一把手的始终如一的支持，项目不可能成功。项目本身也有许多重大问题需要企业高层的拍板定夺,从项目方案的确定、新业务流程的确定、需求方案的确认等都需要企业高层的决策。这些环节稍有不慎,都会造成企业的重大损失,甚至导致项目的失败。

(2)深刻理解 ERP 思想的内涵,与企业管理的实际需求相结合。企业的行业特点、产品特征、企业文化、发展背景、企业领导人喜好,甚至管理人员素质等众多因素的不同,造成了企业管理需求的差异。任何一个 ERP 软件系统内含有的管理模式也未必完全符合特定企业的管理诉求,只有能够适合企业的特点,帮助企业解决实际问题的 ERP 软件系统才是真正具有生命力的系统。

(3)明确应用的主体。ERP 的核心是管理而不是技术,系统的应用主体是企业的各级管理人员,没有他们的积极参与和认可,系统的实施不可能成功。

(4)先合理化,再自动化。传统管理模式的弊端在于管理的层次多,信息的采集点多,传递的渠道混乱、效率低下。如果把旧的流程照搬到信息化系统中去,软硬件设施的性能再好,也不可能提高管理的效率。业务流程优化和再造阶段的工作是不可逾越的,特别是对于我国大多数企业长期处于管理粗放、管理基础薄弱的状况而言就显得更有必要。

(5)统一规划,分步实施。ERP 是一个高投入、高风险的系统工程。企业需要投入大量的财力、人力和物力,动用企业大量的资源。项目涉及的部门多、范围广,企业要进行全面的规划,量力而行,制定总体和分阶段计划和目标,稳妥地推进项目实施。

系统的分步实施主要有两种方法。一种是模块的分步,如先上物料管理、再上生产管理等;另一种是先试点后推广的分步。后一种分步实施的方法更有利于信息集成的实现。如果采用模块分步的方法,要充分考虑模块之间信息的接口。分步实施必须是在统一规划的前提下,只有预先对管理的重点、管理的细度、各功能模块的衔接等问题都规划得非常清晰的前提下,才能进行分步实施。

9.5.3 ERP 的实施步骤

经过 20 多年 ERP 项目实施的实践,国内 ERP 软件商创造了不少的项目实施方法。虽然相互之间有一些差异,但基本步骤主要有以下内容。

9.5.3.1 项目立项和全面规划

企业要根据长期发展战略,确定企业信息化的总体目标;结合企业的管理重点、管理基础和可投入的资源(财力和人力资源)确定信息化实现的功能、实施范围和实施步骤。ERP 是企业信息化建设的主体,在总体规划中要根据企业特性和经营模式,明确管理体系和管理重点,然后确定系统的分步实施计划,明确每个阶段的实施目标和可量化的指标。在项目规划中还要充分考虑企业已拥有的信息管理系统资源的利用、信息共享,考虑 ERP 系统与其他信息系统(如 CAD、CAPP、CRM 和 SCM 等)的系统整合。

企业信息化规划在获得企业决策层的批准后成为信息化建设的纲领性文件。

9.5.3.2 建立项目组织

建立高效权威的项目管理团队。项目管理团队的权威来自高层领导的充分授权,又来自项目管理团队及组成人员的优秀项目管理实践经验和 ERP 实施的专业化经验。高效的项目管理团队能有效地进行项目管理和风险控制管理,确保 ERP 项目成功实施并达到企业的既定目标。权威使它在项目实施过程中各个部门之间出现利益发生冲突时,能在全局观念下公平协调、达成共识、解决冲突。

9.5.3.3 诊断和需求分析

组织企业各管理部门的专家,或者聘请管理咨询顾问对企业的管理需求进行调查研究和需求分析,对企业核心业务流程进行全面的诊断和分析。运用 BPR（Business Process Reengineer,业务流程重组）的方法,结合企业管理诉求与信息化实施的特点,对企业流程进行根本的再思考和彻底的再设计,以求得企业的成本、质量、服务和速度等关键经济绩效指标有巨大的提升。在流程诊断、分析的基础上提出企业管理需求的整体解决方案。在整体解决方案中提出 ERP 实施前要做好哪些准备工作;哪些管理需求依赖 ERP 系统实现;哪些管理需求通过 ERP 以外的其他方法实现。企业需求整体解决方案经企业决策层批准后,作为 ERP 实施的指导性文件。

9.5.3.4 业务蓝图设计与实现

软件商根据项目需求方案进行 ERP 项目的总体设计,即业务蓝图,设计 ERP 软件系统的主要功能。并根据企业的业务流程,结合 ERP 软件的标准模块做出差异化分析,优化系统和流程以使二者达到最佳契合。确定企业客户化开发的内容,进行客户化开发。

软件开发完成后,到企业现场进行软件系统安装,进行原型测试,验证系统对目标问题的解决程度。原型测试的数据可以是模拟的,也可采用企业真实的业务数据。

9.5.3.5 数据准备和模拟运行

数据是 ERP 运行的基础,企业要下大力气进行数据的采集、整理和规范。ERP 基础数据量大,涉及面广,如产品结构、工艺、工装、定额、各种物料、设备、质量、财务、工作中心、人员、供应商、客户等数据。数据整理要满足软件的格式要求,并确保其准确性、完整性和规范性。只有重视基础数据的规范、整理、修改和完善工作,确保基础数据的准确性、完整性和规范化,才能有效的实施 ERP。

在完成了用户化和二次开发后,就可以用企业实际的业务数据进行模拟运行。这时可以选择一部分比较熟悉的业务进行试运行,以实现以点带面、全面推广,保证新系统平稳过渡。

9.5.3.6 系统切换

经过一段时间的试运行后,如果没有发生什么异常现象,就可以从原来的业务系统切换到新的系统。只有这样,整个 ERP 系统才能尽快走出磨合期,完整并独立地运作下去。

系统运行稳定后,应对一些关键参数与 ERP 未实施之前进行对照。如:外购件库存、外协套件库存、生产占用资源、原材料库存、交货周期、资金周转次数、库存盘点误差率、短缺率、劳动生产率、加班率、按时交货率、流动资产周转率、存货周转率等。

9.5.3.7 系统评估

系统的评估分为阶段评估和系统验收。系统执行到某个阶段后要组织评估,按照项目计划确定的里程碑、实施目标和可量化指标,检查项目实施的进度、效果和存在的问题,总结实施经验教训。整个 ERP 项目实施完成后,企业召集各项目参与方对项目进行总体验收。

系统评估时,要将项目实施的绩效与企业参与人员的考核、对软件商的付款挂起钩来,以激励项目实施的积极性。

9.5.3.8 系统运行和维护

系统验收后正式投入运行。企业要建立完整的信息系统管理制度,对系统运行进行监管。要高度重视软件系统及数据库的备份工作,条件允许的话,应增设硬件盈余系统,保证系统出现故障时能够迅速进行恢复或切换,特别是对一些全天候运行、实时性要求比较强的企业更应如此,确保企业正常生产经营活动的进行;要做好信息安全方面的工作,建立 Intranet 和 Internet 之间的防火墙,防止计算机病毒对系统的侵入和危害,确保企业信息资源的安全。

企业的管理进步是必然的过程,因此 ERP 应用需求也是不断完善的过程。在 ERP 运行过程中,企业要不断总结新的管理需求,完善 ERP 的功能,支持企业可持续发展的管理要求。

9.5.4 ERP 系统的开发指南

ERP 系统涉及企业的所有资源和各个业务环节,软件模块多且复杂程度高,是高度集成的信息系统,与单一模块的软件开发有着巨大的区别,这就给 ERP 软件的设计、开发和维护工作带来了一系列的困难。不同行业、即便是同一行业的不同企业,在业务、管理上都存在非常大的差异,加之企业各个业务部门之间错综复杂的联系更使 ERP 系统的软件设计和开发工作困难重重。ERP 软件开发是个耗资巨大、开发周期长的大型软件开发工程,管理者应对此有深刻的认识,绝不能掉以轻心。

根据 ERP 在我国的实施经验,在开发前应注意以下几个问题:

(1) 管理思想的先进性与我国及特定行业的实际情况相结合,并对未来的业务发展做出一定程度上的预测。

(2) 支持多单位、集团化的财务核算。

(3) 流程有一定的灵活性和适应性。

(4) 强大的报表系统,我国的多数企业汉字报表格式变化相当多,要提供丰富的查询、分析功能,为管理决策所利用,最好的方式是可以由企业自己定义报表格式。

(5) 软件产品的商品化程度相对较高,并要求在设计和开发过程中要形成齐全的技术文档和用户文档。

(6) 设计和开发工作严格按照软件工程的方法和步骤进行,要注意代码公用性,提高开发效益。

(7) 不断跟踪国际新管理思想,使系统的管理思想跟上管理的发展。

(8) 选择良好的开发语言、开发平台和数据库管理系统,并注意新的软件开发工具、软件环境,系统要有较好的跨平台可移植性。

(9) 要有较强的灵活性。信息系统最重要的特点是动态系统,由于企业内部和外部的环境的变化和约束,再加上各企业业务的差异,ERP 系统的改进是无法避免的,二次开发也是必然要面对的事情,所以软件系统的灵活性可延长软件系统的生命周期。软件的灵活性要与未来的实施成本综合考虑,一味增加软件的灵活度,将增大软件的开发成本。总的来说,绝对的灵活性是不存在的,不可能开发出"一劳永逸"的管理软件,随着管理思想、管理水平的不断发展,软件需要不断地修改、维护。因此,在设计方案评估时,对业务流程处理的"灵活性"问题上要全面衡量。

9.6 ERP 的发展趋势

1990 年,Gartner Group 公司率先提出了 ERP 的概念,传统的 ERP 系统也是基本上依照该概念进行构建的。时至今日,随着新兴技术的不断涌现和应用环境的变迁,传统的 ERP 系统的不足日益显现。因此,10 年之后,Gartner Group 公司又提出了 ERP 的新概念,展望了 ERP 未来的发展趋势。

9.6.1 管理范围更加扩大

ERP 的管理范围有继续扩大的趋势,继续扩充供应链管理(Supply Chain Management, SCM)。SCM 融合企业本身的所有经营业务、企业的办公业务、企业之间的协同商务业务等，如电子商务（Electronic Commerce，EC）、协同商务（Collaborative Commerce，CC）、客户关系管理（Customer Relationship Management，CRM）、办公自动化（OA）等都不断的融入到 ERP 系统中。此外，ERP 系统也和计算机辅助设计（Computer Aided Process Planning，CAPP）、产品数据管理（Product Data Management，PDM）、POS 系统以及自动化仓储系统相融合，互相传递和共享数据。

9.6.2 继续支持与扩展企业的流程重组

企业的外部与内部环境变化是相当快的。企业要适应这种快节奏的变化，就要不断地调整组织结构和业务流程，用最优化的环节，最快的速度和最经济的形式，完成各种业务的处理过程。

9.6.3 运用最先进的计算机技术和网络技术

ERP 的发展离不开先进的计算机技术和网络技术，Internet 和 Intranet 技术，使企业内部及企业之间的信息传递更加畅通。面向对象技术的发展使企业内部的重组变得更加快捷和容易。

9.6.4 系统构架将更加先进

ERP 的系统构架将是一个基于松耦合方式的、以提供 Web 服务为中心的独立的产品体系构架。软件制造商也将云概念应用于 ERP 软件，推出了基于云存储（Cloud Storage）、云计算（Cloud Computing）的 ERP 软件模式。

依据 Saas（Software-as-a-service）的理念，ERP 的软件开发商也都转向基于 SOA（Service-Oriented Architecture，面向服务的体系结构）框架的 ERP 产品，将 ERP 应用程序的划分成不同功能单元（称为服务），通过这些服务之间定义良好的接口和契约联系起来。接口采用中立的方式进行定义，它独立于实现服务的硬件平台、操作系统和编程语言。这使得构建在不同环境下各种服务可以用一种统一的、通用的方式进行交互。

变是永远的不变。总之，社会在进步，企业在发展，ERP 也必然随着社会和企业的发展而发展，同时计算机技术和网络技术的快速发展和应用，也必将对 ERP 的发展和广泛应用带来辉煌的前景。

本章小结

ERP 体现了信息社会状态下企业管理的最先进的管理理念。ERP 的核心思想是将企业的人、财、物、信息、时间和空间等均作为资源来对待，进行全面的、系统的、集成的管理，以期最大限度的发挥企业资源的整合优势，取得最大的经济效益。ERP 软件是当今社会具有代表性的信息系统，也是最具复杂性的信息系统之一。ERP 软件将企业的物流、资金流、信息流及企业的所有资源进行全面系统的整合，软件的功能模块涉及企业的各个环节和业务处理。

本章首先介绍了 ERP 的基本概念和基本思想，并简要回顾了 ERP 的发展历程。然后重点介绍了 ERP 中几个重要的概念及原理：MPS、RCCP、MRP、BOM，以其展示 ERP 的基本原理。随后对 ERP 软件系统的主要功能模块进行了介绍，并通过 ERP 系统基本业务流程图展示了各子系统之间的联系。最后，本章对 ERP 的发展趋势进行了探讨。

思考题

1. 简述 ERP 的基本含义和特点。

2. ERP 发展经历了哪几个阶段？各个阶段的主要特点是什么？

3. 选择自己熟悉的一个产品，绘制它的产品结构树，并编制它的 BOM。

4. 较详细地叙述 MRP 的展开过程。

5. 选择一个自己了解的企业，绘制出企业的基本业务流程图。

6. 举例说明 ERP 如何实现物流、资金流和信息流的统一。

7. 简述 ERP 的发展趋势。

案例 1：珠海双喜电器有限公司的 ERP

珠海双喜电器有限公司是以生产五金饮具、电饮具为主业，有 150 多个品种，450 多个规格的产品的集原材料供应、产品生产、产品销售、售后服务一条龙的饮具企业，是全国最大的饮具生产基地之一。公司预计 2010 年的产值为 20 亿人民币。

双喜电器在企业的发展过程中，发现传统的手工做账极大地影响了财务环节的工作效率，采购、销售及出入库环节与财务环节形成信息孤岛，产品基础资料信息不完备，生产领料采取人工计算非常繁琐复杂，生产计划编制因为信息不对称经常要调整，导致生产排产紊乱，财务手工成本核算非常复杂且往往失真较大等。

为解决上述问题，珠海双喜电器有限公司从 2004 年开始应用 ERP 的财务系统，并逐步对采购系统、销售系统、仓库管理系统等进行了上线应用，打通了财务和供应链之间的信息孤岛问题。2008 年 10 月开始启动对生产数据管理、生产管理、计划管理、成本管理的实施。

通过以上系统的实施，规范了全部基础资料数据和 BOM 数据，使得公司的采购部门、计划部门、生产部门、仓库部门之间的信息资源得到了全局共享，规范了各个部门的操作流程，极大的提升了公司整体的运行效率。

公司自实施 ERP 后，通过公司信息化部门的统计，目前已使库存量下降了 40%，库存准确率由原来的不足 80% 提高到 99%，生产订单交付率由原来的 30% 提高到约 70%。同时成本计算速度和准确性也有很大程度的提高，有效地控制了企业的生产成本，在为企业获取更大的利润、稳固的抢占市场的同时，也为企业的长期快速发展奠定了坚实的基础。

案例 2：Hershey 的不愉快的经历

一个失败的技术项目（本案中为 SAP 的 R/3 ERP 软件）未必会让一家财富 500 强的公司（本案中为 Hershey Foods 公司）永远倒下，但肯定会给它沉重的一击。

在 1999 年的万圣节期间，ERP 并没有给 Hershey 公司的经营提供很好的帮助。最后 Hershey 在 SAP ERP、Siebel CRM Manugistics 供应链应用上遇到的可怕问题，导致这家公司无法为那年的圣诞节提供 1 亿美元的商品，造成公司股票下跌 8%。

案例思考题

1. 珠海双喜电器有限公司实施 ERP 系统，带来了哪些方面的效益？

2. 从 Hershey Foods 公司 ERP 项目的失败经验中，你得到哪些启示？

第 10 章　供应链管理和客户关系管理

【学习目的和要求】

1. 掌握供应链和供应链管理的基本概念和内容
2. 较熟练的掌握供应链管理的发展历程
3. 熟练掌握供应链管理系统的体系结构
4. 熟练掌握供应链管理和ERP的区别
5. 掌握CRM理论的概念和内容
6. 熟练掌握CRM的一般模型和逻辑体系结构
7. 熟练掌握CRM系统的主要功能模块及主要功能
8. 熟悉和了解CRM的发展趋势

10.1　供应链管理

10.1.1　供应链与供应链管理的概念

10.1.1.1　供应链的基本概念

从 20 世纪 60 年代至 90 年代，由 MRP Ⅱ、JIT、发展到 ERP，管理理论和管理思想的进步，时时刻刻影响着企业管理模式的变化，促进企业管理的进步。在这一阶段，企业为提高自身的市场应变能力和市场竞争力，不断扩大经营规模，向集团化、多元化的经营方向发展，即纵向一体化的发展思路，受此发展思路的影响，企业侧重于企业自身内部资源的的整合、优化与应用。

20 世纪 90 年代以后，随着经济全球化趋势，商品市场的国际化和激烈的市场竞争，市场资源的组合发生了巨大的变化，外部环境的变化对企业管理模式带来了巨大的影响，Internet的飞速发展及现代科技和信息技术的发展促进了管理理论的发展和管理模式的创新。供应链管理(Supply Chain Management，SCM)也应运而生，成为了管理学前沿十分活跃的研究热点，给企业经营和管理模式创新带来了全方位革命性的影响。

供应链的概念是在横向一体化管理思想的基础上发展起来的。其出发点是摆脱纵向一体化的"大而全、小而全"的企业自我封闭式的管理模式，由"纵向一体化"转向"横向一体化"的经营管理模式，充分挖掘、整合和利用企业的外部资源，快速响应市场需求的变化。在供应链思想的指导下，企业自己只抓最核心的东西，如产品方向、市场及关键产品、核心零部件的制造，把非核心业务外包给具有特定专长的企业(甚至将全部业务委托给其它企业加工，自己只剩下品牌)，由此形成一条从供应商—制造商—分销商的企业"链"，称之为供应链(Supply Chain，SC)。

美国学者史迪文斯(Stevens)将供应链定义为："通过增值过程和分销渠道控制，从供应商的供应商到用户的用户的流就是供应链，它开始于供应的源点，结束于消费的终点。"

清华大学蓝伯雄教授认为：所谓供应链就是原材料供应商、生产商、分销商、运输商等一系列企业组成的价值增值链。原材料零部件依次通过"链"中的每个企业，逐步变成产品，交到最终用户手中，这一系列的活动就构成了一个完整的供应链(从供应商的供应商到客户的客户)的全部活动。

供应链的网络结构如图 10-1 所示。

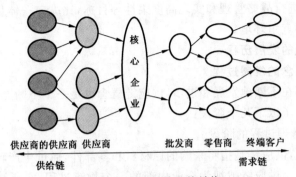

图 10-1 供应链的网络结构

供应链是一个网络结构。其组成特点是：

(1) 供应链由许多节点企业组成,存在核心企业,并起着核心管理作用;

(2) 供应链上各企业为共同的市场目标,各自分担自己专长的采购、生产、销售等职能;

(3) 供应链上各节点企业有各自的技术优势,企业间技术互补;

(4) 供应链加盟企业之间不是简单的联合,而是战略合作关系,是一种长期合作、相互信赖、互补互利的双赢关系,利益共享,风险共担;

(5) 供应链思想把企业内部和节点企业之间的供应、开发、制造、销售、服务等看作一个整体功能。

(6) 供应链每一个节点企业可以是多个供应链的成员,不受地域限制。

10.1.1.2 供应链管理的基本概念

供应链管理的研究对象是供应链的各个节点,供应链管理涉及为共同目标而结成联盟的一个企业群体,是一个范围更广的企业结构模式。供应链管理就是要解决供应链上的所有企业同步、协调运行、共同受益的问题,资源的集成管理是供应链管理的关键。

全球供应链论坛(Global Supply Chain Forum,GSCF)将供应链管理定义为:"为消费者带来有价值的产品、服务以及信息,从源头供应商到最终消费者的集成业务流程。"

美国供应链管理专业协会(Council of Supply Chain Management Professionals,CSC-MP)对供应链的定义是:"供应链管理包含了规划和管理所有复杂的原料、采购、加工及物流管理活动。更重要地是,它也包括了与渠道伙伴之间的协调与合作,涉及供应商、中间商、第三方服务供应商和客户。从本质上说,供应链管理是企业内部和企业之间的供给和需求管理的整合。供应链管理是联系企业内部和企业之间的主要功能和基本商业过程,将其转化为有机、高效的商业模式的管理集成。它包括了上述过程中的所有物流活动以及生产运作。它驱动企业内部和企业之间的营销、销售、产品设计、财务和信息技术等过程和活动的协调一致。"

综合以上各种定义,供应链管理可以理解为对整个供应链进行计划、协调、执行、控制和优化的各种活动和过程。其目标是通过对供应商、制造商、物流商和分销商等各节点的各种经济活动,有效开展全面的集成管理,以正确的数量和优质的质量,正确的地点和时间,进行产品制造和分销,提高整个系统的效率,促进系统成本的最小化,并提高消费者的满意度和服务水准。供应链管理的目标是以更完整的产品组合,满足消费者不断增长和变化的需求;面对市场需求多样化的趋势,不断缩短供应链完成周期;对于市场需求的不确定性,缩短供给与消费的市场距离,实现快速与有效响应,不断降低整个供应商的成本和总费用。

因此,供应链管理是 20 世纪 90 年代以来管理领域研究与实践的热点,它能够快速响应市场需求,全局性地进行战略管理和实现高度柔性等目标,比纵向一体化的企业模式更适合当前复杂多变的市场竞争环境。

10.1.2 供应链管理的发展历程

10.1.2.1 供应链概念的发展过程

任何管理思想都在不断地发展和进步,供应链概念也是一个不断充实和发展的过程,供应链概念的发展经历了以下几个阶段:

1. 强调是物流管理过程的阶段

早期的观点认为,供应链是指将采购的原材料和零部件,通过生产转换和销售等活动传递到用户的一个过程。供应链被视为企业内部的一个物流过程,它所涉及的主要功能是物料采购、库存、生产和分销等部门的职能协调问题,最终目标是为了优化企业内部的业务流程,降低物流成本,从而提高企业的经营效率。基于这种认识,早期人们将供应链仅仅看作是企业自身物流的一种运作模式。

此后,随着产业环境的变化和企业间相互协调重要程度的提升,人们对供应环节重要性的认识逐渐从企业内部扩展到企业之间,因而供应商被纳入了供应链的范畴。在这一阶段,人们主要是从原料到最终产品的整个生产过程来理解供应链的。基于这种认识,加强与供应商的联系和全方位协作,提高供应链的运作速度成为企业最关心的核心问题。

2. 强调是价值增值链的阶段

进入 20 世纪 90 年代,人们对供应链的理解又有了进一步的发展。首先,由于需求环境的变化,原来被排斥在供应链之外的终端用户和消费者的地位得到了前所未有的重视,因而也被纳入了供应链的范围。这样,供应链就不再只是一条生产链了,而是一个涵盖了整个产品"运动"过程的增值链。

3. 强调是"网链"的阶段

信息技术的迅猛发展和 Internet 的普及应用,给人类的生活带来了革命性的变化,同样也为企业供应链的管理提供了灵活的手段,企业间的关系正在呈现日益明显的网络化趋势。与此同时,人们对供应链的认识也正在从线性的"单链"转向非线性的"网链",这种转变是高新技术的应用和供应链管理思想的进步,是其高度融合的必然结果。

现在,供应链更加注重围绕核心企业周围的网链企业的战略合作关系。如核心企业与供应商、与供应商的供应商乃至与一切前向的关系,与用户、与用户的用户及一切后向的关系,此时的供应链概念形成了一个网链的概念。

通过以上所述,供应链现在较为广泛地定义为:供应链是围绕核心企业的,通过对物流、信息流和资金流的控制,从原材料采购开始,制成中间产品以及最终产品,最后由销售网络把产品送到分销商,零售商直到最终用户,形成了一个整体的功能网络。

10.1.2.2 供应链管理思想的发展

供应链概念是随着商品经济的出现而出现的,而供应链管理(Supply Chain Management,SCM)思想的形成和和应用却只有几十年的历史,在这期间,供应链管理的理念和供应链管理的应用技术都有了长足的进步和发展。

(1) 20 世纪 80 年代到 90 年代是供应链管理的初级阶段,MRP Ⅱ、ERP、JIT 在企业得到了较为广泛的应用。此阶段企业过分强调自身的价值和作用,注重自身最大利益的追求,不注重与外部供应链企业之间的联系和合作,企业间存在着较强的利益冲突,无法实现供应链的整体竞争优势。

(2) 20 世纪 90 年代末到 20 世纪末,初步形成了供应链的管理思想和管理模式,企业竞争的重点转向了市场和客户,企业对资源的整合从企业内部转向企业外部——全球范围的一切可利用资源的整合。供应链各节点企业为共同的市场目标而协同一致,风险共担,利益共享。SCM 软件也得到初步的推广应用。

(3) 21 世纪初至今,是供应链管理的成熟和快速发展阶段,高新技术突飞猛进的发展和 Internet 的普及应用,为供应链各企业间的信息交流提供了坚实的平台,使各节点企业的信息共享成为可能,从而促进了 SCM 软件的普及和深入的应用,供应链各节点企业协同运作,快速的信息交流和决策支持,使资源的整合及有效利用达到了新的高度。

10.1.3 供应链关键业务流程

业务流程(Business Process)是指一个或一系列连续有规律的行动,这些行动以确定的方式发生或执行,导致特定结果的实现。

供应链业务流程是为客户或市场提供特定产品的可预测的活动集合,是用来集成最终客户和涉及产品、信息、资金、知识以及观念的动态管理流程的一种动态结构。供应链关键业务流程主要包括以下几个方面:

(1) 客户是建立供应链业务流程的焦点,定义关键客户群是以客户为中心的管理思想和经营理念的体现,旨在改善企业与客户之间的关系。在市场、营销、销售、服务与技术支持等与客户相关的领域内,通过提供更快捷和周到的服务吸引和保持更多的客户,并通过对营销业务流程的全面管理来降低产品的销售成本,通过完善的客户服务和深入的客户分析来满足客户的个性化需求。

(2) 需求、供给管理过程是将客户的需求与企业的供应能力相匹配和平衡的过程。就整个供应链而言,客户的需求是供应链中可变性最大的因素,也是企业必须全力满足的因素,由于客户需求的可变性,企业须在供应链的基础上进行高效、协同的运作,以实现市场需求和生产计划的平衡。

(3) 客户订单履行过程是根据市场和客户的需求,最大限度地整合和利用资源,全面满足客户订单需求的过程。

(4) 生产流程管理过程必须能够灵活、快速地响应市场的变化,以适应客户的个性化需求。这就需要各节点企业强化生产过程的柔性化能力,缩短生产制造流程周期,对市场需求的变化做出快速响应。

(5) 采购与供应商关系管理过程将供应商进行筛选分类,从传统的招标和购买方式转变为使关键的供应商在产品设计周期的初期就参与进来,在设计过程和采购过程中实现协同运作,显著地缩短产品的开发周期。

(6) 产品开发和商品化过程需要采用客户关系管理(CRM)和供应商管理技术,协同地确定客户的需求,选择最合适的供应商和物料,将产品开发、生产制造流程与市场结合,以保证在产品生命周期不断缩短的情况下保持企业的市场竞争优势。

(7) 退货与逆向物流管理,提供了取得持续竞争优势的机会。有效的退货管理能够使企业改善市场形象并获取进一步的市场机会,更好地融洽与客户之间的关系。

(8) 上述每一个环节中,质量管理都是重要的任务,每一个质量管理的疏忽,可能引起放大作用,导致市场的巨大损失,所以全程质量管理是供应链业务流程得以实现的基础和保障。

　　供应链业务流程一般都要跨越组织或部门,称为跨组织的业务流程,信息技术和组织间信息系统(Inter-Organizational Information System,IOIS)在供应链流程的运作和整合中起了关键的作用,可以说没有信息系统和信息技术的支持,不可能有成功的供应链运作模式。

10.1.4　供应链管理信息系统

10.1.4.1　供应链管理系统的体系结构

　　供应链管理涉及企业内外的许多领域,并且这些领域之间相互影响,信息技术和 Web 是支持供应链完成这些领域协调一致运作的重要工具。传统的企业信息系统是以企业 Intranet和ERP 为核心的,随着因特网技术的发展与推动,已变为构建在电子商务基础之上的、以 SCM 软件为核心、以多种信息技术为辅助的体系结构。供应链管理的体系结构如图 10-2所示。

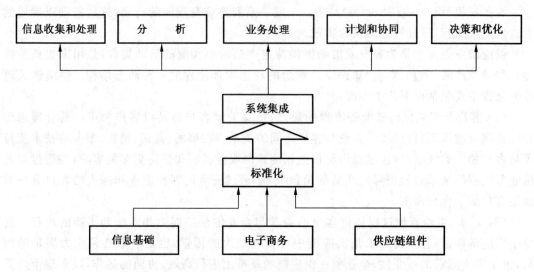

图 10-2　供应链管理的体系结构

　　图 10-2 中的目标是利用供应链管理的功能完成供应链运行中的任务,手段是为供应链管理系统提供必要的支持,只有具备了这些支持,才能完成系统目标。在这些手段中,首先,需要有一系列标准,即供应链标准、信息技术标准和数据传输标准等。标准的作用是使集成在一起的设施及各节点企业的数据处理按照同一规则进行处理,它影响着信息系统的可行性、实施成本和运行效率。

　　信息技术基础是构成系统功能的一个基本组成部分;电子商务是供应链管理系统的一个重要支持部分;供应链组件是完成供应链管理和运行的各种功能组件;集成是为了达到上述目标而将供应链上的各种资源集合在一起、连接在一起。

10.1.4.2　供应链中的信息

　　供应链的有效运行,依赖于高质量的信息传递与信息共享。充分、有效和快速地信息资源共享是供应链管理成功的关键,也是任何其他信息系统成功的关键。信息不仅是供应链每个阶段的关键要素,而且是每个供应链从战略阶段到规划阶段再到运营阶段制定决策的关键要素。信息及信息分析在供应链战略形成过程中起到了举足轻重的作用,它提供了决策的基础。管理者根据影响整个供应链的所有因素制定供应链战略,使得供应链利润最大化,也使得供应链中的各个企业赢得较高的利润。

10.1.4.3 基于 Internet/Intranet 的供应链管理信息系统

Internet/Intranet 的集成是企业信息化发展的趋势,通过两者的集成,实现企业全球化的信息资源网络化。供应链管理信息系统运行在基于 Web 服务的多层客户机/服务器结构的开放式 Internet/Intranet 环境中。企业可通过数据专线连接 Intranet 内的主机和服务器,为内部各部门提供各项服务。在企业内部网上采用 HTTP、TCP/IP 作为通信协议,利用 Internet 技术以 Web 模型作为标准平台,通过网络访问 Web 服务器,并建立防火墙将 Internet 与 Intranet 隔开。基于 Internet/Intranet 的供应链管理信息系统集成构架如图 10-3 所示。

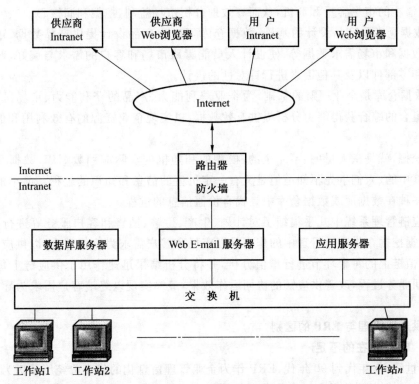

图 10-3 基于 Internet /Intranet 的供应链管理信息系统集成构架

图 10-3 包括三个层次:

(1) 外部信息系统。企业首先建立一个 Web 服务器,通过 Internet 完成企业与分销商、合作伙伴和客户的信息沟通和控制,实现与分销商、合作伙伴之间的信息共享,实现对客户信息的收集,并为客户和合作伙伴提供完整的商务平台。

(2) 内部信息系统。企业内部的 Intranet 是企业 MIS 的核心,企业的事务处理、信息共享、协同都是建立在企业的 Intranet 之上,与外部的信息共享和信息交换也是以 Intranet 组织的信息为基础,数据库服务器用于存储企业的基础数据、业务处理数据等,而应用服务器则是 Web 服务器与数据库服务器的中间接口,完成两者的数据交换。

(3) 信息系统的集成。集成的意义在于通过 Internet 标准化企业内部各部门信息系统的协议、文件数据标准,使 Intranet 以更方便、更低成本的方式集成各类信息系统,更容易达到数据资源的无缝连接,使企业的内外部信息环境集成为一个统一的信息资源平台。

10.1.4.4 数据仓库和数据挖掘对供应链管理系统的支持

数据仓库的重点与要求是能够准确、安全、可靠地从数据库中取出数据并加以扩展,经过加工转换成有规律信息之后,再供管理人员进行分析使用。数据仓库主要是应用于决策支持系统。

数据仓库对供应链上的所有环节都具有支持作用。数据仓库对供应链管理的支持主要体现在以下几个方面。

(1) 数据仓库是供应链决策和优化的基础。供应链的竞争,需要在更短的时间内做出准确的决策,这就需要在短时间内尽可能地获得相关信息。因此,数据仓库作为自动数据分析工具,减少了精确分析大量数据所需的时间。

(2) 数据仓库是 CRM 的基础。数据仓库有助于确定客户的数据特征,预测客户消费趋势和趋向、潜在的市场容量和商机,从而有效地分析市场盈利,挖掘利润核心。

(3) 数据仓库是产品设计的基础,数据仓库可以为产品设计提供产品数据、市场数据、客户使用数据和市场需求数据等,使设计人员能紧跟市场和客户的需求与偏好,对产品、所用原材料和零部件以及其他因素进行针对性的设计。

(4) 数据仓库是企业理财的基础,为企业获利能力、产品的获利能力、市场区域的获利能力以及组合的综合获得能力分析提供有效数据,以实现企业资源的有效利用和低成本、高产出的运行。

数据挖掘,就是从大量的、不完全的、模糊的和随机的实际应用数据库、数据仓库中,获取隐含在其中的、人们事先不知道但是又有一定价值的信息和知识的过程。简单的说,数据挖掘就是一种在数据库或数据仓库中寻找有价值信息的过程。

在供应链管理系统中几乎集结了对计划、生产、运输、销售和客户服务等进行数据挖掘的技术,数据挖掘在供应链管理中的作用是以市场和客户需求为价值理念,以供应链决策为指导,为价值链上的每个环节进行增值分析,并将分析结果迅速作用于供应链上每个环节,优化环节间业务过程,改善供应链的协同运作效果,最终实现以终端客户需求为导向的价值增值过程。

10.1.5 供应链管理与 ERP 的区别

10.1.5.1 ERP 存在的不足

在 20 世纪 80 年代到 90 年代,ERP 作为企业管理信息化的代表曾经历了极为辉煌的时期。ERP 为企业内部的纵向一体化管理创造了不可磨灭的功绩,但在 21 世纪的经济全球化蓬勃发展的今天,ERP 在供应链和横向一体化的管理方面,无论在管理范围、技术、基础和功能上都显得力不从心,对许多业务的处理也显得力不从心,暴露出了许多不足之处。

在业务处理上,计划的不完善和不准确是 ERP 的主要不足之一。由于其计划管理的模型仍然是 MRP Ⅱ ,编制计划的方法仍然沿用 MRP、MPS 以及早期的逻辑,按产品 BOM 和工艺流程逐级推演方法来计算物料的需求、发布物料采购订单等。而 MRP 和 MPS 在生产较为稳定、订单提前期长于累计提前期和工序比较简单的情况下,可以正常应用;但对提前期较短、定制化生产的订单和具有复杂工序的生产环境,则难以应对,特别是在企业资源经常出现瓶颈的情况下,失误就更加明显。此外,ERP 缺少优化和决策支持、业务伙伴关系管理、上下游业务协同管理和物流管理等功能,无法实现供应链上企业间的协同运作和更有效地利用企业外部的资源。

10.1.5.2 SCM 的优越性

SCM 是为了适应新的市场环境需求,满足企业实现供应链管理和横向一体化的要求而出现和发展的,它能够较好地解决许多 ERP 所无法解决的问题,帮助企业更好地参与新环境的市场竞争,因而具有更强优越性。

(1) 它是基于约束理论的,因而做出的均衡更加切实可行。

(2) 它采用多种数学解析的优化算法,不同的目标可以通过不同的规则来体现,因而具有更坚实的理论基础和更科学的指导方法。

(3) 它除了能做出准确可行的计划和完成部分事务处理外,更主要的是能够提供优化和决策支持,有效地利用和整合外部资源,与上下游的企业建立合作伙伴关系,实现信息共享和业务集成,达到协同运作。SCM 的能力覆盖了供应链计划过程的全部关键工作,如供应链的需求、供给和发行计划,生产计划和排程,运输与装载计划、配送计划、多供需点的复杂网络的分销计划、服务场所、部件和人员配置计划,以及用于生产或运输作业进度的排序和排程等。

更为重要的是,SCM 在优化和决策过程中考虑到包括了客户和供应商在内的整个供应链,在以资源约束为前提的优化与决策技术的支持下,实现了对多目标进行优化决策。通过采用对需求和订单承诺的能力检查等技术,以及扩展的生产可用性检查等手段对包括供应商和服务商在内的资源进行调配优化,实现了资源的平衡利用和优化。同时,SCM 计划范围也扩展到企业之外,与供应链上所有业务伙伴信息共享,共同协调制定兼顾各方面利益的联合计划,实现供应链协同,并实时地了解伙伴们的业务变化情况,及时进行计划的修订,保持高度的灵活性和预见性,以快速响应市场需求的变化。

10.2 客户关系管理

伴随着市场竞争的升级,客户的地位比任何时候都显得更为重要,高新技术的环境,使客户更容易进行比较购物,只要点击一下鼠标,客户就可以在不同的公司间转换。客户关系已经成为企业最有价值的一项资产。它比企业的产品、商店、工厂、Web 地址,甚至员工的价值更高。越来越多的企业纷纷从以市场为中心,向以客户为中心的战略转变,企业的营销方式也从关注一次性交易的营销模式转向关注保持客户的"关系营销"。

客户关系管理(Customer Relationship Management,CRM)在 20 世纪 90 年代产生和发展起来,现已成为信息系统和营销理论中非常活跃的一个分支。客户关系管理是一种管理理念,其核心思想是将企业的客户作为最重要的资源,通过完善的客户服务和深入的客户分析来满足客户的需求,保证实现客户的终身价值。通过实施有效的 CRM 系统,可以帮助企业赢得客户、效率和市场。从供应链的发展过程和趋势可以看出,供应链管理更多地体现了以客户为中心的管理理念。

10.2.1 CRM 理论的概念

CRM 最早是由 Gartner Group 提出来的,它的焦点是管理和改善营销、市场中的客户服务和客户关系,提高客户的满意度。

10.2.1.1 CRM 理论

CRM 作为企业的经营指导思想和发展战略,其核心理念主要体现在:客户价值的理念、市场经营的理念、业务运作的理念和技术应用的理念。

作为一种改善企业与客户之间关系的新型管理机制,CRM 与传统的静态商业模式存在着根本区别。这种新型管理机制的变革集中体现在市场营销、销售实现、客户服务、客户关系和决策分析方面,CRM 系统的建立意味着企业向客户资源的最优化管理的方向迈进。

Gartner Group 作为全球比较权威的研究组织,对 CRM 的定义是:客户关系管理(CRM)是代表着增进盈利、收入和客户满意度而设计的、企业范围的商业战略。

IDC 认为：CRM 首先是一种管理理念，其核心思想是将企业的客户（包括最终客户、分销商和合作伙伴）作为重要的企业资源，通过完善的客户服务和深入的客户分析来满足客户的需求，保证实现客户的终生价值。

NCR 公司认为，CRM 是企业的一种机制，企业通过与客户不断地互动，为客户提供信息，与客户进行交流，可以了解客户和影响客户的行为，进而留住客户，不断增加企业利润。在 CRM 中，管理机制是主要的，技术只是一个部分，是实现管理机制的手段而已。

世界著名的分析机构波士顿 Hurwitz Group 提出，CRM 既是一套原则制度，也是一套软件和技术。它的目标是缩减销售周期和销售成本、增加收入、寻找扩展业务所需的新的市场和渠道，以及提高客户的价值、满意度、赢利和忠实度。

综合 CRM 的各种定义，CRM 是一种以客户为中心的管理思想和经营理念，是一种旨在改善企业与客户关系的新型管理机制，目标是通过提供更快速和周到的优质服务来保持更多的客户，并通过对营销业务流程的全面管理来降低产品销售成本；同时它又是以现代信息技术为支撑的一套先进的管理软件和技术，它将最佳的商业实践与数据仓库、数据挖掘、销售自动化及其它信息技术紧密结合在一起，为企业的销售、客户服务和决策支持等领域提供一个自动化的业务解决方案。CRM 具体层次描述如图 10-4 所示。

从企业管理理念的宏观层次看，CRM 是企业为提高核心竞争力而树立的以客户为中心的发展战略和经营指导思想；从企业管理模式的中间层次看，CRM 是企业改善客户关系的新型管理机制；从信息技术应用系统的微观层次看，CRM 是企业

图 10-4　CRM 的层次描述

在不断优化客户关系中所使用的信息技术解决方案。

10.2.1.2　CRM 的功能

CRM 的功能主要可以概括为以下几个方面：

(1) 客户的标准化和统一化的管理。由于企业内部不同的信息系统的同时运行及组织结构和功能的要求，企业的客户管理往往分散在不同的部门，没有一个部门可以全面提供企业的全部客户信息，更无法提供企业与客户间的完整视图。客户信息的不能全面共享，使得统一的、全面的客户管理难以实现。CRM 首先及必须做的是打破各部门间的信息壁垒，全面整合分散在各部门的客户信息，将整合的客户信息资源通过新的技术和系统为企业的各部门提供信息支持，以保证企业经营战略的实施。

(2) 分辨企业的客户。CRM 能够有效地支持企业客户的商业价值分析，根据不同客户的成本/利润分析，区分客户的重要程度，识别企业的重要客户，对不同的客户制定和实施不同的策略，从而使得资源投向、经营战略具有明确的目标。

(3) 提高客户的满意度。CRM 建立了以客户为中心的服务体系和与决策支持相整合的自动化解决方案，为客户提供了一个完整的商务平台，客户可以不受时间和地域的限制，随时随地地访问企业、咨询相关问题、获取相关信息、购买相关商品、获得相关服务。同时企业能够对各种营销活动、销售活动、服务活动进行跟踪，通过决策支持系统对客户的需求动向和潜在的需求进行挖掘，进而向客户提供个性化的产品和服务，从而最大限度的提高客户的

满意度。

（4）实现企业的目标。企业通过实施 CRM，一方面降低了自身的运营成本，提高了运作效率，另一方面可以及时的给予客户更多的关怀，提高客户的满意度和忠诚度，使企业的客户群体更加稳定并不断扩大市场的占有率和实现企业利润的最大化。

10.2.1.3 CRM 系统目标的三个阶段

CRM 系统的目标非常明确，它是一个以客户为中心的集成系统，围绕着客户的发展、客户关系的巩固、提高客户的忠诚度和生命期这条主线而展开的全面工作流程，并对企业与客户关系的这三个阶段提供信息决策支持。

（1）发展新客户。企业通过 CRM 软件工具和数据库来帮助其更好的展开联络管理、探寻潜在客户，通过营销策划、市场营销、人员推销和咨询服务等工作，不断挖掘和发展新客户。企业通过 CRM 这些功能的向潜在的客户展示，企业提供的出色产品、价值、优质的服务和企业的理念，不断吸引潜在的客户成为企业客户群新的一员。

（2）巩固客户关系。充分利用网络，将销售、服务人员和业务伙伴构建成一个具有快速响应能力的团队，他们使用基于 Web 的 CRM 客户管理、客户服务与支持工具为客户提供优质和快捷的服务，使客户满意。另外，CRM 的销售人员自动化管理、营销管理和订单执行工具可以帮助企业开展交叉式销售和推进式销售活动，要让客户深切感受到企业具有吸引人的产品、价格、特色购物的便利和个性化的服务的同时，也拓展了企业的进一步获利能力。

（3）保留住客户。CRM 分析型软件和数据库可以帮助企业进行客户分析和分类，分辨最忠诚、最有价值的客户，通过目标市场营销和关系营销计划，目标明确且主动地拓展与有价值客户的进一步业务往来，并给他们回报以留住他们，延长客户的生命周期。要让这些客户感受到的价值是，与企业建立了有价值的、个性化的业务关系。

CRM 对系统目标三个阶段提供的支持示意图如图 10-5 所示。

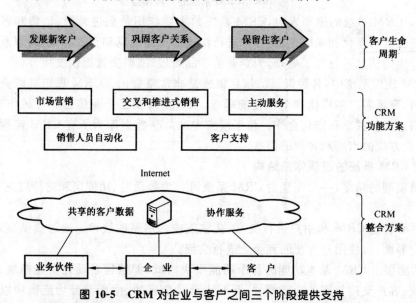

图 10-5 CRM 对企业与客户之间三个阶段提供支持

10.2.2 CRM 系统的结构和特点

CRM 系统是以现代的信息技术为支撑和手段，运用先进的管理思想，通过业务流程与组织的变革，帮助企业最终实现以客户为中心的管理模式。

10.2.2.1 CRM 系统的一般模型（见图 10-6）

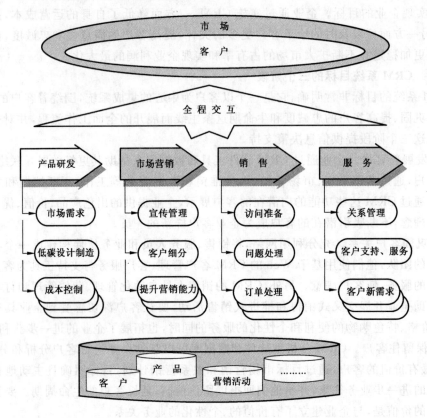

图 10-6 CRM 系统的一般模型

图 10-6 CRM 系统的模型表明，CRM 系统的主要作用是促进营销、销售和客户服务三部分业务流程的信息化和集成化；与客户进行沟通的渠道集成和自动化处理；以及对以上各部分功能产生的信息进行加工处理，为企业的产品研发、战略决策提供支持。

在 CRM 软件系统中，各种渠道的信息集成是非常重要的。CRM 思想要求企业真正以客户为导向，满足客户多样化和个性化的需求。CRM 改变了企业前台业务运作方式，各个部门之间信息充分共享和密切合作。位于模型中的共享数据库为所有 CRM 流程提供数据支持，提供全方位的市场和客户的信息。

10.2.2.2 CRM 系统的逻辑体系结构

从逻辑模型的角度，一个完整的 CRM 系统可分为界面层、功能层和支持层三个层次（见图 10-7）。

（1）界面层是 CRM 和用户进行交互、获取或输入信息的接口。通过提供直观的、简便易用的用户界面，可使用户方便的和企业进行交流。

（2）功能层由 CRM 基本功能的各个功能模块构成，如销售自动化功能模块、营销自动化功能模块、客户支持与服务功能模块、呼叫中心功能模块、电子商务功能模块以及辅助决策功能模块等。

（3）支持层是指 CRM 系统所用到的网络拓扑结构、数据管理系统、网络通信协议、操作系统等，它是保证整个 CRM 系统正常运行的基础。

目前，CRM 系统主要采用的网络体系结构有客户机/服务器（C/S）和浏览器/服务器

（B/S）两种模式。

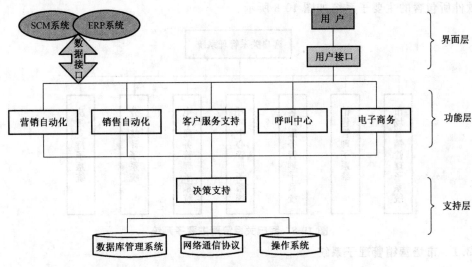

图 10-7 CRM 系统逻辑体系结构

10.2.2.3 CRM 应用系统的特征

一般而言，CRM 应用系统具有如下的特征。

（1）网络化特征。CRM 系统是一个集成系统，它的业务流程处理基于企业的 Intranet，在电子商务、客户交流和互动、电子支付等外部业务处理方面，它基于 Internet 的支撑，可以说没有网络的支持，就没有真正的 CRM 系统。

（2）系统的集成特征。CRM 系统如果不和企业运行的其他系统集成，自身的系统运行所产生的效果将受到极大地削弱，如将 CRM 和企业运行的 ERP、SCM 系统集成，将产生更大的效益。CRM 可与 ERP、SCM 在财务、制造、库存、分销、物流和人力资源等方面进行集成，这种集成不是业务处理的简单合并，而是业务流程的再造、数据库信息充分共享等。

（3）交互性特征。CRM 系统是以客户为中心的管理信息，通过和客户的交互，可以汇集大量的客户和潜在客户的信息、发现新的市场机会、及时提供给客户个性化的服务，所以企业应在 Intranet/Internet 的支撑下，建立友好的、多种方式的电子交互平台，如呼叫中心、Web 游览接口、电子商店、E-mail 互动等多种形式，通过多种渠道开展有效地客户交流和管理活动。

（4）智能化特征。成熟的 CRM 不仅能完全实现商业流程的自动化，而且还能为管理者提供强大的决策支持。CRM 拥有大量的与客户有关的信息，通过数据仓库的建设和数据挖掘，可以对市场和客户进行深度分析，使企业具有商业智能的动态决策和分析能力，从而提高管理者经营决策的有效性。

（5）高技术含量特征。从技术应用的角度看，CRM 系统是一个多技术的复杂集成体，它所涉及的技术不仅包括各种功能应用所需要的数据仓库、网络、语音、多媒体等多种先进信息技术，而且这些不同的技术标准和不同规范的功能模块被整合为一个统一的 CRM 应用环境，需要不同类型的资源和专业的技术支持。

10.2.3 CRM 系统的主要功能模块

通过对 CRM 一般模型和主要业务流程分析，客户关系管理由多个子系统构成。由于对客户关系管理的侧重点不同，加之开发商也有自己的设计理念和方法，所以形成的客户关系管理软件也是不尽相同,但一般都会包含一些共同的子系统和功能模块。一般的客户关系管理软件所包含的主要子系统如图 10-8 所示。

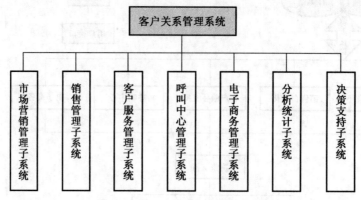

图 10-8 客户关系管理主要子系统

10.2.3.1 市场营销管理子系统

市场营销管理子系统可以协助市场营销决策层对市场和客户信息进行系统和全面的分析,可以准确的进行市场细分,发现新的商机所在,制定针对性较强的市场营销策划活动,协调、指导销售队伍富有成效地开展市场销售工作。

市场营销管理子系统为其他子系统提供关键性信息。市场营销管理子系统和其他子系统高度集成,确保新的市场营销活动等各种信息自动发布给相关的销售和客服等人员,使各项市场营销活动得到准确、高效地执行。事后需对营销活动的执行情况和效绩等进行评估,对可能出现的偏差进行及时的修正。

10.2.3.2 销售管理子系统

销售管理子系统是销售环节的基础模块,通过它可以进行产品报价、订单处理、分销商管理和客户信息管理等日常工作,同时它通过对业务线索和销售机会等信息的收集和分析,发现和追踪潜在的客户。该子系统通过信息技术把企业的所有销售环节有机地组合起来,使每一个销售代表可以全面、及时地获取企业当前的最新消息和全局情况。

10.2.3.3 客户服务管理子系统

客户服务管理子系统主要对客户支持、客户现场服务、售后维修服务等业务流程进行自动化、信息化管理,可以帮助客服代表有效地提升服务意识,提高服务效率和质量,增强服务能力。客户服务子系统可以为客户提供多种形式的交流平台,促进客户和企业之间的交流,增强客户对企业的认同,从而延长客户在企业中的生命周期。客户服务管理子系统还可以通过 PDA、无线通信网络等高新技术设备,为客服代表的现场服务提供实时的、准确的客户诉求信息,使客服代表更有针对性地提供个性化服务,并将现场客户服务情况实时反馈到企业的服务网络之中。

10.2.3.4 呼叫中心管理子系统

呼叫中心管理子系统(Call Center)是通过电话系统提高营销、销售和服务的水平的系统。呼叫中心集成计算机电话集成技术(CTI),实现被叫号码识别功能(DNIS)自动号码识别功能(ANI)和交互式语音应答系统(IVR),从而为客户提供智能化的企业服务。

呼叫中心服务子系统将客户的信息需求及时反馈到客户的接收终端,将客户的进一步服务要求,通过企业网络实时传送到相应的服务部门和客户服务代表手中,及时、快速、有效地满足客户的个性化服务要求。

呼叫中心管理子系统又是客户和企业进行交流的重要平台,通过各种管理分析模块,可以发现并改进企业的服务水平和质量;通过对潜在客户的语音分析和数据挖掘,可以发现新的市场机会。

10.2.3.5 电子商务管理子系统

1. 电子商店

电子商店具有运营成本低、传播速度快、辐射面大等优势。企业应充分利用 Internet 和高新技术环境,建立电子商店和网络销售模式,从而在更大的范围上提供企业的产品销售和服务。

2. 电子营销

电子营销应与电子商店紧密配合,Internet 和高新技术环境为企业营销注入了新的营销理念和手段,网络为企业营销开创了一片崭新的天地。

3. 电子支付

建立安全的客户支付系统,使客户可在网上放心的购物、支付账单。

4. 电子服务支持

客户可以通过网络和企业进行交互,了解企业情况、提出服务请求、查询常见问题、检查订单状态等。电子服务支持应和其他服务系统高度集成,形成统一的网络服务系统,对全方位的服务需求,通过网络服务系统,对客户提供及时、在线的即时服务。

10.2.3.6 统计分析子系统

1. 销售管理统计

包括客户销售订单统计,即统计某一客户全部或一段时期内的购买情况;人员或部门销售统计,即按人员或部门进行统计的销售情况;产品销售统计,即统计某一产品一段时期内的销售情况。

2. 营销管理统计

包括营销市场状况统计,即统计某一营销市场的规模、购买力等信息,或某一区域产品的客户的基本情况;营销市场统计,即按人员、部门、地域等统计所进行的市场推广活动的次数、规模、资料、数量、结果等。

3. 客户服务与支持管理统计

包括客户服务合同统计,即统计客户服务合同的数量、期限、付款情况等;客户服务情况统计,即统计客户服务合同的改造情况以及每次客户服务类型;人员或部门客户支持统计,即按人员或部门统计客户问题的处理情况;产品信息统计,即主要统计客户反映的产品质量情况;人员或部门客户关怀统计,按人员或部门统计对客户的关怀情况。

10.2.3.7 决策支持子系统

决策支持子系统是建立在数据仓库技术、数据挖掘技术基础上的,为决策者提供市场、经营、服务等方面的决策支持功能。

10.2.4 CRM 的发展

10.2.4.1 CRM、ERP、SCM 的整合

CRM 思想强调的是对客户关系的全面管理。CRM 提供了从识别客户、生成有需求的客户、订单处理、销售执行、售后服务及巩固客户关系等方面的完整信息,使企业营销、销售、服务与支持的非自动化的业务流程实现了自动化,使各环节中离散的流程变为汇总和协调

的流程。

ERP 思想强调的是对企业资源的全面、系统、科学的管理。如果没有 ERP 系统各项功能的后台支持,CRM 也将无法发挥其作用。

CRM 和 ERP 的集成能使客户的需求得到最大的满足,留住了现有客户和潜在客户。在这个过程中,CRM 提供了具体执行的框架,而 ERP 则提供了资源的应用及其实际的操作,CRM 从赢利方面,ERP 从成本和质量控制等方面,共同为提升企业的效益作出了贡献。

因此,要实现 CRM 系统与 ERP 系统的完美整合,首先应当进一步整合管理思想,即将客户关系视为企业发展的一种重要资源,纳入 ERP 的会计核算范围,使其具有可以用货币衡量的精确价值,使得客户的增加、流失以及每个客户带来的收益变化等经营现象能引起企业足够的重视。

将 CRM 系统与 SCM 系统整合在一起,首先要将两者的管理思想融合在一起。在产品差异化越来越小的今天,一个领先的企业如果不能对客户个性化的需求作出反应,不能结合客户的需求去设计和改进产品,结果可能会导致市场的逐步丢失和大量产品的积压。因此,企业应用 SCM 系统时必须在管理思想上与 CRM 系统集成,实现以客户为中心的“拉动式”供应链运作。

在企业的现实应用中,CRM 系统、SCM 系统与 ERP 系统可能都在运行,而三个系统之间不断地相互渗透,并使彼此之间重叠的部分不断扩大。因此,企业需要考虑如何将 CRM 系统、ERP 系统和 SCM 系统有效的整合以发挥它们最大的功效,这也是发展的必然趋势。

软件系统的整合,首先涉及数据的整合;二是涉及业务流程的整合;三是要对相应的功能模块进行改造和二次开发。

10.2.4.2　扩展 BI 的应用范畴

商业智能(BI)将被推向前线,帮助部门经理实时管理业务,笔记本电脑的应用已成为常态,PDA 及各种新的技术手段将不断出现和应用于实践,市场、销售和客服人员可以通过网络、WiFi 或其他高技术手段实时掌握客户的相关信息,为客户提供特色化的个性服务。

10.2.4.3　RPID 技术的应用

物联网的推出和发展,使得 RFID(Radio Frequency Identification,射频识别)技术将充分应用到相关行业中。企业出于对一些敏感或重要商品的安全、跟踪等方面的考虑,在这些商品上加装 RFID,并将这些相关信息整合到 CRM 的解决方案中。当此产品一旦出现问题,制造商可以快速的进行追踪定位,使存在的问题得到及时的解决。

另外采用 RFID 技术,可以使造假的技术难度增加,增大了造假的成本,较好地改善了市场的商品环境,增强企业的市场竞争力。

10.2.4.4　对 CRM 的新要求

高新技术的迅猛发展和社会进步使得未来的销售渠道呈现多样化的局面,如电话销售、电视直销、网络销售等;三网合一将为每一个家庭提供轻便的上网的手段,不同的销售渠道具有不同的客户接触点,相应地就要配合采取不同的客户管理策略,而客户各种信息的采集、传输、整理、存储,将给 CRM 提出新的要求。

10.2.4.5　云计算和开源云服务

把 CRM、ERP 和 SCM 等应用软件高度集成,并使其具有灵活 SOA(Service-Oriented Architecture,面向服务的体系结构)框架的模块结构和统一的数据接口标准,并迁移到云(Cloud)上,是近来应用软件发展的一种重要的趋势,云计算和开源软件工具有着广阔的应用前景,越来越多的软件厂商将注意力集中到中小企业身上,提供的开源云服务,将给中小企业的 CRM、ERP、SCM 等软件的应用提供良好的环境,并减轻巨大的经济压力。

本章小结

供应链的概念是在横向一体化管理思想的基础上发展起来的。其出发点是摆脱纵向一体化的"大而全、小而全"的企业自我封闭式的管理模式,由"纵向一体化"转向"横向一体化"的经营管理模式,充分挖掘、整合和利用企业的外部资源,快速响应市场需求的变化。

客户关系管理是在 20 世纪 90 年代产生和发展起来,现已成为信息系统和营销理论中非常活跃的一个分支。客户关系管理是一种管理理念,其核心思想是将企业的客户作为最重要的资源,通过完善的客户服务和深入的客户分析来满足客户的需求,保证实现客户的终身价值。

供应链管理和客户关系管理是近年来管理学界和企业界研究和应用的热点,信息技术的迅速发展是 SCM 和 CRM 先进管理模式发展和应用的基础和必然,本章分别介绍了 SCM 和 CRM 的基本概念、管理思想和管理模式,重点阐述了 SCM 和 CRM 的信息系统框架。最后阐述了 SCM、CRM 发展展望及 SCM、CRM 和 ERP 的整合问题。

思考题

1. 简述供应链和供应链管理的基本含义。
2. 供应链管理发展经历了哪几个阶段?
3. 简述供应链管理和 ERP 的不同。
4. 试进一步说明什么是客户关系管理?
5. 简述 CRM 理论的概念和系统目标。
6. 简述 CRM 应用系统的的主要功能模块,并描述各个模块之间的关系。
7. 简述 CRM 的发展趋势。

案例:东莞市坚朗五金制品有限公司 CRM 系统

坚朗公司创立于 1975 年,是从事门窗幕墙配件研究和制造的专业公司,其业务是提供高品质的门窗幕墙配件和相关技术咨询。经过 30 多年的发展,坚朗已成为门窗幕墙行业中的著名品牌,其点支式幕墙配件在国内市场占有额超过 50%,占国际市场的 35%。

随着坚朗公司业务的快速发展,庞大的销售网络管理模式开始暴露出信息分散、速度慢、执行力不强、数据不详实等弊端,凸显出营销管理客户资源分散、销售过程处于不透明状态,营销环节与生产环节协同困难等问题。主要存在以下发展瓶颈:

(1)国内销售额比重大,但项目型销售关系复杂,协作效率不理想。

(2)目前扁平化的营销管理模式所暴露出的信息不够集中、执行力不到位、数据不详实、统计结果滞后等弊端。

(3)客户资源分散、潜在客户未得到有效的系统的管理。

(4)庞大的销售队伍管理成为企业最大的问题。销售环节的信息化平台成为坚朗公司信息化发展的重点。

公司决心通过实施 CRM 系统来完成销售环节信息化建设。

CRM 的核心设计思想是：接单前以客户管理、商机管理为核心，全面挖掘和分析客户需求，提高赢单率；接单时通过全面销售订单评估，保证利润最大化；签单后借助敏捷制造系统对订单进行全面跟踪与管控，保障按期交付；在产品交付后通过对服务的全程处理与分析，提高客户满意度和忠诚度。

在 CRM 的选型上，从长远发展考虑，重点考虑与 ERP 系统的集成性，与 ERP 形成售前＋生产制造＋售后一体化的解决方案。提高企业销售环节与企业内部的协同。从销售模式考虑，希望能够满足制造业的项目式销售的行业需求。

针对公司存在的发展瓶颈问题，通过 CRM 系统的实施和运行，主要实现下述工作：

（1）将全国各地的不同种类的客户实现了统一管理。

（2）对销售队伍日常活动进行统一管理。

（3）对样品申请、发运进行了规范化管理。

（4）实现了项目的全程化管理和监控。

（5）对全国各地的竞争对手情况进行收集和分析。

公司的 CRM 系统整合了坚朗公司全国范围的销售资源，通过与 ERP 系统的无缝集成，使得公司的销售业务信息可以全面共享，从而实现了资源的合理分配及经验分享，使公司对客户的售前、售后服务的速度和质量更具有竞争力。系统充分体现以客户为中心的管理理念，通过对客户工程项目不同阶段的密切关注和深入分析，把客户需求和市场趋势有机结合，积极主动地给客户提供顾问式服务。

‖案例思考题‖

1. 坚朗五金制品有限公司在销售方面遇到的问题，在其他公司是否同样存在？

2. CRM 系统对公司带来了哪些效益？

第 11 章　决策支持系统与专家系统

【学习目的与要求】

1. 掌握决策支持系统的基本概念
2. 掌握决策支持系统的基本结构与功能
3. 理解决策支持系统的开发方法
4. 了解群体决策支持系统和群件的概念
5. 了解智能决策支持系统
6. 掌握专家系统的基本概念及开发方法

11.1　决策支持系统的基本概念

决策过程是人们为实现一定目标而制定的行动方案,并准备组织实施的活动过程,这个过程也是一个提出问题、分析问题和解决问题的过程。广义上讲,人类的决策行动包括确定目标、设计方案、评价方案和实施方案 4 个阶段。决策问题的性质可分为结构化、半结构化和非结构化三类,这是对问题结构化程度的三种不同描述。所谓结构化程度,是指对某一过程的环境和规律,能否用明确的语言给予清晰的说明或描述,可以是数学的或逻辑学的,形式的或非形式的,定量的或推理的,如果能描述清楚的,称为结构化问题;不能描述清楚而只能凭直觉或经验做出判断的,称为非结构化问题;介于这两者之间的,则称为半结构化问题。那么人们可以把决策也划分为结构化决策、半结构化决策和非结构化决策。

20 世纪 70 年代中期 Keen 和 Scott Morton 首次提出了决策支持系统(Decision Support System,DSS)的概念,它标志着利用计算机与信息支持决策的研究与应用进入了一个新的阶段。70 年代末,一般认为 DSS 是结合与利用计算机强大的信息处理能力和人的灵活判断能力,以交互方式支持决策者解决半结构化和非结构化决策问题的系统。当时的 DSS 大都由模型库、数据库及人机交互系统等三个部件组成,它被称为初级决策支持系统。80 年代初,随着 DSS 理论和技术的发展,DSS 系统结构增加了知识库、方法库、图形库、文本库和案例库等,构成了三库、四库、五库、六库甚至七库结构。知识库系统是有关规则、因果关系及经验等知识的获取、解释、表示、推理及管理与维护的系统;方法库系统是以程序方式管理和维护各种决策常用的方法和算法的系统。80 年代后期,人工神经元网络及机器学习等技术的研究与应用为知识的学习与获取开辟了新的途径。专家系统与 DSS 相结合,充分利用专家系统定性分析与 DSS 定量分析的优点,形成了智能决策支持系统 IDSS,提高了 DSS 支持非结构化决策问题的能力。近年来,DSS 与计算机网络技术结合构成了新型的能供异地决策者共同参与进行决策的群体决策支持系统 GDSS。GDSS 利用便捷的网络通信技术在多位决策者之间沟通信息,提供良好的协商与综合决策环境,以支持需要集体做出决定的重要决策。

DSS 是一种以计算机为工具,应用决策科学及有关学科的理论与方法,以人机交互方式辅助决策者解决半结构化和非结构化决策问题的信息系统。

DSS 的基本特征归纳起来,可以概括为以下几个方面:

（1）对准上层管理人员经常面临的结构化程度不高、说明不够充分的问题；

（2）把模型或分析技术与传统的数据存取技术及检索技术结合起来；

（3）易于为非计算机专业人员以交互会话的方式使用；

（4）强调对环境及用户决策方法改变的灵活性及适应性；

（5）支持但不是代替高层决策者制定决策。

11.2　决策支持系统的结构与功能

DSS 部件之间的关系构成了 DSS 的系统结构，系统的功能主要由系统结构决定，具有不同功能特色的 DSS，其系统结构也不同。DSS 的四库框架结构包含人机对话子系统、数据库子系统、方法库子系统、模型库子系统和知识库子系统五个部分，是 DSS 最基本的结构之一，如图 11-1。除此之外，还有以人机对话子系统牵头，将模型库与数据库以直线方式联结的串联结构；将数据库子系统与模型库子系统融为一体的融合式系统结构；以数据库为中心的结构等。本节以介绍四库框架结构为主。

四库框架结构中数据库子系统一般包含数据库和数据库管理系统。方法库子系统由方法库和方法库管理系统组成。模型库子系统一般包含模型库和模型库管理系统。知识库子系统由知识库和知识库管理系统组成。人机对话子系统负责与决策者联系，为决策者提供交互方式操纵和使用 DSS 的环境。当决策者需要查询或检索数据时，人机对话子系统通过数据库管理系统从数据库中提取数据。而当决策者需要利用某种模型解决决策问题时，则通过人机对话子系统传送和解释有关问题的描述和命令，让模型库管理系统提取模型或直接生成新的模型，并通过数据库管理系统调用数据库中有关数据，以满足决策者的需要。

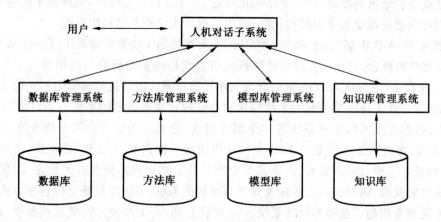

图 11-1　DSS 的四库框架结构

为有效地辅助决策，DSS 应具备以下功能：

（1）提供与决策问题有关的数据。DSS 能及时完成系统内外与本系统决策有关的各种数据的采集、整理和储存，并可随时调用；能及时收集、提供各种已经做出的决策方案成果预测数据或已付诸实施的决策方案的反馈数据。由于各类数据性质不同，因而 DSS 应建立专门的数据库，用于储存各种数据。

（2）提供与决策问题有关的模型。DSS 应能提供研究各类决策问题的模型和方法。通常有四种方法，即数学方法、逻辑表达式方法、自然语言描述方法及图形描述方法，模型如各类预测模型、决策模型、直方图、网络图等。DSS 应建立专门的模型库和方法库，用于储存各类模型和方法。

（3）提供数据和模型的管理功能。DSS 应能提供对数据和模型、方法进行查询、修改、增加、删除和连接的功能，使决策者在使用系统时，都能方便地完成上述操作。

（4）提供综合信息和预测信息。DSS 应能运用各种模型和方法，灵活地对数据进行加工、汇总，通过分析和预测提供综合信息和预测信息。

（5）提供各种方案模拟运行的功能。DSS 应具有对各种备选方案或决策方案进行模拟运行的功能，通过对模拟运行结果的分析和评价，为正确选取决策方案提供依据。

（6）提供人机对话的功能。DSS 应具有方便的人机对话接口及图形输出功能，能随机查询所要求的数据，在整个决策过程中，伴随着决策人员的知识、经验和判断能力的主动运用，需要通过及时的人机会话才能体现。

一般情况下，最基本的决策支持系统由人机对话子系统（人机接口）、数据库子系统、模型库子系统和方法库子系统构成。

11.2.1 人机对话子系统

人机对话子系统是决策支持系统中用户和计算机的接口，又称用户界面、人机接口等，它负责接收和检验用户的请求，协调数据库系统、模型库系统和方法库系统之间的通信，为决策者提供信息收集、问题识别以及模型构造、适用、改进、分析和计算等功能，它在操作者、模型库、数据库和方法库之间起着传送（包括转换）命令和数据的重要作用。

人机对话子系统通过人机对话，使决策者能够依据个人经验，主动地利用 DSS 的各种支持功能，反复学习、分析、再学习，以便选择一个最优决策方案。显然，对话决策方式充分重视和发挥了认识主体人的思维能动性，必然使管理决策质量大幅度提高。它才有交互方式为决策者提供进一步理解决策问题的过程。由于高层次管理决策的错综复杂性，决策者往往开始不能全面深入的了解决策问题的每个侧面，决策支持的出发点只能是利用交互的人机合作过程，通过试探性和启发性的问题求解方法来帮助决策者逐步加深和调整对问题结构的认识。从本质上说，非结构化问题的求解和结构化的过程实际上是一种人机交互的启发式过程。DSS 通过交互向决策者展示问题的各个侧面并通过交互使问题逐步深化，使决策者对问题的结构认识逐步深入、细化和清晰，使决策问题得以求解，交互是一个启发用户思维的过程。

人机对话子系统主要有以下特点：

（1）交互的便利性。由于决策者大都是非计算机专业人员，他们要求系统使用方便，灵活性好。人机对话子系统应向决策者提供多种形式的交互形式，产生合理的输入输出，决策者应能正确地输入数据和有关参数，系统能正确输出系统运行的结果。

（2）提供决策者的控制的权力。允许决策者控制 DSS 的运行、控制数据库、模型库和知识库的工作。另外，决策问题不同于自然科学问题，既要考虑客观因素又要考虑人文因素，需要能根据决策者的个人决策风格、偏好、随机制约因素等作出决策。

（3）随环境和需求变化的适应性。通过交互，决策者可以构造新的决策问题，增加新的模型及与模型有关的概念、数据和知识，以适应新的环境变化的要求。DSS 可以根据用户操作过程的记录，适当调整自己的界面系统。

11.2.2 数据库子系统

数据或信息是减少决策问题不确定性的要素，是分析判断的依据。决策支持系统面向半结构化和非结构化的决策问题，其特点是数据面广且具有概括性，除了组织内部的数据外,更多的是组织外部数据。DSS 和 MIS 的数据库及其管理系统在概念上有许多共同点,如数据库的某些功能及其实现方法,数据库管理系统的某些作用等。这主要是由于 DSS 对数据库系统的某些概念来自 MIS 系统。但是,由于 DSS 和 MIS 之间存在着根本的区别,所以它们对数据库的要求有本质上的不同:从工作目标来看,DSS 使用的数据库是支持决策,因此它对综合性数据和数据的预处理比较重视。MIS 支持日常事务的处理,所以它特别重视对原始数据的收集、整理和组织。与 MIS 的数据库相比,DSS 的数据库要庞大、复杂的多。从资源共享的角度来看,MIS 与 DSS 在组织机构内部使用的也许是同一数据库。

数据库系统存储、管理、提供与维护用于决策支持数据的 DSS 基本部件,是支撑模型库子系统及方法库子系统的基础。数据库子系统的组成由数据库、数据析取模块、数据字典、数据库管理系统及数据查询模块等部件组成,如图 11-2 所示。

11.2.2.1 数据库

DSS 数据库中存放的数据大部来源于 MIS 等信息系统的数据库,这些数据库被称为源数据库。

11.2.2.2 数据析取模块

负责从源数据库提取能用于决策支持的数据,析取过程也是对源数据进行加工的过程,是选择、浓缩与转换数据的过程。

11.2.2.3 数据字典

用于描述与维护各数据项的属性、来龙去脉及相互关系,也可被看作是数据库的一部分。

11.2.2.4 数据库管理系统

用于管理、提供与维护数据库中的数据,也是与其他子系统的接口。

11.2.2.5 数据查询模块

用来解释来自人机对话及模型库等子系统的数据请求,通过查阅数据字典确定如何满足这些请求,并详细阐述向数据库管理系统的数据请求,最后将结果返回对话子系统或直接用于模型的构建与计算。

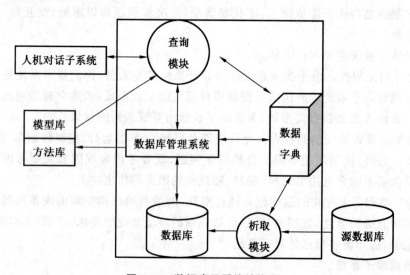

图 11-2 数据库子系统结构图

11.2.3 模型库子系统

模型库子系统是构建和管理模型的计算机软件系统,它是 DSS 中最复杂与最难实现的部分。DSS 用户是依靠模型库中的模型进行决策的,因此我们认为 DSS 是由"模型驱动的"。应用模型获得的输出结果有三种作用:直接用于制定决策;对决策的制定提出建议;用来估计决策实施后可能产生的后果。

11.2.3.1 模型库子系统的主要功能

模型库子系统的主要功能为:

(1) 模型库与模型字典的定义、建立、存储、查询、修改、删除、插入、重构等。

(2) 构建新的模型。根据用户的要求,将简单的子模型通过串联或并联构造成一个更为复杂的模型。

(3) 模型的运行控制。控制模型运行时的数据输入和输出,一个模型可能被另一个模型调用。

(4) 数据库接口的转换。该子系统提供了模型运行时对数据库访问的标准接口,减少了模型对数据库管理系统的依赖。

11.2.3.2 模型库子系统的组成

模型库子系统主要由模型库、模型库管理系统和模型字典等部分组成。模型库用于存储决策模型,是模型库子系统的核心部件。实际上模型库中主要存储的是能让各种决策问题共享或专门用于某特定决策问题的模型、基本模块或单元模型,以及它们间的关系。使用 DSS 支持决策时,根据具体问题构造或生成决策支持模型,这些决策支持模型如有再用的可能性则也可存储于模型库。将模型库与成品库比较,则存放的是"成品的零部件和框架"。模型字典即是这些"零部件和框架"的描述,说明它们的功能、用途和使用事项等。使用 DSS 支持决策时,根据具体问题构造或生成决策支持模型。理论上,模型库中的"元件"可以构造出任意形式的模型,解决任何所能表述的问题,如图 11-3 所示。

11.2.3.3 决策支持模型的分类

决策支持模型可分为模拟方法类、规划方法类、计量经济方法类、投入产出方法类等,其中每一类又可分为若干子类,如规划方法类又可分为线形规划、单目标规划或多目标规划。模型按照经济内容可分类为:预测类

图 11-3 成品仓库和模型库对比图

模型,如产量预测模型、消费预测模型等;综合平衡模型,如生产计划模型、投入产出模型等;结构优化模型,如能源结构优化模型、工业结构优化模型等;经济控制类模型,如财政税收、信贷、物价、工资、汇率等对国家经济的综合控制模型等。

11.2.3.4 模型单元在模型库中的存储方式

模型单元在模型库中的存储方式目前主要有子程序、语句、数据及逻辑关系等四种方式,逻辑方式主要用于智能决策支持系统。

1. 子程序方式

模型的输入、输出格式及算法用完整的程序表示。不利于修改,会造成各模型相同部分的存储冗余。

2. 语句方式

用建模语言描述模型,组成语句集合,与子程序方式类似,但向用户方向前进了一步。

3. 数据方式

把模型看成一组用数据集表示的关系,使模型库和数据库能用统一的方法进行管理。

模型库管理系统的主要功能是模型的利用与维护。模型的利用包括决策问题的定义和概念模型化,从模型库中选择恰当的模型或单元模型构造具体问题的决策支持模型,以及运行模型。模型的维护包括模型的联结、修改与增删等。

11.2.3.5　模型库管理系统的主要功能

模型库管理系统的主要功能是模型的利用与维护。模型的利用包括决策问题的定义和概念模型化,从模型库中选择恰当的模型或单元模型构造具体问题的决策支持模型,以及运行模型。模型的维护包括模型的联结、修改与增删。模型库子系统是在与 DSS 其他部件的交互过程中发挥作用的。与数据库子系统的交互可获得各种模型所需的数据,实现模型输入、输出和中间结果存取自动化。与方法库子系统的交互可实行目标搜索、灵敏度分析和仿真运行自动化等。与人机对话子系统之间的交互,模型的使用与维护实质上是用户通过人机对话子系统予以控制与操作的。

11.2.4　方法库子系统

方法库子系统主要是一个软件系统,它综合了数据库和程序库。它为求解模型提供算法,是模型应用的后援系统,是存储、管理、调用及维护 DSS 各部件要用到的通用算法、标准函数等方法的部件,方法库中的方法一般用程序方式存储。DSS 从数据库选择数据,从方法库选择算法,然后将数据和算法结合起来进行计算,并以直观清晰的呈现方式输出结果,供决策者使用,如图 11-4 所示。方法库子系统由方法库与方法库管理系统组成。

在早期的方法库系统中,人们采用了面向多种应用的程序包,它们具有某一特定应用领域的功能程序,用以描述数据结构和功能要求的通用、格式化的接口,通过内部的数据管理系统处理存储的数据。为了扩大应用范围,程序库的规模更大,并且是层次结构的,通过信息服务手段来选取程序,同时有了增加程序库的功能;用户接口是前后一致的交互式接口,用户只需用一定的语言形式来描述与决策相关的部分。但是,由于数据管理依然是面向内部的,外部数据源很难引入,程序库中又有很多限制难于引入外部程序。

综上所述,建立方法库难点之一是把程序和数据综合起来,因此需要增加方法库子系统的适应性和灵活性,新一代系统应有如下功能:

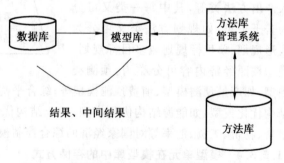

图 11-4　方法库子系统

(1) 方法库系统是具有扩充性的程序组件,可以和多种数据库相联,并有与应用有关的控制系统,它把特定应用的要求转换成相应的系统程序。这里所谓"程序组件"是指可进一步组合构造的基本模块。用户可以用一些基本构件来设计更为复杂的程序,这些复杂程序也加入组件集合,可作为进一步的构件,因此,组件集合呈层次结构。

(2) 可扩充性是指在组件集合(程序库或方法库)中随时可以加入新的组件(程序或方法),这包括完全新建的方法和组合生成的方法。当然,程序库在开始时应包括一些初步的程序,为节省开发费用,应从各种渠道获取这些程序,加以整理入库。系统应能容纳多种语言编制的方法,因而把库程序和系统程序语言联接起来就成为必不可少的一部分,这需要提供统一的接口和适当的执行环境(输入输出,空间分配等)。如果把库程序的输入输出和数据库相联,应提供一种数据结构,它能和多种数据库相联。如政府部门和科研机构要通过多种经济数据来预测经济发展。这些数据来源于多方面,存在不同的数据库中,方法库子系统应能通过各个 DBMS 接口来访问这些数据,应向使用者提供数据名称和查询方法。这些手段有:面向多种 DBMS 的接口,把数据变为程序需要的格式的变换机制,把数据供给程序的机制和数据字典(数据描述、访问权限、语义约束)。

方法库内存储的方法程序一般有:排序算法、分类算法、最小生成树算法、最短路径算法、计划评审技术、线性规划、整数规划、动态规划、各种统计算法、各种组合算法等,如图 11-5 所示。

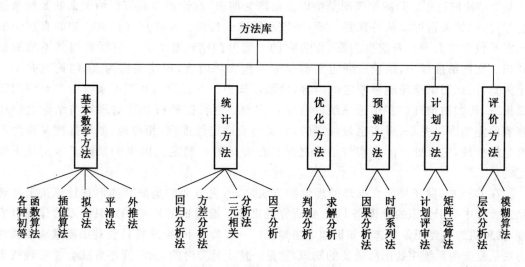

图 11-5　方法库方法程序分类图

11.2.5　知识库子系统

当 DSS 向智能方向发展时,知识和推理的研究就显得越来越重要。事实上,也只有当知识和推理技术被娴熟地用于 DSS 时,才可能真正达到决策支持所提出的目标。DSS 能够较有效地支持半结构化和非结构化问题的解决,这类问题单纯用定量方法无法解决,至少不能完全解决。为此,必须在 DSS 中建立知识库,以存放各种规则、因果、关系决策人员的经验等。此外,还应有综合利用知识库、数据库和定量计算结果进行推理和问题求解的推理机。

知识库是数据库概念在知识处理领域的拓广和延伸。在知识库中可存放各种数据,组织、管理和维护数据库的方法对知识库来说可以继续使用,至少可供参考借鉴。但是,知识库的主要任务还是存储大量的知识,因此,可将知识库定义为经过分类组织的"知识的一个集合"。知识库包含事实库和规则库两部分。例如,事实库中存放了 A,B 那样的事实,规则库中存放着 IF A 则 B 那样的规则。DSS 设立知识库,其总目的是为了扩大与决策者共有的论域,以便更好沟通思维。具体地讲,开发知识库时应该考虑如下问题:为自然语言理解创立语义和语用环境;为建模和数值计算提供必要得分析基础;补充和延拓决策人员的思维能力。这三个问题所涉及的知识领域是一致的,在表达知识和设计知识库框架时,不再将这些问题划分为子系统,而是把它们纳入统一的框架之中。

开发知识库的技术关键是:知识的获取和解释、知识的表示、知识推理以及知识库的管理和维护。从本质上讲,这些技术和知识工程,专家系统所使用的技术并没有什么差别,因此 DSS 研究中完全可以借鉴知识工程和专家系统的一些成果。但是,也要注意到它们之间的差别,最主要的差别在于特别重视推理和计算的结合,以及机器推理对于决策者思维的延拓能力。在专家系统计算是很少的,几乎没有数学模型的概念,知识的结构和形式比较确定。

当选择知识库的描述框架时,同时也应考虑准备采用的推理机制。所谓推理是指据一定的原则从已有的事实推出结论的过程,推理有多种类型。在知识库系统中,推理过程是对知识的选择和运用的过程,称之为基于知识的推理。演绎推理和归纳推理是其基本方法和核心内容,逻辑推理与似然推理是其主要特征。所谓演绎推理是指由一组前提必然地推导出某个结论的过程。归纳推理则是指以某命题为前提,推论出与其有归纳关系的其他命题的过程,归纳关系可以从特殊到一般,可以从特殊到特殊。演绎推理是从已知的真理中抽出它所包含的真理。若前提为真,作为它的一部分的结论必为真。演绎推理并不增加新知识。在归纳推理中,结论所断定是前提中未包含的内容,即使前提为真,结论也并不一定为真,因此归纳推理能够断定的内容,增加新知识。在目前的知识库系统中主要使用演绎推理,而归纳推理则多用于系统的自学习方面。逻辑推理所处理的事实与结论之间存在着确定的因果关系,事实也是确定的,故又称为确定性推理;相应地,似然推理又称为不确定性推理,它所处理的事实与结论之间存在着某种不确定的因果关系或者事实是不确定的。

在 DSS 中,除了要研究推理的理论和方法之外,更重要的是研究如何在计算机上实现推理。其中基于知识的推理是 DSS 要研究的重点。推理机就是基于知识推理的计算机实现,推理机的主要任务是选择知识和应用知识。一般情况下,推理机只能利用搜索法或其他方法从复杂的系统中找出所需要的知识,这是一件十分费时的工作,弄不好就会使推理机无法实现。因此,研究知识的选择(即控制策略)就成为推理机的一个关键问题,常用的控制策略有 3 种:数据驱动控制(又称前向推理)、目标驱动控制(又称反向推理)和混合控制(又称双向推理)。数据驱动控制适于解空间很大的问题,其主要缺点是盲目推理,求解了许多与总目标无关的子目标;目标驱动控制则特别适合于解空间小的问题,其不足在于目标选择盲目,不允许用户主动提供信息来指导推理过程;混合控制则综合了两者的优点,通过数据驱动帮助选择目标,通过目标驱动求解该目标。

11.3　决策支持建模技术

模型是指人们在认识与改造客观世界的过程中,为了整理资料、形成思路、交流认识、组织行动而形成的关于客观存在的领域、问题、范围的认识框架。一般具有以下特点:

(1) 模型比现实世界更容易操作,尤其一些参数值的改变在模型中操作比实际问题中操作更容易。

(2) 有些实际问题很难甚至根本不可能做实验,通过建立模型可以克服这种困难,而且模型比现实容易理解一些。

(3) 有些变量在现实中需要很长时间才能观察出它的变化情况,但用模型研究则很快看出变化规律,从而能最迅速抓住本质特征。

(4) 用模型研究变量之间的关系可以节约时间,降低费用。

（5）可以通过模型进行灵敏度分析，以便看出哪些因素对系统影响最大。

模型的种类非常多，包括物理模型、数学模型、模拟模型等。人们可以用各种手段来表达自己对系统的理解，整理自己收集到的信息。从目前实际使用的情况来看，常用的有三类：以数学、运筹学方法描述的模型；用计算机模拟法描述的模型；用逻辑方法描述的推理与决策模型。这里只介绍前两类在近年来的实际使用较多的模型。

最常见的数学方法建模以公式的形式表达，例如在物理、化学、生物等自然科学与技术科学以及经济管理中，人们的理论认识或经验多是以公式的形式表达出来。在经济管理中常见的经济管理模型有盈亏平衡、成本分析、投入产出模型等。这类模型中包括两方面的内容，一方面是相关因素的个数以及它们之间的关系类型（正比、反比或其他），可以称之为模型的"型"；另一个方面，各种系数反映出各种定量的比例关系。这些数值可以是理论计算结果，也可以是由历史数据用统计回归方法得出的经验值。另一类数学方法的模型是优化模型，包括线性规划、非线性规划、动态规划、目标规划、多目标规划等。第三类数学模型属于统筹方法和网络模型。这类方法基于图论和数理统计方法，把生产管理中的各种错综复杂的相互关系用计划网络图的方式表达出来，并提供了各种有关分析与计算方法，使人们可以准确地抓住关键路线与关键环节，为合理调度资源，追求最优效益提供帮助。这些数学方法的应用常常要和统计方法结合在一起，通过对历史数据或经验数据的统计加工而起作用，单纯的数学方法是不能直接为决策提供服务的。

另一类常用模型是计算机模拟模型，包括连续模拟和离散事件模拟，连续模拟中变量是随时间连续变化的，通过这种方法可以做趋势分析。而离散事件模拟是将系统的运动变化看做是一连串离散发生的事件，在事件之间，系统的状态是保持不变的，这种思路有利于车间的生产调度、交通的指挥和各种管理决策问题的分析研究。对于某些大型和综合性问题可以将两种方法结合起来，构成既包含连续模拟又包含离散事件的复合型模拟模型，以解决大型的、综合型决策问题。

目前常用的决策模型类型、模型目标和代表性技术见表 11-1。

表 11-1 模型类型、目标与技术表

类 型	处理和目标	代表性的技术
具有较少方案的最优化	从少量的方案中求最优的解	决策表、决策树
用算法最优化	用逐步改进过程从大量的或无限的方案中，求最好的解	线性规划、网络模型
用分析公式的最优化	用公式直接求最优的解	某些库存模型
仿真	用实验求足够好的解，或在检验的方案中求最好的解	仿真模型
启发式搜索	用规则求足够好的解	启发式搜索、专家系统
预测模型	由给定情况，预测未来的情况	回归、马尔柯夫链
其他模型	用公式进行 what-if 分析	财务模型

11.4 决策支持系统的开发方法

开发决策支持系统的方法可以是传统的管理信息系统的开发方法，比如生命周期法、原型开发法、最终用户开发法，也有自己特殊的方法 ROMC 方法。

11.4.1 传统的生命周期方法

传统的生命周期方法主要包括确定用户需求、系统分析、整体系统设计、详细系统设计、开发、测试、使用等主要步骤。从表面上看，决策支持系统的生命周期与管理信息系统的生命周期类似，但还是有区别的。这主要表现在决策支持系统能够解决半结构化和非结构化的决策问题，而管理信息系统只能解决结构化问题。由于问题性质的不同，导致在解决问题的方式上的不同。决策支持系统以人-机对话为系统工作的主要方式，而管理信息系统的人工干预很少。此外，决策支持系统的开发生命周期应更多体现用户的主导作用和参与工作。

生命周期法的不足之处在于：生命周期方法不能很好地适应需求快速变化的系统。另外开发者和用户间沟通能力较差，用户很难解释清楚要决策支持系统为他干什么或提供什么样的具体信息。

11.4.2 原型开发方法

原型开发方法是针对生命周期法的不足而发展起来的，它是一个反复迭代的研制过程。根据用户或决策者提出的粗略要求，大致分析系统应当干什么，由用户与设计人员共同商定先解决其中一个重要部分，着手设计一个初始原型，然后通过必要的软、硬件设施，实现这个原型系统，供用户或决策者试用。经过试用一段时期，即可根据用户意见，对该原型系统加以修改或扩充，利用原型系统细化用户的需求，扩充和改善初始原型的功能。如此反复，直至最后形成一个相对稳定的工作系统，用以支持一系列的决策问题。这个反复迭代的研制过程就是原型开发过程。

与生命周期法相比，原型开发法改进了用户与开发者之间的沟通状况，在开发过程中引入了灵活性和迅速响应的特性。原型开发方法的不足之处在于可能延长开发计划。

11.4.3 最终用户开发方法

除了上述两种主要方法外，最终用户开发方法（End-user development）也是近年来常见的决策支持系统开发方法。最终用户开发是指决策者直接负责决策支持系统的开发，在专业人士的支持和帮助下，开发更为复杂的最终用户系统。与其他方法相比，最终用户开发更好地反映了决策者的意图，并且减少开发过程中决策者、程序员、系统分析员之间的沟通时间和费用。

11.4.4 ROMC 方法

ROMC 方法认为，决策者在解释决策或做决策时依赖已形成概念化的东西，例如图形、图表、公式、数字等。DSS 应帮助决策者将问题形成概念。弄清楚决策者决策时依靠什么样的表述方式，而计算机又能够提供什么样的表述方式。好的表述方式是决策者和其他人进行广泛的联系和交流的重要工具，为此我们必须重视表述方式的分析与设计，并决定有关操作、记忆辅助和控制的具体类型和形式。ROMC 方法以四种基于用户需求的属性为基础，它们是表述方式（Representations）、操作（Operations）、记忆辅助（Memory aids）和控制辅助（Control aids），ROMC 方法就是以这四种属性的英文字母的大写字母来命名。

ROMC 方法的主要步骤是用这种方法识别决策过程中的活动，分析每一活动的表述（R）、操作（O）、记忆（M）和控制（C）4 个基本要素，再将这四部分综合起来建成一个专用的 DSS，经反复的交互作用，研制人员沿着这 4 个方向追踪系统和用户，不断修改和扩充，直到用户满意为止，如图 11-6 所示。设计一个专用 DSS 的过程实际上就是根据用户所面对的决策问题的要求确定一组 ROMC 的过程。

(1) 关于表述方式(R):表述用的图表工具,如直方图、饼图、散点图、曲线图、PERT 图、组织结构图、记录表、清单等,或者是辅助表述的实物,如图像、照片、工程图、录像录音带、备忘录等。

(2) 关于操作(O):在决策的不同阶段常用的一些操作包括情报操作、设计操作、选择操作。情报操作例如采集数据、识别目标、诊断问题、使数据有效和构成问题等。设计操作例如采集数据、处理数据、目标定量化、生成报告、选择与分配供选择的数值等。选择操作例如产生用于选择方案的统计表、选择方案的模拟结果,解释各种方案并选择以及解释选择的结果等。

(3) 关于记忆辅助(M):存储记忆辅助是支持表述和操作的必备条件,它们可以是物理的,也可以是非物理的,例如由内部和外部数据源构成的数据库、数据库的视图、保存操作所产生的中间结果并显示表达的工作空间、保存工作空间内容、保存操作记录、保存故障和数据分布图等。

(4) 关于控制(C):控制是将表述方式、操作和存储结合起来形成支持决策的能力的重要因素,是决策者的主要需求属性。DSS 的控制有直接控制类和间接控制类两种。例如菜单、可选操作功能键和有关使用 DSS 的训练和解释、Help 命令以及自学的训练方法等。

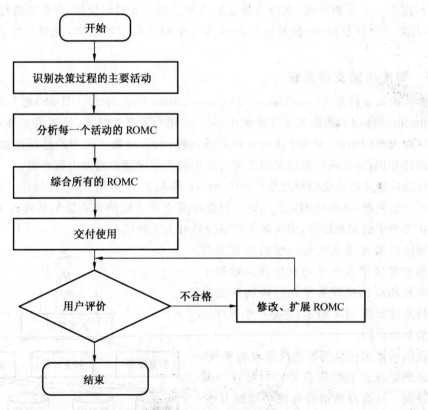

图 11-6 ROMC 的主要步骤

ROMC 方法和其他方法比较,有如下的优点:

(1) 利用 ROMC 方法来识别各种表述方式和操作要比识别全部可能的决策过程容易

得多。

（2）ROMC 方法能更方便地为决策过程选择操作序列，而新的序列（即新的过程）并不需要对决策支持系统作程序性的修改。

（3）ROMC 方法可以协助 DSS 的建造人和使用人对决策问题进行分类，并确定相关的情报、设计、操作和选择。

（4）用 ROMC 方法确定的多种形式的记忆辅助可以帮助决策者保存操作的结果，为再次利用这些结果、减少决策者的记忆负担、减少重复利用表述和操作带来的复杂性提供有效的手段。

（5）ROMC 方法需要并鼓励用户自始至终参与 DSS 的设计、开发和应用的全过程。

（6）ROMC 方法和 DSS 的主要构成部分（数据库系统、模型库系统与对话生成管理系统）直接有关，这三者向 ROMC 提供技术和技巧。

（7）ROMC 方法是过程独立的，不受决策者和决策过程的限制和影响。

（8）ROMC 方法为 DSS 的分析与设计提供了一个实用的框架，但并不提供实现 DSS 的具体技术，为了使 ROMC 方法更加有效运用，需要 DSS 生成软件的支持。

在 DSS 的发展中，还有许多 DSS 的研制方法。例如，分阶段开发法、发展设计法和进化探索法等。这些方法与上述 DSS 方法各有侧重，可应用于不同的 DSS 中，它们共同的基本思想是：决策者和系统研制者要在一个小的重要问题上达成一致意见，以快速的方法设计和建造一个初始系统，支持所要做的决策。经过短时间使用，对系统进行评价、修改和扩展，经过多次反复循环，使系统发展成为一个相对稳定的系统，能对一组决策任务提供支持。

11.5　智能决策支持系统

智能决策支持系统（Intelligence Decision Supporting System，IDSS）是人工智能（Artificial Intelligence，AI）和决策支持系统相结合，应用专家系统技术，使决策支持系统能够更充分地应用人类的知识，如关于决策问题的描述性知识，决策过程中的过程性知识，求解问题的推理性知识，通过逻辑推理来帮助解决复杂的决策问题的辅助决策系统。

智能决策支持系统的概念最早由 Bonczek 等人于 20 世纪 80 年代提出。它的功能是既能处理定量问题，又能处理定性问题。智能决策支持系统的核心思想是将人工智能（AI）与其他相关科学成果相结合，使决策支持系统具有人工智能。

智能决策支持系统与一般的决策支持系统的主要区别在于学习和推理。增加了知识库和相应的推理系统的初级的智能决策支持系统如图 11-7 所示，它是一个四库三功能的系统结构。

该结构称为初级的智能决策支持系统，是考虑到它缺乏自然语言处理功能这一友好的界面。具有自然语言处理功能的 IDSS 往往被称为高一级的智能决策支持系统。典型的智能决策支持系统由 3 个子系统构

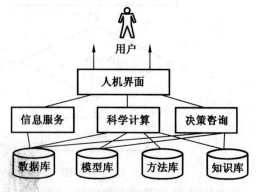

图 11-7　具有四库三功能的 IDSS

成，它们是语言系统（Language System，LS）、问题处理系统（Problem Process System，PPS）

和知识系统(Knowledge System,KS),如图 11-8 所示。这种系统又称为 3S 系统,它的关键是自然语言处理,这项工作由 LS 和 PPS 共同完成。

语言系统(LS)的功能主要是把自然语言转化为机器能够理解的形式,并把机器对问题的解答或系统内部的其他信息转化为自然语言相应的形式向用户输出。问题处理系统(PPS)的功能主要是识别、分析和求解问题,能把问题陈述转化为相应可执行的操作方案,能对问题做比较透彻的分析,确定什么时候问题陈述已变化成了详细的过程说明,什么时候执行哪个模块或程序,什么时候得到问题的解答。除了语言理解和问题识别之外,问题分析能力也是 PPS 应该具有的主要功能。这是一个在模型、知识、数据和用户之间反复交互的过程,最简单的情况是只在模型和数据之间进行交互,在 MS/OR 领域里有大量的计算机程序和软件包可以完成这样的工作。较复杂的情况是需要把定性分析加入到定量计算中去。用户的干预是必要的,也是比较容易取得成功的方法。机器推理则更困难一些,最困难的分析过程是在模型、知识、数据和用户四者之间的交互,应该引入比较多的人工智能技术才能把用户和系统紧密地结合在一起。

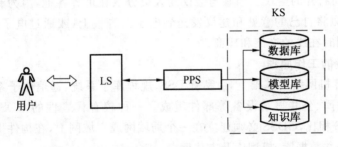

图 11-8　具有自然语言处理功能的 IDSS 基本结构

智能决策支持系统随着人工智能技术的发展而不断发展,人工智能是计算机科学发展的前沿领域,是研究机器智能的学科,即利用人工的方法和技术,研制智能系统来模仿、延伸和扩展人的智能,实现类似人类的智能行为。人工智能有若干不同的研究领域,包括语言处理、自动定理证明、智能数据检索、机器视觉、问题求解、人工智能方法和机器人等。这些领域的研究和应用尽管有些还处于起步阶段,但在智能决策系统领域已经产生了重要的影响。

11.6　群体决策支持系统与群件

11.6.1　群体决策支持系统

随着跨区域与跨国经济的发展,各种组织的布局由点向面,逐步走向全球化,企业中的许多决策是需要集体讨论后决定的,这就要求参与讨论的人同时在场,通过信息系统可以把分布在异地的、或者不能同时出现的会议参与者连接起来,这样就产生了群体决策支持系统。

11.6.1.1　概念及特点

群体决策支持系统(Group Decision Support Systems,GDSS)是一种在 DSS 基础上,利用计算机网络与通信技术,供多个决策者为了一个共同的目标,通过某种规程相互协作地探讨半结构化或结构化决策问题解决方案的信息系统。与传统的会议决策或传递式群体决策相比,GDSS 有以下一些特点:

(1) 不受时间与空间的限制;

（2）能让决策者之间便捷地交流和共享信息与知识，减少片面性；

（3）决策者可以克服消极的心理影响，无保留地发表自己的意见；

（4）能集思广益，使问题的解决方案尽可能趋于完美；

（5）可防止小集体主义或个性对决策结果的影响；

（6）提高决策群体成员对决策结果的满意程度和置信度；

（7）群体越大，效果越明显。

GDSS 支持两种会议类型：同一时间召开的会议和不同时间召开的会议。GDSS 通过各种群件技术、DSS 功能和远程通信等提供环境支持。

（1）同一时间召开的会议。建立决策室，也就是在传统会议室基础上增加了计算机工作站、话筒、投影仪、屏幕，成员可以通过语言或者计算机进行交流，也可以把交流的内容在屏幕上显示。如果参与会议的人员在同一座办公楼内，那么 GDSS 通常采用局域网（LAN）；如果参与会议的人员分散在不同城市，甚至不同国家，可以通过 Internet 将大家连接起来，通过远程通信技术和群件实现会议，也可以采用电视会议的形式。

（2）不同时间召开的会议。当参与会议的人员分散在世界各地，因为有时差的限制，参与会议的人员可以将自己的意见和建议发送到电子公告板上，或通过电子邮件发给其他参会人员，实现不同时在线的交流和磋商。

11.6.1.2　GDSS 的工作原理

GDSS 在计算机网络的基础上，由私有 DSS、规程库子系统、通信库子系统、共享的数据库、模型库及方法库、公共显示设备等部件组成。一种较有代表性的 GDSS 结构如图 11-9 所示，与个人 DSS 相比，GDSS 必须建立在一个局域网或广域网上，在构件上增设了规程库、通信库、共享的公共数据库、模型库及方法库。

1. 人机接口

接受决策群体的请求，如支持人关于会议要求与安排的发布，与会者对数据、模型、方法等决策资源的请求。

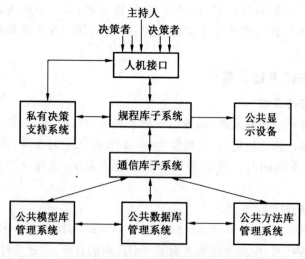

图 11-9　典型 GDSS 系统结构图

2. 通信库子系统

是系统的核心，存储与管理主题信息、会议进程信息及与会者的来往信息等，负责这些信息的收发,沟通与会者之间、与会者与公共数据库、模型库、方法库之间的通信。

3. 规程库子系统

存储与管理群体决策支持的运作规则、会议事件流程规则等,决策者意见发送优先级规则、各种协调规则等。

11.6.1.3 GDSS 的类型

根据决策问题面临的组织环境、人员空间分布、决策周期长短等因素,GDSS 具有不同的类型。

1. 决策室

设立一个与传统的会议室相似的电子会议室或决策室,决策者通过互联的计算机站点相互完成决策事务,是相对简单的 GDSS。

2. 局域决策网

建立于计算机 LAN 之上,用于多位决策者在近距离内的不同房间里,定时或不定时作群体决策的系统,决策者可在决策周期内分散地参与决策。

3. 虚拟会议 VC(Virtual Conference)

利用计算机网络技术,使分散在各地的决策者在某一时间内以不见面的方式进行集中决策的 GDSS。

4. 远程决策网 RDN(Remote Decision Network)

利用广域网(WAN)技术,综合局域决策网与虚拟会议的优点,使决策参与者异时异地的对同一问题进行决策。

11.6.2 群件

群件(Group Ware)是一个网络软件概念,它定义了由一组(群)人使用的应用程序,用户应当通过网络互相操作,群件可以协助一个组织中不同的人员安排进度、进行交流和管理从而提高办公效率。电子邮件是一个很好的群件例子,它能使用户间相互通信和协调活动。作为群件,从功能上需要满足通信、合作、协调的要求,一个真正的群件包括允许不同系统上的用户能在一个项目上交互和协调工作。常见的群件功能有:

(1)内部电子邮件。内部电子邮件可以方便的传递和共享文字或者图像、音频等信息,办公人员只需要及时查收,就可随时收到最近的消息。

(2)电子公告栏。设立论坛并对论坛按不同的探讨主题进行分类,可以使群体成员在各个论坛上各抒己见、交流沟通。既可对工作中遇到的问题进行讨论,也可以对生活上的困扰进行讨论,这种方式可以促进交流,有利于组织文化的建设。

(3)工作流。工作流业务是组织中一些已经稳定的工作流程,比如公司的采购管理、请假管理、车辆管理等。根据应用中定义的处理流程,工作流引擎自动地分发、传递和跟踪文档。工作流使得用户可以协调商业活动,并采用流水线方式处理部门内部或跨企业的关键应用。例如一笔采购业务,要向不同的有关部门进行申请,然后得到审批。在工作流中,把角色和规则、路径定义好后,就可方便的实现流程的自动流转,节省了处理时间,提高工作效率。

Lotus 是 IBM 旗下的五大软件之一,其 Domino / Notes 产品是当今业界实际上的群件标准。作为一个成熟的协作平台提供商,在协作平台市场上占据了绝对优势的领导地位。多年来,国内利用 Lotus Domino / Notes 软件平台开发的企事业单位办公自动化系统遍布各个行业,呈现一片"莲花盛开"的盛景。办公自动化系统的普遍实施,使得 Lotus 软件名声远播。也正因为如此,很多行业内外的人们提起办公自动化系统,就想到了 Lotus,而提起了 Lotus 软件,就一定会想起办公自动化系统。以至于有一种说法,Lotus 就是 OA,OA 就是 Lotus。这个说法,一方面体现了 Lotus 软件在中国协作市场受到认同和推广的普遍事实;另一方面,也是因为许多技术和非技术人员对于 Lotus 软件的内涵和应用还了解得不够深入和全面。

1989 年 R1-1996 年 R4.5:这个阶段,Lotus Notes 作为业界的第一套真正严格意义上的商用 C/S(Client/Server,即:客户机/服务器)软件,使得 C/S 模式的应用从理论成为现实;同时也完全建立了 Lotus 群件技术领导者的地位。

1996 年 R4.5-2002 年 R5:成熟的 Lotus 群件技术在这个阶段突飞猛进,Lotus 不但帮助众多用户实现了电子化的协作,而且使得基于 Web 的协作技术得到了广泛的应用。还有非常重要的一点,在这个阶段,Lotus 作为一个成熟的协作平台提供商,将自己定位在 IBM 电子商务 e-business 大战略中的"mind"。

始自 2002 年 10 月的革命:R6 开始,Lotus 又开始了一个令人兴奋的新历程。全面支持 J2EE,意味着 Lotus 软件从一个专有的平台级产品转向了彻底开放的业界标准,Lotus 作为 IBM 电子商务大战略当中的核心成员之一,开始发挥更加值得瞩目的作用——将 J2EE 技术和 Web Service 技术真正商用化!

Lotus Domino/Notes 的基本特点包括:

(1) Domino / Notes 是 IBM 公司推出面向新世纪的通信的基础设施。

(2) 它为客户提供了一条从简单的电子邮件到高级通信和协作解决方案的捷径。

(3) 从 R6 开始,Lotus 又开始了一个令人兴奋的新历程,即全面支持 J2EE。

(4) Domino / Notes 这个软件平台是集成了企业通信、协作、工作流、Intranet 和 Internet Web 应用功能于一体的软件平台。

(5) Domino / Notes 作为一种协作性的工作组应用软件,它允许人们使用网络共享 Domino 环境中的信息(Database)。

(6) Domino 服务器和 Notes 工作站 / Browser 通过局域网(LAN)和广域网(WAN)进行通信。

11.7 专家系统

专家系统(Expert System,ES)是以知识为基础的决策系统,是一种运用推理能力得出结论的人工智能系统,就像某个领域的专家一样,可以通过对问题进行推理得出相应的结论,或者推荐合适的建议。目前人们已开发出专家系统来诊断问题、预测未来的事件和解决经济问题。例如,应用比较多的医学专家系统是在计算机中输入众多病案,形成数据库,并归纳总结诊疗方案,形成完整的知识库系统,然后通过特定的推理程序和数学模型形成一套辅助医生诊断的医疗系统。

11.7.1 专家系统的结构特征

专家系统由许多子系统构成,其中主要包括知识库、推理机、知识获取和解释子系统、用户界面等。图 11-10 显示了一个基本的专家系统的构成。系统中用户通过用户界面与推理机进行交互作用,而推理机又与专家系统的其他部分发生交互作用,只有这些组成部分联合协同作用才能为用户提供专家经验和决策导向。

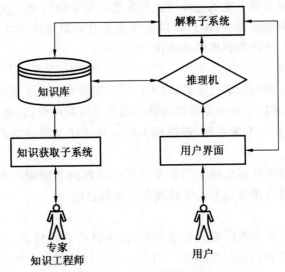

图 11-10 专家系统的构成

11.7.1.1 知识库

知识库中存储了专家系统所用的所有相关信息、数据、规则、案例和关系。在实践中,必须为每一个具体的应用开发一个知识库,这个知识库就类似于该领域或学科中人类专家多年工作后获得的知识和经验的总和。例如一个医疗专家系统中就包含了某类有关疾病和病症的各种事实数据,建立知识库的目的是为某特定专家系统保存相关的事实和信息,即特殊领域的知识。这些知识是从领域专家的设计实例中收集来的,包括领域专家在解决领域相关问题的过程中所使用的典型知识。专家系统的成功与否依赖于它的知识库的完善和准确性的程度。一般来说,知识库中容纳了规则、框架、语义网、案例和模式匹配等信息,这些都是在专家系统知识领域解决问题的必要信息。

11.7.1.2 推理机

推理机是专家系统的重要组成部分,负责接受用户提供的对问题的描述,然后在知识库中搜索适合的规则,组织并应用规则对问题进行推理并得出结论。推理机是基于规则和事实来执行演绎和推理的,它同样也具有执行基于概率推理或模式匹配的模糊推理的能力。在咨询过程中,推理机每次都检验知识库中的一条规则,当规则的条件为真时,发生一次规定的行为,被称为这条规则被击"中"了。

推理机进行检验所使用的两种主要方法是:向前推理和向后推理。向前推理是从事实出发,向前推进直到找到结论的推理过程。向后推理是一种从结论出发,向后追溯至支持结论的事实的推理过程。

向后推理比向前推理更快,因为它不需要考虑所有的规则,也不会有贯穿整个规则集的多个过程。向后推理尤其适合下面的情况:当有多个目标变量;有很多规则;在得出解决方案的过程中,不需要检验所有的或者大多数的规则。一些推理机被设计成既可以向前推理也可以向后推理,用户可以选择使用哪一种推理。

11.7.1.3 知识获取子系统

知识库中的知识是从专门的领域专家那里获得的,并且进行收集、组织、形式化,以满足将知识转化为计算机可识别的表达形式的目标。知识获取(Knowledge Acquisition)过程是一个复杂的过程。大多数的专家系统在不断改进,通过使用知识获取子系统可以在知识库中加入新的规则。开发专家系统的过程可能是先建立简单原型,然后改进这个原型,不断充实和完善专家系统。系统成熟后,用户可以方便地通过知识获取工具来添加新的规则和信息,其他的也可以删除,维护知识库的正确性。

11.7.1.4 解释子系统

解释子系统是用来解释求解过程的,它可让用户理解专家系统是如何得到某个结论的。通过这种方式,用户既可以了解专家系统为什么需要了解某些信息,还可以跟踪用来解决问题的方法。例如,一个医疗专家系统,根据病人的某些症状及测试结果,可以得出某一特定病例的结论。

通过解释子系统就可让医生找出专家系统所做诊断的逻辑或推理过程,从而判断专家系统是否是以正确且符合逻辑的方式来处理数据和信息的。

11.7.1.5 用户界面

用户界面使用户向专家系统输入命令和信息,并从中获得信息。一个专家系统的优劣通常与它的界面的品质和功能密切相关。用户界面设计的焦点主要在于人所关注的方面,如使用便捷、可靠性高、出错率低等。同时,用户界面的设计应尽可能地考虑交互方法的适应性。这些方法包括输入、控制和询问机制,用户可以根据自己的个人偏好选择不同的交互方法等。过去,需要有熟练的计算机人员来运行大多数专家系统,现在,用户界面可以让用户或决策者们开发和使用他们自己的专家系统。

专家系统是一个需要不断发展和完善的系统,需要在应用过程中不断充实知识库和数据库,完善推理过程。为了优化专家系统,使系统能不断的改正错误,使其提出的方案更加科学,一般专家系统都预留知识获取接口,使专家系统能够在应用过程中不断的完善其知识库,从而使专家系统的智能化程度不断提高。

专家系统可以解决的问题一般包括解释、预测、诊断、设计、规划、监视、修理、指导和控制等方面。因此,专家系统在医药、工程、工商及其他领域都得到了广泛的应用。但是,专家系统的应用有一定的局限性。专家系统仅擅长在有限的知识领域内,解决特定类型的问题。它不能解决需要广泛知识基础和具有主观能动性的问题。对特定类型的运营或分析任务,专家系统可以做的很好,但不能很好地解决主观性管理决策问题。

11.7.2 专家系统开发方法

专家系统常是管理信息系统的重要组成部分,不同于其他管理信息系统,它是基于知识的系统,在开发专家系统时特别注重的是知识库的设计与推理机的设计。知识库的设计不只是一个数据库的设计,必须保证其中的知识对解决相应领域的决策问题具有可能性与完备性。建立专家系统的步骤如图 11-11 所示。图中详细设计包括推理机程序设计、人机接口设计等;辅助设计包括知识库维护系统设计、解释器设计等;系统实现包括系统组建与测试、系统评价与维护等。

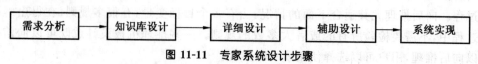

图 11-11 专家系统设计步骤

11.7.2.1 需求分析

需要详细调查用户的需求,具体有以下几点:

(1)功能分析:了解用户需要的是一个什么样的系统,需要利用该系统做什么事、解决什么样的问题,要了解日常这些问题是如何解决的、解决的方法、解决的步骤,这样一些方法求得问题的解的依据是什么,这些方法存在一些什么问题。了解用户对新系统的期望,希望采用什么样的手段来解决上述问题,新方法的有利条件与可行性。

(2) 对新系统的性能要求进行分析:该系统的服务对象是谁,他们的日常工作情况,他们可以为解决问题提供什么样的数据,希望与系统有什么样的人机交互方式,希望达到什么样的智能程度,希望提供具有何等精确度的数据,数据约束,使用频度,如何验证结论的正确性等。

(3) 和管理信息系统其他部分的关系:全系统的功能与性能情况,全系统的数据流、控制流的情况,新系统的数据或条件,哪些和管理信息系统其他部分有关,这些数据在原系统实体-模型中的地位。它们和新系统中要求的数据的关系是什么,如何从原系统中提取新系统中需要的数据或得到新系统需要的条件,对相关接口的设计要求等。

(4) 其他要求:系统将基于什么样的硬软件环境,安全性要求,约束与限制条件,对系统的进度要求,系统开发的经济基础等。

11.7.2.2 知识库设计

要根据新系统欲解决的问题找出相关的知识并将其概念化,并将这些概念加以组织整理成一个有系统的知识结构。例如得到推理规则集,得到数据转换规则与采集与存储的算法,初步形成一个知识库。需要确定知识领域的范围。包括领域的内容、研究对象、涉及的主要概念与技术、常用的解题方法与解题工具、常见解题范例与解题的详细过程。根据对知识领域的了解。分析该专家系统中有关实体及相互之间的关系、它们和管理信息系统中有关数据的联系、系统内数据流程与处理算法。在此基础上尝试用专家系统的解题方法去分析如何利用上述数据求取所需要的问题的解。对有关关系进行规则分析,求取推理规则集,最终设计出知识库结构。

11.7.2.3 推理机程序设计

推理机是查找求解问题所需的专家知识,并推理求取问题的解的关键部分,必须精心设计。要求能正确求解问题、用户使用方便、解题快捷。需要提请用户确认对界面的要求,设计好向用户提出的问题,要注意问题的逻辑性,尽可能让用户通过选择做出规范标准的回答。根据规则集画出推理树结构模型图,分析有关条件与规则的可信度,设计程序流程并完成代码编写。

要注意的是应当强调知识库结构与推理机工作的协调与配合,在专家系统中虽然知识库和推理机可以各自单独设计,但它们在工作时是紧密联系在一起的,知识库设计的缺陷将导致推理机等工作的困难。因此在设计过程中需求、概念、推理机的组织结构与规则都会不断变动,必须不断地重新组织并精化。

11.7.2.4 知识获取设计

由于用于问题求解的专门知识的获取过程是建造专家系统的核心,并且与建造系统每一步都密切相关,因此,从各种知识源获取专家系统可运用的知识是建造专家系统的关键环节。要认真听取领域专家对求解问题过程的一般介绍,选择问题样例,观察与领会领域专家求解问题的方法与技巧,分析如何将有关内容变成计算机程序可以接受的形式,如何与知识库实现最好配合。

一般知识获取可以有如下方式。

(1) 通过与领域工程师的交流抽取知识与经验。

(2) 通过某些知识编辑程序辅助抽取知识与经验。

（3）通过数据挖掘程序寻求求解问题的知识与经验。

（4）根据其他系统设计经验与设计人员个人经验提取知识与经验。

根据不同的方法得到的知识与经验可能不相同，甚至互相矛盾，要对获取的知识进行分析，找出不一致之处，通过讨论或试验排除不确定或错误的知识。

11.7.2.5 解释器设计

解释器可以使系统使用起来更加人性化，也使系统具有更大灵活性与适应性。要分析有关事实的描述与对结论的描述中比较含糊或容易产生二义性的内容，分析各项规则的应用流程与标识方法，相应设计好解释器的数据结构与数据维护系统，在系统运行过程中及时响应用户的需要对所提问的问题与求解问题的全过程做出必要的解释。

一般需要提供的解释内容如下：

（1）报告当前的会话进程。

（2）解释某个结论是如何得出的，即系统从知识库中所取出的条件与规则，及推理的过程。

（3）解释某个结论不成立的原因，说明推理的过程及推理的结论，与欲得结论进行比较。

（4）解释对某个问题的更加具体的解释，说明该问题的具体意义，给出如何回答的建议。

为了让系统具有真正的解释功能，我们需要比规则更多的知识。对每个规则附加说明内容是一个解决方法，这需要另外建立解释库存放解释内容，在用户提问时从库中提取答案返回给用户。也可以利用知识的编码，利用知识库同时存放解释信息。

一般要求解释器有如下工作方式：

（1）在程序运行过程中给用户提供解释器接口，使能适时解答用户的疑问。

（2）自动在解释器数据库中查找需要加以说明的内容，并给出解答。

（3）提供快捷键使用户能临时中断程序提请解释，解释器要及时给出解答后恢复运行。

11.7.2.6 与其他系统联系的设计

专家系统常常是管理信息系统的一部分，其事实数据常来自管理信息系统的统计或其他数据处理程序，其所得结论也常需要用到管理信息系统的决策中去。因此要注意设计好与管理信息系统的接口。要分析专家系统所需要的知识哪些与管理信息系统有关、是什么样的关系、数据怎样从管理信息系统传入专家系统，相反的过程又是怎样的、需要做什么样的转换或变化、怎样控制与实现、提取或传送的时间与频率、有关约束与安全性要求等。

11.7.2.7 专家系统的测试与评估

专家系统是专业性与技术性很强的系统，其开发过程常常漫长。一般都是设计、实现、测试、修正、再设计……这样一个不断循环往复的过程。除了一般系统常规测试内容外，特别要注意与实际问题的专家求解相对照，看系统运行结果是否能和专家结论相一致或能提示专家思考更深入的问题。要检查知识库中的知识是否正确、准确与完备，是否真正反映了领域专家的经验与知识，知识库中的知识有无不一致之处，知识的表示模式与表示方法是否恰当，知识库的结构是否与系统需求协调与合理，系统的推理过程是否正确，结果的可信度是否满足需要，用户界面是否友好，系统性能是否合乎需求等。

评估工作可以包括静态与动态两种，在静态评估时，设计人员可以介绍系统的工作过程，以实例说明依据什么样的知识可以得到什么样的结论，领域专家可以分析工作过程的合理性与结论的正确性,共同分析与讨论知识的一致性与完备性,分析可能出现的问题及应对办法。在动态评估中实际处理多个问题,让专家代替用户输入问题与数据,运行系统,观察结论是否和专家的设想相一致,设计者从专家操作中获得启示,设法使系统解题方法更加合理与完善,设法使解题达到专家水平。

由于系统内各部分既独立又联系的特殊关系,往往一个修正就要求比较多的改变。在设计时要尽可能加强各部分独立性,同时要对其完善过程的长期性与复杂性有足够思想准备。

本章小结

决策支持系统为决策者提供了有价值的信息及创造性思维方法,是帮助决策者解决半结构化和非结构化决策问题的交互式计算机系统。其功能主要表现在它支持决策的全过程,特别是对决策过程各阶段的支持能力。

DSS 的四库框架结构是决策支持系统的最基本结构,包括人机对话子系统、数据库子系统、方法库子系统、模型库子系统和知识库子系统五个部分。决策支持系统的开发方法可以应用传统的管理信息系统的开发方法,如生命周期法、原型法和最终用户开发法,ROMC 方法是近年来常见的决策支持系统开发方法。

群体决策支持系统是应用于团队之中,使团队更易于获得问题解决方案的一种决策支持系统,依据群体决策是否同时会面,可将会议分为同一时间召开的会议和不同时间召开的会议两种类型。通过远程通信技术、群件等对不同形式的会议提供支持。群件是帮助群组协同工作的软件。群件可以协助组织中不同人员安排进度、进行交流和管理,从而更有效的工作。常见的群件功能有:内部电子邮件、电子公告栏和工作流等。

人工智能和决策系统相结合形成智能决策支持系统。智能决策支持系统与一般的决策支持系统的主要区别在于学习和推理。具有自然语言处理的智能决策支持系统是高级的智能决策支持系统。

专家系统是模仿专家的经验与知识进行决策支持的系统,通过对领域专家的问题求解能力的建模,采用人工智能中的知识的表示与知识推理来模拟专家求解问题。专家系统在功能方面注重解决问题、解释结果、进行判断与决策。

专家系统的基本结构由知识库、推理机、知识获取和解释子系统以及用户界面构成的。知识库用于存储解决问题所需要的知识,推理机是实施问题求解的核心执行机构,知识获取和解释子系统可以扩充和修改知识库中的内容,也可以实现自动学习功能。能够根据用户的提问,对结论与求解过程做出说明,让用户理解系统正在做什么,以及为什么要这样做。专家知识的获取与存储、推理方法的更新以及推理过程的干预都离不开用户界面,系统应用的好坏很大程度上取决于友好的用户界面。

在开发专家系统时,应特别注重对所涉及的知识与推理过程的分析,必须保证知识库中的知识对解决相应领域的决策问题具有可能性与完备性。应重视知识库、推理机、知识获取和解释子系统的设计,不可忽视与其他系统相联系的设计和专家系统的测试与评估。

思考题

1. 决策支持系统的概念。

2. 简述 DSS 的基本特征。

3. 简述模型的概念。常见的建模方法有哪几种？

4. 简述 DSS 常用的开发方法。

5. 简述群件的概念。它有什么优点？

6. 简述智能决策支持系统的基本结构特征。

7. 专家系统的结构特征是什么？

8. 简述专家系统和一般的管理信息系统的区别。

9. 简述专家系统开发设计过程。

▎案例：农总行营业部资金财务分析决策支持系统▎

中国农业银行作为我国的四大国有银行之一正在继续深化体制改革，加强基础管理，健全内控机制，依法从严治行，加快业务发展，增强防范和化解金融危机的能力，显著提高管理水平和经营效益，为办成真正的国有商业银行而努力。

目前许多商业银行都已经建立起了完备的业务系统，有了比较丰富的信息技术应用基础，同时积累了相对丰富的历史数据，另外农业银行的新一代会计系统也正式运行了一段时间，这就为商业智能系统的实施奠定了基础。可以利用这些宝贵的历史数据为银行服务，包括从历史数据中发现金融市场的发展规律、预测业务未来的变化趋势、熟悉业务经营的状况、预测和监控风险、辅助决策者发现新的利润增长点、优化银行的资金配置，帮助银行更加稳健地实现银行的管理和经营目标。

农行资金财务分析决策支持系统的目标是：基于数据仓库、联机分析、数据挖掘等技术，集成了统计、汇总报表、数据挖掘功能，为农总行营业部资金财务部的分析和决策提供一个易用、灵活、快速的新一代商业智能系统。

具体来说，农行资金财务分析决策支持系统需要达到以下目标：

（1）为农总行营业部建立数据仓库，以整合来自新一代会计系统的数据，保证数据的一致性、准确性，为决策支持系统奠定良好的基础。

（2）为农总行营业部资金财务部的管理人员提供一个能够对业务运营状况作深入地分析、统计以及数据挖掘的工具。

（3）为农总行营业部资金财务部的业务人员提供强大的报表工具，以完成以下任务：能够完成资产负债类的所有统计报表；能够完成损益类的所有统计报表；无须修改系统，即可快速、容易地生成新的报表。

通过 OLAP 技术，显著地提高农总行营业部资金财务部 IT 系统在分析、统计、报表方面效率和速度。

农总行资金财务分析决策支持系统包括前端软件系统与项目实施两大部分，整个项目涉及广泛的技术与产品。

农行资金财务分析决策支持系统的商业智能软件平台使用的是微软公司的产品，包括通用的关系数据库平台 MS SQL Server、联机分析引擎 Analysis Service 和集成的 ETL 工具平台 Data Transform Service。前端软件系统是由广州研发中心开发的独立产品软件 BI. Office。它是一个强大的 BI 工具集合，在 OLTP 与 OLAP 引擎基础上为用户提供了包括以表格和图形方式展示和管理联机分析结果、定制不规则报表、告警、数据挖掘与展示及其自身的元数据管理等先进的 BI 增值服务。

农行资金财务分析决策支持系统的数据源来自新一代会计系统、历史数据备份和人工录入平台。通过 Data Transform Service 控制的清洗转换和加载过程(①),转入以 MS SQL Server 为引擎的数据仓库(②),通过 Data Transform Service 和 Analysis Service 控制的加载和计算(③),保存在以 Analysis Service 为引擎的多维数据库(④)中。其中第①部分和第③部分通过 Data Transform Service 定制实现称为 ETL,ETL 为增量加载计算的形式,保证了准备分析数据的过程省时和高效。BI. Office 通过中间层 BI. Office Application Server 访问数据,向用户提供商业智能服务。

案例思考题

1. 试根据上述描述画出资金财务分析决策支持系统结构图。
2. 谈谈资金财务分析决策支持系统开发技术。
3. 如果你作为资金财务分析决策支持系统的参与者,在此基础上还应添加哪些决策目标?

第 12 章　信息系统的设计案例

【学习目的和要求】

1. 回顾信息系统设计实现的主要理论模型
2. 开发实践PC整机第四方物流信息平台开发
3. 通过实践掌握系统开发原型法
4. 掌握用例模型分析在实践中的应用
5. 掌握数据库分析在实践中的应用
6. 熟悉ASP.NET开发B/S系统过程中的常用技术

12.1　系统需求说明

本章通过一个 B/S 架构的信息系统开发实践,使同学们综合掌握前文各章的知识,并对信息系统有更加深入的系统性认识。

本章所开发的系统叫做"个人电脑(PC)整机第四方物流信息平台",主要为 PC 供应商、PC 分销商、负责 PC 运输的第三方物流公司提供交易信息服务。按照现代物流的思想,该信息化平台属于第四方物流的技术领域,信息平台的管理方即第四方物流。

本系统采用 Visual Studio 2005 的 C#语言开发,数据库后台采用 MS SQL Server 2000,ORM 采用 Gentle. NET 1.5,其配套的代码生成工具 MyGeneration 1.3,动态网页为 ASP. NET 格式。该系统向 PC 整机的供应商、零售商和第三方物流公司提供无偿服务,系统命名 PC4Logistics,后台数据库与系统名同名。为了简化开发难度,本系统开发有以下前提约束:

(1) 本系统只适用于 PC 整机的第四方物流信息服务,而不适用于其他产品。

(2) 本系统仅为 PC 整机供应商(供方)、PC 整机零售商(需方)、PC 整机的第三方物流服务提供商(第三方物流)和系统管理方(第四方物流)提供服务,且假设各方业务内容单一,不存在业务重合的问题。例如供方不能具备物流配送能力,第三方物流也不能本身销售商品。

(3) 本系统仅服务 4 个城市(分别为 A、B、C、D)之间的物流,且不允许物流中转(例如从 A 到 B,再从 B 到 D 的货物中转),单位整机的运费如表 12-1 中定义。

表 12-1　到达城市与单位整机运费的对应关系

城市关系	市内运输	A<-->B	A<-->C	A<-->D	B<-->C	B<-->D	C<-->D
单位整机运费(元)	5	30	20	40	20	30	40

(4) 每个供方和需方的公司地址唯一,但第三方物流公司可以在其服务的任何一个城市拥有运力。

(5) 对同一家第三方物流公司的配送车辆之间不考虑差异性,只能够设置该公司在其服务的任何一个城市的车辆数和该公司单位车辆运输 PC 整机的平均数量。

(6) PC 整机之间的区别主要基于价格,并设置三个价位:P1 代表 3 000 元以下(取平均数 1 500 元),P2 代表 3 000 元~6 000 元(取平均数 4 500 元),P3 代表 6 000 元~9 000 元(取平均数 7 500 元)。

（7）挂牌交易是单方向的，即仅显示供方的信息，需方通过浏览或按需求量或价格查询合适的供方信息，在最终和某家供方达成交易意向之前，需方还要找到合适的第三方物流承运，运费由需方承担。

（8）只有供需双方价格一致，供给量不小于需求量，且有第三方物流承运的交易意向才能达成；一旦由需方确定了交易意向，该条供货信息就撤下，不考虑供给量与需求量的差异，需求方必须接收全部供货。

（9）假设所有的平台参与者提供的商业信息都是真实可靠的。

在开始真正的设计工作之前，还是要再次提醒大家——真实的系统开发绝不是对技术的生搬硬套，比如说按结构化的系统分析设计就必须要有数据流图和结构图，按面向对象的系统分析设计则必须13种图一个不能少。事实上，系统开发更讲求的是融会贯通、灵活运用。结构化系统开发过程中一样可以用 UML，而面向对象的系统开发中也可以使用结构化的描述语言。由于本系统本质是 Web 应用程序，因此 12.2 中首先设计系统的 0.1 版原型用例模型，该用例模型对系统的认识是非常不全面的，但是它打开了认识系统的第一扇小窗，很多同学面对开发系统无从下手，而本节提供的认识思路有助于同学们找到状态，用例模型并能为网页界面驱动开发提供指导。12.3 中设计 0.1 版原型系统的业务模型，并由此搭建起系统后台数据库关系模型。12.4 中对 0.1 版系统原型开发的难点提供解决方案，扫清系统开发的技术障碍和业务盲点。12.5 中是 0.1 版系统原型部分代表性方法的主要代码。12.6 中是由 0.1 版原型升级到 1.0 版原型的改进说明。12.7 中提出对系统进一步改进的展望。

12.2　0.1版原型用例模型

按照原型法开发的思想，并根据章首的系统要求，对系统原型进行分析、设计，并编码实施，设定其版本 0.1 版，该版本的用例模型是根据笔者对系统的初步认识制作的，有很多不完善之处。为此在 12.6 中，1.0 版原型的用例模型是基于 0.1 版的分析、设计和实施的经验基础上设计的。

尽管本节提供的 0.1 版的用例模型问题很多，但笔者还是把它摆了出来，用意是希望同学们深入理解信息系统分析、设计和开发是一个从未知到初步认识，到再认识和升华的探索发现之旅。大系统不可能一步做成，系统改进和优化也是无止境的。本章配套的案例代码为 1.0 版原型代码，请同学们自行练习，改进和升级系统。

12.2.1　供方用例

供方打开浏览器，基于账号和密码登录，可以浏览全部的供货信息；可以浏览自身供需信息，并可以添加、删除、修改、更新自身的未达成交易意向的供货信息；供方关闭浏览器退出系统。见图 12-1。

12.2.2　需方用例

需方打开浏览器，基于账号和密码登录，可以浏览全部的供货信息；可以浏览自身供需信息；并可以添加、删除、修改、更新需货信息；根据需货信息，可筛选出供货信息；对应每条供货信息，有对应的物流信息供选择；在形成物流意向后，达成供需意向。需方关闭浏览器退出系统。见图 12-2。

12.2.3　第三方物流用例

第三方物流打开浏览器，基于账号和密码登录，可以浏览物流信息；可以浏览自身物流信息，并可以添加、删除、修改、更新自身的物流信息；第三方物流关闭浏览器退出系统。见图 12-3。

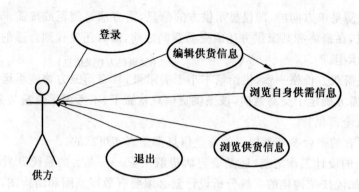

图 12-1 供方用例

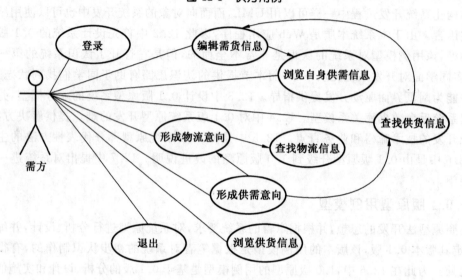

图 12-2 需方用例

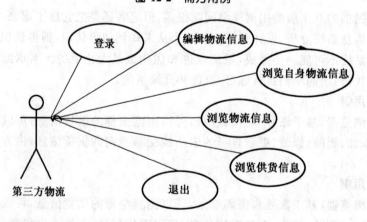

图 12-3 第三方物流用例

12.2.4 第四方物流用例

第四方物流打开浏览器,基于账号和密码登录,可以浏览供货信息;浏览达成交易意向的交易汇总信息,并可以添加、删除、修改、更新自身物流信息、供方登录信息、需方登录信息和第三方物流登录信息;第四方物流关闭浏览器退出系统。见图 12-4。

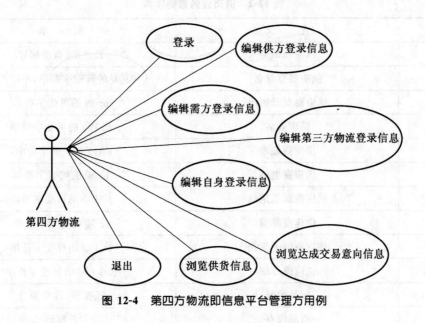

图 12-4　第四方物流即信息平台管理方用例

12.3　0.1 版原型系统从业务模型到数据库的映射

12.3.1　供方业务模型与数据库映射

根据用例模型,供方需要登录信息、供方公司一般信息、供货信息、达成交易意向的供需信息(该信息还牵涉需方和第三方物流)。据此设计关系模式:

供应商登录和基本信息表:S_login(sid,suid,spwd)

供应商基本信息表:S_firm(sid,sname,scity,stel,saddr,spost,semail,sintro)

供货信息表:S_goods(gid,sid,gqty,gprice,gintro,gist,gdate)

交易意向表:transaction(gid,dgid,lid,tvnum,tsta,tprice1,tprice2,tdate)

对应上述 4 个关系模式的数据库模型如图 12-5 所示,其字段的意义界定如表 12-2 所示。在图 12-5 中,PK 对应的字段是表的主键,FK 对应的字段是表的外键。S_firm 表的外键 sid 参照 S_login 的主键 sid;S_goods 表的外键 sid 参照 S_firm 表的主键 sid;transaction 的外键 gid 参照 S_goods 表的主键 gid。

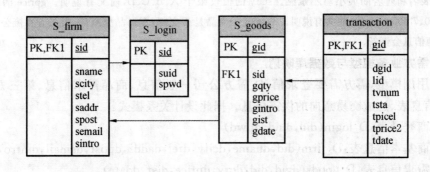

图 12-5　供方业务模型对应数据库模型

表 12-2 供货业务数据字典

列名	含 义	类 型
Sid	供应商编号	长整形,自动编号
Suid	供应商登录名	长 30 的可变字符串,不能重复
Spwd	供应商登录密码	长 30 的可变字符串
Sname	供应商名	长 100 的可变字符串
scity	供应商城市	宽度为 1 的字符串
Stel	供应商电话	长 30 的可变字符串
saddr	供应商联系地址	长 100 的可变字符串
Spost	供应商邮编	长 30 的可变字符串
semail	供应商电子邮箱	长 100 的可变字符串
Sintro	供应商介绍	长 1 000 的可变字符串
Gid	商品编号	长整形,自动编号
Gqty	商品库存	长整形
Gprice	商品单价	浮点型
Gintro	商品介绍	长 1 000 的可变字符串
Gist	该条目是否达成交易意向	布尔型
Gdate	商品上架时间	日期时间
Dgid	零售商商品需求信息编号	长整形
Lid	第三方物流编号	长整形
tvnum	需要的第三方物流车辆数	长整形
Tsta	是否完成商品交割	布尔型
Tprice1	该笔交易的交易金额	浮点型
Tprice2	该笔交易的物流金额	浮点型
tdate	达成交易时间	日期时间

说明:表名和列名的大小写不敏感。scity 的值仅限于 A、B、C、D,前文有说明。gprice 的值仅限于 1 500、4 500、7 500 三个值,前文有说明。Tsta 显示商品是否交割,在商品交割后,第三方物流公司在指定城市的车辆信息会更新。

12.3.2 需方业务模型与数据库映射

根据用例模型,需方需要登录信息、需方公司一般信息、商品需求信息、第三方物流信息、供货信息表、达成交易意向的供需信息。据此设计关系模式:

零售商登录表:D_login(did,duid,dpwd)

零售商基本信息表:D_firm(did,dname,dcity,dtel,daddr,dpost,demail,dintro)

商品需求信息表:D_goods(dgid,did,dqty,dprice,dist,ddate)

第三方物流信息表:Logistics(lid,lcity,lcunum)

对应上述 4 个关系模式的数据库模型如图 12-6 所示,字段意义界定如表 12-3 所示。

D_firm 表的外键 did 参照 D_login 表的主键 did；D_goods 表的外键 did 参照 D_firm 表的主键 did；transaction 表的外键 gid 参照 S_goods 表的主键 gid，外键 dgid 参照 D_goods 表的主键 dgid。Logistics 表 lid 和 transaction 表的 lid 也有对应关系，即 transaction 的 lid 必须参照 logistics 表中已有的 lid，但由于两表的 lid 字段都不是主键，不能绘制参照关系。

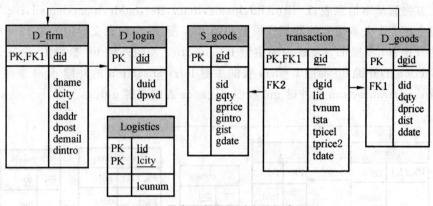

图 12-6　需方业务模型对应数据库模型

表 12-3　需货业务数据字典

列名	含　义	类　型
Did	零售商编号	长整形,自动编号
duid	零售商登录名	长 30 的可变字符串,不能重复
dpwd	零售商登录密码	长 30 的可变字符串
dname	零售商名	长 100 的可变字符串
dcity	零售商城市	宽度为 1 的字符串
dtel	零售商电话	长 30 的可变字符串
daddr	零售商联系地址	长 100 的可变字符串
dpost	零售商邮编	长 30 的可变字符串
demail	零售商电子邮箱	长 100 的可变字符串
dintro	零售商介绍	长 1 000 的可变字符串
dgid	商品需求信息编号	长整形,自动编号
dqty	商品需求量	长整形
dprice	商品需求单价	浮点型
dist	该需求条目是否得到满足	布尔型
ddate	需求信息上传时间	日期时间
Lid	第三方物流编号	长整形
lcity	第三方物流所在城市	宽度为 1 的字符串
lcunum	第三方物流在指定城市的空载车辆数	长整形

说明:表名和列名的大小写不敏感。dcity 的值仅限于 A、B、C、D,前文有说明。dprice 的值仅限于 1 500、4 500、7 500 三个值。lcity 的值仅限于 A、B、C、D,前文有说明。

12.3.3 第三方物流业务模型与数据库映射

根据用例模型,第三方物流需要登录信息、第三方物流公司一般信息、第三方物流信息、供货信息表、达成交易意向的供需信息。据此设计关系模式:

第三方物流登录表:L_login(lid,luid,lpwd)

第三方物流基本信息表:L_firm(lid,lname,lfcity,ltel,laddr,lpost,lemail,lvc,lintro)

对应上述 2 个关系模式的数据库模型如图 12-7 所示,字段意义界定如表 12-4 所示。L_firm 表的外键 lid 参照 L_login 表的主键 lid;logistics 表的外键 lid 参照 L_firm 表的主键 lid;transaction 的外键 lid 参照 L_firm 表的主键 lid;transaction 的外键 dgid 参照 D_goods 表的主键 dgid;transaction 的外键 gid 参照 S_goods 表的主键 gid。

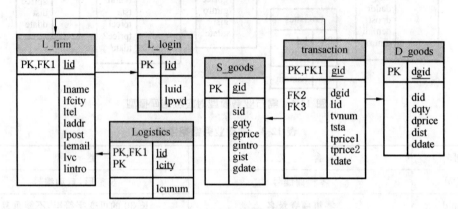

图 12-7 第三方物流业务模型对应数据库模型

表 12-4 第三方物流相关业务数据字典

列名	含　义	类　型
lid	第三方物流公司编号	长整形,自动编号
luid	第三方物流公司登录名	长 30 的可变字符串,不能重复
lpwd	第三方物流公司登录密码	长 30 的可变字符串
lname	第三方物流公司名	长 100 的可变字符串
lfcity	第三方物流公司总部所在城市	宽度为 1 的字符串
ltel	第三方物流公司总部电话	长 30 的可变字符串
laddr	第三方物流公司总部联系地址	长 100 的可变字符串
lpost	第三方物流公司总部邮编	长 30 的可变字符串
lemail	第三方物流公司电子邮箱	长 100 的可变字符串
lvc	第三方物流公司的单位车辆平均运力	长整形
lintro	第三方物流公司介绍	长 1 000 的可变字符串

说明:表名和列名的大小写不敏感。Lvc 表示第三方物流公司的单位车辆平均运力,是指单位车辆能够承载的 PC 整机的平均数量。

12.3.4 第四方物流业务模型与数据库映射

根据用例模型,第四方物流需要登录信息、供需和第三方物流公司三方的一般信息、供货信息表、达成交易意向的供需信息。据此设计关系模式:

第四方物流登录表:F_login(fid,fuid,fpwd)

第四方物流没有和另外三方发生业务关系,因此其数据库模型是独立的,不存在表间参照。数据库模型如图 12-8 所示,字段定义如表 12-5 所示。

图 12-8 第四方物流数据库模型

表 12-5 第四方物流相关业务数据字典

列名	含 义	类 型
fid	第四方物流编号	主键,长整形,自动编号
fuid	第四方物流登录名	长 30 的可变字符串,不能重复
fpwd	第四方物流登录密码	长 30 的可变字符串

说明:表名和列名的大小写不敏感。

12.3.5 系统整体的数据库模型

整合供应商、零售商、第三方物流和第四方物流的业务模型映射数据库架构,系统整体的数据库模型如图 12-9 所示。系统后台数据库总共设计 11 个关系,除 f_login 表外,另 10 个关系之间存在着或多或少的参照关系。其中 transaction(交易协议信息表)的参照关系最复杂,要同时参照 S_goods(商品供应信息表)、D_goods(商品需求信息表)、L_firm(第三方物流商信息表)和 Logistics(第三方物流信息表)四个关系。之所以这样设计 transaction 表,是因为零售商看好哪条供应信息,必须全部接纳该供货信息,且配送车队不可拼凑,即 transaction 的主键是 gid;在零售商确定供货信息后,还要确定在供需两地间的可能物流以承接配送任务,即 transaction 表要参照 L_firm 和 Logistics,其中 transaction 和 Logistics 的参照关系无法在数据库模型上体现,而在系统流程设计上给予了实现;系统最终达成的交易协议就包括了供应商、零售商和物流商的三方信息。

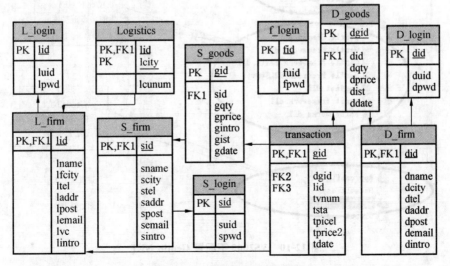

图 12-9 系统整体数据库模型

12.4　0.1 版原型系统实现的主要难点

12.4.1　Gentle. NET 的常用语法

虽然是开源软件，但是 Gentle. NET 做到了很好的后台数据库封装，使 C♯编程人员从数据库操作中彻底解放出来。但是，也由于免费，有关该中间件的帮助文档非常不完整，本节对系统开发中出现的相关技术问题提出解决办法。

首先简要回顾第 7 章的 Gentle. Net 配置。

第一步，从 http://sourceforge. net/projects/gopf/下载 Gentle. NET 1.5 压缩包。

第二步，将 Gentle. NET 压缩包中的 Gentle. Common. dll、Gentle. Framework. dll 和 Gentle. Provider. SQLServer. dll 加入系统引用；App. Config 和 Gentle. Config 拷入系统开发主目录，并调整 App. Config 和 Gentle. Config 中的相关数据库连接参数。

第三步，从 www. mygenerationsoftware. com 下载代码自动生产工具 MyGeneration，通过该软件生成系统后台数据库所有表和视图的 POJO。将生成的 POJO 添加入系统的 App_Code 目录。配置好后，VS2005 的解决方案资源管理器中显示如图 12-10 所示。

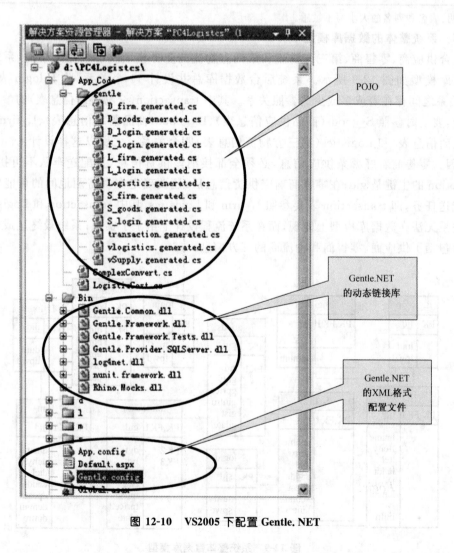

图 12-10　VS2005 下配置 Gentle. NET

第四步,在对应的类定义文件中加入对 Gentle. NET 动态链接库的命名空间引用和对 POJO 类的命名空间引用。对前者的引用通常为:

using Gentle. Framework;

在配置好 Gentle. NET 后,下面介绍基于 Gentle. NET 的 ORM 机制对后台数据库的常用操作方法,以对 Logistics 类的操作为例,说明 Gentle. NET 的语法。该类与表 logistics 对应,包括三个字段 Lid、Lcity 和 Lcunum,主键是 Lid 和 Lcity 的属性组合。其解释参见上文。

根据主键值 lid 和 lcity 获得对象的语法:

Logistics o=Logistics. Retrieve(lid,lcity);

要获得某对象的某个属性值,例如获得 o 的 Lid 值,通过 o. Lid 取得。

根据单属性值获得对象列表的语法,以 Lid 的值为 lid 为例:

Key key=new Key(typeof(Logistics),true,"Lid",lid);

IList<Logistics>ilist=Broker. RetrieveList<Logistics>(key);

要获得对象列表中某个对象的某属性值,例如获得 ilist 中第一对象的 Lid 值,通过 ilist [0]. Lid 取得。

根据多属性值获得对象列表的语法,以 Lid 的值为 lid,Lcity 的值为 lcity 为例:

Key key=new Key(typeof(Logistics),true,"Lid",lid,"Lcity",lcity);

IList<Logistics>ilist=Broker. RetrieveList<Logistics>(key);

根据属性约束获得对象列表的语法,例如,查找 Lid 的值为 lid,且 Lcunum 不小于 30 的所有对象信息:

SqlBuilder sb=new SqlBuilder(Gentle. Framework. StatementType. Select,typeof(Logistics));

sb. AddConstraint(Operator. GreaterThanOrEquals,"Lcunum",30);

sb. AddConstraint(Operator. Equals,"Lid",lid);

SqlStatement stmt=sb. GetStatement(true);

SqlResult sr=Broker. Execute(stmt);

DataView dv=ObjectView. GetDataView(sr);

要获得 dv 数据视图中第一行、第二列的值,通过 dv[0]. Row[1]取得。

插入一条新数据,Lid 的值为 lid,Lcity 的值为 lcity,Lcunum 的值为 lcunum:

Logistics o=new Logistics(lid,lcity,lcunum);

o. persist();

更新一条数据,例如将 Lid 的值为 lid,Lcity 的值为 lcity 的那个对象的 lcunum 值加 1:

Logistics o=Logistics. Retrieve(lid,lcity);

o. Lcunum=o. Lcunum+1;

o. persist();

删除一条数据,例如将 Lid 的值为 lid,Lcity 的值为 lcity 的那个对象删除:

Logistics o=Logistics. Retrieve(lid,lcity);

o. Remove();

上面的语句实现了对数据库的 select、insert、update、delete 操作,但没有写一句 SQL,可见 Gentle. NET 对数据库操作的封装是比较彻底的,当然我们也可以使用 SQL 语句,

Gentle. NET 执行的也很好,例如执行 sql 语句:

　　SqlResult sr＝Broker. Execute(sql);

　　在使用 Gentle. NET 时,还需要注意开发环境的一些细节问题,例如应该在 ASP. NET 页面的哪个事件中编写合适的数据库操作程序。请同学们自行测试在 Page_Load 和 Page_Init 中编写数据库操作程序的微妙区别,并研究页面按钮控件的 Button_Click 事件对 Page_Load 和 Page_Init 的激发影响。

12.4.2　ASP. NET 的 GridView 控件的用法

　　GridView 控件在显示大量格式化数据方面非常强大,且可以直接接收集合对象(Collection,如 IList 等)、数据集(DataSet)、数据表(DataTable)和数据视图(DataView)并进行填充。这样通过 Gentle. NET 从数据库取出数据填充 GridView 就非常简单了:

　　Key key＝new Key(typeof(Logistics),true,"Lid",lid,"Lcity",lcity);

　　IList＜Logistics＞ilist＝Broker. RetrieveList＜Logistics＞(key);

　　GridView1. DataSource＝ilist;

　　GridView1. DataBind();

　　但是基于 Gentle. NET,使用 GridView 反向传值给数据库并不容易,需采用变通方式。本系统通过选择 GridView 中的一行,而打开新的一个网页,这张新网页内容对应被选择的单行的数据,通过操作新网页的数据,再回传更新给数据库。为了使 GridView 的各行能被选择,需写如下语句:

　　GridView1. AutoGenerateSelectButton＝true;

　　要获得选中行的行标,可通过 GridView 的 SelectedIndex 属性获得。要获得 GridView 中某一单元格的值,例如获得 GridView1 的第二行、第三列值,可通过 GridView1. Rows[3]. Cells[4]. Text 取得。

　　通过 Gentle. NET 直接填充 GridView,数据填入非常简单,但列名也是直接复制于数据库表,不便于理解,需要改变列名。以显示 Logistics 对象集为例,原始显示如图 12-11 所示。

　　如图所示,显示非常不便。为此,修改 GridView 所在的. aspx 文件中的标志语言,使指定列名和原列名绑定。如下:

Lid	Lcity	Lcunum
选择 20100701	A	100
选择 20100701	B	100
选择 20100701	C	100
选择 20100701	D	100

图 12-11　GridView 用 Logistics 表直接填充效果

　　…

　　＜asp:GridView ID＝"GridView1"runat＝"server"

　　AutoGenerateColumns＝"false" OnSelectedIndexChanged

＝"GridView1_SelectedIndexChanged"＞

　　＜Columns＞

　　＜asp:BoundField DataField＝"lid"HeaderText＝"第三方物流编号"/＞

　　＜asp:BoundField DataField＝"lcity"HeaderText＝"第三方物流服务城市"/＞

　　＜asp:BoundField DataField＝"lcunum"HeaderText＝"第三方物流在指定城市的空载车辆数"/＞

　　＜/Columns＞

　　＜/asp:GridView＞

　　…

　　改进后的表的显示效果如图 12-12 所示。

	第三方物流编号	第三方物流服务城市	第三方物流在指定城市的空载车辆数
选择	20100701	A	100
选择	20100701	B	100
选择	20100701	C	100
选择	20100701	D	100

图 12-12 GridView 设置列名绑定后的填充效果

12.4.3 三方合作协议形成及履行的业务流程建模

供应商、零售商和第三方物流三方形成合作协议和履行协议的流程,是整个系统最关键的部分,为此对该流程采用两种方式建模,以便于从不同角度理解流程逻辑:一是按照结构化方法设计数据流图;二是按照面向对象方法设计 UML 类图和顺序图。数据流图如图 12-13所示。外部实体零售商从事先录入的需求信息库中确认某条需求信息,据此查询满足价格和需求量要求的供给信息,然后再查询满足供给量和来源城市的第三方物流信息;系统根据确认的需求、供给和物流信息自动生成三方协议;在商品交割,即对应在途物流释放后,零售商予以确认,系统自动更新物流信息。

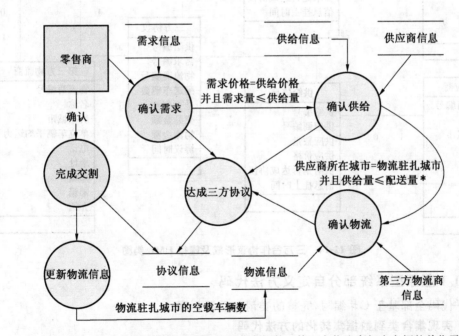

*:配送量=第三方物流商驻扎城市的空载车辆数×第三方物流商拥有车辆的单位平均运力。

图 12-13 三方合作协议形成及履行数据流图

类图如图 12-14 所示,零售商可提供多条需求信息;供应商可提供多条供给信息;第三方物流商可提供多条物流信息;三方协议与需求信息和供给信息都是一一对应的关系,而与物流信息是多对一的关系,即一条物流信息能满足多份三方协议的需求。这七个类及其属性和前文数据库模型中的关系一一对应:零售商类对应 D_firm;需求信息类对应 D_goods;供应商类对应 S_firm;供给信息类对应 S_goods;第三方物流商类对应 L_firm;物流信息类对应 Logistics;三方协议类对应 transaction。

顺序图如图 12-15 所示,该图更好的描述了三方协议达成和后续交割的流程动态。零售商发出商品需求信息;需求信息对象根据需求量和价格匹配合适的供给信息对象;每个供给信息对象调用对应的供应商对象,获取供应商品所在城市信息,然后根据待配送量和所在城市的信息匹配合适的物流信息;每个物流信息对象调用对应的物流商信息,主要获取物流商拥有车辆的单位平均运力,单位平均运力乘以物流商在指定城市的车辆数,即得到物流商在指定城市的总运力,只有物流指定城市和供应商所在城市一致,且物流商在指定城市的总运力大于待配送量的物流信息是满足达成协议条件的。信息依次反馈,零售商据此确定了需求信息、供给信息和物流信息,并依据三方信息生成三方合作协议;三方协议生成的同时,物流商在出发城市的车辆数要被更新。达成三方协议的后续工作是货物交割,零售商在收到货物后,通知对应的三方协议对象完成交割,三方协议对象据此更新物流商在物流目的地城市的车辆数。

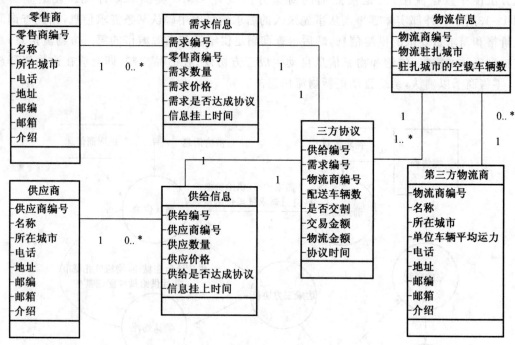

图 12-14 三方合作协议形成及履行 UML 类图

12.5 0.1 版原型系统部分自定义方法代码

以下代码全部基于 C# 编写,完整的类请参看源程序。

12.5.1 实现集合类到数据集转化的方法代码

Gentle. NET 等 ORM 工具,普遍是将数据库表转化为 IList 集合的对象供用户使用,但是该集合中往往会带有一些无用的信息,例如 Gentle. NET 返回的 IList 对象,除了数据表的所有列外,还有 IsChanged、IsEmpty、IsPersisted、CacheKey 四列,另外 IList 本身是接口,操作有些不便,下面的泛型方法可将 IList 对象转化为 DataSet 对象,并去掉无用的列。

代码 1 实现集合类到数据集转化的方法

```
public static DataSet ConvertToDataSet⟨T⟩(IList⟨T⟩list)
{
    if(list ==null||list. Count⟨=0){return null;}
    DataSet ds=new DataSet();
```

DataTable dt=new DataTable(typeof(T). Name);

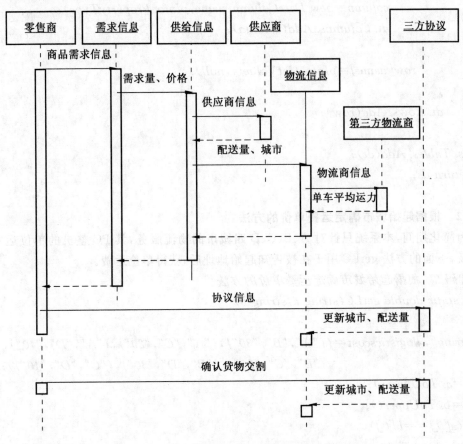

图 12-15 三方合作协议形成及履行 UML 顺序图

DataColumn column;

DataRow row;

System. Reflection. PropertyInfo[]myPropertyInfo=

   typeof(T). GetProperties(System. Reflection. BindingFlags. Public | System. Re-

   flection. BindingFlags. Instance);

foreach(Ttinlist)

{

   if(t==null){continue;}

   row=dt. NewRow();

   for(inti=0,j=myPropertyInfo. Length;i⟨j;i++)

   {

       System. Reflection. PropertyInfopInfo=myPropertyInfo[i];

       string name=pInfo. Name;

       if(name=="IsChanged"||name=="IsEmpty"||name=="IsPersisted"||

          name=="CacheKey")

           continue;

       if(dt. Columns[name]==null)

```
        {
            column=new DataColumn(name,pInfo.PropertyType);
            dt.Columns.Add(column);
        }
        row[name]=pInfo.GetValue(t,null);
    }
    dt.Rows.Add(row);
}
ds.Tables.Add(dt);
return ds;
}
```

12.5.2　根据起始城市确定运费单价的方法

为简化期间,本系统只针对 A、B、C、D 四城市的物流服务,其 PC 整机的单位运费在章首提及,下面的方法 getLC 用于在被告知起始地址后,获得单位运费。

代码2　根据起始城市确定运费单价的方法

```
public static double getLC(string a,string b)
{
    string[,]logisticscost={{"A","B","30"},{"A","C","20"},{"A","D","40"},
                            {"B","C","20"},{"B","D","30"},{"C","D","40"}};
    a=a.ToUpper();
    b=b.ToUpper();
    if(a[0]==b[0])
        return5.0;
    string t;
    if(a[0]>b[0])
    {
        t=a;
        a=b;
        b=t;
    }
    for(inti=0;i<logisticscost.GetLength(0);i++)
    {
        if(logisticscost[i,0]==a&&logisticscost[i,1]==b)
        {
            returnConvert.ToDouble(logisticscost[i,2]);
        }
    }
    return 0;
}
```

12.6　1.0版系统的改进

12.6.1　1.0版原型系统用例模型的改进

通过系统分析、设计和实施,发现一些问题,并提出了1.0版系统的改进建议。对供应商而言,"编辑供货信息"会调用到"浏览自身供需信息"用例,而供应商不论是浏览还是编辑供货信息,打开的页面是一样的,如图12-16所示。因此去掉"供方"至"浏览自身供需信息"的连接。

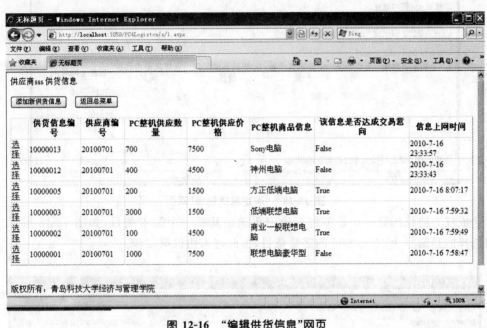

图 12-16　"编辑供货信息"网页

对应的用例模型如图12-17所示。

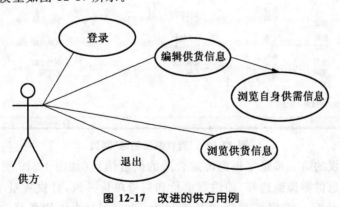

图 12-17　改进的供方用例

对零售商而言,同样"编辑需货信息"会调用"浏览自身供需信息",而零售商不论是浏览还是编辑需货信息,打开的页面是一样的,因此去掉需方到"浏览自身供需信息"的连接。协议是由需方签订的,12.4.3中三方合作协议的形成流程,即需方"确定需货信息"——〉"查找供货信息"——〉"查找物流信息"——〉"形成三方合作协议"的事务流运作(图12-18~图12-21所示),对应的用例都需作出改变。零售商还有一个重要职责是确定商品交割,只

265

有商品交割了,第三方物流的相应车辆才能得到释放,供需双方的交易才算完成,对应用例也需要调整。

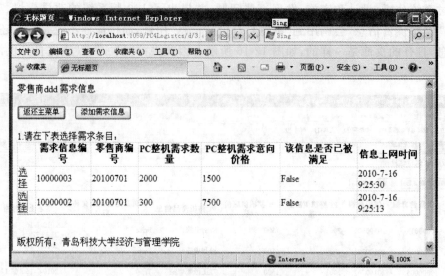

图 12-18　"确定需货信息"网页

达成三方协议的第一步是零售商确定要满足其哪一个需求条目(如图 12-18 所示),零售商选择的是编号为 10000002 的需货条目,由此进入协议第二步。

图 12-19　"查找供货信息"网页

达成三方协议的第二步是零售商确定合适的供货信息(如图 12-19 所示),系统自动匹配合适的供货信息供零售商选择,即供货单价和需货单价一致,且供货量不小于需货量,由此找到三条供货信息。零售商选择的是编号为 10000011 的供货条目,由此进入协议第三步。

达成三方协议的第三步是零售商确定合适的第三方物流信息(如图 12-20 所示),系统自动匹配合适的物流信息供零售商选择,即物流出发城市和供货所在城市一致,且物流商在物流出发城市的运力不小于供货量,由此找到三条物流信息。零售商选择的是编号为 20100701 的物流条目,由此进入协议第四步。

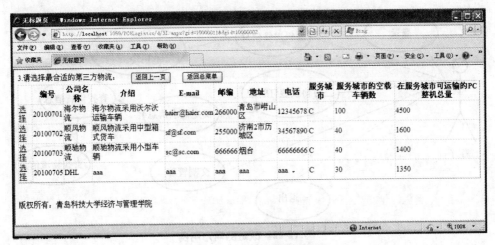

图 12-20　"查找物流信息"网页

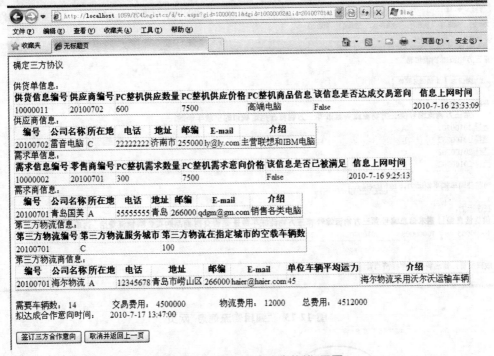

图 12-21　"形成三方合作协议"网页

　　达成三方协议的最后一步是零售商确定三方合作协议（如图 12-21 所示）。系统将零售商确定的三方信息全部罗列一起，并计算出交易费用、物流费用和总费用，供零售商最后确认，若零售商认为不妥，可取消确认并返回上一步进行重新设置。根据图 12-18～图 12-21 的协议达成流程，重新修改需方用例模型如图 12-22 所示。

　　对第三方物流企业而言，"编辑物流信息"会调用"浏览自身物流信息"，且两个用例的实现网页是同一个（如图 12-23 所示），因此去掉用户到浏览自身物流信息的连接。

　　改进的第三方物流用例如图 12-24 所示。

　　对第四方物流及系统管理方而言，缺少用例"浏览第三方物流信息"，据此改进用例，如图 12-25 所示。

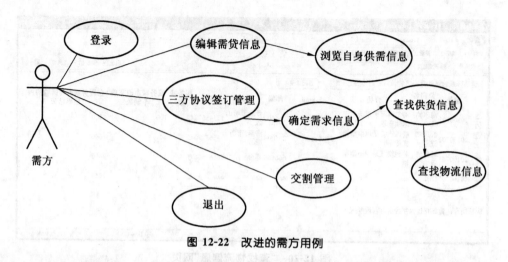

图 12-22 改进的需方用例

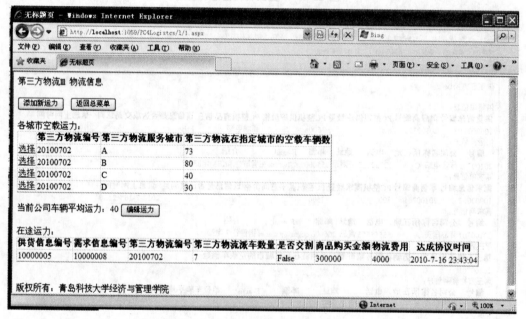

图 12-23 "编辑物流信息"网页

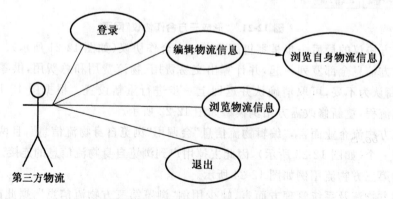

图 12-24 改进的第三方物流用例

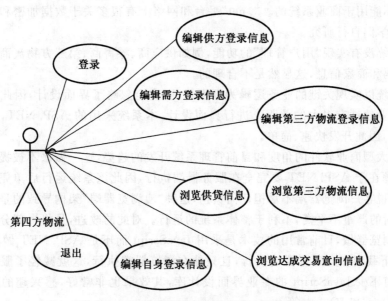

图 12-25　改进的第四方物流即系统管理方用例

12.6.2　1.0 版原型系统的数据库改进

为了灵活显示信息,除了查询基本表外,还需要使用视图,在系统实施过程中,临时添加了两个视图 vlogistics 和 vsupply。vlogistics 中定义了新的一列 capacity,表示第三方物流企业在某个城市的全部运力,用第三方物流企业在某个城市的车辆数乘第三方物流企业的单位车辆平均运力获得。其 SQL 语句如下:

CREATE VIEW dbo.vlogistics

AS

SELECT dbo.Logistics.*,dbo.L_firm.lvc*dbo.Logistics.lcunum AS capacity,

　　　dbo.L_firm.lintro,dbo.L_firm.lemail,dbo.L_firm.lpost,dbo.L_firm.laddr,

　　　dbo.L_firm.ltel,dbo.L_firm.lname

FROM dbo.L_firm INNER JOIN

　　　dbo.Logistics ON dbo.L_firm.lid=dbo.Logistics.lid

Vsupply 将供货信息表和供货商信息表联立,以便于根据供货单的编号查询供货单的来源地。其 SQL 语句如下:

CREATE VIEW dbo.vSupply

AS

SELECT dbo.S_firm.scity,dbo.S_firm.stel,dbo.S_firm.saddr,dbo.S_firm.spost,

　　　dbo.S_firm.semail,dbo.S_firm.sintro,dbo.S_firm.sname,dbo.S_goods.*

FROM dbo.S_firm INNER JOIN

　　　dbo.S_goods ON dbo.S_firm.sid=dbo.S_goods.sid

12.7　系统进一步改进的展望

即便是 1.0 版的系统仍存在问题,列举六点,供同学们自行练习改进优化。

第一,系统没有提及安全问题,然而事实上,商业系统最关心的就是安全问题,包括重要客户的账号、密码、涉及商业机密的交易量、金额等。目前系统的前后台数据传递都是明文，其实是绝对不能用于商业系统的。".net"平台和网络上有很多关于数据加密和防黑客的方法介绍，请同学们自行研究。

第二，系统没有实现"用户管理"的功能，例如供应商、零售商、第三方物流商不能改变自己的登录密码和商家信息，这显然是不合理的。

第三，系统以实现关键的业务逻辑为开发目的，完全忽略了界面设计，因此理解界面非常晦涩，与商业软件有很大的差距。进行界面设计，本系统采用的 ASP.NET，由于直接在 VS2005 开发，因此开发快速、简单。

但是，从大型商业软件的角度和目前管理系统开发的趋势，这一做法不被提倡。这种开发方式的问题在于 ASP.NET 要完全在服务器端执行，因此该系统运行后单凭服务器的处理能力，或者说客户浏览器端不承担任何负担，这种"瘦浏览器端"架构导致的是客户浏览器和服务器负荷的严重不平衡，不利于整体系统的运行。对此的改进，是将一部分系统处理工作交给客户浏览器做，目前常用的技术是采用 JavaScript 而不是 ASP.NET 做界面，JavaScript 代码会下载到客户浏览器端执行，且只能在浏览器端执行，这就减轻了服务器端的负担。目前也有不少 JavaScript 的专业界面设计库，其效果也非常好，感兴趣的同学可学习 AJAX、Ext、Dojo 和 JQuery 等。

第四，为了避免系统崩溃，正规系统都应具有日志功能和备份还原功能。通过日志可以发现系统出现问题的原因，通过备份还原功能可以使系统保持鲁棒性，目前系统都没有实现。同学们可以通过学习开源组件 log4net，掌握设置日志功能；通过学习 MS SQL Server 的数据库管理，掌握数据库的备份和还原功能。

第五，接触过 ERP 系统的用户，都会对"审核"机制印象深刻，通过"审核"或"多级审核"可以保证事务流的正确执行顺序，避免误操作。还原为现实中的业务，"审核"好比找领导签字或盖单位红章，显然，没有"审核"的交易缺乏法律效力。因此该系统的主要业务流"签订三方协议"，原则上应添加供应商、零售商、第三方物流和第四方物流即平台运营方的四方审核。

第六，本系统采用面向对象思路开发。而前文曾建议进行面向对象系统开发时，以遵循设计模式为宜。因开发非正式系统的原因，我们在系统中除了使用了 ORM 机制外，没有采用其他好的设计模式。针对这一缺憾，建议同学们在研究样例系统源代码时，同时进行设计模式的实施实践，相信改进后的系统性能会有大幅提升。

本章小结

本章基于 PC 整机的第四方物流信息平台开发实战，将前文介绍的信息系统理论模型与开发实践融会贯通。该平台本质上是目前流行的 B/S 架构四方 B2B 型系统，能够提供给 PC 供应商、PC 零售商、PC 物流服务商三方挂牌信息的服务，并根据需求拉动提供达成和履行三方协议的服务。作为样例系统，本系统搭建未考虑界面美工，而是重点讲解业务逻辑的重点难点和实现技术的重点难点。系统开发贯彻原型法思想，首先根据界面驱动构建 0.1 版系统，在主体架构上使用了 UML 用例模型和数据库模型，在关键业务即达成和履行三方协议上使用了数据流图模型、UML 类图模型和 UML 顺序图模型；其次根据 0.1 版系统分析、设计和实施的效果，提出了 1.0 版系统的改进策略，本书配套代码即是 1.0 版系统的完整源代码；当然 1.0 版系统仍有众多待完善之处，对此在最后一节给出了系统进一步改进的展望。

▎思考题▎

1. PC 整机第四方物流信息平台的业务内容有哪些？请分别用数据流图和 UML 顺序图描绘。

2. 绘制 PC 整机第四方物流信息平台的数据库 ER 图。

3. PC 整机第四方物流信息平台主体为什么没有采用结构化方法，而采用面向对象方法？本系统是否可以采用结构化方法开发？

4. 请同学们自行学习 Dojo，制作更美观的界面。

参 考 文 献

[1] 刘仲英.管理信息系统[M].北京:高等教育出版社,2006年.

[2] 薛华成.管理信息系统[M].第五版.北京:清华大学出版社,2007年.

[3] 黄梯云.管理信息系统[M].第四版.北京:高等教育出版社,2009年.

[4] 王珊,萨师煊.数据库系统概论[M].第四版.北京:高等教育出版社,2006年.

[5] 韩润春.管理信息系统[M].河北:河北人民出版社,2003年.

[6] 杨义先.网络信息安全与保密[M].修订版.北京:北京邮电大学出版社,2001年.

[7] 国林.数据通信基础[M].北京:清华大学出版社,2006年.

[8] 韩家炜.数据挖掘概念与技术[M].第二版.北京:机械工业出版社,2007年.

[9] W. H. Inmon 著,王志海等译.数据仓库[M].第四版.北京:机械工业出版社,
2006年.

[10] 赵乃真.信息系统设计与应用[M].第二版.北京:清华大学出版社,2009年.

[11] 张仕.基于面向对象软件的动态更新研究[D].上海:上海交通大学博士学位论文,
2008年.

[12] 范凯.程序的灵魂:面向对象技术的思维方法.www.csdn.net,2006.05.12.

[13] 齐治昌,谭庆平,宁洪.软件工程[M].北京:高等教育出版社,2001年.

[14] 邝孔武,王晓敏.信息系统分析与设计[M].第三版.北京:清华大学出版社,
2006年.

[15] 罗鸿.企业资源计划(ERP)教程[M].北京:电子工业出版社,2007.

[16] 孙滨丽.ERP原理与应用[M].北京:电子工业出版社,2008.

[17] Laudon,J. P. 管理信息系统[M].第九版.北京:机械工业出版社,2007年.

[18] Gerald V. Post David L. Anderson.管理信息系统:解决商务问题的信息方案
[M].第三版.于明,编译.北京:清华大学出版社,2009年.

[19] 杨桦,尹聪春.管理信息系统[M].北京:清华大学出版社,2010年.

[20] 程学先等.管理信息系统及其开发[M].北京:清华大学出版社,2008年.

[21] 周继雄.管理信息系统[M].上海:上海财经大学出版社,2008年.

[22] 高洪深.决策支持系统(DSS)理论与方法[M].第四版.北京:清华大学出版社,
2009年.

[23] 奥布赖恩,马拉卡斯.管理信息系统[M].李红,姚忠,译.北京:人民邮电出版社,
2009年.

[24] 徐敏奎,邱立新.管理信息系统[M].北京:中国标准出版社,2003年.

[25] 郭东强.现代管理信息系统[M].北京:清华大学出版社,2006年.